浙江省普通高校"十三五"新形态教材

# 桥梁施工方法及控制技术

汪劲丰　编著

ZHEJIANG UNIVERSITY PRESS
浙江大学出版社
·杭州·

图书在版编目(CIP)数据

桥梁施工方法及控制技术/汪劲丰编著.—杭州:
浙江大学出版社,2023.5
　　ISBN 978-7-308-23769-7

　　Ⅰ.①桥… Ⅱ.①汪… Ⅲ.①桥梁施工－高等学校－
教材 Ⅳ.①U445

中国国家版本馆 CIP 数据核字(2023)第 083588 号

**桥梁施工方法及控制技术**

汪劲丰　编著

| | | |
|---|---|---|
| 责任编辑 | 石国华 | |
| 责任校对 | 杜希武 | |
| 封面设计 | 周　灵 | |
| 出版发行 | 浙江大学出版社 | |
| | (杭州市天目山路 148 号　邮政编码310007) | |
| | (网址:http://www.zjupress.com) | |
| 排　　版 | 杭州星云光电图文制作有限公司 | |
| 印　　刷 | 杭州杭新印务有限公司 | |
| 开　　本 | 787mm×1092mm　1/16 | |
| 印　　张 | 15.75 | |
| 字　　数 | 380 千 | |
| 版 印 次 | 2023 年 5 月第 1 版　2023 年 5 月第 1 次印刷 | |
| 书　　号 | ISBN 978-7-308-23769-7 | |
| 定　　价 | 58.00 元 | |

# 内容简介

　　本书首先从总体上对桥梁分阶段施工控制的理论框架、刚性和柔性构件施工控制方法进行了叙述；然后分别阐述了几类工程应用较多的桥梁分阶段施工方法及其监控技术，并给出了相应工程案例，主要内容包括预应力混凝土连续梁桥及斜拉桥悬浇施工控制、钢混组合连续梁桥顶推施工控制、钢箱梁桥分块吊装及大节段吊装施工控制、梁拱组合体系拱桥和系杆拱桥分阶段施工控制等；最后还对桥梁施工监控数字化技术进行了初步讨论，以便提升施工监控工作质量和成效。

　　本书可作为土木、交通等专业研究生和高年级本科生的教材，也可供桥梁工程技术人员参考。

# 前　言

改革开放以来,尤其是近十多年,我国交通基础设施建设突飞猛进,优质高效地建成了一大批规模宏大、体系复杂、造型新颖的现代化桥梁。其中,施工控制工作发挥了不可忽视的作用,已成为桥梁建设中非常重要的一环。施工控制通过为桥梁施工设置合适的参数,确保设计目标的实现;其贯穿施工全过程,涉及桥梁参建各方,对保障桥梁的施工质量与安全非常必要。施工监控是一项富有挑战性的工作,需融合结构分析、结构预测和误差控制等方面,其中结构分析是基础、精准预测是目标、误差控制是措施。

笔者有幸在博士研究生学习期间深度参加桥梁工程实践,全过程参与了施工监控工作,促进了对桥梁结构的认识,从而对桥梁工程及施工控制工作产生了浓厚兴趣;在这过程中,得到了导师徐兴教授、项贻强教授的充分信任、肯定、鼓励以及悉心指导,得到了师兄施笃铮博士的大力帮助和关心;并在留校工作后,一直坚持施工控制工程实践和科学研究。刚开始从事施工控制工作时,笔者认识有限、经验不足,向中富教授编著的《桥梁施工控制技术》给予了有益指导;葛耀君教授编著的《分段施工桥梁分析与控制》促进了笔者对桥梁分阶段施工过程结构状态的思考,拓宽了对各种类型桥梁分阶段施工和控制问题的认识;秦顺全院士编著的《桥梁施工控制——无应力状态法理论与实践》对笔者深入理解施工过程结构几何状态变化及其与受力状态的关联性给予了很大启发,使得笔者对施工过程正装、倒拆分析方法及非线性效应的处理等有了更为深刻的认识。借此机会表示衷心的感谢!

结合施工监控实践和体会,笔者尝试围绕状态传递梳理施工控制的技术框架和工作思路,提出了基于传递矩阵的施工控制方法,并首先应用于组合结构桥梁顶推施工控制,解决了顶推过程模拟分析的位移边界确定以及带竖曲线梁段在平台拼装线形等问题,随后,进一步应用于钢箱梁大节段吊装施工控制,为竖向线形、下料参数、支座偏移量、顶底板梁长度、端面倾角等控制参数建立了固定计算模式,有助于几何状态的全面控制及统一算法设计等。今后,希望能结合更多的工程实践,不断完善算法,并纳入数字化平台,为工业化建造提供相关支撑。

感谢多位研究生和同事共同参与桥梁施工监控研究、实践及书稿整理。笔者与硕士生林建平一起,依托钢混组合结构连续梁顶推施工,研究了基于状态传递的施工控制方法。硕士生李剑铿、王敏权、博士生乌添媚共同参与了钢箱梁分块施工控制方法研究与实践,博士生向华伟、硕士生方远、亢阳阳、杨松伟等共同参与了钢箱梁大节段吊装施工监控研究。硕士生傅理文、蒋勇、崔鑫和博士生张江涛、向华伟等共同参与了基于拉索振动的索力测试技术研究。同事陈春雷、徐岭华等共同参与了桥梁施工监控工程实践,同事任家伟在桥梁施工监控数字化平台方面给予了技术支撑。硕士生张爱平、徐乾乾、何澜、王志龙、邓富强、博士生刘洋、王宇同、万珂羽、同事矫钰文等参与了文稿整理。

感谢杭州城市基础设施开发总公司、港珠澳大桥管理局、杭州市市政公用建设开发有限公司、杭州余杭城市建设集团有限公司、厦门路桥集团、中交二航局第二工程有限公司、中交第一航务工程局有限公司等给予的施工监控项目支持。

本书出版得到了浙江省普通高校"十三五"第二批新形态教材建设项目和2019浙江大学校级教材项目资助,在此表示衷心的感谢。

限于笔者的水平和认知,加之成稿仓促,书中定有不妥和差错之处,敬请专家和读者批评指正,以迭代出更好的版本!

汪劲丰

2022 年 10 月于浙江大学紫金港校区

# 目　录

# 第 1 章 绪 论

## 1.1 桥梁发展历史、现状及趋势

桥梁是一种人工建造的功能性结构物,供行人、车辆或其他对象跨越一段区域,如河流、山谷、滩涂、道路及铁路等;一般由上部结构、下部结构、支座和附属设施等四个部分组成。它起源于对自然现象的模仿,随着科技进步,不断变革、创新,其跨越能力不断提升、结构形式逐步丰富、整体线形也日臻美观。

最早用于建造桥梁的材料为石材、木料,由此而成的桥梁结构形式单一、跨越能力弱,对承载的要求也不高。自工业革命肇始,随着钢材及混凝土材料等的广泛使用,桥梁在跨越能力、结构形式、建造技术等方面均实现了突破。当代以来,随着高新材料的研发和使用、施工装备能力的创新和提升,加之信息化、智能化技术的发展,桥梁领域已然迎来新一轮的发展机遇。

### 1.1.1 世界桥梁

目前世界上留存最早的桥梁是公元前 1 世纪修建的古罗马石拱桥。文艺复兴和工业革命带来科学技术的飞跃,桥梁告别了木、石桥时代,得到了飞速发展。当冶炼业使用焦炭而能生产大型铸件时,铸铁拱桥也因此应运而生。最早的工业铸铁桥是英国于 1779 年在英格兰什罗普郡科尔布鲁克代尔(Coalbrookdale,Shropshire)建成的一座主跨全长 30.63m 的铸铁肋拱桥。该桥跨越塞文河(the River Severn),曾服役 170 年,于 1986 年被列为世界文化遗产。而后又出现了锻铁建造的桥梁,以英国为例,1826 年修建了近代悬索桥设计中早期的杰作之一——长为 116m 的康威吊桥(Conwy Suspension),1827 年建成跨度达 177m 的锻铁链杆柔式悬索桥(Menai Bridge),1832 年在格拉斯哥用锻铁建成 I 形截面梁式桥,1850 年建成“70m+140m+140m+70m”四跨连续的不列颠箱管桥(Britannia Bridge)。

大约在 19 世纪中叶,欧洲铁路网的迅速发展提高了对桥梁性能的要求。19 世纪 50 年代以后,钢材开始应用于桥梁建设,使建造更强跨越能力、更大通航净空、更高承载能力的桥梁成为可能,桥梁结构形式及跨越能力出现了革命性的变革,很好地满足了铁路运输的要求。1867年，德国的 H. 格贝尔在哈斯富特建成了一座静定悬臂桁架梁桥（Gerber Bridge），该桥的内力分析方法被工程界广泛使用。1883年，美国建成了第一座现代悬索桥（Brooklyn Bridge），它是一座跨度为487m的悬索斜拉结构桥梁，为大跨度悬索桥开创了先例。1890年，英国建成了跨度为521.2m、支承处的桁架高度为110m的福斯桥（Forth Bridge）。1932年建成的悉尼海港大桥（Sydney Harbour Bridge）是主跨为503m的钢桁架拱桥，集工程美学与艺术于一体，为澳大利亚的标志性建筑。1937年建成的美国金门大桥（Golden Gate Bridge）是主跨为1280m悬索桥，其跨度居世界第一近达30年之久，是悬索桥的杰出代表。

钢铁材料建桥的施工及维护成本均较高，且随着火车重量不断增加、速度不断提升，钢铁桥梁亟须加固，耗资极大。这一情况促使了波特兰水泥（Portland Cement Concrete）在桥梁建设上的应用，首座普通混凝土桥是法国和西班牙建于1860年的一座拱桥。法国园丁约瑟夫·莫尼尔（Joseph Monier）于1849年发明了钢筋混凝土材料，率先认识到钢筋混凝土作为主要结构材料的巨大潜力，在1875年建造了第一座钢筋混凝土桥梁——跨度为13.8m、宽为4.25m的T形梁人行桥（Chazelet Bridge）。钢筋混凝土结构于1900年前后在桥梁工程中逐渐得到重视，并开始规模性应用于建造拱桥和梁桥，如1898年法国工程师 Francois Hennebique 设计建成了跨度为52.46m的钢筋混凝土拱桥（夏特罗桥，Chatellerault Bridge）。1890年奥地利工程师 J. Melan 发明了采用劲性骨架作为拱架浇筑钢筋混凝土拱桥的方法，将拱桥的跨度提升到100m以上，如1911年建成的罗马复兴桥（Risorgimento Bridge）和1914年建成的瑞士蓝格维斯桥（Langwies Bridge）的主跨均为100m，1930年建成的法国普卢加斯泰勒桥（Plougastel Bridge）是跨径为186m的拱桥，1943年建成的瑞典桑多桥（Sando Bridge）将钢筋混凝土拱桥的跨度推到264m。

相较于钢筋混凝土拱桥，钢筋混凝土梁桥的发展则较为缓慢，直到1928年法国工程师弗雷西奈（Freysinett）采用高强度钢丝和高强度混凝土，实现了之前提出的对混凝土施加预应力的设想。第二次世界大战结束后，欧洲各国急需修复在战争中损毁的桥梁，且西方发达国家于20世纪50年代开始实施高速公路和城市化建设，预应力混凝土桥梁结构因而得以大量推广，自此桥梁建设进入了一个全新发展阶段。如1950年联邦德国在巴尔杜因施泰因（Balduinstein）的兰河修建主跨为62m的预应力混凝土梁桥，1964年法国在塞纳河上用悬臂拼装法建成了"34.8m+61.4m+34.8m"的预应力混凝土梁桥等。

20世纪50年代以后，随着计算机技术和有限元技术的迅速发展，人们能够方便地完成过去不可能完成的大规模结构计算，并可以准确地分析结构非线性效应，发展出了结构体系复杂的桥梁，如稀索、密索、无背索等各类斜拉桥以及斜拉—刚构、斜拉—悬索等协作体系桥梁、钢混组合桥梁等，桥型更加丰富，受力也更加复杂，技术难度明显增大。代表性的斜拉桥有1956年建成的瑞典稀索体系斜拉桥（Strömsund Bridge）、1958年建成的德国竖琴式斜拉桥（Düsseldorf，Theodon Nenss Bridge）、1960年建成的德国独塔斜拉桥（Köln Severin Bridge）、1962年意大利 Morandi 设计的第一座混凝土斜拉桥（Maracaibo Lake Bridge），1967年建成的德国 Homberg 密索体系斜拉桥（Friedrich Ebert Bridge）等。同时，各种类型桥梁的跨度不断得到突破：斜拉桥的最大跨度已超过千米，2012年建成的俄罗斯岛大桥（Russky Island Bridge），主跨达到1104m；最大跨径的悬索桥是1998年建成的日本明石海峡大桥（Akashi Kaikyo Brideg），其主跨为1991m；中国于2009年建成的重庆朝天门大桥是一座主跨为552m的中承式钢桁拱桥，居当时拱桥之首；中国于2006年建成的重庆石板坡长江大桥是一座主跨为 330m 的钢—混组合连续刚构桥,居当时梁桥之冠。中国目前正在规划建设的广东狮子洋大桥,拟采用跨径超 2000m 的悬索桥方案,冲击世界最大跨度。

## 1.1.2 中国桥梁

桥梁建筑是我国历史文化的一个重要组成部分,凝集了广大劳动人民的智慧与源远流长的文明哲思。中国古代桥梁建设曾在世界桥梁发展史上占有重要地位,桥型丰富,如石拱桥、石梁桥、铁索桥、廊桥、浮桥等,许多桥梁留存至今。其中,石拱桥如河北石家庄赵州桥、北京卢沟桥、江苏苏州宝带桥和浙江杭州拱宸桥等,石梁桥如福建泉州万安桥(因跨越洛阳江,也称洛阳桥)、福建漳州跨越柳营江的虎渡桥等,还有浙南、福建地区的木廊桥,典型的如浙江云和梅漟木拱桥。

近代中国工业落后,桥型相对单一,一些钢结构桥梁多为国外公司建造,如广东海珠桥、宁波灵桥等;杭州钱塘江大桥是中国自行设计和建造的第一座铁路、公路两用双层桥,为钢结构桁梁桥,但主要建筑材料都是进口的,如钢梁等。新中国成立以后,我国非常重视桥梁工程的建设,1957 年建成的主孔为 128m 钢桁架结构的武汉长江大桥为万里长江第一桥。随后我国于 1968 年建成了主孔为 160m 钢桁架结构的南京长江大桥。1973 年建成的四川宜宾岷江大桥为钢筋混凝土箱型拱桥。总体而言,受限于物资、专业人才和技术等,我国桥梁工程发展仍比较缓慢,同当时世界发展水平有相当大的差距。改革开放以来,我国桥梁建设从跨江走向跨海,沿跨越珠江、长江、长江口、伶仃洋的轨迹发展,不断向桥梁强国的目标迈进。

我国桥梁工程于 20 世纪 80 年代开始崛起,始于珠江流域。改革开放首先促进了我国南方经济的发展,为提高交通运输效率,需变水网渡口为桥梁。为此,我国引进、消化、吸收了一大批现代大跨度桥梁建设技术,对悬索桥、斜拉桥、拱桥、预应力混凝土梁桥等各种现代化桥梁进行全面建设。如 1985 年开工的九江大桥是国内首座独塔双索面预应力混凝土斜拉桥,主桥跨径为 2×160m;1988 年开工的洛溪大桥为四跨不对称预应力混凝土连续刚构桥,其主跨为 180m,当时位居亚洲第一;1992 年开工的汕头海湾大桥,为中国首座三跨预应力混凝土悬索桥,主跨为 452m,彼时居世界同桥型首位;1992 年开工的虎门大桥是中国首座正交异性板钢箱梁悬索桥,主航道跨径达 888m;1998 年开工的丫髻沙大桥为 360m 三跨连续自锚式钢管混凝土拱桥,采用转体施工方案,为世界同类桥梁首次万吨转体。

自 20 世纪 90 年代以来,我国开启大跨度桥梁建设新篇章,桥型更为丰富,渐与世界比肩;桥梁的设计技术、材料与装备、施工方法与工艺等均有提升或突破,我国桥梁工程开始腾飞。1991 年建成的南浦大桥是我国第一座主跨超 400m 的斜拉桥,从设计方法、施工技术和安装控制等方面开创了我国现代斜拉桥自主建造技术体系。1993 年建成的主跨为 602m 的杨浦大桥是当时世界上最大跨度斜拉桥,使斜拉桥跨度首次超越拱桥成为第二大跨度桥型。1994 年开工的主跨为 1386m 的江阴长江大桥是我国境内首座跨径超千米的桥梁。2000 年开工的润扬长江大桥为悬索桥,其主跨达到 1490m。2003 年开工的主桥跨径为 1088m 的苏通大桥是当时世界上最大跨径的斜拉桥。2006 年开工的主跨为 552m 的重庆朝天门长江大桥是目前世界上跨径最大的拱桥。

20 世纪 90 年代末至 21 世纪初,我国开启了跨海桥梁建设的新征程,开始在复杂海洋气象条件下建桥,探索整孔梁预制装配施工,研发大型浮吊等海上施工装备。1999 年开工的舟山跨海大桥,跨 4 座岛屿、翻 9 个涵洞、穿 2 个隧道,有 5 座大桥,其中西堠门大桥是主跨为 1650m 的悬索桥,当时位居世界第二、中国第一;2002 年开工的东海大桥是我国首座外海跨海大桥,总长 32.5km,突破了软基、强风、大海浪耦合等外海恶劣环境建桥的技术瓶颈,引领我国桥梁建设从江河走向海洋。2003 年开工的杭州湾跨海大桥全长 36km,是当时世界上最长的跨海大桥,航道桥是主跨分别为 448m 和 318m 的钢箱梁斜拉桥;在长江入海口还修建了上海长江大桥和崇启大桥。

始于 21 世纪初的跨越伶仃洋、连接粤港澳地区的跨海大桥建设重塑了跨海桥梁的建设理念,以应对更加复杂的环境条件。这个理念就是重视环保、充分采用工业化手段、追求高品质,全寿命建、管、养,凸显整体经济性,形成涵盖设计、施工及运营的技术标准体系,树立行业标杆。2009 年开工、2018 年通车的港珠澳大桥是世界范围内最大、最复杂的跨海桥岛隧集群工程,设计使用寿命 120 年,采用大型化、工厂化、标准化、装配化的建设理念;2014 年开工、2019 年建成的虎门二桥坭州水道桥为主跨 1688m 的钢箱梁悬索桥,是当时中国最大跨径悬索桥;2016 年开工的深中通道是集桥、岛、隧、水下互通为一体的跨海工程,包含了世界最大规模的钢壳沉管隧道、世界最高的海中悬索桥。

目前,在世界梁桥、拱桥、斜拉桥、悬索桥等各类桥梁以主跨跨径排序的前 10 位中我国桥梁数量均过半;而在世界十大跨海大桥中,中国也占 5 座,其中 2018 年建成通车的港珠澳大桥总长为 55km,集桥岛隧一体,居世界之首。我国桥梁建设的进步与成就有目共睹、令人振奋,但更需清晰地认识到在设计创新、工程质量、桥梁美学、结构耐久、造价经济等方面仍存在问题,需共同去面对和解决。

### 1.1.3　未来桥梁

纵观桥梁的发展历史,材料进步始终是桥梁发展的原动力,如钢及混凝土材料的出现让桥梁工程产生了前所未有之巨变;桥梁材料的发展和更替也必将会促使桥梁结构理论、施工工艺及养护理念等的全面革新。人们将以更高效的方式修建更大跨度的桥梁,如基于虚拟现实及增强现实的 3D 设计、基于 3D 打印和机器人的智能建造、基于无人技术和大数据的智能维养等。

极端气候、自然灾害、材料退化等给桥梁的安全、持久运营带来了较大的风险,需要切实从全生命周期和可持续发展角度考虑,掌握桥梁结构动力灾变和劣化的机理,动态评估桥梁结构服役性能,保障结构耐久性和可靠性,从而提高其建设、管理和维养水平。应客观认识目前我国桥梁建设发展中取得的成就和仍然存在的不足,立足当下、展望未来,从国家重大战略需求出发,理论联系实践,实现桥梁强国的目标。

## 1.2　桥梁分阶段施工及施工控制

### 1.2.1　桥梁分阶段施工

工业革命以前,桥梁多是用石材或木材修建,跨度较小,采用的是满堂支架的施工方法。19 世纪末以来,随着钢、混凝土等材料的应用以及预应力技术的发明,桥梁跨越能力显著增强,所跨越的障碍环境也变得复杂,满堂支架施工在某些条件下变得不经济、不现实。因此,分阶段施工方法应运而生。它克服了施工环境条件的限制,提高了施工效率,并有效保证了施工质量。可见桥梁施工的发展与工业进步是密不可分的。

桥梁分阶段施工方法是将桥梁结构按"纵向分段、横向分块、竖向分层"方式划分为若干个部分,在临时设施的辅助下,按事先设计好的顺序进行各部分的施工并逐渐连接成整体;在施工中,已完成的部分结构往往作为下一阶段施工的支撑体系,直到完成整个桥梁结构的安装。钢结构一般先在工厂分块预制,之后在施工现场采用焊接或栓接等方式连接;混凝土结构可在工厂分块预制,也可在现场分块浇筑,现场浇筑的混凝土结构一般采用湿接法,而混凝土预制梁之间可通过干接法以及体外预应力等方式进行连接;钢混组合结构可以先施工钢结构部分再施工混凝土结构部分,也可以在组合状态下进行分阶段施工。目前,无论是混凝土还是钢结构或钢混组合结构,桥梁基础、下部结构及上部结构等都可以采用分阶段施工方法。

桥梁分阶段施工的思想最早应用在钢结构桥梁上,特别是钢桁梁桥。19 世纪后期由逐个杆件现场拼装而成的钢桁梁桥的跨度最大可达到 500m。1892 年奥地利工程师 J. Melan 发明了采用劲性骨架作为拱架浇筑钢筋混凝土拱桥的工法,能够将拱桥的跨径提升至百米以上,这就是闻名遐迩的米兰法。20 世纪 30 年代,欧洲的桥梁工程师们为了减少满堂支架法的修建成本,开始采用钢筋混凝土拱肋分段悬拼方法。但限于当时施工装备,预制技术发展较慢,如 1933 年建造的 Lot 桥(Castelmoron)的拱肋就由预制的核心构件组成。

预应力混凝土技术的发展为现代混凝土桥梁的分阶段施工奠定了基础。法国工程师 E. Freyssinet 在 1945 年至 1948 年间率先在预应力混凝土梁桥中采用了预制分段的施工方法,并在法国巴黎附近的马恩河上先后架起了六座采用预制拼装分段施工的预应力混凝土简支梁桥,即跨径为 55m 的吕藏西大桥(Luzancy Bridge)、跨径为 74m(又称 73m)的埃斯布利桥(Esbly Bridge)、安妮特桥(Annet Bridge)、特里勒巴尔杜桥(Trilbardou Bridge)、于西桥(Ussy Bridge)、昌吉斯-圣琼桥(Changis-St. Jean Bridge)等。1930 年,巴西最早使用悬臂法施工混凝土桥梁(Rio do Peixe Bridge),其节段长度为 1.5m,但该工作在当时未引起重视。直至 1951 年,德国的桥梁工程师 Finsterwald 才将平衡悬臂施工法与预应力混凝土一起运用于跨径为 65m 的 Lahn 桥上(Balduinstein);1953 年,Finsterwald 又在建造 Nibelungen 桥时首次创造了预应力混凝土挂篮悬浇的节段施工新技术,这一新技术使预应力混凝土梁式桥突破了 100m 跨度。1954 年,Leonhardt 在多瑙河上建造了 334m 长的五跨连续梁桥(Untermarchtal Bridge),其主梁分两次浇筑以使支架和模板可多次使用,这项工程也为连续梁逐孔施工奠定了基础。1988 年,美国邓文中在达姆斯角桥(Dames Point Bridge)建设中提出了前置式轻型挂篮悬浇法。20 世纪 60 年代,随着劳动力成本的增加,预制施工开始广泛地使用于意大利的多跨高架桥上,最初的预制桥梁伴随着过多的支座和接缝,致使桥梁的耐久性及服务性有所降低。随后,工程师通过将多跨连接为连续主梁的方法改进了这一缺陷。而预应力夹片锚和抗疲劳的高应力冷铸镦头锚的问世,又使预应力混凝土的节段施工工艺在挂篮悬浇法后出现了预制节段悬拼工艺,并由 Jean Muller 于 1952 年首次运用于谢尔顿公路桥(Shelton Road Bridge)上;1962 年,他在巴黎周围的一系列高速公路立交桥上使用了该项技术,典型的是 Seine 河上的舒瓦西勒鲁瓦大桥(Choisy-le-roi Bridge)。

施工装备进步革新了安装方式,大大提升了桥梁装配化效率,如吊车、移动模架、架桥机、大型浮吊等大型装备可实现桥梁的快速安装。如1959年采用移动模架现浇施工德国勒沃库森桥(Leverkusen Bridge),1961年德国 Wittfoht 采用移动托架预制拼装施工 Krahnenberg 桥等,实现了桥梁整孔架设。后者也是机械化支架系统的雏形。

采用架桥机既可整孔架设也可节段拼装,如1964年采用架桥机预制节段拼装施工的法国 Muller 的奥莱龙岛桥(Oleron Bridge)。此时的荷兰是采用船载起重机安装重型构件的领军者,建设了1965年竣工的东斯凯尔德桥(Oosterschelde Bridge)及随后的 Saudi Arabia-Bahrain 堤道。采用大节段钢梁吊装施工是跨海桥梁建设的发展趋势,国外典型的案例有丹麦大贝尔特海峡东桥(Great Belt East Bridge)引桥、日本东京湾大桥(Tokyo Bay Bridge)及丹麦厄勒海峡大桥(Øresund Bridge),其最大吊装重量分别达到了2500t、4700t、6900t,各自于1998年、1997年、2000年竣工。我国在大节段钢梁吊装施工方面以江苏省的崇启桥为先例,最大吊装重量达2600t。特别值得一提的是,港珠澳大桥非通航孔桥全部采用大节段钢梁吊装施工,通航孔桥部分跨采用大节段钢梁吊装施工;单片吊装梁段最长为152.6m,单次吊装钢箱梁重约4000t;在外海环境下采用吊装施工如此大规模、大尺寸、大吨位的梁段尚属首次,实现了跨海大桥施工的大型化、标准化、工厂化和装配化。

上述桥梁施工均可看成是在桥址原位进行安装。在工程实践中,以上述方法为基础,综合运用相关设备和技术,出现了异位施工,即先在非桥位处进行桥梁施工,然后通过专用设备或装置将其移动到桥位,如顶推施工和转体施工。桥梁顶推施工是在桥梁一侧进行逐段或逐孔梁体安装,然后通过顶推设备将梁体沿纵桥向进行相应平移,并最终抵达预定桥位,是适用于中小跨径桥梁施工的一种方法。该方法1959年由联邦德国的莱昂哈特(Leonhardt)教授在建造奥地利的阿格尔桥(Ager Bridge)时首次使用,1964年他进一步改进方案,采用了分节段预制逐段顶推的工艺建设委内瑞拉的卡罗尼河桥(Rio Caroni Bridge)。此后,苏联、意大利、联邦德国、法国、奥地利和日本等相继采用顶推法施工建造了多座预应力混凝土连续梁桥,并在实践中不断改进顶推装置,使得梁体的纵移过程更加平顺、快速,典型的如法国 Millau 大桥的楔进式顶推、杭州九堡大桥的步履式顶推。

桥梁转体法施工是以桥梁某个支点位置为转动中心,将桥梁结构或其一部分转到便于操作的位置(非设计位置)进行施工,然后再通过水平或竖向转体就位。该方法可使桥梁施工克服地形、交通、环境等条件制约,节省工程造价、缩短建设工期、减少施工干扰等。如20世纪50年代意大利采用平转法修建了跨径长达70m的多姆斯河桥(Doms River Bridge),1986年德国也用该施工方法修建了跨径达150m的阿根托贝尔桥(Argentobel Bridge)。我国在跨越铁路的桥梁施工中常采用转体法施工,以最大程度降低桥梁建设对铁路运输的影响。如2020年通车的保定南站斜拉桥,其竣工时为世界上跨度最大、转体吨位最重的斜拉桥。

桥梁分阶段施工方法类型众多,描述方式也多样,有的是从桥梁结构类型和分段方式角度来分,如连续梁桥的逐孔、节段、顶推施工等;有的是从采用的施工设备类型角度来分,如挂篮悬臂浇筑、移动模架法等。笔者认为,在描述施工方法时可根据其主要特征,采用"桥梁结构＋施工设备＋施工方式"的表述方式,如"预应力混凝土连续梁桥挂篮节段悬臂浇筑""钢管混凝土拱桥缆索分段吊装施工""钢混组合连续梁桥步履式顶推施工"等。

## 1.2.2 桥梁施工控制

经过若干施工步骤、分阶段施工建设的桥梁,在施工过程中结构的几何和内力状态是不断变化的,理论预测与实际情况往往存在偏差,增加了施工的质量安全风险。一些大型预制构件在现场安装时若不能按照预先设定的线形拼装,桥梁各部分将难以平顺衔接;即使采取措施进行几何形态调整,也不能免除其影响:轻则有损桥梁平顺性、美观和行车舒适性,重则会因过大的附加内力引起严重的质量安全事故,如韩国圣水大桥垮塌、墨尔本西门大桥(The West Gate Bridge)箱梁局部屈曲和垮塌等。因此,应充分考虑分阶段施工过程的结构特点,按构件制造、运输和安装的全过程,对分阶段施工桥梁的几何和受力状态进行控制,即桥梁施工控制。

严格讲,施工控制是指在确定施工方法和工艺条件下,基于结构分析和现场测量结果,通过设定合适的施工参数,使得桥梁在施工过程始终处于安全与稳定状态,在完工后桥梁结构内力状况和几何形态均符合设计要求,一般包含施工监控计算、施工监测和施工误差分析与控制等方面的工作。施工控制是一项系统而连续的工程。首先,为了明确设计意图和结构的受力特点,需要开展设计成桥状态和施工阶段的分析,并与设计计算进行比较、达成一致,确保用于施工监控的力学分析模型的正确性。此阶段施工监控也可参与施工方案合理性的论证分析。而后,针对确定的施工方法和工艺条件,以保证施工过程结构安全与稳定、桥梁完工后结构内力和几何形态满足设计要求为目的,确定相应施工参数,如预拱度、预拼角、缆索线形、预偏量、工厂下料长度、张拉力及张拉时机等。在施工过程中,需对各阶段、各工况的结构及材料典型指标、结构力学响应、环境条件等进行实时监测,如主要构件的应力与变形、斜拉索索力、温度场等,从而得到结构在施工中的实际状态。实测值需同理论预测值进行对比分析,以评估施工误差情况及其影响程度与产生原因,必要时调整施工参数,甚至是施工方案,以达到施工监控的目的。施工监控中需要控制及监测的参数会因桥梁结构和施工方法而调整,应基于施工监控的目标而定。

施工监控是伴随分阶段施工而产生的,最早涉及桥梁施工控制概念的是 20 世纪 50 年代的现代斜拉桥——斯特伦松德桥(Stromsund Bridge)工程,其研究了索力和标高对施工的影响;1958 年,Leonhardt 教授修建德国的杜吉尔多夫北莱茵河桥时,首次提出采用倒退分析法,以计算出各施工阶段结构标高和初始索力。20 世纪 80 年代初,日本在修建一座预应力混凝土连续梁桥时建立了一套控制系统,用实测的参数进行结构的计算分析,并将分析的结果用于施工监控;80 年代后期,日本在修建奇奇比桥(Chichby Bridge)和横滨港湾大桥(Yokohama Bay Bridge)时,建立了一套斜拉索索力的自动测试、分析和控制系统。我国桥梁施工监控的发展与我国大型现代桥梁的发展是相适应的,如 1982 年竣工的上海泖港大桥,相关单位在施工过程中运用了现代控制理论,用计算机算得的理论计算控制值与现场实测值对比,进行索力和索塔的控制。近年来,随着桥梁建设的迅速发展,我国诸多单位在大跨径连续梁桥、连续刚构桥、悬索桥、斜拉桥、拱桥等的施工过程中都积极开展了施工控制工作,已将施工控制纳入常规施工管理工作中,并逐步发展了施工控制理论和方法。

针对不同的桥梁结构形式和施工方法,所能控制的内容和时机均不同,相应采取的施工控制策略和方法也不一样,一般有开环控制法、反馈控制法、自适应控制法等。开环控制法是单向的,只在施工前设置施工参数,在施工过程中不进行施工参数的调整,容易造成误差的累积。譬如,很多中小桥通过设置预拱度控制线形,没有机会控制和修正参数。反馈控制法是一种闭环控制,是在开环控制的基础上,增加误差调整的环节,按相应的机制进行误差纠正,而纠正的措施和控制量的大小是由误差反馈计算决定的。其属于被动控制,需等误差出现后再按某种最优状态进行误差调整。自适应控制法是在反馈控制的基础上,加入参数识别,分析产生误差的原因,并及时更新有限元模型的计算参数,使理论状态与实测状态达成一致。该方法的特点在于主动减小误差而不是被动纠正误差。钟万勰(1992)等采用开环控制法对一座独塔斜拉管道桥进行施工控制。国内学者林元培(1983)首次将闭环控制方法应用于上海泖港大桥,将成桥线形误差控制在 2cm 以内。Breen(1985)采用闭环控制法对节段拼装的预应力混凝土连续梁桥施工几何状态进行了控制;此后,加拿大的安娜西斯岛桥(Annacis Island Bridge)和日本的横滨港湾大桥(Yokohama Bay Bridge)均采用了闭环控制法。Sakai(1988)开发了斜拉桥施工控制的自适应系统,并将该系统用于石原富美桥(Tomei-Ashigara Bridge)的施工控制。陈德伟(1993)等提出采用最小二乘法进行斜拉桥参数识别,并将该方法应用于宁波甬江大桥(混凝土斜拉桥)的施工控制。李乔(2009)等在苏通大桥的施工监控中建立了全过程自适应几何控制系统。

对于桥梁工程结构,由于是基于力学分析进行设计和评估,系统输入和输出有明确的因果关系,因此在分阶段桥梁施工控制中,应基于自适应控制的思想,充分进行力学模型参数敏感性分析,确定其变化对施工控制参数和结构响应的影响,制定相应的监测方案,根据误差情况适时调整施工控制参数。

## 1.3 本书主要内容

本书主要包括绪论、基本理论、工程案例和施工监控辅助系统等几个方面的内容。

### 1.3.1 绪　论

该部分在对现代桥梁发展状况及我国桥梁建设成就等进行概述的基础上,简要介绍了分阶段施工技术和施工控制方法。该部分内容安排在本书第一章。

### 1.3.2 基本理论

该部分主要对桥梁施工过程的力学分析方法、施工控制方法、刚性及柔性构件的安装控制技术等进行了介绍。该部分内容安排在本书第二、三、四章。

### 1.3.3 工程案例

该部分主要是结合具体工程案例,在对目前典型的分阶段施工方法进行介绍的基础上,重点阐述施工控制的实际操作。该部分内容安排在本书第五章至第十一章。

### 1.3.4 施工监控辅助系统

该部分侧重于将目前最新的信息技术应用于施工监控,如基于物联网的在线监测、信息模型技术(BIM)、信息管理系统技术等,以辅助施工监控更加可靠、有效地开展。该部分内容安排在本书第十二章。

# 第 2 章　施工控制基本理论

## 2.1　概　述

目前工程结构的分析评估是基于力学模型的,桥梁施工中需要对结构内力和变形同时进行控制,以保障施工过程的结构安全与稳定,使得成桥后结构内力和几何状态均满足设计规范要求。结构内力和几何状态是由结构体系、材料特性、力和位移边界条件等共同决定的,可通过力学模型计算得到;计算模型的准确与否直接关系到施工控制目标的实现,确保力学分析模型的适用和准确是施工控制工作的根本。

桥梁结构受力均呈现一定的空间特征,需要从整体和局部两个尺度进行受力分析。常采用杆系有限元模型分析方法进行结构整体受力与变形的分析,对钢箱梁等薄壁构件还应考虑截面剪切系数影响。对于局部效应分析,一般是在整体分析的基础上,按照圣维南原理来选择局部分析区域和设定边界条件,然后采用板壳或实体有限元模型进行计算;但随着计算方法的进步和软件能力的提升,也可采用多尺度分析方法直接进行分析。对于混凝土结构,由于混凝土材料的收缩和徐变特性,其受力还具有时间相关性,应进行时程分析;而对于大跨度桥梁,特别是缆索承重的钢结构桥梁,还应考虑其几何非线性特征。

如果桥梁是经分阶段施工逐步建成的,由于施工过程中结构受力体系和荷载条件均不断变化,成桥后结构的内力和变形与施工过程密切相关。施工开始前要事先根据设计和施工方案,选择恰当的力学模型,分析施工过程的结构响应,明确设计计算参数的敏感性,评估施工过程中的结构受力状态,计算施工参数;施工过程中应基于现场实测结果,评估施工过程中的结构受力状态,基于预测与实测结果的差异对模型中的敏感性参数进行不断修正,利用修正的模型重新计算施工控制参数和预测将来的结构响应。一般采用增量法进行施工过程分析,对于大跨度桥梁结构需考虑结构安装位置及变形对结构受力的影响,即几何非线性。

本章对桥梁分阶段施工过程与成桥状态关系进行讨论,对施工状态分析计算方法和施工控制的状态传递法进行叙述,其中施工状态计算方法主要包括正装分析法、倒拆分析法、无应力状态法等。本章内容是后续关于刚性构件和柔性构件安装控制计算的基础。

## 2.2 成桥状态、施工状态及无应力状态

### 2.2.1 理想成桥状态

工程上,将桥梁建成后的受力状况和几何形态称为桥梁的成桥状态,将事先设定的理想条件下的成桥状态定为理想成桥状态。理想成桥状态是工程师根据使用需求按照规范要求进行设计的,具有一定的主观性。

以斜拉桥为例,其理想成桥状态是指斜拉桥在施工完成后,在所有主要荷载作用下,各构件受力或变形达到某种理想状态,如以索在梁端锚固为支点的简支梁或连续梁受力状态,弯曲应变能最小、斜拉索用量最省、主梁上下缘应力分布满足指定要求等,其关键是要确定斜拉索的合理成桥索力。

图 2.1 为一塔梁固结的斜拉桥模型,计算参数如下:主梁和主塔单元截面为 2m×2m,采用 C50 混凝土,弹性模量为 $3.45×10^4$ MPa;斜拉索单元截面积为 $0.005m^2$,弹性模量为 $1.95×10^5$ MPa,钢丝的标准强度为 1860MPa;0~3 号梁段长 4m,合龙段长 3m,斜拉索锚固点距梁端 1m;斜拉索的水平倾角均为 45°;二期恒载为 20kN/m。采用最小弯曲能量法得到的成桥索力值如图 2.1 中所示,此索力仅作为示例。

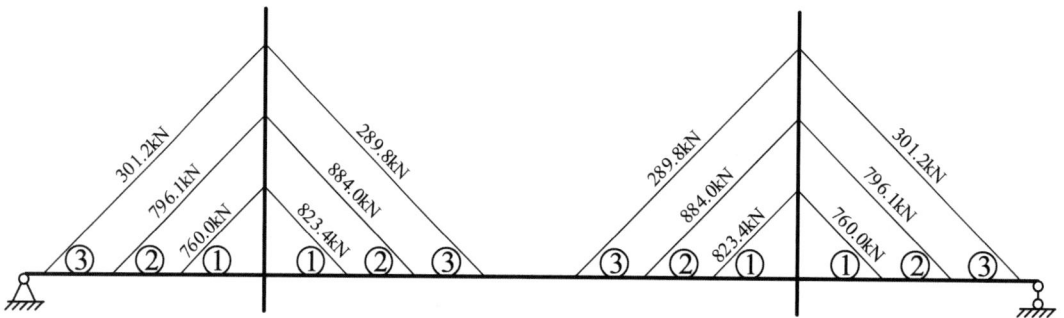

图 2.1 理想成桥状态下的索力值

### 2.2.2 合理施工状态

合理施工状态是指在确定了施工方法和工艺的条件下,为达到理想成桥状态,各施工阶段结构内力和几何形态应处的状态。合理施工状态是以实现理想成桥状态为目标进行求解的,同时还应满足设计和施工规范的要求,它是确定的。

但由于设计阶段往往只给出了桥梁的成桥状态,即发生受力和变形后的状态,施工监控需事先根据施工方案确定与理想成桥状态相对应的合理施工状态。在桥梁施工过程中,结构体系和材料特性是相对确定的,位移和力的边界作为输入条件是可人为干预的,如拉索张拉力、支点位移等。因此,确定合理施工状态的关键在于根据工程需求确定合理的输入条

件,如安装位置、张拉力、预设位移等安装参数;然后再基于力学分析预测施工响应,评估施工状态。

对于上述的斜拉桥,若采用对称悬臂施工,并采取斜拉索一次张拉施工工艺,施工状态分析的关键是要确定与成桥索力相对应的各斜拉索安装时的初始张拉力。假设不考虑索塔、主梁等安装位置和变形对计算的影响,则线性叠加原理适用。理论上图 2.2 中各斜拉索的初始张拉力可以按下列公式计算。

第 1 对索力:
$$T_1 = b_{11}T_{1p} + b_{12}T_{2p} + b_{13}T_{3p} + T_{1Q} \tag{2-1}$$

第 2 对索力:
$$T_2 = b_{22}T_{2p} + b_{23}T_{3p} + T_{2Q} \tag{2-2}$$

第 3 对索力:
$$T_3 = b_{33}T_{3p} + T_{3Q} \tag{2-3}$$

索的初始张力为:
$$\{T_p\} = [B]^{-1}(\{T\} - \{T_Q\}) \tag{2-4}$$

式中:$b_{ij}$ 为 $j$ 索单位张力引起 $i$ 索索力变化量,需考虑索力对等效弹模的影响;$T_{ip}$ 为 $i$ 索的初始张拉力;$T_Q$ 为体系转换、二期恒载、徐变等引起的 $i$ 索索力变化量。

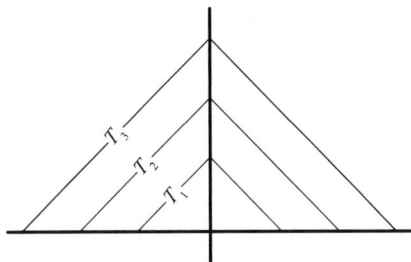

图 2.2　斜拉索初始张拉力理论计算示意

但依据上述公式所得的计算结果往往异常,各索索力分布不仅没规律,且会出现负值、很大的正值等,不能将其作为实际工程的施工参数。究其原因是,上述的计算是要求 100% 达到,待求量的取值范围可以是 $+\infty$ 到 $-\infty$。而实际上,合理成桥索力并不唯一,且力学模型是对实际工程结构受力的近似模拟,因此实际成桥索力与设计拟定的成桥索力相比满足一定的误差范围即可。在实际的施工过程分析中,一般需要通过迭代计算求得初始安装参数,为使得迭代计算能收敛,常用倒拆法、无应力法等来确定每一轮的迭代值。

### 2.2.3　无应力状态

无应力状态是指结构或构件在不承受荷载作用时的几何形态,如板单元件在工厂下料或预制节段在工厂制作时等。在施工过程中,结构或构件承受荷载作用,发生变形,几何形态发生改变;但施工时钢板或钢丝等材料一般均处于弹性工作阶段,卸除荷载作用后其几何形状将恢复到未受力时的状态,即无应力状态是确定的。基于成桥时的几何状态和受力,可求出构件的无应力状态,据此可以确定其工厂加工参数。利用无应力状态的确定性,将桥梁结构的成桥状态和施工各阶段的中间状态联系起来,确定合理施工状态,进行桥梁施工过程控制,如秦顺全(1992 年)率先提出了施工控制的无应力状态法,并最早将其用于武汉长江二桥的建造,随后得到推广。

## 2.3 施工状态计算

### 2.3.1 正装分析方法

桥梁施工过程分析应采用增量法进行计算。随着桥梁施工的进行,其结构形式、几何形态、内力状态、边界约束、荷载形式等都在不断地改变,混凝土结构还将发生徐变,其几何位置和内力也在调整,因此当前工况的结构分析应以前一阶段结构几何和内力状态作为参考。

正装分析法是根据结构的实际施工顺序,确定相应的结构分析模型和边界条件,按增量法逐步对其受力和变形进行分析,并进行结构响应累计。该方法模拟了桥梁结构的实际施工过程各工况下的力学响应,可分析时间相关效应、几何非线性和材料非线性等,其分析结果是桥梁施工过程的质量与安全管控的依据,即须按正装计算结果进行施工监控。分阶段桥梁结构的正装分析可遵循下列基本步骤进行:

①明确施工过程。根据实际施工方案,确定施工加载顺序,明确每个施工阶段和工况下的结构体系、位移约束条件和作用的荷载,为计算分析做准备。

②确定施工初始状态。桥梁设计图给出的是桥梁建成后、结构已受力变形后的状态,而正装分析需要已知开始建造时的状态,如构件刚安装时的位置、斜拉索张拉力等,即施工开始时的状态。其可以采用接下来要介绍的倒拆分析或无应力分析等方法,通过迭代计算确定;但对于满足小变形假定的桥梁结构,如预应力混凝土斜拉桥,可近似按设计成桥位置进行结构分析,无须迭代。

③分析当前阶段的结构受力。根据计算分析需要,确定待分析对象各构件的空间位置、几何形态以及当前应力状态或初始张拉力的大小,建立力学模型进行分析,确定当前施工阶段或工况下结构的几何形状和受力状态。

④下一阶段结构受力分析。以上一阶段结束时结构的几何和内力状态为参考,建立力学模型,根据需要计入几何、材料非线性以及时间效应,计算结构的变形和应力,确定各个施工阶段桥梁结构的几何形状和受力状态。

⑤重复步骤④,直至桥梁建造完成。

以一自重荷载集度为 $q$ 的两端固结梁为例:结构在支架上先形成 $AC$、$BD$ 两个悬臂梁,拆除支架后,计算结构的变形和内力,如图 2.3(a)所示;在落地支架上形成 $CD$ 梁段,连接 $C$ 点和 $D$ 点,拆除 $CD$ 梁段的落地支架;完工后的结构总弯矩是图 2.3(a)和图 2.3(b)的叠加,如图 2.3(c)所示;如果该两端固结梁在支架上一次安装完成,则结构内力如图 2.3(d)所示。

(a) 安装两端悬臂段时的结构弯矩图

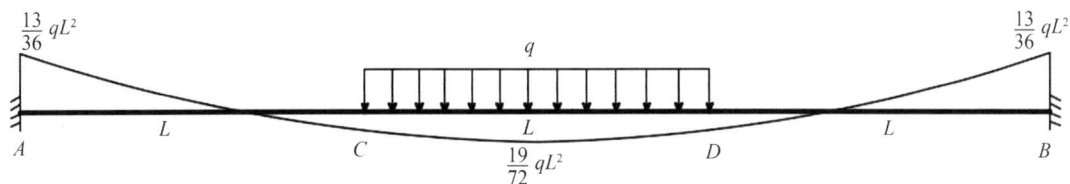

(b) 安装中间梁段时的结构弯矩图

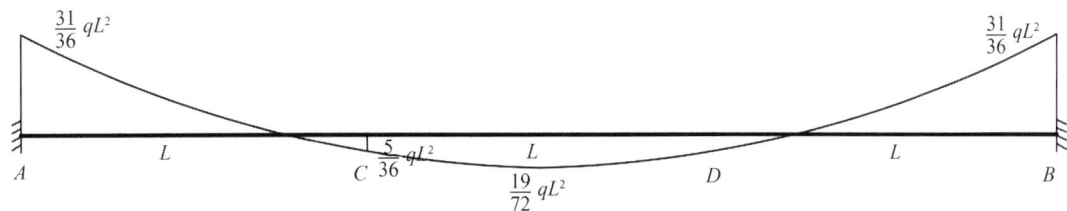

(c) 按分阶段施工的结构最终弯矩图

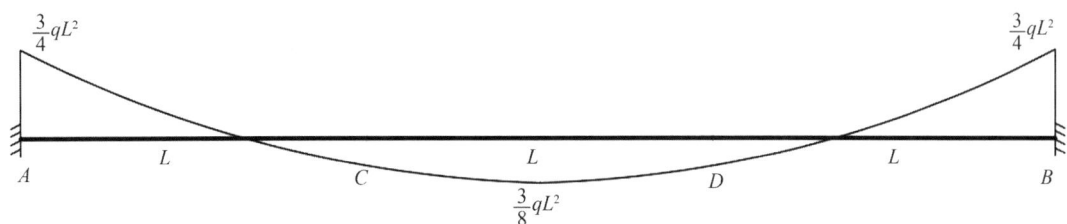

(d) 按一次落架的结构最终弯矩图

图 2.3　两端固结梁正装分析法

以图 2.1 所示的双塔斜拉桥为例,进一步说明正装分析。假设各斜拉索张拉力为已知(见表 2.1),且不考虑结构构件几何位置小范围变化对受力的影响,进行正装分析。

表 2.1　斜拉索初始张拉力　　　　　　　　　　　　　　　　　　　　（单位:kN）

| 斜拉索 | $A_1$ | $A_1'$ | $A_2$ | $A_2'$ | $A_3$ | $A_3'$ |
|--------|-------|--------|-------|--------|-------|--------|
| 初始张拉力 | 725.8 | 791.1 | 688.7 | 750.8 | 255.7 | 238.4 |

①主塔及 0 号梁段施工见图 2.4。

图 2.4　主塔及 0 号梁段施工

②对称悬臂浇筑 1 号梁段见图 2.5。

图 2.5　对称悬臂浇筑 1 号梁段

③张拉斜拉索 $A_1$、$A_1'$见图 2.6。

图 2.6　张拉斜拉索 $A_1$、$A_1'$

④对称悬臂浇筑 2 号梁段见图 2.7。

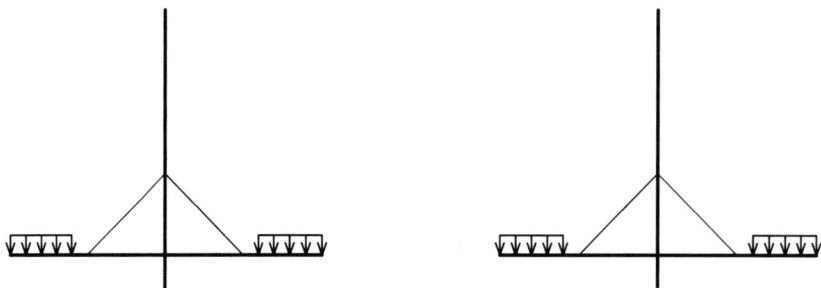

图 2.7　对称悬臂浇筑 2 号梁段

⑤张拉斜拉索 $A_2$、$A_2'$见图 2.8。

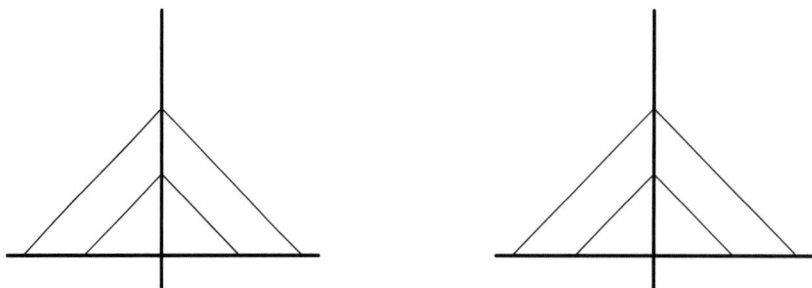

图 2.8　张拉斜拉索 $A_2$、$A_2'$

⑥对称悬臂浇筑 3 号梁段见图 2.9。

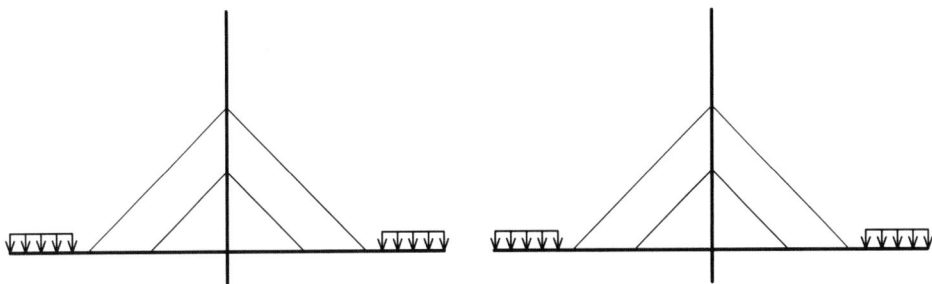

图 2.9　对称悬臂浇筑 3 号梁段

⑦张拉斜拉索 $A_3$、$A_3'$ 见图 2.10。

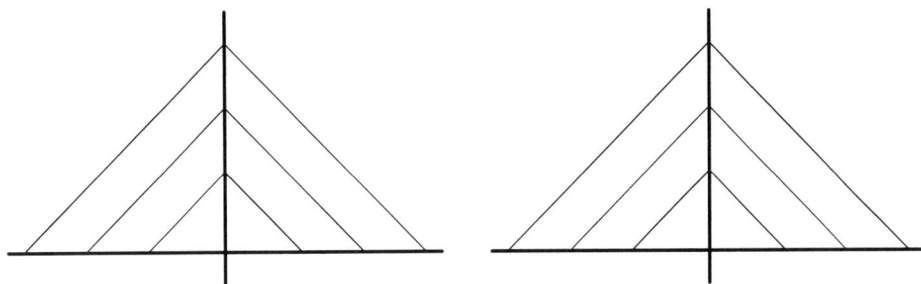

图 2.10　张拉斜拉索 $A_3$、$A_3'$

⑧安装两端支座,然后施工合龙段(见图 2.11)。

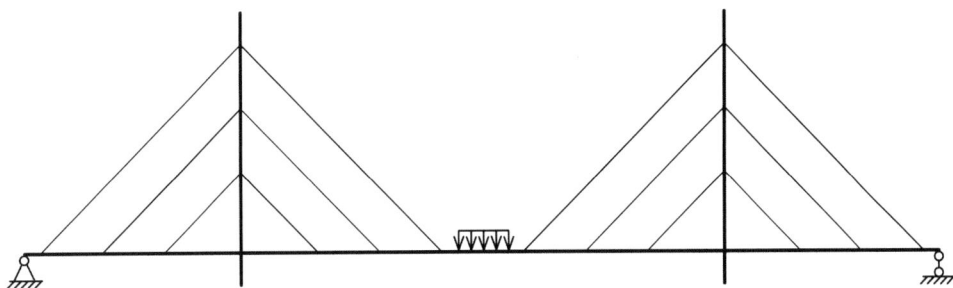

图 2.11　安装支座,施工合龙段

⑨施工桥面附属设施,二期恒载见图 2.12。

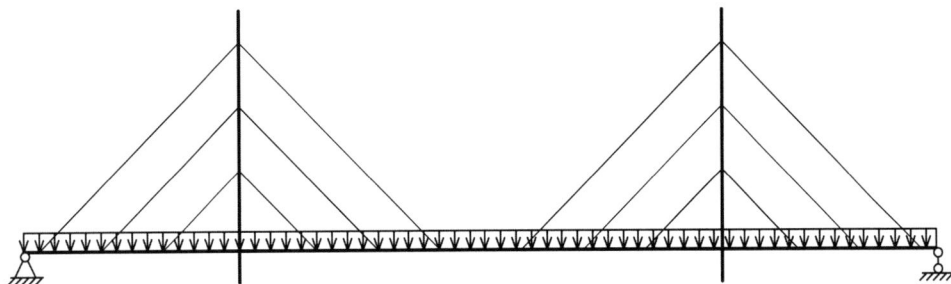

图 2.12　上二期恒载

上述正装分析过程中,每阶段计算均以上一阶段结束时的结构状态作为参考,计算结构的变形和应力,确定各个施工阶段桥梁结构的几何形状和受力状态。表 2.2 列出了各斜拉索索力随施工过程的变化情况。正装分析时要求各斜拉索的初张力事先已知,需要以理想成桥状态为目标,采用接下来要介绍的倒拆分析或无应力分析等计算方法确定。

表 2.2　斜拉索索力随施工过程变化情况　　　　　　　　　（单位:kN）

| 步骤 | $A_1$ | $A_1'$ | $A_2$ | $A_2'$ | $A_3$ | $A_3'$ |
|------|-------|--------|-------|--------|-------|--------|
| (3) | 725.8 | 791.1 | | | | |
| (4) | 810.4 | 875.7 | | | | |
| (5) | 677.7 | 717.7 | 688.7 | 750.8 | | |
| (6) | 784.9 | 824.8 | 839.5 | 901.6 | | |
| (7) | 726.6 | 772.9 | 754.4 | 827.0 | 255.7 | 238.4 |
| (8) | 729.6 | 792.2 | 759.4 | 849.3 | 261.7 | 258.0 |
| (9) | 760.0 | 823.4 | 796.1 | 884.0 | 301.2 | 289.8 |

## 2.3.2　倒拆分析方法

倒拆分析方法是从设计给定的成桥状态开始,将分阶段安装的桥梁构件按照与实际施工相反的顺序逐个拆除,计算拆除过程中各阶段结构内力和变形,以此求得相应构件安装前的结构受力和变形状态。具体实施时,在与正装分析相对应的结构体系上施加与正装分析时相反的荷载,使得相应杆件的内力或约束反力为零,然后将相应杆件拆除掉或解除相应约束。

仍以一自重荷载集度为 $q$ 的分阶段安装的两端固结梁为例解释倒拆分析的思路。分阶段施工的最后一个工况是安装合龙段 $CD$,正装时是按两端固结梁在合龙段施加向下的均布荷载 $q$ 来分析;倒拆时的结构与正装时保持一致,荷载则需要与正装时相反,即按两端固结梁在合龙段施加向上的均布荷载 $q$ 来分析,如图 2.13(a)所示。将该倒拆分析结果与上一工况结束时的结构内力结果叠加,$CD$ 梁段的内力为 0,即可以拆除,得到剩余结构的变形和内力,如图 2.13(b)所示。

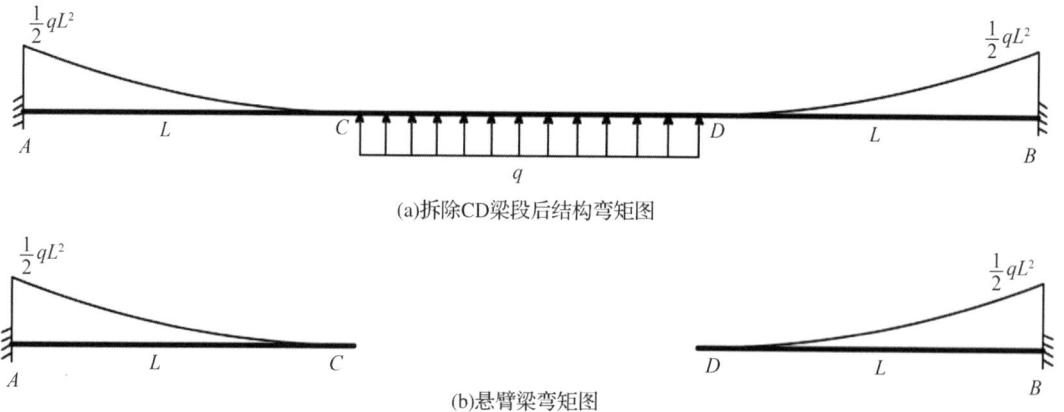

(a)拆除CD梁段后结构弯矩图

(b)悬臂梁弯矩图

图 2.13　两端固结梁倒拆分析法

上述例子中,其成桥状态是按分阶段施工计算得到的,倒拆时结构体系相同、荷载相反,按线性叠加原理待拆除的杆件内力自然为 0。对于实际桥梁结构,其成桥状态设计时一般不考虑施工过程,按当前所拟定的流程施工不一定能达到;再者,倒拆分析一般按照弹性假定,不考虑非线性、时间效应等,所得到的每个施工阶段内力和变形是一个近似值,因此倒拆分析往往难以满足"待拆构件内力为 0"的原则。对于成桥状态和施工过程结构响应都遵循线弹性规律的,如中小跨径的钢结构桥梁等,倒拆分析应严格遵循"待拆构件内力为 0"的原则,否则应采取施工措施或调整理想成桥状态,如对于斜拉桥可采取调整斜拉索索力的措施等。

对于几何非线性明显的大跨度桥梁或存在收缩徐变等时间效应的混凝土桥梁,由于倒拆计算时一般不考虑非线性及时间效应,待拆除构件回不到其安装的状态,即不可能满足"内力为 0"的条件,此时难以判断不满足的原因是计算方式引起的还是当前采用的施工流程理论上就达不到。但若待拆除构件残余内力与总内力的比值过大,如 20% 以上时,可初步判断需要调整施工方法。当待拆除构件残余内力是由几何非线性或混凝土收缩徐变效应引起,可通过施加等效力的方式近似模拟上述效应,等效力即为残余内力的反值。由于倒拆时非线性效应是近似模拟的,或者当前施工流程理论上就达不到理想成桥状态,按倒拆分析的结果进行正装计算,桥梁结构将偏离预定的成桥状态。因此需要针对偏离值按增量方式进行多轮次倒拆-正装迭代,以确定各施工阶段的初始状态,并给出相应的施工控制参数;其中还需根据计算结果进行必要的施工流程或成桥状态的调整。

以图 2.1 所示的双塔斜拉桥为例,不考虑非线性效应,进一步说明倒拆分析,即按照与正装分析相反的顺序将桥梁杆件逐个拆除。

①拆除桥面附属设施。采用与正装分析步骤⑨相同的力学图式以及大小相等、方向相反的荷载,如图 2.14 所示。将本轮倒拆分析的结构内力和变形与成桥状态内力及线形相叠加,得到桥面附属设施施工前的结构内力和线形状况。

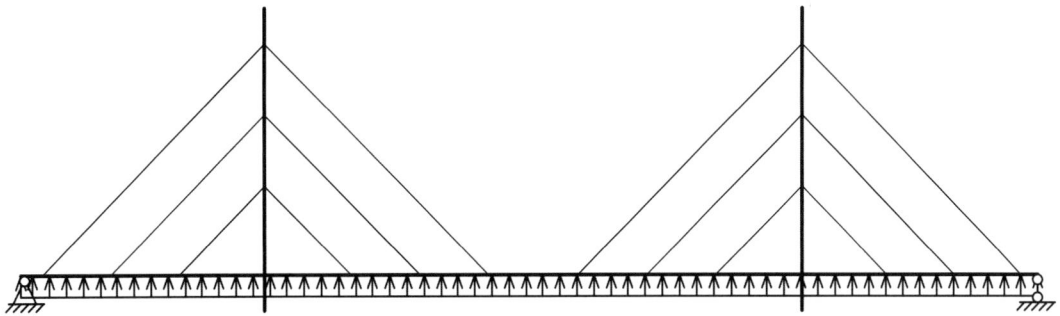

图 2.14  拆除二期恒载

②拆除合龙段及支座。采用与正装分析步骤⑧的力学图式以及大小相等、方向相反的荷载,计算当前工况下的结构响应,并与上一步的分析结果叠加,得到结构内力和变形。判断合龙段内力是否为 0、支撑力是否为 0 等;若不为 0,需要先进行索力调整,直到满足"待拆除构件内力为 0"的原则,才可将合龙段及支座拆除(见图 2.15)。拆除合龙段及支座后,对应斜拉索 $A_3$、$A_3'$ 刚张拉完的工况,其内力即为初始张拉力,由此得到了对斜拉索张拉施工的控制参数。同样,可计算 $A_3$、$A_3'$ 张拉完成后的结构内力和线形状况,以下类似。

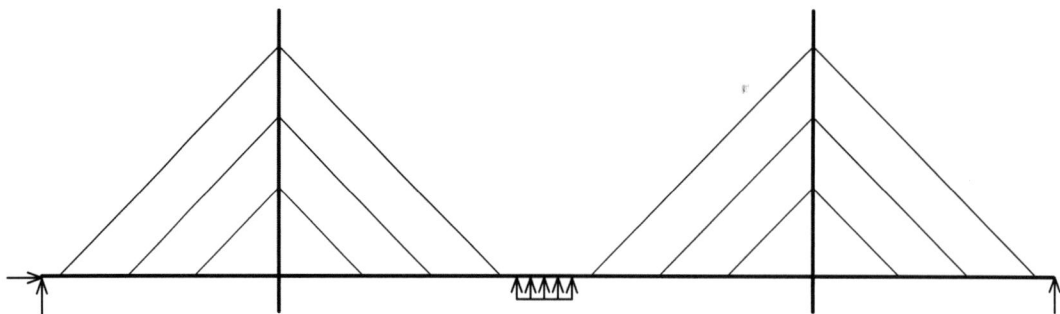

图 2.15　拆除合龙段

③拆除斜拉索 $A_3$、$A_3'$。在锚固点施加与斜拉索张拉力相反的荷载,使得斜拉索 $A_3$、$A_3'$的内力为 0,从而将其拆除(见图 2.16)。

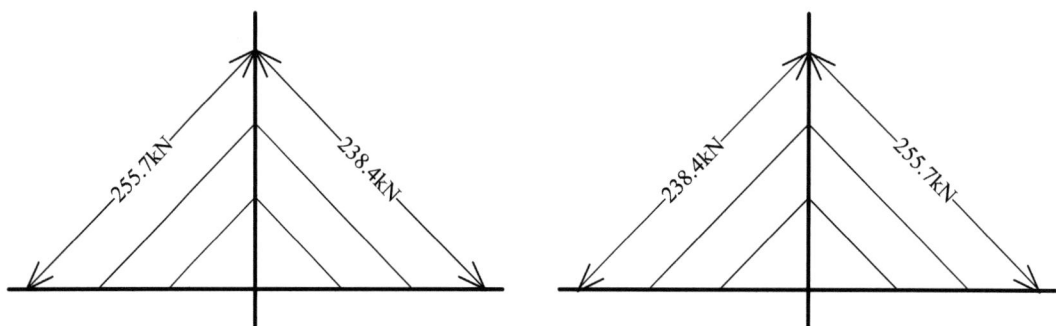

图 2.16　拆除斜拉索 $A_3$、$A_3'$

④拆除 3 号梁段。采用与正装分析步骤⑥时相同的力学图式,施加与正装分析步骤⑥大小相等、方向相反的荷载(见图 2.17)。判断待拆除构件是否满足"内力为 0"的条件。

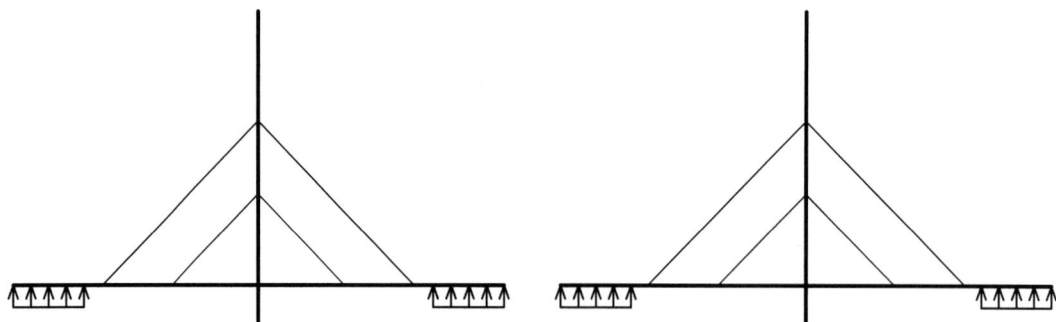

图 2.17　拆除 3 号梁段

⑤按照桥梁结构实际施工加载顺序的逆过程,依次拆除 1、2 号梁段及斜拉索 $A_1$、$A_1'$、$A_2$、$A_2'$,计算剩余结构的变形和内力,得到相应的施工控制参数(见图 2.18)。

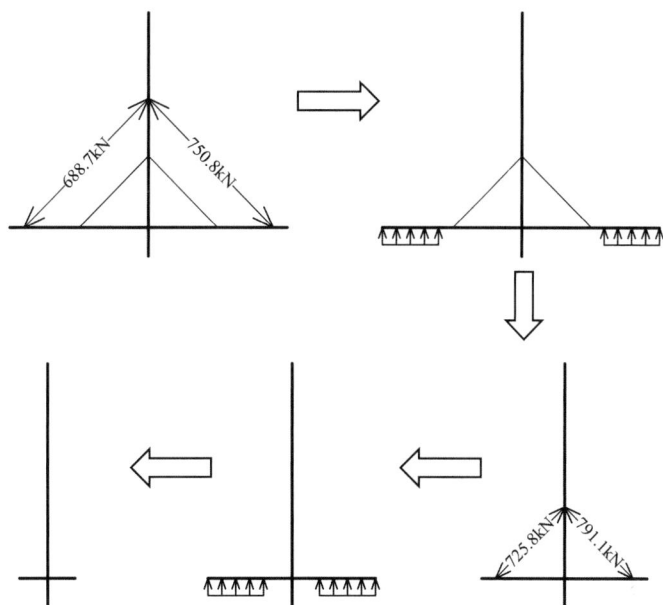

图 2.18 依次拆除杆件至初始施工阶段

### 2.3.3 无应力状态法

无应力状态法是指利用结构无应力状态不随施工过程变化的特性来确定合理施工状态及相应施工参数的方法。常采用杆系理论分析桥梁结构施工过程总体受力和变形,相应地用单元无应力长度和无应力曲率来描述相应构件各个分段的无应力状态。无应力状态法通过单元无应力长度和曲率这两个状态量关联施工过程和成桥状态,确定施工过程正装分析所需的构件安装位置、拉索初始张拉力等计算参数。无应力状态法的总体思路如下:

①针对设计成桥状态建立杆系有限元模型,计算理想成桥状态下各单元内力,对于存在几何非线性的,往往还需进行迭代计算。

②根据上述的单元内力和单元变形后状态(成桥状态),按材料弹性的假定推算各单元无应力条件下的长度和曲率,还原构件变形前的单元形态,用于表征相应构件的无应力状态,用于接下来的建模分析。

③按照线形光滑的原则(一阶导数连续,即切线角相同),各构件自无应力状态开始按施工顺序进行相应单元组集、确定位移和力边界条件,如单元所处的位置、支点可能存在的强迫位移(典型的如顶推施工模拟)等,建立各施工阶段的分析模型,通过正装分析计算施工过程结构受力状态和变形。

④对于需要进行初张拉的吊杆或拉索等柔性构件,根据安装时张拉端锚固点与锚固位置之间的距离可确定拉索初张力,即斜拉索需通过张拉伸长才能锚固到指定位置;此初张拉根据结构受力状况,可一次张拉到位,也可以分多次张拉,具体应视结构的受力情况而定。

⑤由于混凝土收缩徐变效应、大跨度结构几何非线性效应以及计算误差的影响,上述计算过程需要迭代多次,才能收敛于理想成桥状态。

使用无应力状态法时应特别注意检查是否满足线形光滑的原则。在悬臂施工时由于是向同一个方向施工,线形光滑的原则理论上能满足;而对于桥梁梁段从两个方向进行对接的情形,其所用的施工工艺从理论上就不一定能满足线形光滑的要求,如桥梁合龙施工、钢箱梁大节段施工等情形。对于不能满足线形光滑条件的,应通过正装计算评估其对成桥状态的影响,并对相应节段的无应力状态进行调整,如不光滑所引起的曲率、端面倾角的调整。若有必要,也可采取措施调整待衔接构件的轴线,使得其切线角相同,如斜拉桥可通过调整索力使得合龙段两侧的梁段平顺衔接,梁式桥可通过施加临时荷载方式等。

按无应力状态法,在构件单元的无应力长度、无应力曲率和位移及力的边界条件确定的情况下,结构最终状态的内力和位移将与结构的形成过程无关,如此便可进行多工序同步作业控制。如对于斜拉桥调索,采用斜拉索的无应力长度调整量(锚头拔出量或回缩量)作为控制参数,理论上可以实现调索作业与其他作业同步进行,调索顺序也不受限制。实际操作时,还应关注结构受力状态是否符合要求,同时还需要控制索力增量值及索力值。

## 2.4 施工控制的状态传递法

结构变形和内力并不相互独立,从位移法的角度看,位移是基本未知量,结构内力则可根据材料特性由位移变化量来求得,反之亦然。因此,桥梁施工过程中内力和变形的双控可以看成是一个问题的两个方面:在施工控制参数计算时可选择以位移量作为基本量,以结构几何形态控制为基础,同时实现对结构内力状态的控制,还可以对预留位置进行预测和放样。但在具体实施施工控制时,应选择便于量测和控制的物理量作为控制指标,另一个量作为检验与校核指标,如对于斜拉索,可在控制张拉力的同时校验几何形态变化。对于主梁、索塔等刚性构件,其线形一般难以写成解析表达式,常用以直代曲分段折线来近似描述;而对于斜拉索等柔性构件,其线形可以用解析表达式进行准确描述,并重点要关注索力变化对线形的影响。因此在几何状态分析时,对于两者的处理思路不同。本节主要介绍刚性构件的状态传递问题,下一节专门介绍柔性构件的状态传递问题。

### 2.4.1 几何状态分析

对于分阶段施工的桥梁各构件或零部件,从工厂制造到最终安装到位,其几何状态不断发生转换。典型的几何状态有:设计成桥状态(图纸给出的成桥里程与高程)、无应力状态、制造状态和安装状态,分别用 $\Phi^D$、$\Phi^N$、$\Phi^C$ 和 $\Phi^H$ 表示,各状态间的传递关系如图 2.19 所示。

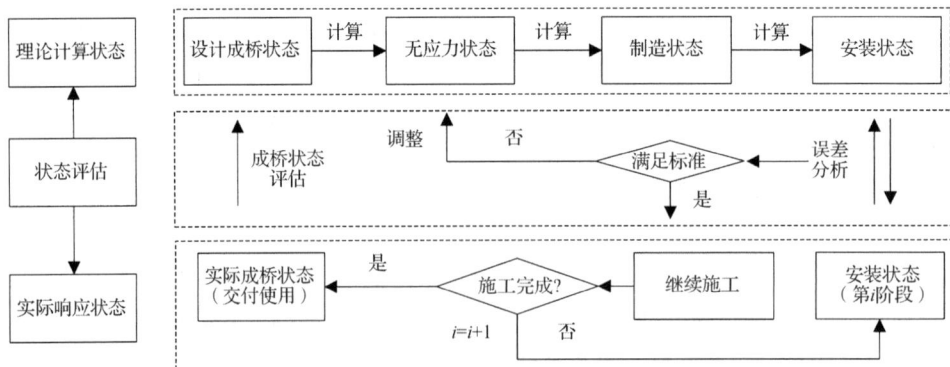

图 2.19 分阶段施工桥梁不同状态间的关系

## 2.4.2  状态控制变量

工程中每个点的里程和高程构成桥梁结构的基础几何信息,二者不但便于量测且与结构计算的变形相关联,因此选择每个控制点的里程和高程作为基本几何状态变量。记第 $i$ 梁段上的控制点为 $P_i$,控制点坐标为 $[S_i \quad H_i]^T$,$S_i$ 为控制点 $i$ 的里程,$H_i$ 为控制点 $i$ 的高程。

单个节段选择 6 个控制点:中性轴、顶面和底面各两个(见图 2.20),通过这 6 个控制点可实现其几何状态的描述,且几何状态信息涵盖了顶底板下料参数、节段环缝缝宽和连接板与支座等预安装构件的定位。

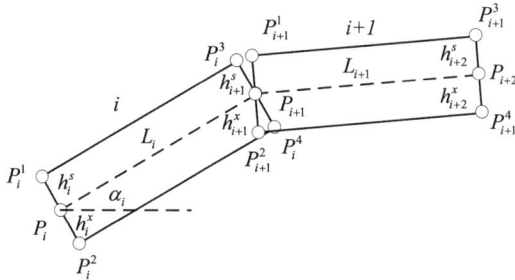

图 2.20   小节段钢箱梁控制点布置

图中:$P_i$ 为 $i$ 梁段中性轴上的控制点;$h_i^s$、$h_i^x$ 分别为 $i$ 梁段左端上缘和下缘到截面中性轴位置的距离;$L_i$ 为 $i$ 梁段中性轴长度;$\alpha_i$ 为 $i$ 梁段与水平线的夹角。这些参数均由设计图纸给出。

## 2.4.3  状态传递

从工厂制造至桥址安装直至成桥,各节段几何状态不断转换,形成传递关系:各状态中无应力状态是施工初始状态,设计成桥状态是施工的目标状态,其余状态均为中间状态,均由无应力状态演变而来。桥梁设计图纸给出的仅是成桥状态的信息(里程、高程及结构几何信息),无应力状态需要根据结构计算确定,两者的关系可表示为:

$$\boldsymbol{\Phi}^N = \boldsymbol{\Phi}^D + \boldsymbol{\Delta}^D = [\boldsymbol{\Phi}_i^N]_{i=1,2,\cdots,n} = \begin{bmatrix} \boldsymbol{\Phi}_1^D + \boldsymbol{\Delta}_1^D \\ \boldsymbol{\Phi}_2^D + \boldsymbol{\Delta}_2^D \\ \vdots \\ \boldsymbol{\Phi}_n^D + \boldsymbol{\Delta}_n^D \end{bmatrix} \tag{2-5}$$

式中:$n$ 为小节段梁段个数;$\boldsymbol{\Delta}^D$ 为设计预设量,如预拱度、预伸长量等,由结构计算得到。

图 2.20 中,$i$ 梁段以 $P_i$ 为基点,建立该节段中其余控制点相对于基点的状态关系,最终由 6 个点($P_i$、$P_i^1$、$P_i^2$、$P_i^3$、$P_i^4$ 和 $P_{i+1}$)的状态向量共同组成该梁段的控制状态向量:

$$\boldsymbol{\Phi}_i^N = \begin{bmatrix} \boldsymbol{P}_i^N \\ \boldsymbol{\Psi}_i^N \end{bmatrix} \tag{2-6}$$

式中:$\boldsymbol{P}_i^N = [S_i^N \quad H_i^N]^T$;$\boldsymbol{\Psi}_i^N$ 为其余 5 个控制点状态向量组成的数组:$\boldsymbol{\Psi}_i^N = [\boldsymbol{P}_i^1|_N \quad \boldsymbol{P}_i^2|_N \quad \boldsymbol{P}_{i+1}^N \quad \boldsymbol{P}_i^3|_N \quad \boldsymbol{P}_i^4|_N]^T$。

$$\boldsymbol{\varPsi}_i^N = \begin{bmatrix} I_2 & I_2 & I_2 & I_2 & I_2 \end{bmatrix}^{\mathrm{T}} \boldsymbol{P}_i^N + \begin{bmatrix} -\sin\alpha_i & 0 & 0 & 0 & 0 \\ \cos\alpha_i & 0 & 0 & 0 & 0 \\ 0 & \sin\alpha_i & 0 & 0 & 0 \\ 0 & -\cos\alpha_i & 0 & 0 & 0 \\ 0 & 0 & \cos\alpha_i & 0 & 0 \\ 0 & 0 & \sin\alpha_i & 0 & 0 \\ 0 & 0 & \cos\alpha_i & -\sin\alpha_i & 0 \\ 0 & 0 & \sin\alpha_i & \cos\alpha_i & 0 \\ 0 & 0 & \cos\alpha_i & 0 & \sin\alpha_i \\ 0 & 0 & \sin\alpha_i & 0 & -\cos\alpha_i \end{bmatrix} \begin{bmatrix} h_i^s \\ h_i^x \\ L_i \\ h_{i+1}^s \\ h_{i+1}^x \end{bmatrix}$$

$$(2\text{-}7)$$

式中：$\alpha_i = \arctan\left(\dfrac{H_i^N - H_{i+1}^N}{S_i^N - S_{i+1}^N}\right)$。

与 $i$ 梁段相邻的下一个梁段，存在状态传递关系：

$$\boldsymbol{P}_{i+1}^N = \boldsymbol{P}_i^N + L_i \begin{bmatrix} \cos\alpha_i & \sin\alpha_i \end{bmatrix}^{\mathrm{T}} \quad (i = 1, 2, \cdots, n) \tag{2-8}$$

将式(2-8)代入式(2-6)，可进一步求得 $i+1$ 梁段的状态向量 $\boldsymbol{\varPhi}_{i+1}^N$，依次类推，可求得整个构件的状态向量。

分阶段施工过程中的任意中间状态的理论预测值均可根据无应力制造状态下的状态向量和预测的变形来表示：

$$\boldsymbol{\varPhi}^P = \boldsymbol{\varPhi}^N + \boldsymbol{\varDelta}^E \tag{2-9}$$

式中：$\boldsymbol{\varDelta}^E$ 为中间状态下的理论变形值。

对于节段组拼时可能存在环境温度与设计基准温度不一致以及拼接缝变形的影响（如焊缝收缩），考虑这些影响因素后，组拼状态为：

$$\boldsymbol{\varPhi}_i^C = \boldsymbol{\varPhi}_i^N + \boldsymbol{\varDelta}_i^C \tag{2-10}$$

$$\boldsymbol{\varDelta}_i^C = \boldsymbol{\varDelta}_i^{CT} + \boldsymbol{\varDelta}_i^{CW} = \begin{bmatrix} \mu(t-t_0)L_i + nW_i \end{bmatrix} \begin{bmatrix} I_2 & I_2 & I_2 & I_2 & I_2 & I_2 \end{bmatrix}^{\mathrm{T}} \begin{bmatrix} \cos\alpha_i \\ \sin\alpha_i \end{bmatrix} \tag{2-11}$$

式中：$\mu$ 为材料热膨胀系数；$t$ 为实际组拼时的环境温度；$t_0$ 为设计基准温度；$W_i$ 为单条焊缝收缩量。

有了各状态下的几何状态方程，就可以方便计算出各施工控制性指标，通过对比实测值与预测值可分析评估误差情况。如：可将相关结果导入 BIM 模型进行其几何形态修正；可评估线形误差、预埋件位置误差等；对于现浇构件可直接根据状态方程中的状态向量确定立模标高；对于预制拼装构件，可根据状态方程进一步计算出工程需要的控制参数，具体参数类型因工程而异。

## 2.5　柔性构件的状态传递

### 2.5.1　拉索的线形方程

对于斜拉索等柔性构件，由于受到自重等横向荷载作用，存在一定垂度，其线形呈弧线。

假定拉索只承受拉力作用,材料为线弹性,外荷载沿索长均匀分布,且不考虑拉索横截面在索变形前后的变化。如此,当拉索较短时可采用抛物线方程描述其几何状态与受力之间的关系,否则应该采用悬链线方程。

**（1）抛物线方程**

如图 2.21 所示,在张力 $T$ 及自重作用下,当拉索较短时,拉索垂度较小,即 $\dfrac{f'_m}{L_C} < \dfrac{1}{12}$,斜拉索近似呈抛物线形状。$f'_m$ 为斜拉索跨中 $m$ 的经向挠段;$L_C$ 为斜拉索的弦长;$q$ 为斜拉索单位长度重量;$T$ 为斜拉索的索力;$E$ 为索材料中的弹性模量;$A$ 为拉索计算截面面积;拉索在 $x$ 轴的投影长度为 $l$,在 $z$ 轴的投影长度为 $h$。抛物线的弧长 $s$ 大于 $A$、$B$ 之间的直线长度 $L_C$。

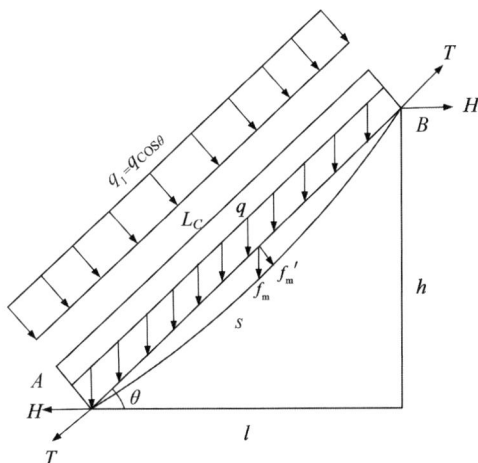

图 2.21　抛物线理论无应力索长计算

斜拉索伸长量 $\Delta L$ 由弹性伸长量 $\Delta L_e$ 和垂度影响的伸长量 $\Delta L_f$ 两部分组成,即:

$$\Delta L = \Delta L_e + \Delta L_f \tag{2-12}$$

弹性伸长量为:

$$\Delta L_e = \frac{TL_c}{EA} \tag{2-13}$$

垂度引起的伸长量为:

$$\Delta L_f = \frac{(qL)^2}{24T^2} \cdot L_C \tag{2-14}$$

则拉索的无应力长度为:

$$s_0 = L_C - \Delta L_e + \Delta L_f \tag{2-15}$$

**（2）悬链曲线方程**

一般情况下斜拉索采用的是柔性索,在自重的作用下,斜拉索会产生垂度,斜拉索的自重效应使拉索张拉时呈现出较为明显的非线性特征,其线形呈现悬链线形式。任取一根拉索进行受力分析,如图 2.22 所示,在直角坐标系 $xoy$ 中,拉索一锚固点为 $A$,另一锚固点为 $B$,假定 $A$ 点坐标为 $(0,0)$,$B$ 点坐标为 $(l,h)$。拉索水平分力为 $H$ 和竖直分力为 $V$,如图 2.23 所示。取一微段进行平衡分析,可得:

$$V + q\mathrm{d}s = V + \mathrm{d}V \tag{2-16}$$

$$\frac{V}{H} = \frac{\mathrm{d}y}{\mathrm{d}x}, \quad \mathrm{d}V = Hy''\mathrm{d}x \tag{2-17}$$

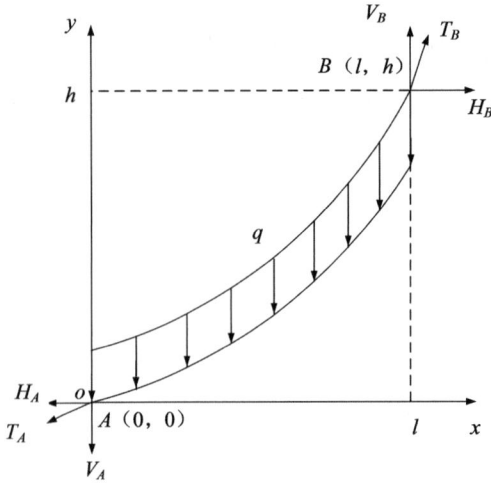

图 2.22 悬链线无应力索长计算　　　　　图 2.23 斜拉索悬链线微段示意

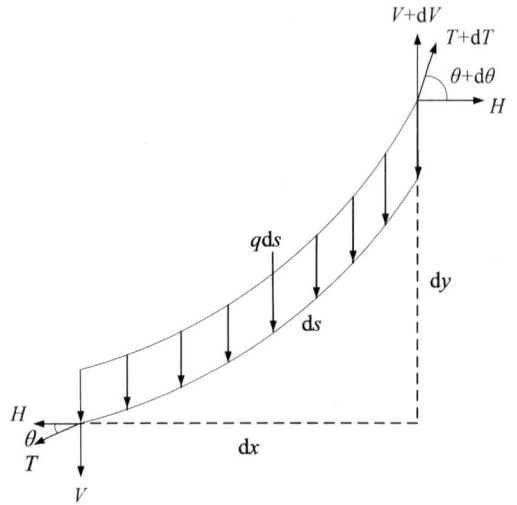

$$\frac{y''}{\sqrt{1+(y')^2}} = \frac{q}{H} \tag{2-18}$$

式中：$q$ 为拉索每延米重量；$H$ 为索张力的水平分力，易证得 $H = H_A = H_B$，可由拉索张拉力 $T$ 确定：

$$H = \frac{T}{\sqrt{1+(y')^2}} \tag{2-19}$$

对式(2-18)进行积分求解并考虑边界条件($x=0$,$y=0$)和($x=l$,$y=h$)，得出悬链线拉索方程为：

$$y = \frac{H}{q}\left[\cosh\left(a - \frac{q}{H}x\right) - \cosh a\right] \tag{2-20}$$

式中：参数 $a = \dfrac{ql}{2H} - \operatorname{arcsinh}\left(\dfrac{qh}{2H \cdot \sinh\left(\frac{ql}{2H}\right)}\right)$。

由边界条件 $y'|_{x=0} = \tan\theta_A$ 和 $y'|_{x=l} = \tan\theta_B$ 整理可得拉索梁端倾角 $\theta_A$ 和塔端倾角 $\theta_B$：

$$\tan\theta_A = -\sinh\left(\frac{ql}{2H} - \operatorname{arcsinh}\left(\frac{qh}{2H \cdot \sinh\left(\frac{ql}{2H}\right)}\right)\right) \tag{2-21}$$

$$\tan\theta_B = \sinh\left(\frac{ql}{2H} + \operatorname{arcsinh}\left(\frac{qh}{2H \cdot \sinh\left(\frac{ql}{2H}\right)}\right)\right) \tag{2-22}$$

拉索的悬链线长度 $s$ 为：

$$s = \int_0^l \sqrt{1+(y')^2}\,\mathrm{d}x = \frac{2H}{q}\sinh\left(\frac{ql}{2H}\right)\cosh\left(\operatorname{arcsinh}\left(\frac{\frac{qh}{2H}}{\sinh\left(\frac{ql}{2H}\right)}\right)\right) \tag{2-23}$$

拉索在索力 $T$ 作用下引起的弹性伸长量 $\Delta s$ 为：

$$\Delta s = \int_0^s \frac{T}{EA} \mathrm{d}s = \frac{H}{EA} \int_0^l \left[ 1 + (y')^2 \right] \mathrm{d}x$$

$$= \frac{H}{2EA} \left[ l + \frac{H}{q} \sinh\left(\frac{ql}{H}\right) \cosh\left( 2\mathrm{arcsinh}\left[ \frac{qh}{2H\sinh\left(\frac{ql}{2H}\right)} \right] \right) \right] \tag{2-24}$$

由拉索在张拉力 $T$ 下的实际索长扣除拉索的弹性伸长量即可得到拉索的无应力长度为：

$$s_0 = s - \Delta s \tag{2-25}$$

受自重作用的影响,拉索的非线性力学特征随拉索长度增加而增大,对无应力索长的影响也相应加大,抛物线理论的计算误差也进一步增大。为了准确进行柔性构件的几何控制,本章将基于悬链线理论对拉索安装过程的几何状态进行分析控制。

## 2.5.2 拉索施工过程状态分析

受拉索锚固点位置和索力变化影响,施工中拉索的几何状态也是在不断调整的,根据其安装过程中几何和受力状态变化的特点,将其分为无应力状态、初张拉状态、补张拉状态、中间施工状态、成桥状态等,其中成桥状态又分为设计和实际两种,各状态之间的传递关系如图 2.24 所示。

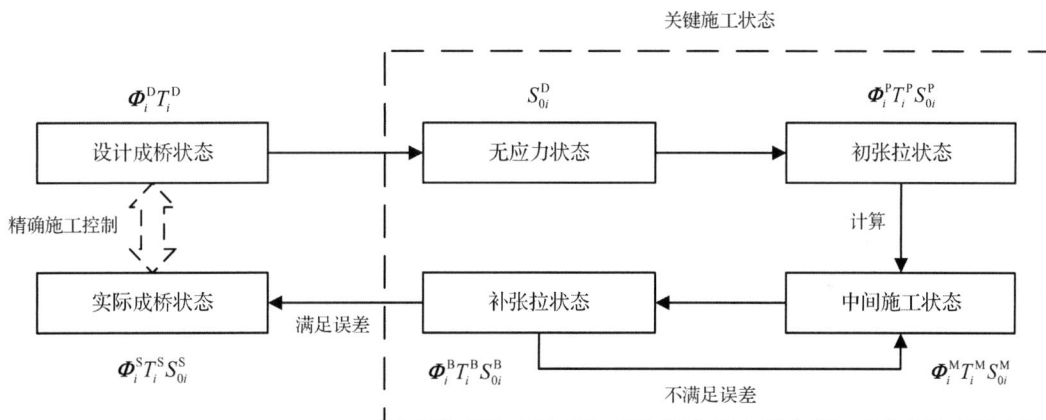

图 2.24 拉索施工全过程几何状态

对于拉索,由两端点位置和索力就可确定其几何形状,进而可计算弧长和拉索无应力长度。而无应力长度在工厂下料时可直接量取,并在后续张拉过程中进行调整,变化值为锚头拔出量。由此,选择锚固点坐标、无应力索长及索力作为拉索状态变量,其不仅可以描述拉索的受力和几何状态,还可以通过无应力长度校核索力值,以实现对拉索索力和线形的控制。定义如下的状态变量:

$\boldsymbol{\Phi}_i^{\mathrm{D}}$、$\boldsymbol{\Phi}_i^{\mathrm{P}}$、$\boldsymbol{\Phi}_i^{\mathrm{M}}$、$\boldsymbol{\Phi}_i^{\mathrm{B}}$、$\boldsymbol{\Phi}_i^{\mathrm{S}}$ 为设计成桥状态、初张拉状态、中间施工状态、张拉状态、实际成桥状态锚固点坐标向量;

$T_i^{\mathrm{D}}$、$T_i^{\mathrm{P}}$、$T_i^{\mathrm{M}}$、$T_i^{\mathrm{B}}$、$T_i^{\mathrm{S}}$ 为设计成桥状态、初张拉状态、中间施工状态、张拉状态、实际成桥状态索力;

$S_{0i}^{\mathrm{D}}$、$S_{0i}^{\mathrm{P}}$、$S_{0i}^{\mathrm{M}}$、$S_{0i}^{\mathrm{B}}$、$S_{0i}^{\mathrm{S}}$ 为设计成桥状态、初张拉状态、中间施工状态、张拉状态、实际成桥状态无应力索长。

拉索张拉力是关键施工参数,是决定结构的内力和线形的关键参数之一,其每一受力状态均有相对应的几何状态。拉索的弹性模量 $E$、截面积 $A$、单位长度重量 $q$ 均为已知,锚固点坐标、索力 $T$、无应力索长 $s_0$ 等三类参数是变化的,基于前述的拉索悬链线方程可在已知两类参数的条件下求出第三类。如已知拉索索力、无应力长度,就能分析拉索水平和竖向投影长度、预测锚固点位置处的相对位移,可作为结构线形评估的参考依据;如已知拉索索力、锚固点坐标,就可以计算拉索无应力长度,进而可预测拉索张拉时锚头拔出量。因此,施工时基于对拉索的精细分析可以同时控制拉索的索力和几何状态,以提高施工可靠性。

## 2.6 施工误差分析与预警

桥梁施工控制常用方法有开环控制法、闭环控制法、最大宽容度法、预测控制法和自适应控制法等。其中自适应控制法是在反馈控制的基础上,增加一个误差识别过程的施工控制方法。当结构的实测状态与理论状态不相符时,分析误差产生的原因,根据确定的误差原因重新调整计算,使得计算模型的输出结果与实测结果相一致。

### 2.6.1 施工误差及调整思路

按目前的一般认识,认为桥梁施工误差主要有以下几个方面:结构几何形态参数、截面特征参数、与时间相关的参数、荷载参数、材料特性参数、施工工艺引起的误差,施工监测引起的误差,结构分析计算模型误差等。但概括起来,桥梁结构施工误差主要来自两个大的方面:预测误差和实测误差。预测误差是由用于结构行为预测的数值模型与实际情况不一致引起的;实测误差主要是由仪器测试精度和环境干扰引起的。

误差分析一般包括误差辨识、误差修正和误差控制等环节,如图 2.25 所示。首先要根据误差规律、特点等,对误差来源进行辨识,并对误差的影响进行评估。其次根据误差辨识的结果,提出误差修正方式,如对于实测误差,一般要通过提高测试仪器性能、选择更合适的测试环境等方式来改善;对于预测误差,拟采用模型修正的方法提高预测精度。最后,要根据误差对成桥状态影响程度,确定误差调整控制的具体策略,包括如何消除、分几个阶段消除等。

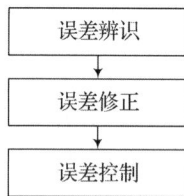

```
┌──────────┐
│  误差辨识  │
└──────────┘
      ↓
┌──────────┐
│  误差修正  │
└──────────┘
      ↓
┌──────────┐
│  误差控制  │
└──────────┘
```

图 2.25 桥梁分阶段施工误差调整思路

随着结构分析与测试技术的进步,基于模型修正技术的施工误差调整方法是可行的,并可引入数字孪生技术。其主要包括如下几个方面:
①有限元离散:有限元的单元类型、网格尺寸;
②边界条件:如支承条件、不同构件间的连接方式等。
③结构尺寸:如板厚度、梁高等;
④荷载条件:如临时荷载大小、位置等;

⑤设计参数,如弹模、容重等。

对于有限元离散、边界条件的误差修正,主要通过更精细化的有限元模型对监控有限元模型进行校准。设计分析可以偏安全考虑,但监控分析要求尽量准确。在结构整体应力和变形分析时,监控分析模型应能比较准确反映结构质量和刚度的分布情况,一般可采用杆系模型,但应注意采用合适的有效抗剪面积,必要时采用板壳模型进行校准复核。在局部应力分析时,应选择板壳模型或三维实体模型,但要注意分析区域的截取及边界条件的确定。

对于结构尺寸、荷载条件的误差修正,主要是通过现场量测结果对监控计算模型的有关尺寸参数进行调整。施工过程中,当出现施工误差时,应首先检查计算模拟的施工工况是否与施工实际情况相吻合,同时确认施工荷载取值是否准确。

对设计参数误差,首先要通过参数敏感性分析,确定对误差敏感性强的设计参数。如混凝土弹性模量、容重与方量、有效预应力值、收缩徐变值等参数对结构响应有明显影响,若取值不准确,会引起较大的施工预测误差;在施工开始前选择关键施工参数进行敏感性分析,筛选出敏感参数和敏感因素。其次是要根据施工过程的误差情况,采用最小二乘法对误差敏感的设计参数进行识别和修正,以校准这些关键参数,不断提高分析预测准确性。

### 2.6.2　监控预警

施工过程中,监控要针对上述的测试指标设立预警机制,根据实测结果进行及时反馈与预警,并相应进行误差分析,这将有助于避免重大工程质量与安全事故的发生。根据指标实测值大小及与预测值的误差情况,评估结构状态。按结构质量与安全风险的严重程度分为三个等级:提示、警告与报警,每一级预警阈值的确定应综合考虑结构测试水平、施工精度要求和结构设计富余量等因素。施工监控预警策略如图 2.26 所示。

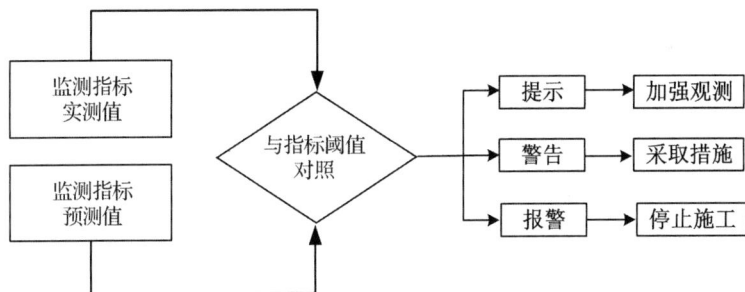

图 2.26　施工监控预警策略

## 2.7　本章小结

目前的结构设计分析和评估都是基于力学模型,力学分析是整个施工监控工作的基础。以成桥状态为目标求解施工状态的过程是不断执行力学分析的迭代计算过程,而倒拆分析法和无应力状态法本质上是为每一轮计算确定迭代值。施工状态传递分析时选择几何参量作为状态变量,以无应力状态为纽带串联设计成桥状态、工厂下料、节段制造、现场安装等各个过程,为接下来讨论的刚性构件和柔性构件的安装控制方法奠定了理论基础。

# 第3章 刚性构件安装控制方法

## 3.1 概　述

桥梁结构构件按其抗弯能力可分刚性构件和柔性构件,如桥墩、索塔、主梁等属于刚性构件,缆索、斜拉索、柔性吊杆等属于柔性构件,安装时在受力和线形双控的基础上对两类构件的施工控制思路和侧重点应有所不同:刚性构件安装时应按预拱度要求控制其位置,柔性构件安装时应按受力要求控制张拉力。

刚性构件可分阶段现浇或预制拼装,分阶段现浇时,当前节段与已施工结构可自然衔接,只需控制现浇模板的竖向和横向位置即可;预制拼装时,要同时兼顾新旧节段交界面的几何匹配和安装标高,在相邻两个节段平顺衔接的条件下控制线形。工厂预制时,若直接将主梁划分成若干个矩形节段来制造,按理论标高定位时相邻节段端面必然存在夹角。在桥位现场安装时,虽然可以通过现场切割、垫块、顶底板焊缝宽度或索力调整节段长度和倾角,但切割精度难以保证,通过垫块和索力调整则会影响结构的内力和线形。为了实现安装时新旧节段端面的精准匹配,需要修正节段顶底部长度,按梯形块加工制造钢箱梁节段;对于以大节段(一般为 40m 以上)为单元进行现场拼装的,工厂制造时还应考虑结构变形对顶底板长度及预留件位置的影响,严格控制大节段长度。因此,准确计算钢箱梁节段的制造参数成为钢箱梁桥制造及安装过程中的基础性工作。

本章首先在讨论桥梁各类几何线形及相应预拱度的基础上,基于节段安装时与已施工结构平顺对接原则,直接根据结构累计位移确定已安装节段和待安装节段桥位现场的相对位置关系;然后对节段基准长度的计算方法进行讨论,进而得到分阶段施工中钢箱梁制造参数的计算方法。最后以三跨变截面钢箱连续梁桥大节段吊装施工为背景示例了本章方法的工程应用。关于柔性构件的安装控制方法将在下一章阐述。

## 3.2 线形控制与预拱度

在桥梁设计图中标明的各控制点的标高、平面位置等是桥梁在长期变形稳定后并承载一定量的活载条件下的理论位置,可称之为设计线形。为抵消桥梁建成后长期变形和部分活载变形等桥梁线形的影响,往往在设计线形时需再增加一个成桥预拱度,此线形常称为成桥线形,桥梁施工时应以成桥线形作为控制目标。成桥预拱度的设定则具有一定的主观性,可由设计单位根据规范要求给出,如对于钢结构桥梁一般将 0.5 倍车道荷载频遇值产生的挠度反值作为成桥预拱度,对于混凝土桥还应计入成桥后的混凝土收缩徐变的影响,也可结合工程实践经验考虑一定的余量等。

为了使得桥梁建成时达到预期的成桥线形,应考虑施工阶段结构变形对各节段安装位置的影响,设置抵消施工期累积变形的预拱度,即施工预拱度。节段安装位置按成桥线形加施工预拱度进行控制,桥梁建成后施工预拱度与施工阶段累计变形抵消,留下成桥预拱度。桥梁施工过程中各节段安装时其所在位置的连线,习惯上称之为安装线形,即上述的成桥线形加施工预拱度。采用有限元进行施工过程分析时,当前安装节段与已安装结构衔接处的共用节点在其安装前已存在一个初始值,相邻节段共用节点的位移对先安装节段是真正的结构变形,但对后安装的节段存在位移初始值,施工过程累计变形曲线往往是一条不光滑的曲线。安装线形一般是根据梁单元节点累计变形确定的,用于各个节段现场安装时的位置控制,但不能直接用于工厂预制控制。预拱度与不同桥梁线形关系如图 3.1 所示。

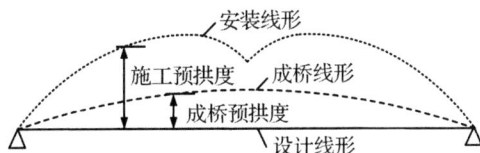

图 3.1　预拱度及不同桥梁线形

分阶段施工时,既要按安装线形控制各节段安装标高,但同时也需保证当前节段与已施工结构在交界处的平顺衔接。分节段现浇时,已施工结构和当前节段在交界处可自然地平顺衔接,只需直接按安装线形控制现浇模板位置。分节段预制时,除了控制自由端位置,还需控制当前节段安装时其与已施工结构交接处两端面倾角的一致性;但由于共用节点位移对当前安装节段不是真实结构变形,由安装线形或累计转角确定的端面倾角无法使得相邻梁段匹配。现浇和预制施工的相邻两梁段匹配关系如图 3.2 所示。

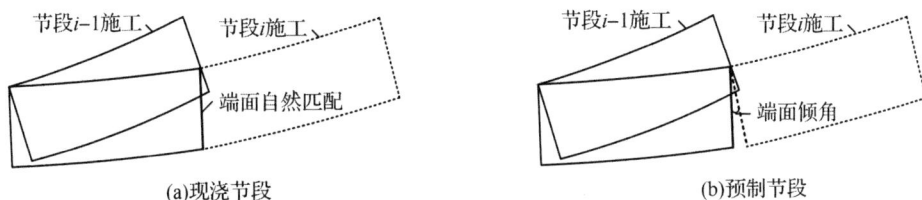

图 3.2　相邻两梁段匹配关系

由于当前安装节段与已安装结构衔接处的共用节点在其安装前已存在一个初始值,在计算预制节段端面倾角时需要对节点初始位移的影响进行消除。有学者提出了切线位移和制造线形的概念,即按照平顺对接原则计入共用节点的挠度和转角对新安装节段位移的影响,其主要是针对悬臂拼装节段的线形控制提出的;对于非悬臂式安装的情形则不太方便,如逐孔安装、合龙段安装等。本章接下来将讨论节段制造参数的通用计算方法。

## 3.3 节段制造参数的计算方法

### 3.3.1 节段安装匹配关系

对于分阶段预制安装的梁段如图 3.3(a)所示,在工况 $t$ 待安装节段 $i$ 前端控制点 $P_i$ 安装至定位标高,节段后端与已安装节段 $i-1$ 进行匹配。若节段按图 3.3(b)所示的矩形块进行制造,由于已安装节段 $i-1$ 和待安装节段 $i$ 由于自重及施工荷载作用下发生变形,此时 2 个节段端部正截面会存在夹角 $\xi_{i-1,i}$,如图 3.3(c)所示。若在制造时修正节段顶底板长度,将 2 个节段端截面预留出夹角 $\xi_{i-1,i}$,即可实现施工时相邻节段端面的精确匹配,如图 3.3(d)所示。

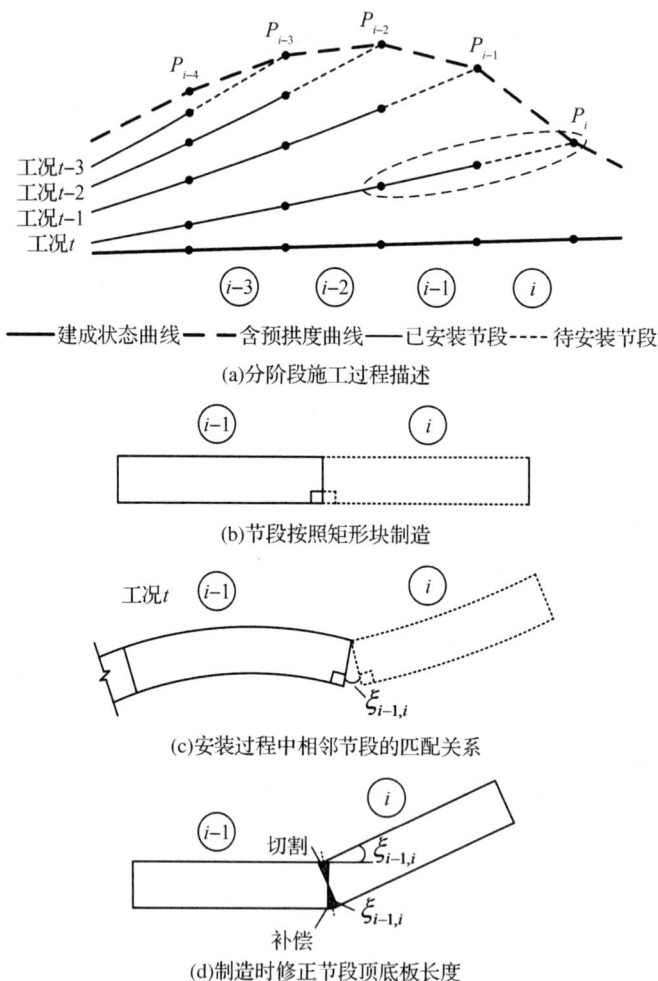

(a)分阶段施工过程描述

(b)节段按照矩形块制造

(c)安装过程中相邻节段的匹配关系

(d)制造时修正节段顶底板长度

图 3.3 分阶段施工中节段制造状态的确定

在此,将 $\xi_{i-1,i}$ 定义为节段 $i-1$ 与节段 $i$ 间的制造夹角,即当前节段安装时其与已施工结构交界处两个正截面的夹角;以交界处已安装结构正截面外法线方向为参考,当待安装节段正截面内法线与其夹角为仰角时取正,否则为负。相邻节段制造夹角控制的是工厂制造时节段端部截面与其轴线或顶底板的夹角情况,以使得现场安装时既能满足安装线形要求,又能保证相邻两个节段在交接处端面倾角的一致性。具体计算时,先按照安装线形确定当前安装节段 $i$ 的安装位置,确定交接界面两侧梁段的相对位置关系;再基于平顺衔接的原则,求得节段 $i-1$ 与节段 $i$ 间的制造夹角。由此,根据安装线形和当前工况下的累计变形通过几何分析可直接确定节段间制造夹角,再结合节段梁高及中性轴位置信息即可得到顶底板长度等钢箱梁制造参数。

### 3.3.2　节段间制造夹角确定

如图 3.4 所示,等截面梁中性轴与节段端截面垂直,安装节段 $i$ 时节段 $i-1$、$i$ 的制造夹角 $\xi_{i-1,i}$ 为节段 $i$ 安装时 2 个节段在点 $P_{i-1}$ 处的切线角 $\theta_{i-1,z}$ 与 $\theta_{i-1,y}$ 的差。实际计算时常以直代曲,沿轴线在点 $P_{i-1}$ 左右两侧一定距离各选一个点,将割线角 $\theta'_{i-1,z}$、$\theta'_{i-1,y}$ 近似作为点 $P_{i-1}$ 处 2 个节段的切线角,进而根据节段间的几何关系即可获得节段间制造夹角 $\xi'_{i-1,i}$,具体计算如式(3-1)～式(3-5)。

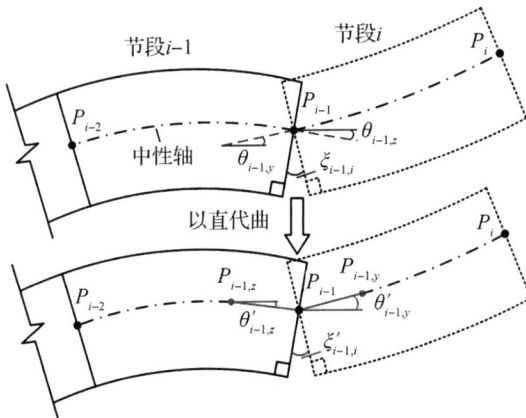

图 3.4　等截面钢箱梁节段间制造夹角计算

$$H_{i-1}^E = H_{i-1}^D + \Delta_{i-1}^D \tag{3-1}$$

$$H_{i-1}^i = H_{i-1}^E + \Delta_{i-1}^i \tag{3-2}$$

$$\theta'_{i-1,y} = \arctan\left(\frac{H_{i-1,y}^i - H_{i-1}^i}{L_y}\right) \tag{3-3}$$

$$\theta'_{i-1,z} = \arctan\left(\frac{H_{i-1}^i - H_{i-1,z}^i}{L_z}\right) \tag{3-4}$$

$$\xi'_{i-1,i} = \theta'_{i-1,y} - \theta'_{i-1,z} \tag{3-5}$$

式中:$H_{i-1}^E$ 为点 $P_{i-1}$ 的安装标高,$H_{i-1}^D$ 为点 $P_{i-1}$ 的设计标高,$\Delta_{i-1}^D$ 为点 $P_{i-1}$ 处的预拱度,$H_{i-1}^i$ 为安装节段 $i$ 时点 $P_{i-1}$ 的高程,$\Delta_{i-1}^i$ 为至安装节段 $i$ 时点 $P_{i-1}$ 的累计位移;$H_{i-1,y}^i$ 为安装节段 $i$ 时点 $P_{i-1,y}$ 的高程,$L_y$ 为点 $P_{i-1,y}$ 与点 $P_{i-1}$ 的距离;$H_{i-1,z}^i$ 为安装节段 $i$ 时点 $P_{i-1,z}$ 的高程,$L_z$ 为点 $P_{i-1,z}$ 与点 $P_{i-1}$ 的距离。

实际工程中是按垂直于顶板进行节段划分的,等截面梁的节段划分线同样是垂直中性轴的;但变截面梁的节段划分线一般不垂直于中性轴,即节段端面不是正截面。而节段间制造夹角是基于正截面夹角定义的,不能直接利用式(3-5)来求解节段间制造夹角。对于变截面梁节段间制造夹角计算时,需要考虑变截面引起中性轴相对于桥面位置变化的影响,即按式(3-6)进行修正。

$$\xi'_{i-1,i} = \theta'_{i-1,y} - \theta'_{i-1,z} - \delta^0_{i-1,i} \tag{3-6}$$

式中:$\delta^0_{i-1,i}$ 为梁段一般构造图中节段 $i$ 与节段 $i-1$ 中性轴的夹角。

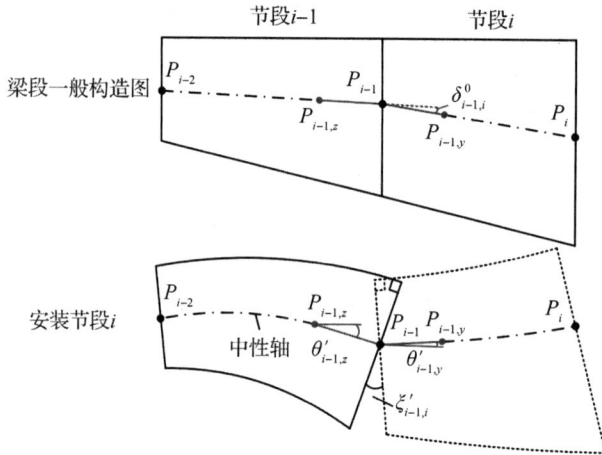

图 3.5　变截面钢箱梁节段间制造夹角的计算

在计算节段间制造夹角时,采用以直代曲的方式会存在一定误差,故在选取点 $P_{i-1,z}$ 及 $P_{i-1,y}$ 时在不引起数值误差的条件下可尽量接近点 $P_{i-1}$。

### 3.3.3　顶底板制造长度计算

以中性轴为基准,由顶板、底板及两端正截面所围成的区域作为参照。由图 3.6 可知,当节段间制造夹角 $\xi'_{i-1,i} > 0$ 时,顶板长度需要削减,底板长度需要补偿,同理,当 $\xi'_{i-1,i} < 0$ 时,顶板长度需要补偿,底板长度需要削减。

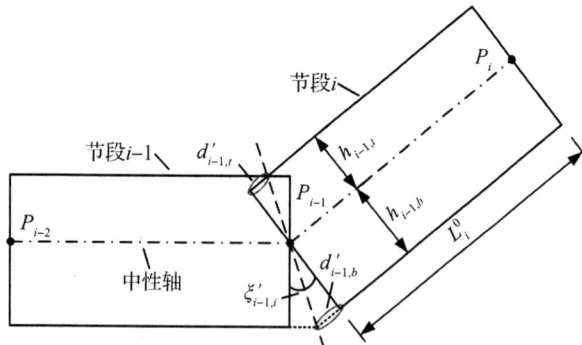

图 3.6　节段顶底板制造长度计算

计算公式为:

$$d'_{i-1,t} = -h_{i-1,t}\tan(\xi'_{i-1,i}/2) \tag{3-7}$$

$$d'_{i-1,b} = h_{i-1,b}\tan(\xi'_{i-1,i}/2) \tag{3-8}$$

$$L'_{i,t} = L^t_i + d'_{i-1,t} + d'_{i,t} \tag{3-9}$$

$$L'_{i,b}=L^b_i+d'_{i-1,b}+d'_{i,b} \qquad (3\text{-}10)$$

式中：$h_{i-1,t}$、$h_{i-1,b}$分别为点$P_{i-1}$处节段$i$中性轴距顶板及底板高度，$d'_{i-1,t}$、$d'_{i-1,b}$分别为节段$i$在点$P_{i-1}$端顶板及底板修正长度，$L^t_i$、$L^b_i$分别为节段$i$顶板和底板参考长度，即节段两端部正截面之间顶底板长度的。$L'_{i,t}$、$L'_{i,b}$分别为节段$i$顶板和底板制造长度。

按上述公式对顶底板长度进行修正后，会导致原本尺寸相同的单元件存在尺寸不一致情况。为了方便节段的工厂制造，在保证节段间制造夹角不变的前提下，可对节段交接面进行适当的平移和转动，以使不同节段同类构件的下料参数保持一致。

实际工程中梁段制造时，为减少工作量，往往选择只修正一侧。对于等截面钢箱梁节段，只修正一侧会使相邻节段交接边的长度不等，如图 3.7(a)所示。对于变截面钢箱梁节段，由于底板与腹板不垂直，相邻节段底板延长线不相交于制造夹角的平分线，即使两侧均修正，仍有可能存在交接边长度不等的情况，如图 3.7(b)所示。实际工程放样时，需对此引起的交接面匹配误差情况按相应钢结构加工规范进行评估。

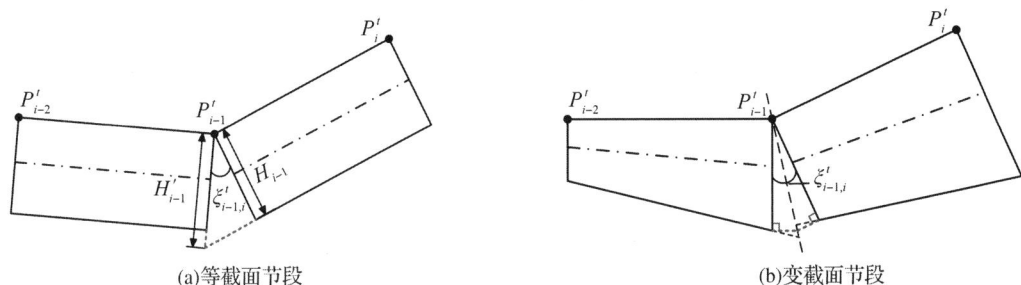

图 3.7　顶底板长度修正方式

## 3.4　节段基准长度计算

梁段顶底板的长度在施工过程中不断变化，同时还受成桥预拱度的影响，梁段顶板、底板及中性轴的长度均不同，且与设计图上所给的也存在一定差异，计算时应选哪个长度作为基准才能准确计算顶板和底板参考长度，确保梁段精准制造与安装？本节主要就此问题进行讨论。

### 3.4.1　基准长度准确计算

按照梁理论，变形前后中性轴的长度保持不变，因此可以以各节段中性轴长度作为节段基准长度，将成桥状态与工厂加工状态关联，进行顶底板制造长度的计算。另外，施工控制是按成桥线形控制的，与设计线形相差一个成桥预拱度，要先计算与成桥线形相对应的中性轴长度，即需要先放样出成桥线形下的构件几何形状，然后再据此计算节段基准长度。

如图 3.8 所示，在设计状态下桥梁两个边支座距离主梁端面的距离分别为$l_{b1}$及$l_{b2}$，支座间水平间距为$l_{b0}$，这三个距离可由设计图纸直接获得。由于边支座距梁端的距离一般很短，成桥状态下即使设置了成桥预拱度，但仍可认为此距离保持不变。由此上述三个距离可直接从设计图获得，只需将梁体线形按成桥预拱度进行调整，以此计算基准长度。

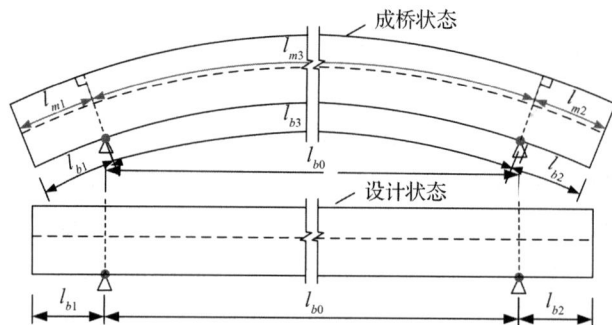

图 3.8 等截面梁基准长度计算

实际施工中一般将主梁分割成若干个节段,以直代曲进行分段制造,考虑成桥预拱度后顶、底板线形发生改变,主梁节段参数也需要调整,如图 3.9 所示。记 $P_i^0(X_i^0,H_i^0)$ 为设计状态节段 $i$ 顶板处前端控制点,其中 $X_i^0$ 为设计里程,$H_i^0$ 为设计高程。考虑成桥预拱度后各节段发生转动,以相邻节段顶底板延长线交点的连线作为新的节段划分线。新的节段划分线可看作是夹角平分线,节段形心处梁长可按式(3-11)至式(3-16)求得,同理可以求出成桥状态下每个节段顶底板长度。

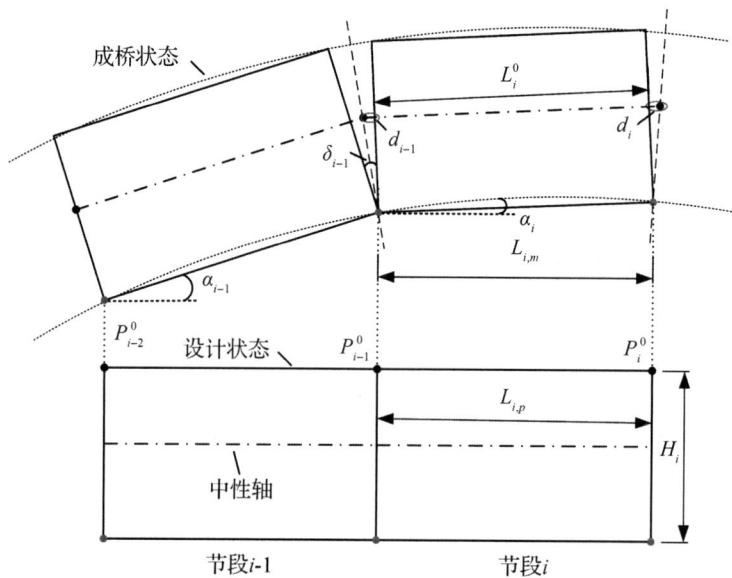

图 3.9 节段形心处基准长度计算

$$L_{i,p} = X_i^0 - X_{i-1}^0 \tag{3-11}$$

$$\alpha_i = \arctan\left(\frac{(H_i^0 - H_i + \Delta_i^l) - (H_{i-1}^0 - H_i + \Delta_{i-1}^l)}{L_{i,p}}\right) \tag{3-12}$$

$$L_{i,m} = L_{i,p}/\cos\alpha_i \tag{3-13}$$

$$\delta_{i-1} = \alpha_i - \alpha_{i-1} \tag{3-14}$$

$$d_{i-1} = h_{i-1,b}\tan(\delta_{i-1}/2) \tag{3-15}$$

$$L_i^0 = L_{i,m} + d_{i-1} + d_i \tag{3-16}$$

式中：$L_{i,p}$ 为节段 $i$ 在水平方向的投影长度；$H_i$ 为节段 $i$ 梁高；$\Delta_i^t$ 为点 $P_i^0$ 处成桥预拱度；$h_{i-1,b}$ 为点 $P_{i-1}$ 处节段 $i$ 中性轴距顶板高度；$L_i^0$ 为成桥状态下节段形心处长度。

对于等截面，顶底板及中性轴平行，以直代曲时三者长度相等，可以将中性轴长度作为顶底板参考长度。对于变截面梁，顶板、底板及中性轴不平行，如图 3.10 所示，两端正截面与顶板、底板不再垂直，需要根据三者几何关系求顶底板参考长度，具体计算公式为：

$$L_i^t = L_i^0 \cos\alpha_i^t \tag{3-17}$$
$$L_i^b = L_i^t / \cos\alpha_i^b \tag{3-18}$$

式中：$\alpha_i^t$ 为节段 $i$ 中性轴与顶板的夹角；$\alpha_i^b$ 为节段 $i$ 顶板与底板的夹角。

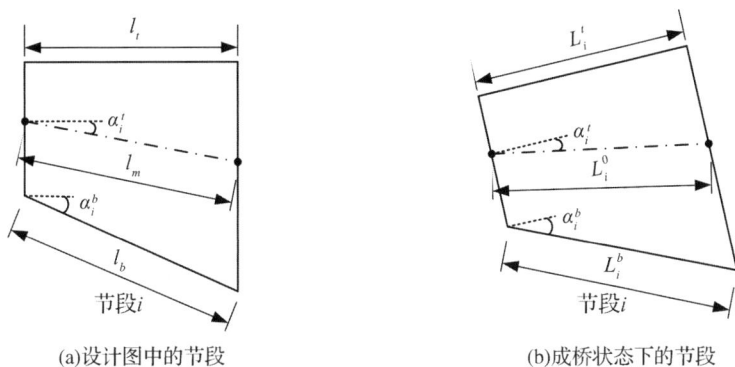

(a)设计图中的节段　　　　(b)成桥状态下的节段

图 3.10　变截面梁节段 $i$ 顶底板与中性轴几何关系（中性轴要垂直截面线）

## 3.4.2　基准长度简化计算

工程上从方便操作的角度，也有以顶板或底板长度作为基准进行各节段制造参数计算，对基准长度的计算进行简化处理。如图 3.11 所示，以考虑成桥预拱度之后顶板水平投影保持不变的原则确定顶板长度，然后以此为基准进行节段配切参数。对于以大节段（40m 以上）为单元进行现场拼装时，要评估此简化处理方法对安装精度的影响。

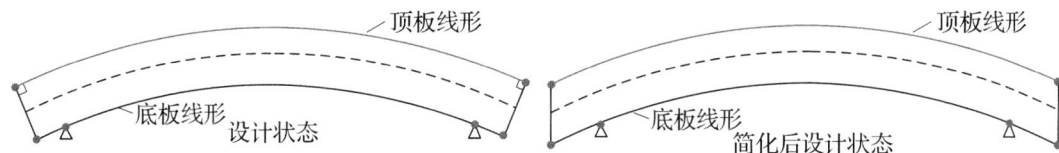

图 3.11　设计状态的简化

如图 3.12 所示，参考点可位于节段顶板、中性轴或底板，对应以顶板长度、中性轴长度及底板长度为基准。从设计图纸上直接获得顶板设计线形，减去中性轴距顶板距离及梁高后得到中性轴设计线形及底板设计线形，然后保证节段控制点的里程不变，仅高程加上相应预拱度值后获得顶板配切线形、中性轴配切线形及底板配切线形，对应的节段间制造夹角为 $\xi_{i-1,i}^t$、$\xi_{i-1,i}^m$ 或 $\xi_{i-1,i}^b$，此时把配切线形上节段控制点间的长度 $L_i^t$、$L_i^m$ 或 $L_i^b$ 作为节段基准长度，这种处理方式比较便捷。

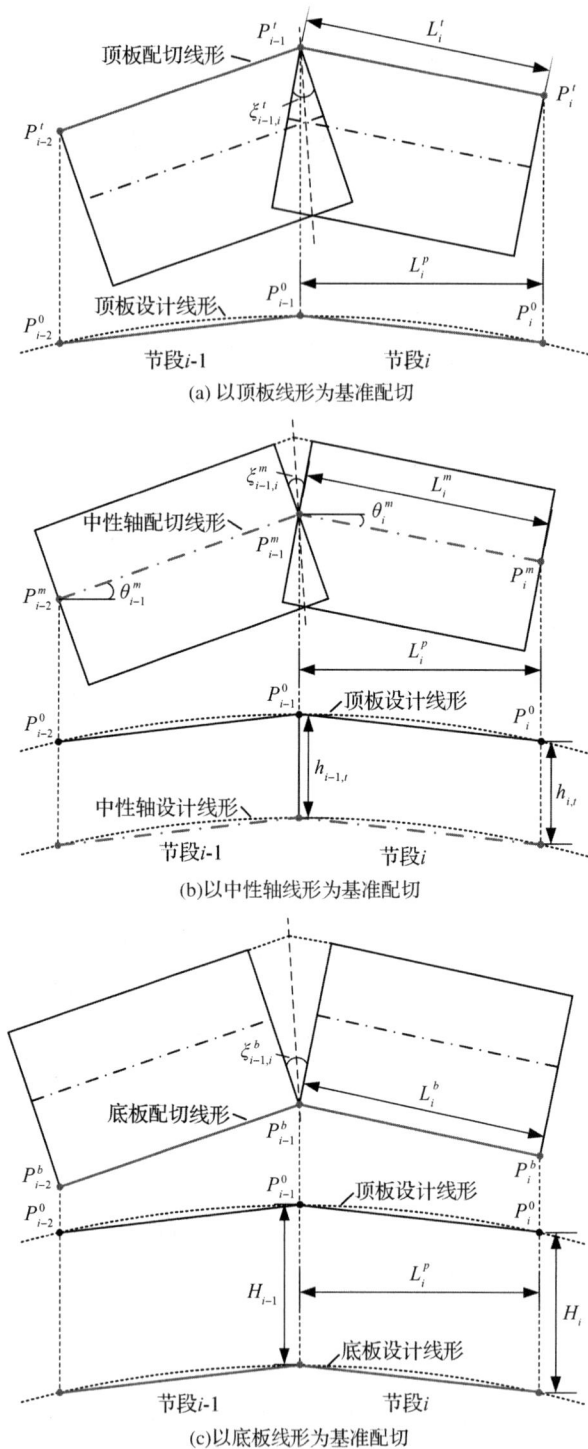

(a) 以顶板线形为基准配切

(b)以中性轴线形为基准配切

(c)以底板线形为基准配切

图 3.12　节段基准长度简化计算

　　当梁段为等截面时,顶板、中性轴及底板相互平行,按水平投影不变原则确定基准长度时,无论是以顶板、中性轴及底板作为参考,节段基准长度一致,但不同参考对象所得到的顶底板制造参数是不同的。以如图 3.12 所示的两个小节段为例,当以顶板线形为基准配切时底板长度需要削减;以中性轴线形为基准配切时顶板长度需要补偿、底板长度需要削减;以底板线形为基准进行配切时顶板长度需要补偿。实际桥梁结构存在多个小节段,根据配切时节段间的位置关系,有的节段顶板长度需要补偿,有的节段顶板长度需要削减,以顶板线形为基准配切后的顶底板长度并不一定比以底板线形为基准配切后的顶底板长度短,但以中性轴线形为基准配切后的顶底板长度居中。当梁段变为截面时,顶板、中性轴及底板不再相互平行,按不同参考所得的节段基准长度是不一致的,简化方法所带来的误差一般会更大。

## 3.5　工程实例分析

### 3.5.1　工程概况

某三跨变截面钢箱连续梁桥,纵坡为 2%,跨径布置为:110＋150＋110＝370(m),如图 3.13 所示。主梁采用整幅变截面钢箱梁,梁宽 33.1m,52 号墩及 53 号墩墩顶 5m 区段钢箱梁梁高为 6.5m,墩顶等高梁段两侧各 37.5m 区段梁高从 6.5m 线性变化至 4.5m,其余区段梁高为 4.5m。如图 3.14 所示,钢箱梁划分为 3 个大节段,又细分为 1#~33# 共 33 个小节段,工厂制造时首先进行小节段的制作,然后组拼形成大节段。该桥采用大节段吊装方案进行施工,先吊装第 1 跨大节段,再吊装第 3 跨大节段,最后吊装第 2 跨大节段,中跨与边跨大节段间通过牛腿进行匹配连接,调整至设计高程后,将第 2 跨与第 1、3 跨大节段连接,全桥合龙。

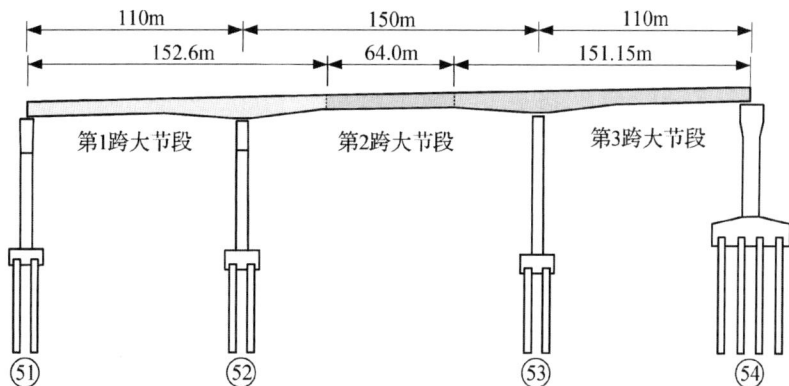

图 3.13　三跨连续梁桥跨径布置

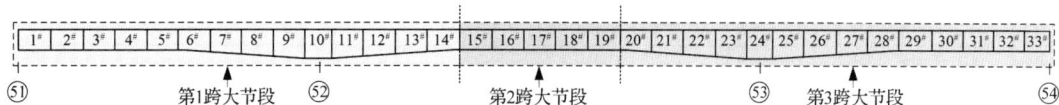

图 3.14　钢箱梁节段划分

采用杆系有限元模型进行施工过程正装分析计算,得出相应施工过程的累计位移。主梁预拱度一般按照结构自重标准值加 1/2 车道荷载频遇值产生的挠度反值进行设置,预拱度曲线如图 3.15 所示。

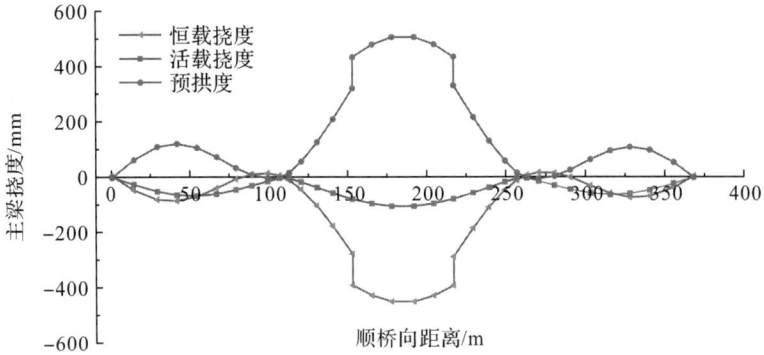

图 3.15　主梁预拱度曲线

### 3.5.2　小节段钢箱梁制造参数

大节段内部的小节段同时安装,相邻节段拼接时控制点的累计位移均为零。为了减少制造时的工作量,本桥仅在一侧对节段的顶底板长度进行修正,另一侧端面与顶板保持垂直。表 3.1 中列出了各小节段钢箱梁制造参数的计算结果,其中 0# 一行为节段 1# 小里程侧控制点数据。按计算的数据进行钢箱梁的工厂制造,各小节段端面实现平顺对接,交界面焊缝宽度均匀一致,没有出现由于节段间端面不匹配而通过焊缝宽度进行调整的情况。

表 3.1　小节段钢箱梁顶底板长度修正量

| 节段 | $H_i^D$/m | $\Delta_i^D$/mm | $L_{i,p}$/m | $\theta_{i-1,z}$/(°) | $\delta_{i-1,i}^0$/(°) | $\xi_{i-1,i}$/(°) | $h_{i-1,t}$/mm | $h_{i-1,b}$/mm | $d_{i-1,t}$/mm | $d_{i-1,b}$/mm |
|---|---|---|---|---|---|---|---|---|---|---|
| 0# | 37.332 | −3.0 | — | — | — | — | — | — | — | — |
| 1# | 37.614 | 61.4 | 14.099 | 1.407 | — | — | — | — | — | — |
| 2# | 37.840 | 108.1 | 15.002 | 1.041 | −0.283 | −0.083 | 1573.1 | 2926.9 | 2.3 | −4.2 |
| 3# | 38.090 | 119.3 | 12.502 | 1.197 | 0.283 | −0.127 | 1647.2 | 2852.8 | 3.7 | −6.3 |
| 4# | 38.417 | 105.4 | 12.501 | 1.438 | 0.357 | −0.115 | 1647.2 | 2852.8 | 3.3 | −5.7 |
| 5# | 38.590 | 71.7 | 12.504 | 0.635 | −0.713 | −0.090 | 1569.4 | 2930.6 | 2.5 | −4.6 |
| 6# | 38.650 | 31.9 | 12.502 | 0.096 | −0.511 | −0.028 | 1647.2 | 2852.8 | 0.8 | −1.4 |
| 7# | 38.642 | 7.0 | 10.005 | −0.188 | −0.324 | 0.040 | 1836.4 | 3170.2 | −1.3 | 2.2 |
| 8# | 38.544 | −4.7 | 10.006 | −0.632 | −0.519 | 0.075 | 2044.4 | 3495.6 | −2.7 | 4.6 |
| 9# | 38.439 | −2.8 | 7.502 | −0.785 | −0.236 | 0.082 | 2343.0 | 3730.3 | −3.4 | 5.3 |
| 10# | 38.559 | 14.3 | 5.992 | 1.309 | 1.946 | 0.149 | 2597.8 | 3875.5 | −6.7 | 10.0 |
| 11# | 38.964 | 55.3 | 7.490 | 3.401 | 1.946 | 0.147 | 2597.8 | 3875.5 | −6.6 | 9.9 |
| 12# | 39.462 | 124.9 | 9.991 | 3.251 | −0.236 | 0.085 | 2343.0 | 3730.3 | −3.5 | 5.6 |
| 13# | 39.870 | 207.9 | 9.994 | 2.811 | −0.519 | 0.078 | 2044.4 | 3495.6 | −2.8 | 4.8 |
| 14# | 40.156 | 319.6 | 12.495 | 1.822 | −1.026 | 0.038 | 1836.4 | 3170.2 | −1.2 | 2.1 |
| 15# | 40.519 | 478.5 | 12.498 | 1.871 | — | — | — | — | — | — |
| 16# | 40.769 | 505.2 | 12.502 | 1.268 | −0.516 | −0.087 | 1687.8 | 2812.2 | 2.6 | −4.3 |
| 17# | 41.049 | 505.5 | 14.002 | 1.147 | 0.000 | −0.121 | 1687.8 | 2812.2 | 3.6 | −6.0 |
| 18# | 41.299 | 479.2 | 12.502 | 1.026 | 0.000 | −0.121 | 1687.8 | 2812.2 | 3.6 | −5.9 |
| 19# | 41.436 | 434.1 | 12.503 | 0.423 | −0.516 | −0.087 | 1687.8 | 2812.2 | 2.6 | −4.3 |
| 20# | 41.650 | 215.0 | 12.500 | 0.454 | — | — | — | — | — | — |
| 21# | 41.642 | 129.5 | 10.005 | −0.535 | −1.026 | 0.037 | 1836.4 | 3170.2 | −1.2 | 2.0 |
| 22# | 41.544 | 57.6 | 10.005 | −0.976 | −0.519 | 0.078 | 2044.4 | 3495.6 | −2.8 | 4.7 |

| 节段 | $H_i^D$/m | $\Delta_i^D$/mm | $L_{i,p}$/m | $\theta_{i-1,z}$/(°) | $\delta_{i-1,i}^0$/(°) | $\xi_{i-1,i}$/(°) | $h_{i-1,t}$/mm | $h_{i-1,b}$/mm | $d_{i-1,t}$/mm | $d_{i-1,b}$/mm |
|---|---|---|---|---|---|---|---|---|---|---|
| 23# | 41.439 | 15.0 | 7.501 | −1.126 | −0.236 | 0.086 | 2343.0 | 3730.3 | −3.5 | 5.6 |
| 24# | 41.559 | −3.5 | 5.992 | 0.970 | 1.946 | 0.150 | 2597.8 | 3875.5 | −6.8 | 10.1 |
| 25# | 41.964 | −7.2 | 7.493 | 3.061 | 1.946 | 0.145 | 2597.8 | 3875.5 | −6.6 | 9.8 |
| 26# | 42.462 | 2.2 | 9.995 | 2.908 | −0.236 | 0.083 | 2343.0 | 3730.3 | −3.4 | 5.4 |
| 27# | 42.870 | 24.8 | 9.997 | 2.465 | −0.519 | 0.076 | 2044.4 | 3495.6 | −2.7 | 4.7 |
| 28# | 43.387 | 62.2 | 12.492 | 2.539 | 0.032 | 0.042 | 1836.4 | 3170.2 | −1.3 | 2.3 |
| 29# | 43.560 | 94.2 | 12.503 | 0.936 | −1.580 | −0.023 | 1569.4 | 2930.6 | 0.6 | −1.2 |
| 30# | 43.810 | 107.4 | 12.502 | 1.206 | 0.357 | −0.087 | 1647.2 | 2852.8 | 2.5 | −4.3 |
| 31# | 44.060 | 96.5 | 12.502 | 1.096 | 0.000 | −0.110 | 1647.2 | 2852.8 | 3.2 | −5.5 |
| 32# | 44.434 | 51.8 | 15.000 | 1.258 | 0.283 | −0.121 | 1647.2 | 2852.8 | 3.5 | −6.0 |
| 33# | 44.687 | −2.2 | 12.651 | 0.901 | −0.283 | −0.074 | 1573.1 | 2926.9 | 2.0 | −3.8 |

## 3.5.3 环缝处顶底板长度修正

大节段进行匹配时边跨 2 个大节段钢箱梁已支撑在主墩上,中间跨大节段两端通过牛腿支撑在已就位的边跨大节段上,该工况下 3 个大节段均已受力发生变形。以直代曲计算该工况下大节段接缝处的切线角时,点 $P_{i-1,z}$、$P_{i-1,y}$ 的位置取为大节段接缝处左右小节段($14^\#$、$15^\#$、$19^\#$ 及 $20^\#$)的控制点处,即采用接缝处左右小节段的水平倾角代替大节段接缝处的切线角。如表 3.2 所示,根据结构分析获得至大节段匹配工况时接缝处前后小节段两端控制点的累计位移,结合安装标高及节段水平投影长度,求得节段间制造夹角,进而根据中性轴长度计算大节段接缝处的顶底板长度修正量。如图 3.16 所示,中跨大节段合龙时无须通过调位措施对大节段接缝进行调整,即可实现大节段端面间的精确匹配。

**表 3.2  大节段接缝处顶底板长度修正量**

| 节段 | $H_{i-1}^E$/m | $H_i^E$/m | $\Delta_{i-1}^i$/mm | $\Delta_i^i$/mm | $L_{i,p}$/m | $\delta_{i-1,i}^0$/(°) | $\xi_{i-1,i}'$/(°) | $h_{i-1,t}$/mm | $h_{i-1,b}$/mm | $d_{i-1,t}'$/mm | $d_{i-1,b}'$/mm |
|---|---|---|---|---|---|---|---|---|---|---|---|
| 14# | 40.078 | 40.476 | −166.8 | −255.2 | 12.5 | — | — | — | — | — | — |
| 15# | 40.589 | 40.998 | −368.1 | −395.0 | 12.5 | 0.3507 | −0.0207 | 1800.4 | 2699.6 | 0.7 | −1.0 |
| 19# | 41.778 | 41.871 | −395.8 | −369.5 | 12.5 | — | — | — | — | — | — |
| 20# | 41.766 | 41.865 | −265.6 | −174.0 | 12.5 | 0.3507 | −0.0206 | 1800.4 | 2699.6 | 0.6 | −1.0 |

图 3.16  大节段端面精确匹配

### 3.5.4　不同基准长度计算结果分析

采用不同节段基准长度下计算得到的主梁制造参数如表 3.3 所示,表中准确算法表示以成桥状态下形心处长度为基准,表中顶板为准、中性轴为准及底板为准分别表示简化算法中以顶板、中性轴及底板为参考基准,表中顶板差值、中性轴差值及底板差值分别表示准确算法与其他三种简化方法计算出的顶板、中性轴及底板制造长度的差值。

可以看出,准确算法计算出的顶底板长度最短,简化算法中以顶板线形为基准计算的顶底板长度最长,以底板线形为基准计算结果最短,以中性轴线形为基准计算结果居中。对于总长 152.6m 的第 1 跨大节段、总长 64m 的第 2 跨大节段及总长 151.15m 的第 3 跨大节段,四种方式计算出的顶底板长度最大相差 26.4mm、32.7mm 及 31.2mm,对于全桥来说,不同方式计算出的顶底板长度最大相差 24.1mm。以成桥状态下节段形心处梁长为基准的准确算法与以中性轴线形为基准的简化算法主梁顶底板长度修正量最大仅差 0.1mm。

**表 3.3　不同节段基准长度下主梁制造参数对比** （单位:mm）

| 主梁 | 算法 | 顶板制造长度 | 顶板修正 | 中性轴制造长度 | 中性轴修正 | 底板制造长度 | 底板修正 | 顶板差值 | 中性轴差值 | 底板差值 |
|---|---|---|---|---|---|---|---|---|---|---|
| 第 1 跨大节段 | 准确算法 | 152612.2 | −15.7 | 152651.9 | 0.0 | 152756.8 | 22.3 | — | — | — |
| | 顶板为准 | 152638.6 | 0.0 | 152678.3 | 15.7 | 152783.1 | 37.9 | −26.4 | −26.4 | −26.4 |
| | 中性轴为准 | 152625.1 | −15.7 | 152664.9 | 0.0 | 152769.6 | 22.2 | −13.0 | −12.9 | −12.9 |
| | 底板为准 | 152616.0 | −37.4 | 152655.5 | −21.9 | 152760.0 | 0.0 | −3.8 | −3.6 | −3.3 |
| 第 2 跨大节段 | 准确算法 | 64032.8 | 12.3 | 64021.5 | 0.0 | 64000.1 | −20.4 | — | — | — |
| | 顶板为准 | 64013.0 | 0.0 | 64001.8 | −12.3 | 63980.3 | −32.7 | 19.7 | 19.7 | 19.7 |
| | 中性轴为准 | 64026.1 | 12.3 | 64014.9 | 0.0 | 63993.4 | −20.4 | 6.6 | 6.6 | 6.6 |
| | 底板为准 | 64045.8 | 32.7 | 64034.5 | 20.4 | 64013.0 | 0.0 | −13.0 | −13.0 | −13.0 |
| 第 3 跨大节段 | 准确算法 | 151157.8 | −16.5 | 151199.5 | 0.0 | 151304.8 | 23.9 | — | — | — |
| | 顶板为准 | 151175.2 | 0.0 | 151217.0 | 16.5 | 151322.3 | 40.5 | −17.4 | −17.4 | −17.5 |
| | 中性轴为准 | 151169.9 | −16.5 | 151211.7 | 0.0 | 151317.0 | 23.9 | −12.2 | −12.1 | −12.1 |
| | 底板为准 | 151148.1 | −40.4 | 151189.8 | −23.9 | 151295.1 | 0.0 | 9.7 | 9.7 | 9.7 |
| 全桥 | 准确算法 | 367802.7 | −20.0 | 367873.0 | 0.0 | 368061.7 | 25.8 | — | — | — |
| | 顶板为准 | 367826.8 | 0.0 | 367897.1 | 20.0 | 368085.8 | 45.7 | −24.1 | −24.1 | −24.1 |
| | 中性轴为准 | 367821.2 | −19.9 | 367891.4 | 0.0 | 368080.0 | 25.7 | −18.5 | −18.4 | −18.4 |
| | 底板为准 | 367809.8 | −45.2 | 367879.8 | −25.4 | 368068.2 | 0.0 | −7.1 | −6.8 | −6.5 |

成桥状态是在设计状态的基础上考虑了 0.5 活载挠度,成桥状态与设计状态下主梁长度如表 3.4 所示。全桥来看,该连续梁桥成桥状态与设计状态下主梁顶底板长度最多仅差 −2.5mm,中性轴长度仅差 −0.8mm,差别不大。由于纵坡的影响,第 1 跨大节段与第 3 跨大节段成桥状态与设计状态下主梁长度差值不等,对于总长 64m 的第 2 跨大节段,顶板长度差值达到 12.3mm,中性轴长度差值为 7.7mm,底板长度差值为 0.0mm。

表 3.4　成桥状态与设计状态下主梁长度 　　　　　　　　　　（单位:mm）

| 主梁 | 桥梁状态 | 顶板长度 | 中性轴长度 | 底板长度 | 顶板差值 | 中性轴差值 | 底板差值 |
|---|---|---|---|---|---|---|---|
| 第 1 跨<br>大节段 | 设计状态 | 152630.5 | 152654.6 | 152737.1 | −5.8 | −2.6 | 0.4 |
| | 成桥状态 | 152624.8 | 152651.9 | 152737.6 | | | |
| 第 2 跨<br>大节段 | 设计状态 | 64012.8 | 64013.8 | 64012.8 | 12.3 | 7.7 | 0.0 |
| | 成桥状态 | 64025.1 | 64021.5 | 64012.8 | | | |
| 第 3 跨<br>大节段 | 设计状态 | 151180.2 | 151205.4 | 151286.8 | −9.0 | −5.9 | −2.8 |
| | 成桥状态 | 151171.2 | 151199.5 | 151284.0 | | | |
| 全桥 | 设计状态 | 367823.5 | 367873.8 | 368036.8 | −2.5 | −0.8 | −2.4 |
| | 成桥状态 | 367821.1 | 367873.0 | 368034.4 | | | |

　　工厂制造时钢箱梁自重由胎架承担,可认为处于无应力状态,桥梁竣工后,显然主梁处于有应力状态,从工厂制造到安装成桥的过程中节段中性轴的长度保持不变,但节段顶底板会根据受力情况伸长或缩短。图 3.17 为成桥状态下主梁上下缘的应力分布,规定受拉为正,受压为负,可以看出主梁顶板承受的拉应力大于承受的压应力,顶板相对于制造状态伸长,主梁底板承受的拉应力小于承受的压应力,底板相对于制造状态缩短。提取有限元模型中成桥状态下每个小节段两端的应力值取平均,除以钢材弹性模量后得到节段平均应变,再乘以节段长度后可近似得到每个小节段的长度变化量,求得从制造状态到成桥状态过程中主梁顶板受力伸长 15.4mm,底板受力缩短 25.0mm。

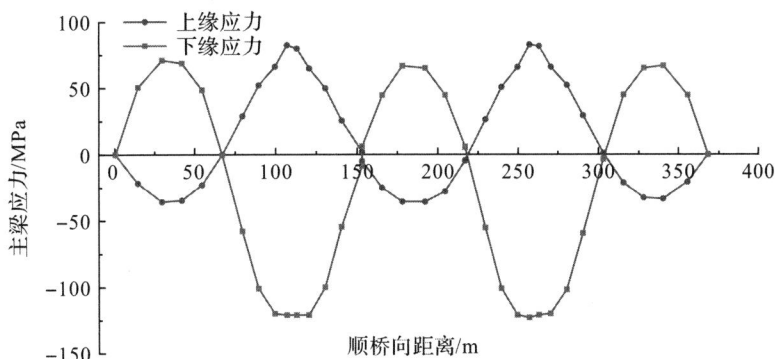

图 3.17　成桥状态主梁上下缘应力分布

　　考虑施工过程受力后四种算法的主梁长度与成桥状态下主梁长度的对比如表 3.5 所示。可以看出,采用准确算法得到的受力后的主梁长度与成桥状态下的主梁长度一致。简化算法中以底板线形为基准时误差最小,顶板、中性轴及底板分别长了 4.2mm、6.8mm 和8.8mm,其中总长 151.15m 的第 3 跨大节段顶板长度误差为 11.1mm;以顶板线形为基准时误差最大,顶板、中性轴及底板分别长了 21.2mm、24.1mm 和 26.4mm,其中总长 64m 的第 2 跨大节段顶板、中性轴及底板长度误差可达 20.1mm、19.7mm 和 18.3mm。上述这个误差规律,与结构受力引起顶底板的变形量有关,因具体结构而异。

表3.5　考虑施工过程受力后的主梁长度与成桥状态主梁长度对比　　（单位:mm）

| 主梁 | 算法 | 受力后顶板长度 | 受力后中性轴长度 | 受力后底板长度 | 顶板长度差值 | 中性轴长度差值 | 底板长度差值 |
|---|---|---|---|---|---|---|---|
| 第1跨大节段 | 准确算法 | 152623.6 | 152651.9 | 152737.8 | 1.1 | 0.0 | −0.2 |
| | 顶板为准 | 152650.0 | 152678.3 | 152764.2 | −25.3 | −26.4 | −26.6 |
| | 中性轴为准 | 152636.6 | 152664.9 | 152750.7 | −11.9 | −12.9 | −13.1 |
| | 底板为准 | 152627.5 | 152655.5 | 152741.1 | −2.7 | −3.6 | −3.5 |
| 第2跨大节段 | 准确算法 | 64024.7 | 64021.5 | 64014.3 | 0.4 | 0.0 | −1.5 |
| | 顶板为准 | 64005.0 | 64001.8 | 63994.6 | 20.1 | 19.7 | 18.3 |
| | 中性轴为准 | 64018.0 | 64014.9 | 64007.7 | 7.1 | 6.6 | 5.1 |
| | 底板为准 | 64037.7 | 64034.5 | 64027.3 | −12.6 | −13.0 | −14.5 |
| 第3跨大节段 | 准确算法 | 151169.8 | 151199.5 | 151284.6 | 1.4 | 0.0 | −0.6 |
| | 顶板为准 | 151187.3 | 151217.0 | 151302.0 | −16.1 | −17.4 | −18.0 |
| | 中性轴为准 | 151182.0 | 151211.7 | 151296.7 | −10.8 | −12.1 | −12.7 |
| | 底板为准 | 151160.1 | 151189.8 | 151274.8 | 11.1 | 9.7 | 9.2 |
| 全桥 | 准确算法 | 367818.2 | 367873.0 | 368036.7 | 2.9 | 0.0 | −2.3 |
| | 顶板为准 | 367842.3 | 367897.1 | 368060.8 | −21.2 | −24.1 | −26.4 |
| | 中性轴为准 | 367836.6 | 367891.4 | 368055.0 | −15.6 | −18.4 | −20.6 |
| | 底板为准 | 367825.3 | 367879.8 | 368043.2 | −4.2 | −6.8 | −8.8 |

经过以上分析可知,按照简化算法计算的钢箱梁制造参数进行大节段制造,安装成桥后的主梁长度与成桥状态下的主梁长度均存在一定误差,误差规律与简化方式、结构受力均有关。由于梁长误差会对伸缩缝的预留位置、中跨大节段的合龙及支座垫板的定位等产生一定影响,建议采用以成桥状态下节段形心处梁长为基准的准确算法进行钢箱梁制造参数计算;当采用简化算法计算时,可通过计算成桥状态下的主梁长度对钢箱梁制造参数进行相应的修正。

## 3.6　本章小结

各安装阶段下构件理论安装参数的确定是施工全过程控制的重要内容,特别是对于预制节段的顶底板长度、端面倾角等几何参数。本章首先讨论了线性控制目标确定问题,然后基于安装时节段间交界面实现平顺对接的思想,确定各节段拼接时的相对位置关系和匹配需求,最后给出了施工控制参数的通用计算方法。

按照准确算法计算的钢箱梁制造参数进行大节段制造,安装成桥后的主梁长度与成桥状态下的主梁长度基本一致,采用简化算法安装成桥后的主梁长度存在一定的误差。当采用简化算法时,应事先评估误差影响,必要时对钢箱梁制造参数进行相应的修正。

# 第4章 柔性构件安装控制

## 4.1 概　述

拉索或吊杆是斜拉桥、悬索桥以及拱桥等索承体系桥梁的主要支承构件,其安装时两端的锚固点位置已事先确定,施工重点在于按受力要求控制张拉力。张拉时,两个锚固点均会发生位移,且张拉端锚头产生拔出量,即张拉柔性构件时其几何状态也发生相应改变。但目前拉索安装过程中多以索力控制为主、线性控制为辅,侧重于施工过程索力是否张拉到位,较少关注其几何形态。在施工过程中由于受拉索锚固点坐标、张拉力等影响,各个施工阶段的拉索均存在不同的几何状态,其实际几何状态与理论状态往往存在偏差。该误差有可能导致拉索张拉时行程不够、拉索与套管间发生碰撞、拉索过长等问题。因此,在柔性构件安装过程中,对几何状态同时进行控制也很有必要。

基于结构分析结果和施工过程中测量得到的索力、锚固点位移、张拉端拔出量等信息,对施工过程中的索力、锚固点坐标、无应力长度、拉索构形等与其之间的相互影响进行分析评估,可实现对下一安装阶段的柔性构件受力和变形的预测,以增强对其安装过程几何状态及受力状态的控制。本章主要阐述了柔性构件施工过程中张拉力、锚固点位置、拉索无应力索长等参数及之间的相互影响与作用,以及如何基于上述关联关系的分析全面掌握其安装过程的几何状态变化规律,以实现对索力和结构几何形状的同时控制,使得施工过程中拉索在各工况下的几何状态和受力状态均处于可控范围。

## 4.2 索力、索长与锚固点位置等相互关系分析

锚固点坐标、索力及无应力索长等是决定斜拉索等柔性构件结构形态的关键参数,且已知任意两个参数便可求得第三个,共有已知坐标和索力求索长、已知坐标和索长求索力、已知索力和索长求线形等三种主要情形。若采用悬链线方程描述拉索线形时则需进行迭代求解。图4.1针对斜拉桥的拉索具体示意了上述三种情形。

**（1）已知锚固点坐标和索力求索长**

成桥状态下，已知拉索设计成桥状态的锚固点位置、张拉力，此时拉索的线形已经确定，由此可计算拉索的无应力长度，确定拉索的下料长度，用于指导工程施工。施工过程中，预测拉索张拉时锚头拔出量、锚固点位移，由此可复核张拉是否到位、索力控制是否恰当，以评估锚固点定位误差对拉索施工的影响。

**（2）已知锚固点坐标和无应力索长求索力**

拉索安装前，评估锚固点定位误差和拉索制造误差对拉索张拉的影响；在拉索张拉过程中，可根据锚固点位移和锚头拔出量评估索力的变化情况。

**（3）已知索力和无应力索长求拉索形状**

施工过程中，根据锚固点坐标实测值，可对当前拉索形态进行分析；结合结构变形预测值还可对后续工况拉索形态进行预测，预测锚固点位置，由此可评估拉索套筒和拉索的相对位置关系，避免套筒和拉索发生碰撞、张拉端锚固不充分等问题。

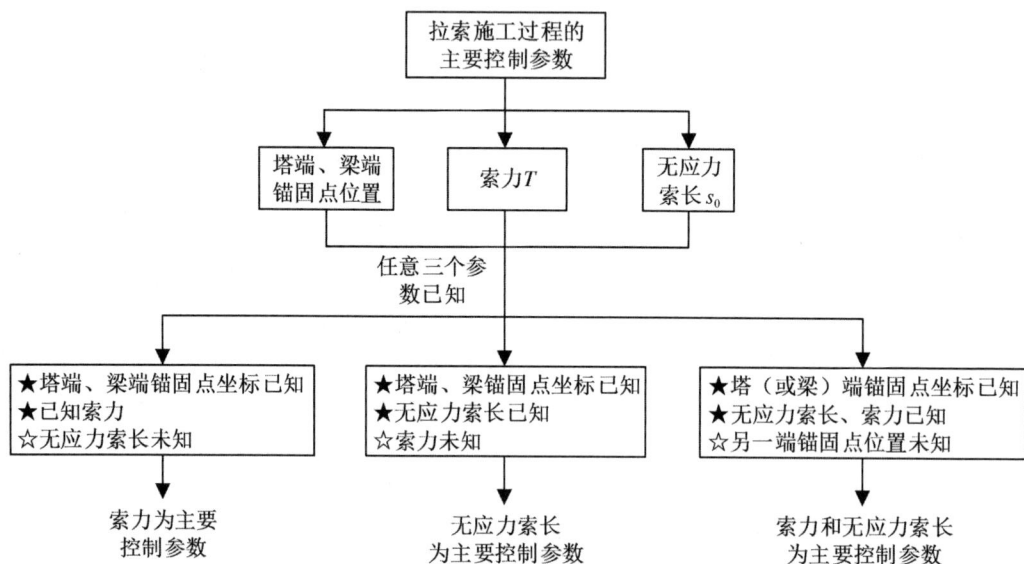

图 4.1 施工过程拉索分析控制的三种情形

桥梁施工中难免存在锚固点定位误差、索力调整等情形，可依据上述思路对拉索无应力长度的影响进行评估，提前识别预警拉索施工过程中存在的风险，并确定诸如锚垫钢板厚度调整、拉索套筒角度调整等可能控制措施。

## 4.3 已知锚固点坐标和索力求索长

拉索安装控制过程中，属于已知锚固点坐标和索力求解无应力索长的情形主要有：①设计成桥状态下锚固点位置和索力为设计指定；②施工过程中锚固点坐标和索力可通过实测得到。该分析结果可用于拉索制造、现场张拉复核等工程措施。

如图 4.2 所示，设计成桥状态下第 $i$ 根拉索，上、下锚固点的坐标分别为 $A_i(x_{i1}, y_{i1}, z_{i1})$ 和 $B_i(x_{i2}, y_{i2}, z_{i2})$；考虑预拱度和施工阶段塔、梁变形后，选取其某一施工状态进行分析，$A_i$

和 $B_i$ 的坐标变为 $A_i'(x_{i1}', y_{i1}', z_{i1}')$ 和 $B_i'(x_{i2}', y_{i2}', z_{i2}')$；第 $i$ 根拉索的上、下锚固点 $A_i$ 和 $B_i$ 产生变形分别为 $(\Delta x_{i1}, \Delta y_{i1}, \Delta z_{i1})$ 和 $(\Delta x_{i2}, \Delta y_{i2}, \Delta z_{i2})$。

以塔端锚固点索力已知为例，塔端索力 $T_B$ 与水平分量 $H$ 之间的关系如下：$H = T_B\cos\theta_B$。因此，水平分量 $H$ 和角度 $\theta_B$ 之间的关系可以用来建立迭代关系。

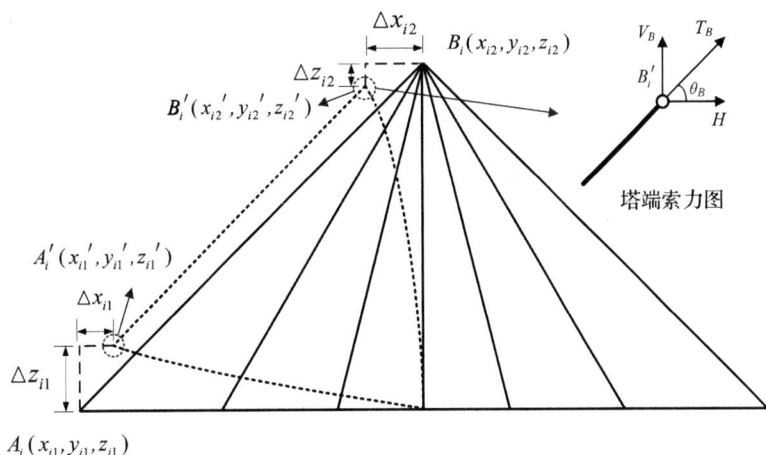

图 4.2　斜拉桥考虑塔梁变形后锚固端位移

以拉索的设计成桥状态作为基准状态，借助结构有限元计算分析结果获取各工况下拉索的索力、塔梁端锚固点坐标的变形增量，对各施工状态下的拉索的几何状态进行分析，掌握拉索施工全过程的几何运动轨迹和无应力长度变化规律。若已求得拉索成桥状态下的无应力索长 $s_{0i}^D$，则该施工状态下迭代步骤如下所述。

**(1)计算迭代初值**

拉索的设计成桥状态已知，即拉索成桥状态的锚固点坐标和索力已知，锚固点坐标 $\boldsymbol{\Phi}_i^D$ 如式(4-1)所示。

$$\boldsymbol{\Phi}_i^D = \begin{bmatrix} A_i \\ B_i \end{bmatrix}^T = \begin{bmatrix} x_{i1} & x_{i2} \\ y_{i1} & y_{i2} \\ z_{i1} & z_{i2} \end{bmatrix} \tag{4-1}$$

成桥索力已知为 $T_i^D$，通过 $A_i$ 和 $B_i$ 两个锚固点进行计算得到成桥状态下的拉索的水平投影长度 $l_i^D$ 和竖向投影长度 $h_i^D$，即拉索锚固点相对位置 $\boldsymbol{M}_i^D$ 为：

$$\boldsymbol{M}_i^D = \begin{bmatrix} l_i^D \\ h_i^D \end{bmatrix} = \begin{bmatrix} |\sqrt{(x_{i1}-x_{i2})^2 + (y_{i1}-y_{i2})^2}| \\ |z_{i1}-z_{i2}| \end{bmatrix} \tag{4-2}$$

该施工状态下拉索索力已知为 $T_i$，锚固点的坐标变化量 $\boldsymbol{\Delta}_i$ 为：

$$\boldsymbol{\Delta}_i = \begin{bmatrix} \Delta l \\ \Delta h \end{bmatrix} \tag{4-3}$$

则该施工状态下的拉索的相对位置为：

$$\boldsymbol{M}_i = \begin{bmatrix} l_{i0} \\ h_{i0} \end{bmatrix} = \begin{bmatrix} l_i^D \\ h_i^D \end{bmatrix} + \begin{bmatrix} \Delta l \\ \Delta h \end{bmatrix} \tag{4-4}$$

拉索水平夹角迭代初始值为

$$\tan\theta_{Bi0} = h_{i0}/l_{i0} \tag{4-5}$$

**(2)进行迭代计算**

拉索塔端水平夹角 $\theta_{Bi}$ 可通过式(4-6)和式(4-7)进行迭代确定,施工状态下的拉索无应力索长 $s_i$ 通过式(2-23)~式(2-25)进行计算。

$$H_i = T_i\cos\theta_{Bi} \tag{4-6}$$

$$\tan\theta_{Bi} = \sinh\left(\frac{q_i l_i}{2H_i} + \text{arcsinh}\left(\frac{q_i h_i}{2H_i\sinh\left(\frac{q_i l_i}{2H_i}\right)}\right)\right) \tag{4-7}$$

**(3)收敛判据**

若前后迭代的拉索塔端水平分力 $H_i$ 满足误差要求,则退出迭代,否则继续进行迭代直至索的线形收敛,整个迭代过程如图4.3所示。

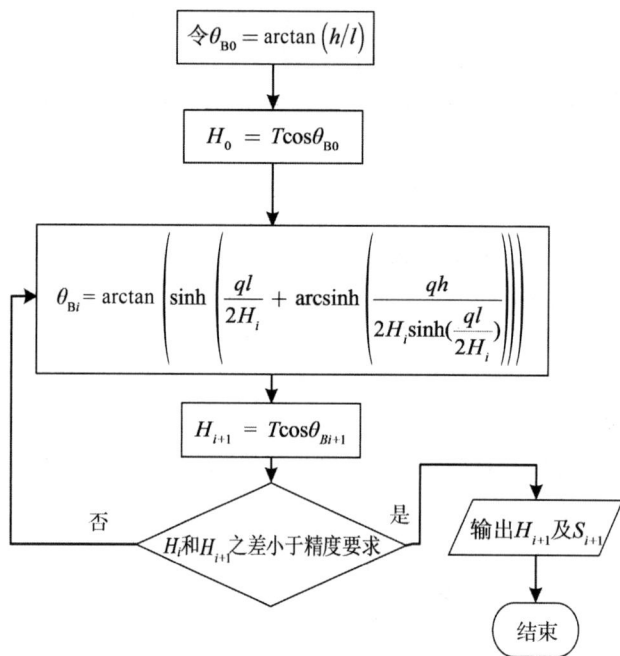

图4.3 拉索水平分力迭代流程

例如,某根斜拉索单位长度重量 $q$ 为 0.7938kN/m,弹性模量 $E$ 为 195000MPa,截面积 $A$ 为 97.37cm²。已知拉索一张阶段、二张阶段塔端锚点张力 $T$、拉索竖向投影长 $h$、拉索水平投影长 $l$ 如表4.1所示。由此可求得拉索在一张阶段、二张阶段下的无应力索长分别为 243.942m、243.378m,两者相减得到第二次张拉时拉索锚头的拔出量,值为 56cm。

**表4.1 各施工阶段拉索参数**

| 施工阶段 | 塔端拉力 $T$/kN | 拉索竖向投影长 $h$/m | 拉索水平投影长 $l$/m |
|---|---|---|---|
| 一张阶段 | 2113.5 | 108.160 | 218.870 |
| 二张阶段 | 4759.8 | 108.086 | 218.721 |

## 4.4　已知锚固点坐标和无应力索长求索力

拉索施工时,需要严格控制控制力,其保障结构受力合理。而拉索的实际索力值可能与理论值不符,振动法进行索力测量也存在一定的测量误差。基于悬链线方程通过锚固点坐标、无应力索长等几何形态参数分析相对应的索力值,以从另外角度校核索力值情况。

如图 4.4 所示,已知拉索 $E$、$A$、$q$、$l$、$h$、$s_0$ 等参数,可通过迭代求解拉索索力 $T$。

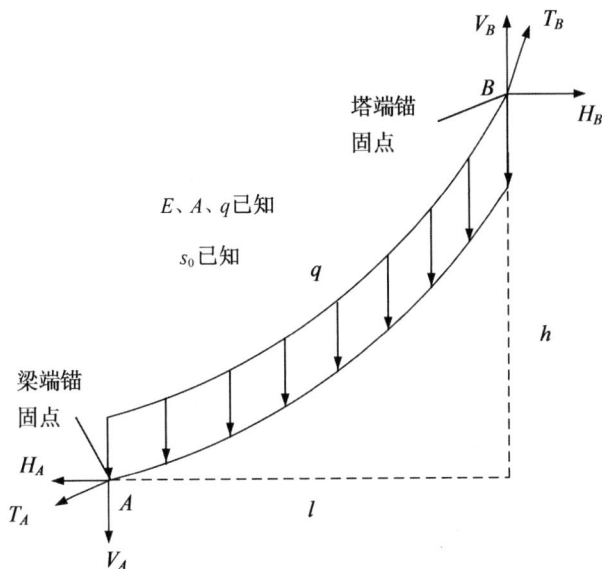

图 4.4　拉索索力示意

**(1)计算迭代初值**

拉索在均匀重力荷载下的弹性悬链线方程为:

$$s = h^2 + l^2\,\frac{\sinh^2\lambda}{\lambda^2} \tag{4-8}$$

式中:

$$\lambda = \frac{q\,|\,l\,|}{2\,|\,H_A\,|} \tag{4-9}$$

$$V_A = -\frac{q}{2}\left(-h\,\frac{\cosh\lambda}{\sinh\lambda} + s\right) \tag{4-10}$$

$$l = H_A\left(\frac{s_0}{EA} + \frac{1}{q}\ln\frac{V_B + T_B}{T_A + V_A}\right) \tag{4-11}$$

$$h = \frac{1}{2EAq}(T_B^2 - T_A^2) + \frac{T_B - T_A}{q} \tag{4-12}$$

$$s = s_0 + \frac{1}{2EAq}\left(V_B T_B - V_A T_A + H_A^2\ln\frac{V_B + T_B}{T_A + V_A}\right) \tag{4-13}$$

而索力及其各项分力的关系分别为:

$$H_A = H_B \tag{4-14}$$

$$V_B = V_A + qs_0 \tag{4-15}$$

$$T_A = (H_A^2 + V_A^2)^{1/2} \tag{4-16}$$

$$T_B = (H_B^2 + V_B^2)^{1/2} \tag{4-17}$$

H. B. Jayaraman 在相关研究中，认为可设迭代初值为：

$$H_A = \frac{ql}{2\lambda} \tag{4-18}$$

$$V_A = -\frac{q}{2}\left(-h\frac{\cosh\lambda}{\sinh\lambda} + s_0\right) \tag{4-19}$$

其中，若 $s_0 \leqslant \sqrt{h^2 + l^2}$，则 $\lambda$ 取 $0.2$；否则 $\lambda$ 为：

$$\lambda = \left[3\left(\frac{s_0^2 - h^2}{l^2} - 1\right)\right]^{\frac{1}{2}} \tag{4-20}$$

**(2)进行迭代计算**

在式(4-11)和式(4-12)中 $l$、$h$ 的微小变量应用其一阶微分表示，并由 $H_A$ 和 $V_A$ 表示为：

$$\delta l^i = \left(\frac{\partial l}{\partial H_A}\right)_i \delta H_A^i + \left(\frac{\partial l}{\partial V_A}\right)_i \delta V_A^i \tag{4-21}$$

$$\delta h^i = \left(\frac{\partial h}{\partial H_A}\right)_i \delta H_A^i + \left(\frac{\partial h}{\partial V_A}\right)_i \delta V_A^i \tag{4-22}$$

式中：$i$ 代表的是迭代的次数，当第一次迭代完成后，如 $l$、$h$ 的差值不满足允许容差，则计算 $H_A^{i+1}$ 和 $V_A^{i+1}$ 进行下一次迭代：

$$\begin{aligned} H_A^{i+1} &= H_A^i + \delta H_A^i = H_A^i - \alpha_1^i \delta l^i - \alpha_2^i \delta h^i \\ &= H_A^i - \alpha_1^i(\xi_1^i \delta H_A^i + \xi_2^i \delta V_A^i) - \alpha_2^i(\xi_3^i \delta H_A^i + \xi_4^i \delta V_A^i) \end{aligned} \tag{4-23}$$

$$\begin{aligned} V_A^{i+1} &= V_A^i + \delta V_A^i = V_A^i - \alpha_3^i \delta l^i - \alpha_4^i \delta h^i \\ &= V_A^i - \alpha_3^i(\xi_1^i \delta H_A^i + \xi_2^i \delta V_A^i) - \alpha_4^i(\xi_3^i \delta H_A^i + \xi_4^i \delta V_A^i) \end{aligned} \tag{4-24}$$

式中：

$$\xi_1^i = -\frac{l^i}{H_A^i} + \frac{1}{q}\left(\frac{V_B^i}{T_B^i} - \frac{V_A^i}{T_A^i}\right) \tag{4-25}$$

$$\xi_2^i = -\frac{H_A^i}{q}\left(\frac{1}{T_B^i} - \frac{1}{T_A^i}\right) \tag{4-26}$$

$$\xi_3^i = -\frac{H_A^i}{q}\left(\frac{1}{T_B^i} - \frac{1}{T_A^i}\right) \tag{4-27}$$

$$\xi_4^i = -\frac{S_0}{EA} - \frac{1}{q}\left(\frac{V_B^i}{T_B^i} - \frac{V_A^i}{T_A^i}\right) \tag{4-28}$$

$$\alpha_1^i = \frac{\xi_4^i}{d_i} \tag{4-29}$$

$$\alpha_2^i = -\frac{\xi_3^i}{d_i} \tag{4-30}$$

$$\alpha_3^i = -\frac{\xi_2^i}{d_i} \tag{4-31}$$

$$\alpha_4^i = \frac{\xi_1^i}{d_i} \tag{4-32}$$

$$d^i = \xi_1^i \xi_4^i - \xi_2^i \xi_3^i \qquad (4\text{-}33)$$

**(3)收敛判据**

若迭代所得的拉索水平投影长度 $l$ 和竖向投影长度 $h$ 满足误差要求,则退出迭代,否则继续进行迭代直至投影长度收敛。根据求出的索力,可从另一个角度复核索力实测值的可靠性。整个迭代过程如图 4.5 所示。

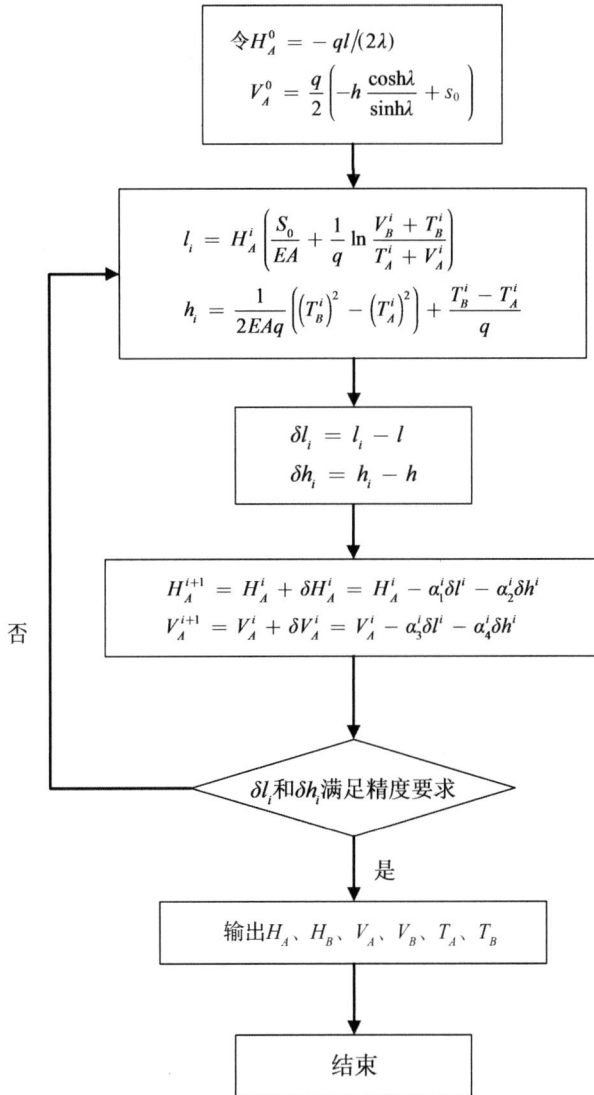

$$\boxed{\begin{aligned} &\diamondsuit H_A^0 = -ql/(2\lambda) \\ &V_A^0 = \frac{q}{2}\left(-h\frac{\cosh\lambda}{\sinh\lambda} + s_0\right) \end{aligned}}$$

$$\boxed{\begin{aligned} l_i &= H_A^i\left(\frac{S_0}{EA} + \frac{1}{q}\ln\frac{V_B^i + T_B^i}{T_A^i + V_A^i}\right) \\ h_i &= \frac{1}{2EAq}\left(\left(T_B^i\right)^2 - \left(T_A^i\right)^2\right) + \frac{T_B^i - T_A^i}{q} \end{aligned}}$$

$$\boxed{\begin{aligned} \delta l_i &= l_i - l \\ \delta h_i &= h_i - h \end{aligned}}$$

$$\boxed{\begin{aligned} H_A^{i+1} &= H_A^i + \delta H_A^i = H_A^i - \alpha_1^i \delta l^i - \alpha_2^i \delta h^i \\ V_A^{i+1} &= V_A^i + \delta V_A^i = V_A^i - \alpha_3^i \delta l^i - \alpha_4^i \delta h^i \end{aligned}}$$

否

$\delta l_i$ 和 $\delta h_i$ 满足精度要求

是

输出 $H_A$、$H_B$、$V_A$、$V_B$、$T_A$、$T_B$

结束

图 4.5　拉索索力迭代流程

例如,某根斜拉索的单位长度重量 $q$ 为 $0.913\text{kN/m}$,弹性模量 $E$ 为 $195000\text{MPa}$,截面积 $A$ 为 $108.91\text{cm}^2$。已知拉索一张阶段、二张阶段下的无应力索长 $s_0$、拉索竖向投影长 $h$、拉索水平投影长 $l$ 如表 4.2 所示。由此可求得拉索张阶段、二张阶段的塔端锚点张力 $T_B$ 分别为 $4257.9\text{kN}$、$5352.8\text{kN}$,施工时可基于该索力值对索力张拉到位情况进行复核。

表 4.2　各施工阶段拉索参数

| 施工阶段 | 拉索竖向投影长 $h/\mathrm{m}$ | 拉索水平投影长 $l/\mathrm{m}$ | 拉索无应力索长 $s_0/\mathrm{m}$ |
|---|---|---|---|
| 一张阶段 | 216.509 | 502.037 | 545.941 |
| 二张阶段 | 216.517 | 502.045 | 545.565 |

## 4.5　已知无应力索长和索力求锚固点相对位移

如图 4.6 所示,已知 $E$、$A$、$q$、$s_0$、$T$、$h$(或 $l$),根据第二章所述的悬链线长度计算公式,可得:

$$s_0 = \frac{2H}{q}\sinh\left(\frac{ql_i}{2H}\right)\cosh\left[\mathrm{arcsinh}\left(\frac{\dfrac{qh}{2H}}{\sinh\left(\dfrac{ql_i}{2H}\right)}\right)\right] - \frac{H}{2EA}\left[l_i + \frac{h^2 q\cosh\left(\dfrac{ql_i}{2H}\right)}{H\sinh\left(\dfrac{ql_i}{2H}\right)} + \frac{H\sinh\left(\dfrac{ql_i}{2H}\right)}{q}\right]$$

(4-34)

$$y = \frac{H}{q}\left[\cosh\left(\frac{ql_i}{2H} - \mathrm{arcsinh}\left(\frac{qh}{2H\sinh\left(\dfrac{ql_i}{2H}\right)}\right) - \frac{H}{q}x\right) - \cosh\left(\frac{ql_i}{2H} - \mathrm{arcsinh}\left(\frac{qh}{2H\sinh\left(\dfrac{ql_i}{2H}\right)}\right)\right)\right]$$

(4-35)

式中:设 $l_i$ 未知而 $h$ 已知,采用二分法即可解出相应的未知参数;反之,若 $l$ 已知,可求得相应的 $h$。

实际施工过程中主梁和主塔轴向变形较小,假设拉索两个锚固点间竖向相对位移主要由主梁竖向变形 $\Delta h$ 引起,水平相对位移主要由主塔横向变形 $\Delta l$ 引起。由此则可根据预测的主梁和索塔锚固点的变形以及实测锚固点坐标值,提前识别施工误差是否会导致拉索张拉锚固困难、与套管碰撞等风险。

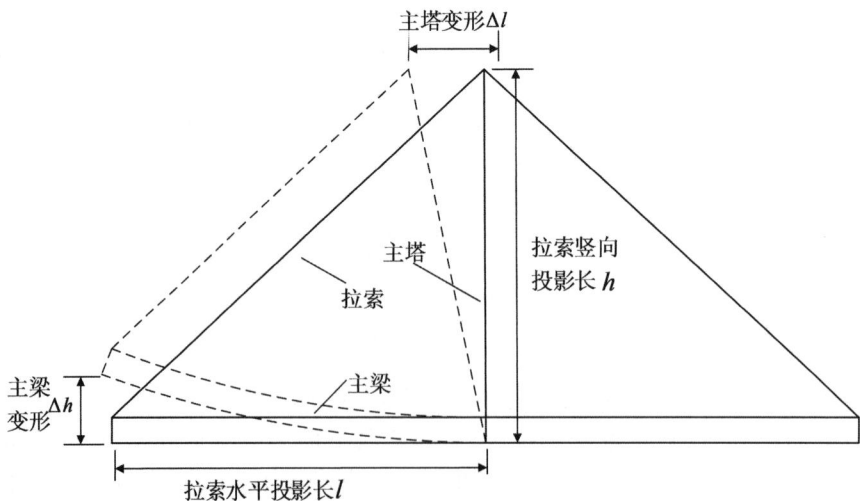

图 4.6　拉索施工过程中变形情况

例如,对于某斜拉索单位长度重量 $q$ 为 1.008kN/m,弹性模量 $E$ 为 195000MPa,截面积 $A$ 为 120.46cm² ,已知拉索一张阶段、二张阶段张拉力、无应力索长和竖向投影长度,如表 4.3 所列。由此可求得拉索该施工状态下的水平投影长为 534.070m、534.075m,即两施工状态下拉索水平投影长度变化了 5mm,其主要应为索塔的水平位移所致,可据此复核塔的变形。

表 4.3 各施工阶段拉索参数

| 施工阶段 | 塔端拉力 $T$/kN | 拉索竖向投影 $h$/m | 拉索无应力索 $s_0$/m |
|---|---|---|---|
| 一张阶段 | 4767 | 221.131 | 577.208 |
| 二张阶段 | 5992.8 | 221.137 | 576.794 |

## 4.6 锚固点及套筒定位分析

对于斜拉索施工,关键是索力的控制,但索力状况与几何状态是相互影响的,譬如锚固点位置控制不好,会导致索力、无应力索长及锚固点位置的不匹配,影响拉索的张拉与锚固;再如套筒定位不合理会导致斜拉索与套筒位置冲突等,影响防护及减震设施安装,从而给拉索施工带来较大不便。因此,在斜拉索施工时,对于锚固点和套筒定位的控制不容忽视,特别是对于大跨度斜拉桥。

施工过程中拉索的几何和受力状态是动态变化的,主梁和主塔锚固点坐标、套筒倾角及与斜拉索相对位置关系等都是不断变化的,因此需要基于成桥目标、考虑结构变形影响确定锚固点坐标和拉索套筒倾角等放样参数。此外,拉索锚固点和套筒定位以及索力等均可能存在误差,导致拉索实际结构状态与理想状态存在差异,需要评估拉索目标受力和锚固点位置、套筒倾角等的匹配性。因此,拉索安装前要求确定锚固点及套筒定位,安装后要基于实际放样结果,预测评估索力、锚固点位置及套筒倾角间的匹配性,以确保拉索施工的顺利进行。

### 4.6.1 锚固点位置

拉索的锚固点位置是关系到拉索几何形态的基础性参数,因受到施工预拱度、结构变形等的影响,在施工过程中不断变化。锚固点位置误差可能会导致拉索张拉锚固困难,为避免此问题,需要基于实际的锚固点位置,考虑施工过程中主梁及索塔变形等的影响,评估拉索张拉后是否能按要求进行锚固。接下来就此进行讨论。

假设拉索施工过程中第 $i$ 根拉索某一施工阶段梁端、塔端锚固点坐标相对于设计值的差值分别为 $(\delta x_{i1}, \delta z_{i1})$ 和 $(\delta x_{i2}, \delta z_{i2})$,则梁端、塔端锚固点坐标的相对偏差 $\boldsymbol{\delta}_i$ 为:

$$\delta_i = \begin{bmatrix} \delta l \\ \delta h \end{bmatrix} = \begin{bmatrix} \delta x_{i1} - \delta x_{i2} \\ \delta z_{i1} - \delta z_{i2} \end{bmatrix} \tag{4-36}$$

在任意施工状态下坐标调整后拉索梁端、塔端锚固点的相对位置 $\boldsymbol{M}_i^*$ 为:

$$\boldsymbol{M}_i^* = \boldsymbol{M}_i + \boldsymbol{\delta}_i \tag{4-37}$$

将考虑锚固点坐标调整后拉索的实际水平和竖向投影长度代入第 2 章中有关拉索线形

方程及长度计算公式等,可得到拉索在各个施工状态目标索力下的索长及无应力索长等。上述坐标调整可能是由预拱度、结构变形或施工误差等所致的。对于张拉工况可根据无应力索长的变化确定锚头拔出量,进而确定锚固螺母需移动的距离,以此对张拉端能否正常锚固进行预判。

### 4.6.2 套筒定位

套筒是斜拉索的关键防护设施,理想情形是拉索从套筒中心穿过。由于各斜拉索具有不同的倾角,又受到垂度效应的影响,每个拉索套筒倾角均应逐一进行计算。在施工过程中,套筒倾角会随两端锚固点位置及相应处倾角变化而变化。因此套筒定位非常关键,也较为复杂,同时需要对可能存在的定位误差及影响进行分析。

塔上和梁上套筒与拉索间的相对位置关系如图 4.6 和图 4.7 所示,任意斜拉索 $i$ 成桥状态下梁端与塔端的锚固点分别为 A、B,相应的自由端中心 D、C 则成桥状态下拉索塔端、梁端套筒的定位向量分别为 $\overrightarrow{BC}$、$\overrightarrow{AD}$;由于受结构变形及施工误差的影响,施工过程中套筒位置与成桥状态不一致,其定位向量为 $\overrightarrow{B'C'}$、$\overrightarrow{A'D'}$。

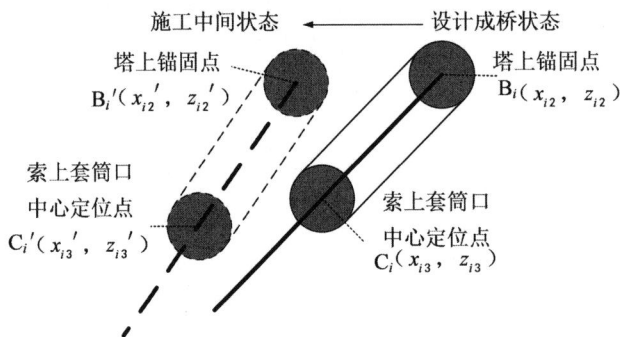

图 4.6　塔端套筒和拉索的相对位置

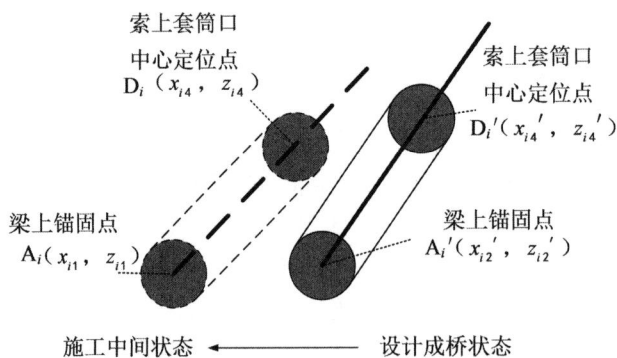

图 4.7　梁端套筒和拉索的相对位置

对于成桥状态,可以用套筒范围内索段的割线角作为套筒倾角,即有:

$$\overrightarrow{BC}=\begin{bmatrix} x_{i2}-x_{i3} \\ z_{i2}-z_{i3} \end{bmatrix} \tag{4-38}$$

$$\vec{AD} = \begin{bmatrix} x_{i4} - x_{i1} \\ z_{i4} - z_{i1} \end{bmatrix} \tag{4-39}$$

套筒自安装定位到成桥,其倾角受到结构线位移和角位移等的影响,如锚固点坐标变化、梁或塔的弯曲角度等。对于梁或塔弯曲角度的影响,通过在成桥状态基础上减去施工累计倾角位移方式进行考虑。对于锚固点坐标,受成桥预拱度、施工预拱度、施工变形和施工误差等因素影响,其中成桥预拱度、定位误差和变形预测误差等会带来锚固点坐标相对于设计值的永久改变,通过修正成桥状态锚固点坐标考虑其对套筒安装定位角的影响。但由于锚固点坐标变化值相对于拉索长度很小,此部分的影响往往可能不大。由于施工预拱度和施工累计变形相抵消,计算套筒放样倾角时无须考虑。

当套筒安装完成后,应根据实际定位结果,基于各施工阶段变形的理论值,预测其在施工过程及成桥状态的位置,分析拉索与套筒的相对位置关系,并与实测值进行比较,以提前发现可能存在的拉索与套筒碰撞情况。

## 4.7　工程应用

### 4.7.1　工程背景

背景工程为一全长为 684m 的双塔钢箱桁梁斜拉桥,跨径组成为:60m+120m+324m+120m+60m=684m。主梁为钢箱桁梁结构,主塔为 H 型钢筋混凝土结构。斜拉索为平行双索面,扇形布置,每塔柱共设 13 对索,主跨及边跨斜拉索编号由塔向两侧分别为 $M_0$—$M_{13}$、$S_{01}$—$S_3$。主桥结构布置图见图 4.8。

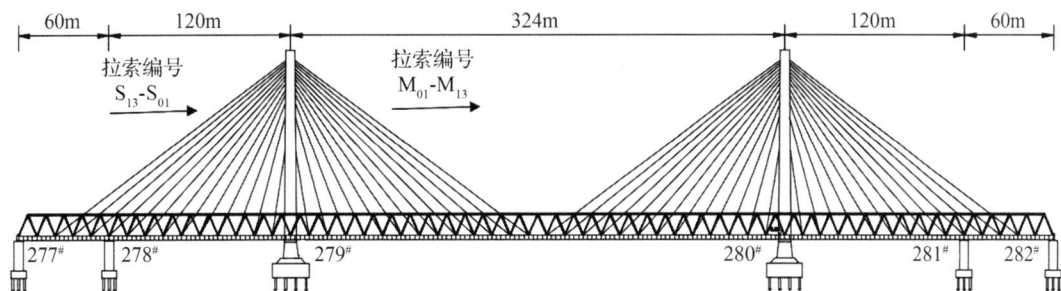

图 4.8　主桥纵断面布置

本节将主要对拉索施工过程中结构理想安装状态下和制造长度进行计算,同时基于有限元分析结果对拉索安装过程的几何状态进行分析与评估。

### 4.7.2　拉索无应力长度计算

根据索梁的锚固点坐标计算出成桥状态下的索的水平投影长 $l$ 和索高 $h$,计算结果如表 4.4 所示。表 4.5 列出了拉索索力、索的单位重度、面积和弹性模量等参数。按悬链线理论计算无应力索长、弹性伸长、两端切线角等几何参数,结果如表 4.6 所示。

表 4.4　成桥状态拉索锚固点坐标及投影长度

| 拉索编号 | 梁端锚固点坐标/m | | 塔端锚固点坐标/m | | 投影长度/m | |
|---|---|---|---|---|---|---|
| | $x$ | $z$ | $x$ | $z$ | 水平 $l$ | 竖向 $h$ |
| $S_{13}$ | −316.489 | 0.577 | −163.290 | 100.339 | 153.199 | 99.762 |
| $S_{12}$ | −304.490 | 0.587 | −163.376 | 98.886 | 141.114 | 98.299 |
| $S_{11}$ | −292.663 | 0.556 | −163.362 | 97.418 | 129.301 | 96.862 |
| $S_{10}$ | −280.767 | 0.579 | −163.348 | 95.836 | 117.418 | 95.257 |
| $S_9$ | −268.873 | 0.596 | −163.334 | 94.238 | 105.539 | 93.642 |
| $S_8$ | −257.028 | 0.566 | −163.272 | 92.516 | 93.756 | 91.950 |
| $S_7$ | −245.087 | 0.583 | −163.238 | 90.716 | 81.849 | 90.133 |
| $S_6$ | −233.324 | 0.508 | −163.278 | 88.854 | 70.047 | 88.347 |
| $S_5$ | −221.459 | 0.475 | −163.282 | 86.667 | 58.177 | 86.192 |
| $S_4$ | −209.303 | 0.595 | −163.286 | 84.234 | 46.017 | 83.639 |
| $S_3$ | −197.616 | 0.615 | −163.295 | 81.110 | 34.321 | 80.495 |
| $S_2$ | −185.691 | 0.780 | −163.318 | 76.744 | 22.373 | 75.964 |
| $S_1$ | −173.843 | 0.749 | −163.388 | 67.445 | 10.455 | 66.696 |
| $M_1$ | −150.157 | 0.787 | −160.612 | 67.445 | −10.455 | 66.659 |
| $M_2$ | −138.310 | 0.859 | −160.684 | 76.744 | −22.373 | 75.885 |
| $M_3$ | −126.384 | 0.730 | −160.707 | 81.110 | −34.323 | 80.380 |
| $M_4$ | −111.498 | 0.749 | −160.714 | 84.234 | −49.216 | 83.485 |
| $M_5$ | −102.451 | 0.669 | −160.714 | 86.667 | −58.263 | 85.998 |
| $M_6$ | −90.676 | 0.738 | −160.710 | 88.854 | −70.034 | 88.116 |
| $M_7$ | −78.819 | 0.807 | −160.702 | 90.760 | −81.883 | 89.953 |
| $M_8$ | −66.972 | 0.876 | −160.696 | 92.515 | −93.724 | 91.639 |
| $M_9$ | −55.137 | 1.065 | −160.756 | 94.239 | −105.619 | 93.174 |
| $M_{10}$ | −43.242 | 1.042 | −160.768 | 95.838 | −117.526 | 94.796 |
| $M_{11}$ | −31.146 | 1.032 | −160.782 | 97.421 | −129.636 | 96.388 |
| $M_{12}$ | −19.522 | 1.098 | −160.798 | 98.889 | −141.276 | 97.791 |
| $M_{13}$ | −7.628 | 1.111 | −160.814 | 100.348 | −153.186 | 99.237 |

表 4.5　拉索基本参数

| 斜拉索编号 | 拉力 $T$/kN | $h$/m | $l$/m | $q$/(kN·m$^{-1}$) | $E$/MPa | $A$/cm$^2$ |
|---|---|---|---|---|---|---|
| $S_{13}$ | 4911.30 | 99.762 | 153.199 | 1.299689134 | 200000 | 168.95 |
| $S_{12}$ | 4373.95 | 98.299 | 141.114 | 1.299697059 | 200000 | 168.95 |
| $S_{11}$ | 4147.35 | 96.862 | 129.301 | 1.299699267 | 200000 | 168.95 |
| $S_{10}$ | 3918.71 | 95.257 | 117.418 | 1.246417992 | 200000 | 162.02 |
| $S_9$ | 3696.62 | 93.642 | 105.539 | 1.246447949 | 200000 | 162.02 |
| $S_8$ | 3487.54 | 91.950 | 93.756 | 0.660233984 | 200000 | 85.82 |
| $S_7$ | 3563.98 | 90.133 | 81.849 | 0.66021099 | 200000 | 85.82 |
| $S_6$ | 3877.82 | 88.347 | 70.047 | 0.589139897 | 200000 | 76.58 |
| $S_5$ | 2876.29 | 86.192 | 58.177 | 0.589176075 | 200000 | 76.58 |

| 斜拉索编号 | 拉力 $T$/kN | $h$/m | $l$/m | $q$/(kN·m$^{-1}$) | $E$/MPa | $A$/cm$^2$ |
|---|---|---|---|---|---|---|
| $S_4$ | 2709.68 | 83.639 | 46.017 | 0.447046178 | 200000 | 58.11 |
| $S_3$ | 2531.33 | 80.495 | 34.321 | 0.447066029 | 200000 | 58.11 |
| $S_2$ | 2407.68 | 75.964 | 22.373 | 0.358218287 | 200000 | 46.57 |
| $S_1$ | 2517.32 | 66.696 | 10.455 | 0.358212522 | 200000 | 46.57 |
| $M_1$ | 2192.36 | 66.659 | −10.455 | 0.358240271 | 200000 | 46.57 |
| $M_2$ | 2397.34 | 75.885 | −22.373 | 0.3582428 | 200000 | 46.57 |
| $M_3$ | 2509.65 | 80.380 | −34.323 | 0.553660407 | 200000 | 71.97 |
| $M_4$ | 2703.13 | 83.485 | −49.216 | 0.553634067 | 200000 | 71.97 |
| $M_5$ | 2883.69 | 85.998 | −58.263 | 0.997770117 | 200000 | 129.69 |
| $M_6$ | 3101.92 | 88.116 | −70.034 | 0.997742274 | 200000 | 129.69 |
| $M_7$ | 3314.26 | 89.953 | −81.883 | 0.9977262 | 200000 | 129.69 |
| $M_8$ | 3521.69 | 91.639 | −93.724 | 0.997739674 | 200000 | 129.69 |
| $M_9$ | 3723.86 | 93.174 | −105.619 | 0.997713813 | 200000 | 129.69 |
| $M_{10}$ | 3919.64 | 94.796 | −117.526 | 0.926679438 | 200000 | 120.46 |
| $M_{11}$ | 4115.83 | 96.388 | −129.636 | 0.926686353 | 200000 | 120.46 |
| $M_{12}$ | 4303.35 | 97.791 | −141.276 | 0.784561236 | 200000 | 101.98 |
| $M_{13}$ | 4496.34 | 99.237 | −153.186 | 0.784569817 | 200000 | 101.98 |

**表 4.6　基于悬链线理论的拉索几何参数**

| 斜拉索编号 | 悬链线长度 $s$/m | 弹性伸长量 $\Delta s$/m | 无应力索长 $s_0$/m | 梁端倾角/(°) | 塔端倾角/(°) |
|---|---|---|---|---|---|
| $S_{13}$ | 182.831 | 0.262 | 182.569 | 31.88 | 34.24 |
| $S_{12}$ | 171.989 | 0.219 | 171.770 | 33.67 | 36.07 |
| $S_{11}$ | 161.570 | 0.195 | 161.375 | 35.68 | 38.00 |
| $S_{10}$ | 151.208 | 0.180 | 151.027 | 37.99 | 40.13 |
| $S_9$ | 141.100 | 0.158 | 140.942 | 40.57 | 42.61 |
| $S_8$ | 131.321 | 0.265 | 131.057 | 43.94 | 44.95 |
| $S_7$ | 121.752 | 0.251 | 121.501 | 47.30 | 48.19 |
| $S_6$ | 112.747 | 0.284 | 112.463 | 51.29 | 51.90 |
| $S_5$ | 103.989 | 0.194 | 103.796 | 55.64 | 56.32 |
| $S_4$ | 95.462 | 0.221 | 95.241 | 60.96 | 61.40 |
| $S_3$ | 87.507 | 0.189 | 87.318 | 66.73 | 67.08 |
| $S_2$ | 79.190 | 0.204 | 78.986 | 73.49 | 73.68 |
| $S_1$ | 67.510 | 0.182 | 67.329 | 81.04 | 81.13 |
| $M_1$ | 67.474 | 0.158 | 67.316 | −81.04 | −81.14 |
| $M_2$ | 79.114 | 0.202 | 78.912 | −73.48 | −73.67 |
| $M_8$ | 131.084 | 0.176 | 130.908 | −43.60 | −45.12 |
| $M_9$ | 140.848 | 0.200 | 140.649 | −40.61 | −42.23 |

续表

| 斜拉索编号 | 悬链线长度 s/m | 弹性伸长量 Δs/m | 无应力索长 s₀/m | 梁端倾角/(°) | 塔端倾角/(°) |
|---|---|---|---|---|---|
| $M_{10}$ | 150.997 | 0.243 | 150.754 | −38.10 | −39.69 |
| $M_{11}$ | 161.549 | 0.273 | 161.276 | −35.80 | −37.47 |
| $M_{12}$ | 171.825 | 0.359 | 171.465 | −33.96 | −35.43 |
| $M_{13}$ | 182.527 | 0.399 | 182.128 | −32.17 | −33.70 |

表 4.7 对比悬链线理论和抛物线理论的无应力索长。拉索 $S_1$ 长度差值为 1mm、拉索 $S_{13}$ 长度达最大差值 4mm,因此选用线形对结构的计算精度有影响,即短索计算时,抛物线理论可满足计算精度要求;长索计算时应选用悬链线理论。

**表 4.7　悬链线理论和抛物线理论计算结果对比**

| 斜拉索编号 | 悬链线理论无应力索长/m | 抛物线无应力索长/m | 差值/mm | 斜拉索编号 | 悬链线理论无应力索长/m | 抛物线无应力索长/m | 差值/mm |
|---|---|---|---|---|---|---|---|
| $S_{13}$ | 182.423 | 182.419 | 4 | $M_1$ | 67.316 | 67.315 | 1 |
| $S_{12}$ | 171.77 | 171.766 | 4 | $M_2$ | 78.912 | 78.911 | 1 |
| $S_{11}$ | 161.375 | 161.371 | 3 | $M_3$ | 87.251 | 87.25 | 1 |
| $S_{10}$ | 151.027 | 151.024 | 3 | $M_4$ | 96.732 | 96.73 | 2 |
| $S_9$ | 140.942 | 140.939 | 3 | $M_5$ | 103.764 | 103.763 | 2 |
| $S_8$ | 131.057 | 131.055 | 2 | $M_6$ | 112.427 | 112.425 | 2 |
| $S_7$ | 121.626 | 121.624 | 2 | $M_7$ | 121.491 | 121.488 | 2 |
| $S_6$ | 112.463 | 112.461 | 2 | $M_8$ | 130.908 | 130.906 | 2 |
| $S_5$ | 103.796 | 103.794 | 2 | $M_9$ | 140.649 | 140.646 | 3 |
| $S_4$ | 95.241 | 95.24 | 2 | $M_{10}$ | 150.754 | 150.751 | 3 |
| $S_3$ | 87.318 | 87.316 | 1 | $M_{11}$ | 161.276 | 161.273 | 3 |
| $S_2$ | 78.986 | 78.985 | 1 | $M_{12}$ | 171.465 | 171.462 | 3 |
| $S_1$ | 67.356 | 67.355 | 1 | $M_{13}$ | 182.128 | 182.124 | 4 |

## 4.7.3　施工过程拉索状态分析

选取 $S_1$、$S_7$ 两根不同长度的拉索对其施工过程中无应力索长进行分析,以掌握其施工过程中拉索无应力长度变化规律及其拔出量,可用于复核张拉力,实现拉索张拉的双控。拉索 $S_1$、$S_7$ 索力随施工过程的变化如图 4.9 和图 4.10 所示,基于有限元计算的索力和变形对拉索无应力长度,结果如图 4.11 和图 4.12 所示。从图 4.11 和图 4.12 可以看出,除了补张拉阶段会出现拉索的拔出量,其他施工阶段拉索无应力长度基本不变,这与实际情况是相符的。也从另外一个角度说明,本工程对象中采用等效模量的直杆单元模拟斜拉索是符合精度要求的。否则,应采用考虑几何非线性的拉索单元,使有限元模型更准确模拟结构真实受力状态。

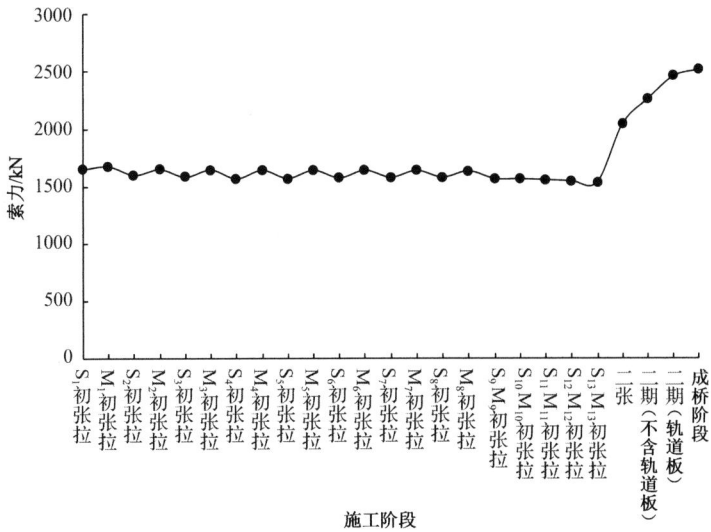

图 4.9　拉索 $S_1$ 索力随施工过程变化

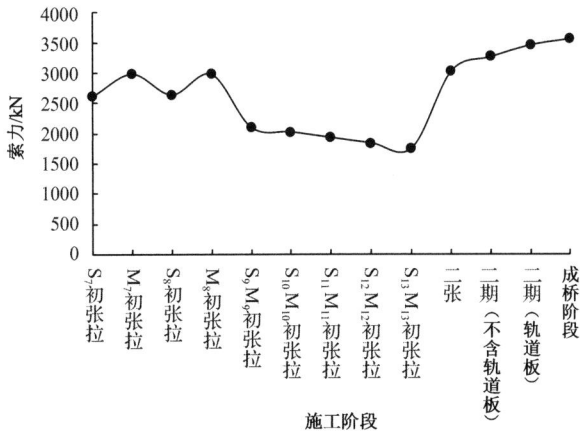

图 4.10　拉索 $S_7$ 索力随施工过程变化

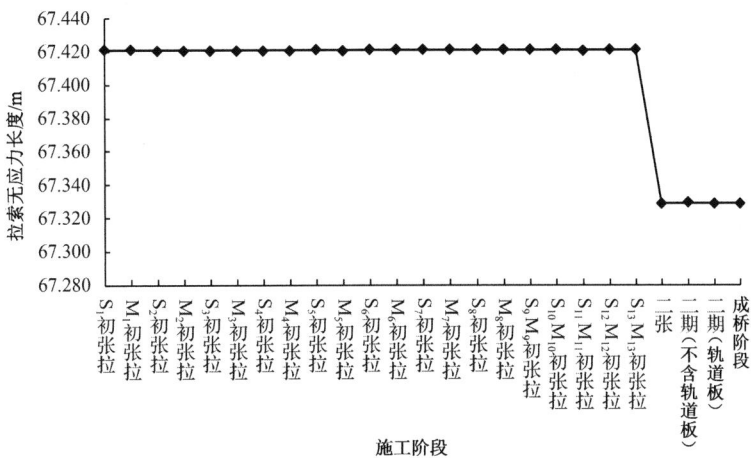

图 4.11　拉索 $S_1$ 无应力长度随施工过程变化

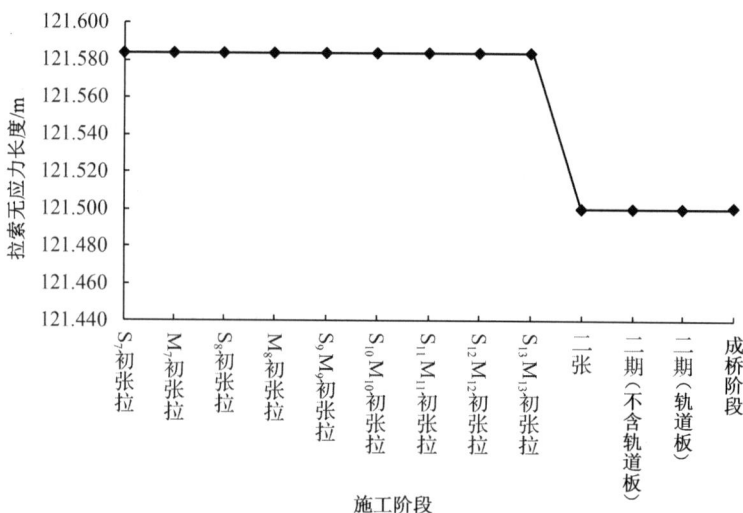

图 4.12　拉索 $S_7$ 无应力长度随施工过程变化

### 4.7.4　索力误差对无应力长度的影响

假设拉索 $S_7$ 在一张阶段、二张阶段以及成桥阶段的拉索索力误差为 5％,其对拉索无应力长度的影响结果如图 4.13 所示。可以看出,在 5％索力偏差的影响下 $S_7$ 两根拉索的无应力索长最大差值可达 13mm,施工过程中拉索的拔出量会随之产生相应的变化,且还是很明显的。因此,斜拉索张拉时应注意采集和分析锚头拔出量数据,可据此复核拉索张拉是否到位。

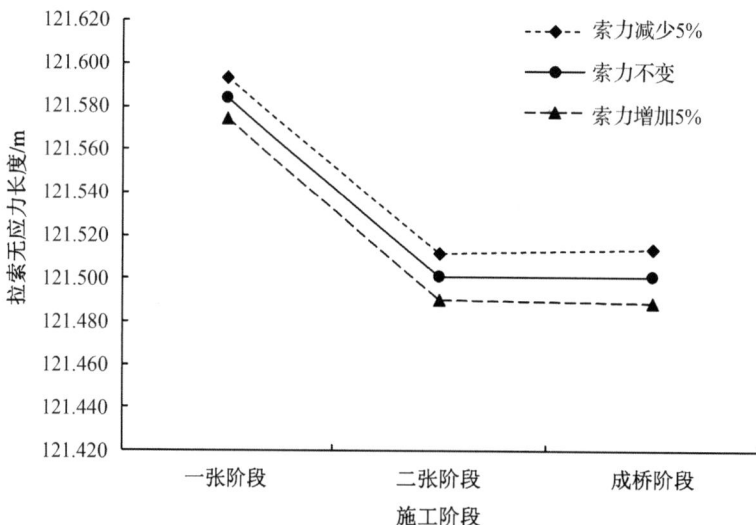

图 4.13　索力误差对拉索 $S_7$ 无应力长度的影响

### 4.7.5　锚固点坐标误差影响

在实际施工过程中,锚固点放样及变形预测误差等均会引起拉索锚固点坐标偏差,也会影响索力和无应力索长的对应关系。假设无应力索长在一定条件下,拉索 $S_7$ 的主梁锚固点变形误差分别为 ±5mm、±10mm、±20mm,其对拉索索力的影响如图 4.14 所示。从中可以看出,拉索 $S_7$ 索力随主梁锚固点变形误差产生的最大差值达 210kN,约占 8%,这充分说明了准确分析预测结构变形对拉索索力值控制的重要性。对于预应力混凝土斜拉桥,由于存在收缩徐变效应,变形的准确预测相对较难,施工控制时应考虑其对拉索索力控制的影响,有必要在成桥 2～3 年后对索力进行复测和调整工作。

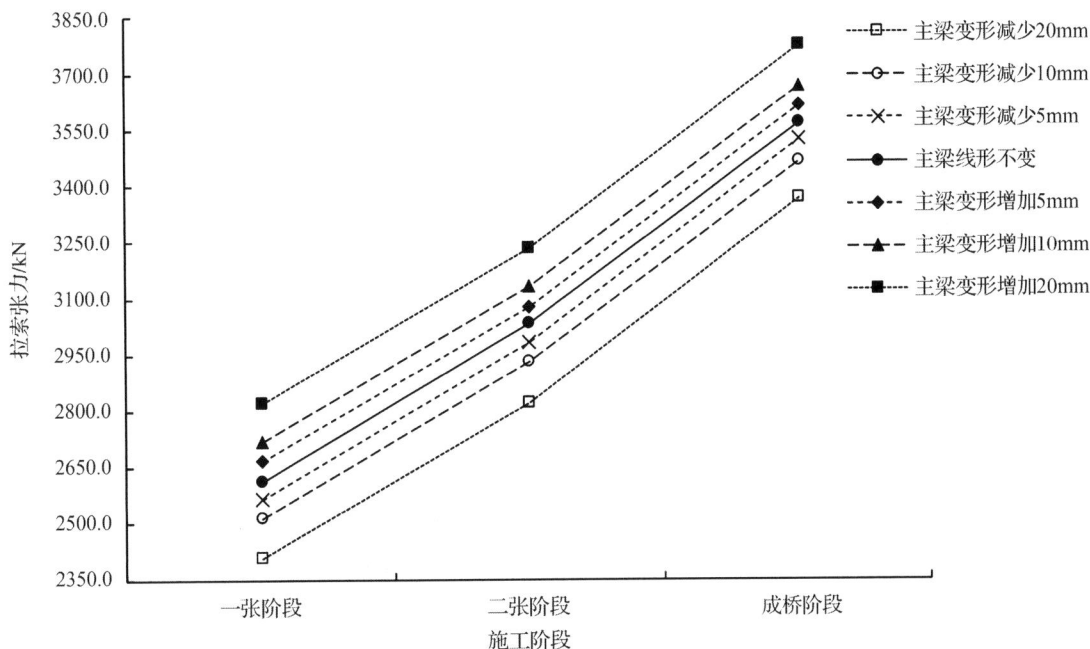

图 4.14　无应力索长不变条件下主梁变形误差对拉索 $S_7$ 索力的影响

## 4.8　本章小结

本章基于悬链线理论讨论了柔性构件在施工全过程中的几何状态变化规律及其与受力状态的相互影响关系,阐述了各施工状态下柔性构件的锚固点坐标、无应力状态量等几何控制参数的分析思路和计算方法,为缆索等柔性构件全过程施工状态的精确分析与控制提供了参考方法。同时,通过对拉索施工过程中可能存在的锚固点坐标误差、套筒定位误差、索力误差的分析,可对施工过程进行预测,明确误差的合理范围,并制定相应的施工预案,为柔性构件施工过程的精细化控制提供了技术手段。

# 第5章 预应力混凝土连续梁桥悬浇施工监控

## 5.1 概　述

预应力混凝土连续梁桥是目前应用最广泛的桥型之一,常采用悬臂浇筑法进行分节段施工,在中大跨径桥梁中占多数,在40～200m范围内适用。悬臂浇筑法首先应用于1953年建成的联邦德国主跨114.2m的胡尔姆斯桥。该方法是先在其中墩顶浇筑0#段,并进行墩梁固结;接着在0#段安装挂篮,向两侧对称悬臂依次分段浇筑主梁并张拉预应力至合龙。每浇筑一个节段,都需在梁体上缘施加预应力筋抵消自重引起的负弯矩,以保障施工过程受力安全。施工时无须中断桥下通航或交通,施工临时设施用量少,且较好适用于变截面桥梁结构。

主梁悬臂浇筑时为避免结构的静不定,墩梁须为固结状态;同时为改善墩梁固结区域的受力,一般要求悬臂的两个分支尽量保持对称状态。施工过程中梁体在混凝土自重和预应力交替作用下,在其顶底部交替发生不利受力,甚至短暂处于最不利受力状态,有时还会控制结构设计,需要予以特别关注和评估。在合龙段施工和解除墩顶临时约束时,结构体系发生转换,由T构逐步转换为连续梁,在此过程中结构内力和变形均会明显调整,特别是对于大跨度连续梁,应重点予以关注。悬臂浇筑施工中混凝土加载龄期较早,一般为3～5天,混凝土收缩徐变较大,对结构受力和变形有显著影响,但往往难以准确预测,施工过程有时需要根据实际情况适当调整施工参数,如立模标高、预应力张拉值等。对于高墩桥梁,还要特别关注施工过程中桥墩的稳定性。

因此,为了保证桥梁施工的质量、安全与顺利,应对预应力混凝土连续梁桥悬臂浇筑施工过程进行施工监控,以使其几何线形、应力状态以及稳定性符合预期要求。本章先对预应力混凝土梁桥悬臂浇筑施工方法进行介绍,接着对预应力混凝土梁桥施工监控的工作内容及技术方法进行阐述,最后通过工程实例说明预应力混凝土连续梁桥悬浇施工监控的具体实施。

## 5.2   预应力混凝土连续梁桥悬浇施工方法

悬臂浇筑施工采用移动式挂篮作为主要施工设备,以桥墩为中心,对称向两侧挂篮逐段浇筑梁段混凝土,待混凝土达到强度后,张拉预应力束,再前移挂篮,进行下一节段的施工;悬臂施工完成后相继进行边跨和中跨合龙施工,一般可在中跨合龙段劲性骨架施工完成后解除临时固结,实现结构体系转换。

### 5.2.1   施工流程

预应力混凝土连续梁桥悬臂施工的总体施工流程为:0#块施工、临时固结措施安装、对称悬臂浇筑形成 T 构、边跨现浇段施工、边跨合龙段施工、中跨合龙段施工和解除临时固结措施完成体系转换等步骤,如图 5.1 所示。

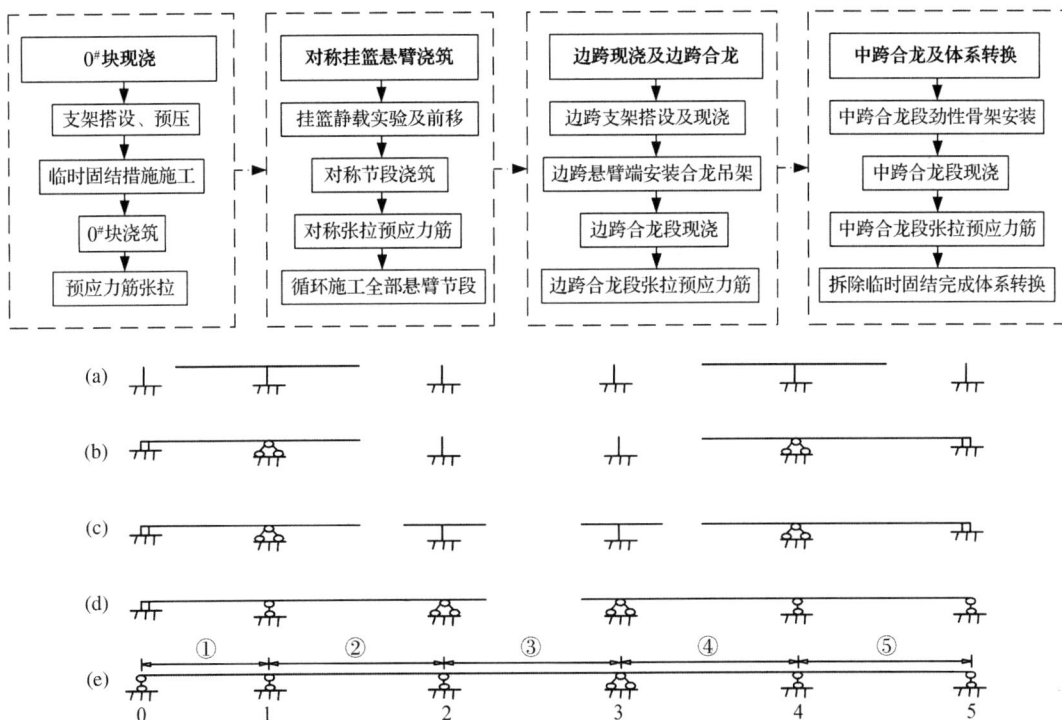

图 5.1   预应力混凝土连续梁桥悬臂浇筑施工总体流程

### 5.2.2   0#块施工及临时固结措施

悬臂浇筑施工的第一步是进行墩顶 0#块的施工,采用支架现浇施工方式,支架形式一般有落地支架、墩顶托架式以及支架与托架组合等三种形式。支架现浇 0#块最关键是要保证支架安全与稳定,需对支架进行专门设计和检查验算,同时还需进行支架预压,支架预压主要是为桥梁施工预拱度提供依据。0#块的施工流程如图 5.2 所示。

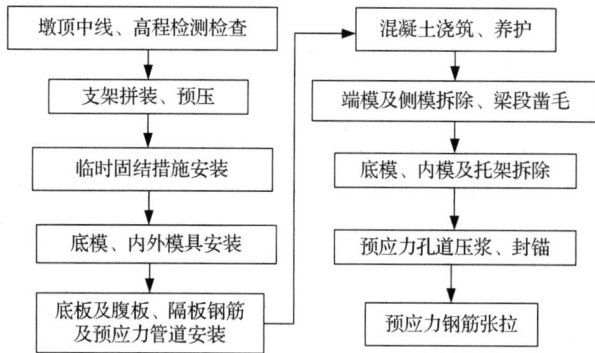

图 5.2  0#块施工流程

悬臂施工时为了平衡 0#块处的不平衡弯矩,在边跨和中跨合龙前需要对 0#块与桥墩进行临时固结,待中跨合龙之后,解除临时约束,完成最终的体系转换。临时固结措施有墩顶临时固结和墩侧临时固结,墩顶临时固结为桥墩顶面永久支座两侧对称设置墩上临时支座方式,墩侧临时固结为桥墩纵向两侧设置墩侧临时支撑式。墩顶临时支座一般采用现浇混凝土结构,同时设置内穿预应力钢束或精扎螺纹钢进行抗拔;墩侧临时支撑一般采用钢管或钢管混凝土结构。临时固结措施如图 5.3 所示。

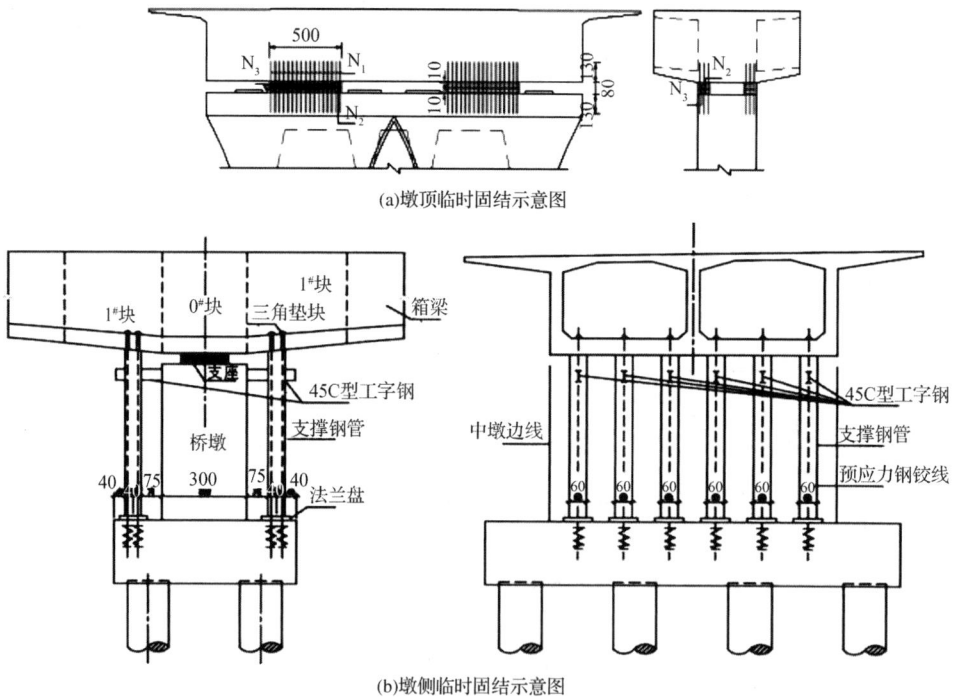

(a)墩顶临时固结示意图

(b)墩侧临时固结示意图

图 5.3  临时固结示意

悬臂施工时存在的不平衡力矩和竖向力均由临时固结体系承担,必须确保其受力的安全与可靠,须对临时支座或支撑抗压及抗拔承载力进行验算。一般应按永久支座不受力进行临时支座或支撑的设计与验算,即悬臂施工过程中的竖向力和不平衡弯矩全部由临时支座承担。不平衡力矩应根据施工实际情况确定,可按一侧混凝土超重(10%左右)、两侧混凝土浇筑不同步(约半个节段重量)、两侧施工荷载差异、单侧挂篮脱落、施工机具动力系数差异以及一侧承受风压等作用的最不利组合进行计算。对于不能确定永久支座是否参与受力的情形,从保障工程安全角度考虑,在抗拔验算时可假定竖向力由永久支座来承担,不平衡力矩由临时支座承担;在抗压验算时可假定永久支座不承受荷载。

### 5.2.3　对称悬臂挂篮浇筑形成 T 构

悬臂浇筑一般采用挂篮在桥墩两侧对称、独立进行,但当 0# 梁段长度较短不能满足两幅挂篮安装要求时,可采用连体挂篮进行 1# 梁段施工,然后再分开进行后续梁段施工。对称悬臂挂篮浇筑施工如图 5.4 所示,其中模板定位工作要求在气温恒定条件下完成,如清晨日出前,以避免日照都立模标高的影响。

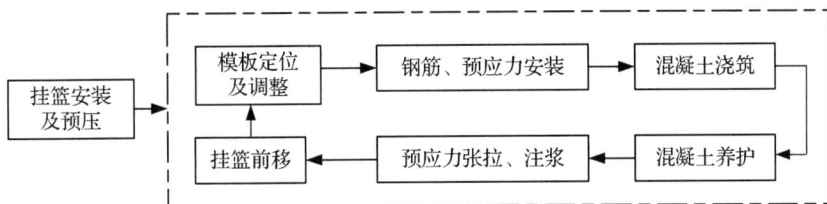

图 5.4　挂篮悬臂浇筑施工流程

挂篮是对称悬臂浇筑施工的关键设备,其通常由挂篮承重系统、吊锚杆系统、行走系统、底模系统和内模系统组成。连续梁悬浇挂篮一般采用桁架结构,可采用平行、菱形、三角形、弓弦式等形式。最常用的三角形和菱形挂篮如图 5.5 所示。

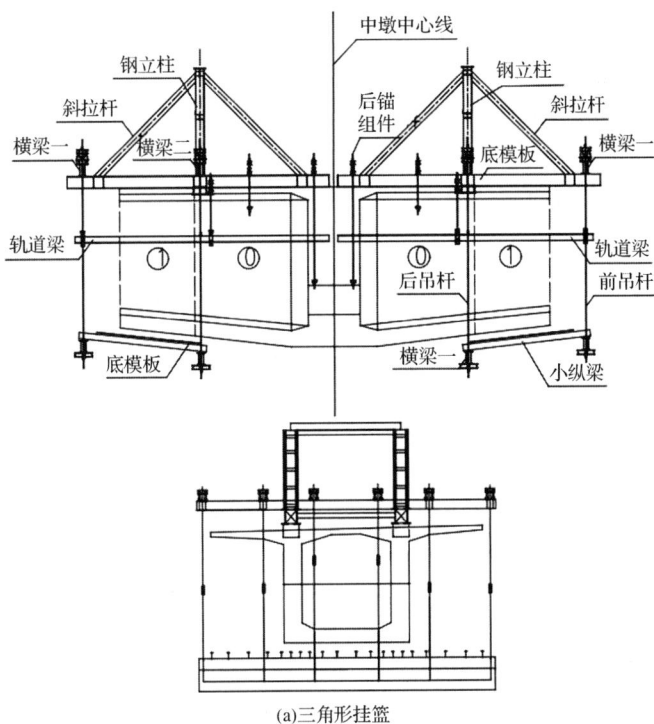

(a)三角形挂篮

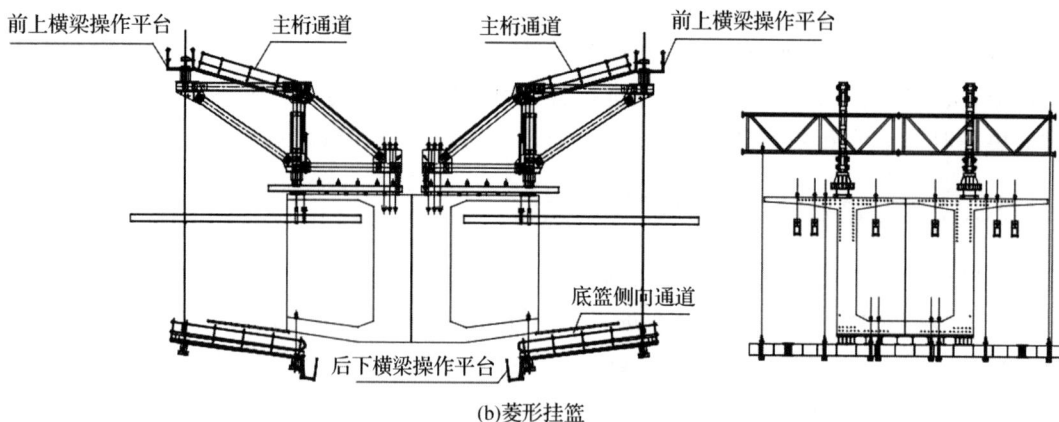

(b)菱形挂篮

图 5.5　常用形式挂篮总体布置

### 5.2.4　边跨现浇段与合龙段施工

边跨现浇段一般采用支架施工,常采用墩旁托架、梁柱式支架或满堂支架等形式。施工时保证支架的安全与稳定很关键,混凝土浇筑前须进行支架预压。

边跨合龙段施工一般安排在中跨合龙之前完成,应先利用型钢将合龙口临时锁定,待预应力筋张拉后将合龙口临时锁定解除。合龙段施工的支撑体系一般可利用悬浇挂篮,或设专门吊架,也采用落地支架。边跨合龙段支撑结构采用悬浇挂篮或悬吊支架时,在边跨合龙段施工前需考虑在 T 构另一端设置配重,浇筑过程中进行换重,以保证 T 构平衡;配重值＝中跨吊架(或挂篮)重量－边跨吊架重量(或挂篮重量)＋其他原因引起的额外配重。边跨合龙段施工时采取的临时锁定和换重等措施,主要是为了合龙段混凝土浇筑养护过程不受扰动,以保障混凝土施工质量。边跨合龙段施工流程如图5.6 所示。

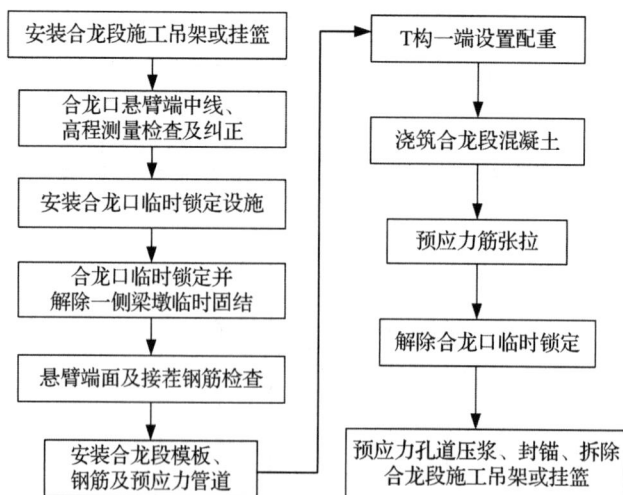

图 5.6　边跨合龙段施工流程

### 5.2.5　中跨合龙段施工及体系转换

连续梁桥合龙前后,需选择合适时机解除临时固结,进行结构体系的转换。由于临时固结承受了弯矩,解除该固结将导致支点反力的变化,引起结构受力和变形的明显调整。不同的合龙及体系转换顺序会导致桥梁结构内力分布存在差异,应按内力调整幅度小、分布合理的原则进行确定墩梁固结措施的解除时机。实际工程中常按边跨合龙施工、中跨合龙段劲性骨架施工、浇筑中跨合龙段混凝土、解除临时约束的顺序进行施工。中跨合龙段施工一般采用专门吊架,也可利用当前挂篮,混凝土浇筑时一般需要换重。

## 5.3　预应力混凝土连续梁桥悬浇施工监控方法

悬浇预应力混凝土梁桥施工监控首要工作是确定各个节段施工的合理立模标高,必要时考虑调整预应力参数或合龙措施,以保证整个施工过程中结构内力和线形符合要求。其工作内容及逻辑关系如图 5.7 所示。

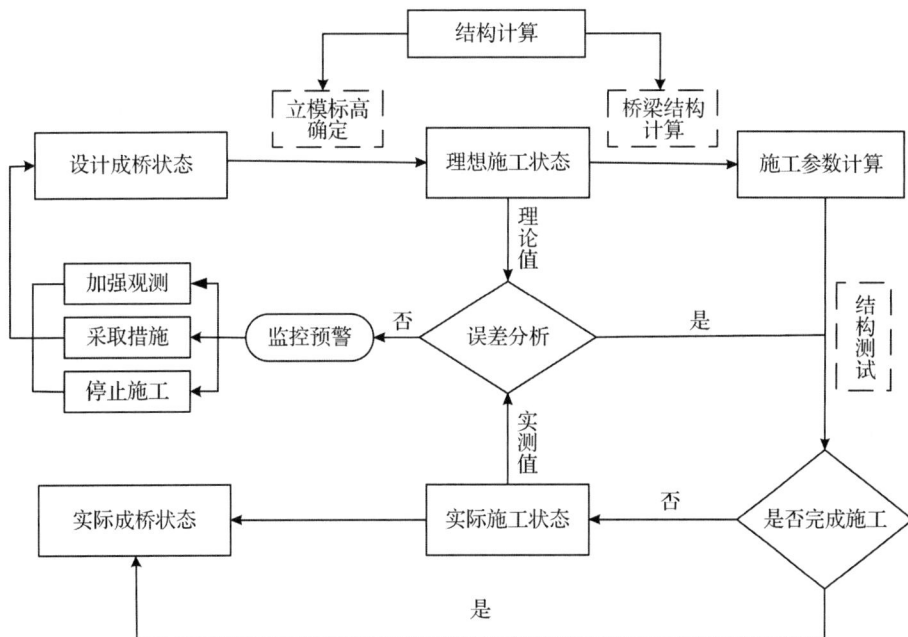

图 5.7　预应力混凝土连续梁桥悬浇施工监控技术流程

### 5.3.1　结构计算

**(1)悬浇施工过程模拟**

连续梁悬浇施工过程中各梁段几何位置是未知,理论上无法直接进行建模分析;但考虑到预应力混凝土连续梁桥的结构特征及受力变形特点,其几何非线性效应一般不明显,可按成桥位置进行结构分析建模,因此连续梁悬浇施工过程一般只需一轮正装计算即可。

对于每一个节段的悬浇施工都要分析空挂篮就位、混凝土浇筑完成和预应力张拉等三种工况下的结构响应,以得到各个节段变形和应力随施工过程的变化历程,并统计分析出桥梁各节段的应力包络值和成桥累计位移值,作为确定立模标高和应力监测方案的依据,并据此进行施工过程的预警。

**（2）临时设施验算**

保障临时设施的受力安全是桥梁施工的基本要求。施工前,应对临时设施结构的强度、刚度和稳定性等进行分析,按相关规范评估其结构安全性。临时设施结构受力分析一般采用杆系结构理论,必要时可采用板壳理论对关键结构节点的细部受力进行精细分析评估。

连续梁悬浇施工涉及的大型临时设施有挂篮、墩梁临时固结、0#块与边跨现浇段的施工支架、合龙段的施工吊架,均应对其进行分析。按照实际施工状态,确定临时结构最不利的受力工况是进行临时设施受力安全评估的关键,否则会误导临时设施结构设计和评估。预应力混凝土连续梁一般均采用箱梁结构,浇筑混凝土时其自重沿桥梁横向分布是不一致的,如腹板位置最大、翼板位置相对较小,支架受力验算时避免将荷载沿横桥向均匀布置。

悬浇施工过程中,支撑0#块的1个永久支座、2个临时支座等三个支点间的距离比较小,三者难以同步受力,一般应使永久支座在体系转换前不承受荷载;若不明确施工期永久支座参与受力的情况,可偏安全地按"抗拔验算时竖向力由永久支座受力、抗压验算时永久支座不受力"来考虑。

对于后续其他施工方法涉及的类似临时设施,均可按此节所述思路进行验算,不再重复介绍。

## 5.3.2　立模标高确定

按第3章所述,立模标高由设计标高、成桥预拱度和施工预拱度三者相加得到。对于成桥预拱度,可按设计要求或按规范规定确定。譬如,按《公路钢筋混凝土及预应力混凝土桥涵设计规范 JTG 3362—2018》规定:当预加应力的长期反拱值小于按荷载频遇组合计算的长期挠度时应设预拱度,其值应按该项荷载的挠度值与预加应力长期反拱值之差采用,否则不用设置成桥预拱度。预应力长期反拱值为:主梁原刚度下预应力钢筋的预加力应扣除全部预应力损失后所引起的挠度值,然后乘以长期增长系数2.0。荷载频遇组合的长期挠度计算方式为:主梁刚度进行0.95倍折减条件下,荷载频遇组合(结构自重、混凝土收缩徐变作用以及基础变位作用的标准值,不考虑冲击系数汽车荷载的频遇值和人群荷载、风荷载及温度荷载的准永久值进行组合)计算的挠度值乘以挠度长期增长系数,当主梁采用$C_{40}$以下混凝土时挠度长期增长系数为1.60,当主梁采用$C_{40}$~$C_{80}$混凝土时挠度长期增长系数为在1.45~1.35间进行插值。

## 5.3.3　结构测试

预应力混凝土连续梁桥悬臂浇筑施工过程主要开展几何、应力和温度等方面的监控量测,其中几何方面的测试包括主梁挠度、主梁轴线偏位、墩顶沉降与偏位等。对于挂篮、支架、临时支墩等临时设施,可根据分析结果对其总体变形和薄弱部位的应力进行监测。

**（1）主梁挠度**

选择 0# 块中间及两端、悬浇节段的悬臂端、边跨现浇段的两端及其四分点等截面作为主梁挠度观测截面,在每个截面至少设置 3 个观测点,按截面中线对称布置,以在测量主梁挠度同时评估箱梁扭转变形情况。一般可在距离节段前端面 15～20cm 处,预埋一小段竖向钢筋,钢筋端部露出梁顶面 1～2cm,做好标记,以此作为观测点;若测点位于腹板处,可将钢筋沿竖向向下延伸到梁底面,并量测钢筋长度,同时评估梁高。测量截面及测点布置如图 5.8 所示。

在各节段立模完成后、混凝土浇筑前后、预应力张拉前后等进行主梁挠度测量。当临近合龙段施工时,应对各 T 构的高程开展联测,评估合龙区域梁段对接的平顺性,如可在合龙前的 2～3 个节段悬浇时进行联测。为避免温度变化对主梁挠度的影响,要求在气温恒定条件下完成测量,一般选择在早晨日出前。

常采用精密水准仪进行主梁各挠度测点标高测量,通过分析标高变化来确定主梁挠度,也可以采用高精度的全站仪测试。0# 块施工完成后,应及时在其顶部中间位置设置标高基准点,并定期对标高基准点进行复核,评估其稳定性。

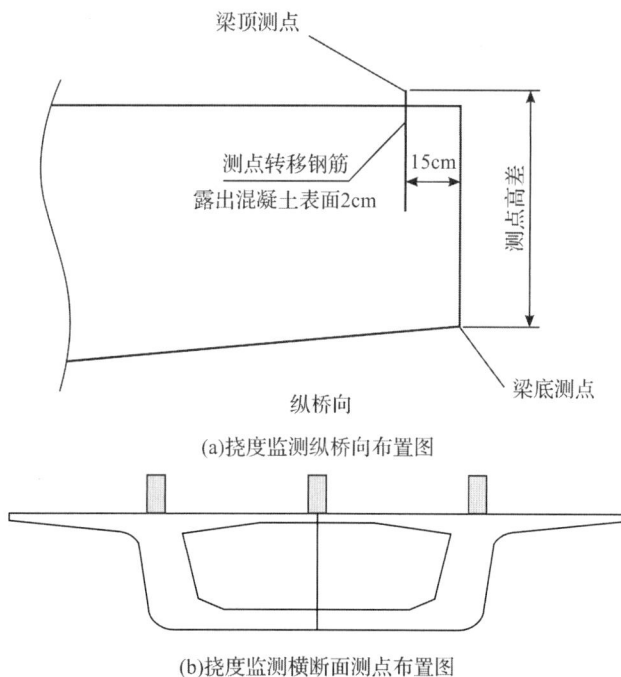

(a)挠度监测纵桥向布置图

(b)挠度监测横断面测点布置图

图 5.8　各节段顶面测量基准点布置

**（2）轴线偏位**

轴线偏位的测试截面同主梁挠度,每个截面只需在其顶面中心布置一个测点;用钢尺找出梁段前端的中心线并做标记,通过测量各观测点的平面坐标来评估轴线偏位情况,一般采用全站仪进行测量。轴线偏位测量一般在每节段施工完成后,即预应力张拉后或挂篮移动后,也要求在气温恒定条件下。

**(3)墩顶沉降**

在墩顶设立沉降观测点，每隔一段时间或每施工若干节段采用全站仪测量沉降观测点的三维坐标，如何选择每隔1~2个月或每施工3~5个节段测量一次；通过与初始坐标值的对比来评估桥墩沉降情况，对于高墩需要评估其顶部偏位情况。其中初始坐标值为桥墩刚施工完成后在气温恒定、无日照影响时测得。

**(4)应力**

应力监测有两个目的：一是监测施工过程最不利应力，掌握施工过程结构不利受力状态；另一是监测运营期受力最不利截面的应力，为桥梁运营受力的评估提供基础值，因此应力监测截面应根据施工过程应力包络和运营阶段应力包络结果进行选择。一般而言，主梁的根部负弯矩、跨中截面正弯矩、合龙段等均应作为应力重点监测部位；对于跨径较大的连续梁，还应根据计算结果增加应力监测部位，如1/4跨截面等。应在各测试截面的箱梁各腹板、中心的顶部和底部布置测点，具体如图5.9所示。

预应力混凝土结构应力测试常采用带温度补充功能的埋入式应变计测量，应力有明显变化的工况均应进行测量，如混凝土浇筑、预应力张拉、挂篮移动、支架或吊架拆除、临时约束解除等。为了监测到最不利应力，除了在气温恒定条件下进行应力测量外，还应根据评估结果选择在日照影响明显的时间段进行应力测量，如午后1~2小时。

应力测量时易受干扰，非应力应变成分不可忽略，结果的波动性较大，要注重传感器初始值的采集，在传感器埋设初期应尽量多采集数据，如传感器安装前、安装后，混凝土浇筑前、浇筑后，混凝土养护期间每天至少一次。为了增加应力监测的可靠性，可在每一个典型工况发生前后分别进行数据采集，通过增量方法计算应力实测值；若条件允许，可对应力进行连续在线监测。

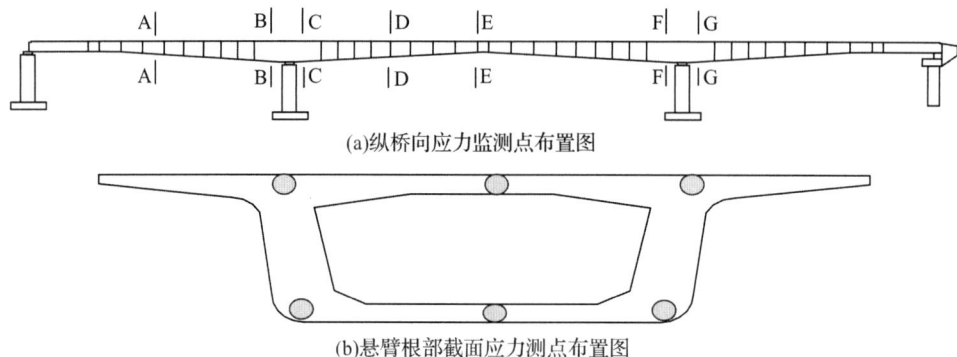

(a)纵桥向应力监测点布置图

(b)悬臂根部截面应力测点布置图

图5.9　控制截面应变计布置（以单箱单室为例）

**(5)温度场与温度效应**

桥梁结构会因周围环境温度的变化和阳光照射不同等原因，其外表面和内部温度分布不均匀，存在温度梯度。鉴于桥梁结构的形状特点，一般忽略其内部温度沿长度和宽度方向的变化，仅考虑温度沿梁高方向的变化。因此，桥梁温度场测点要反映温度沿高度的变化，一般在顶板、底板内外表面与中间以及腹板高度方向每隔一定距离分别布置测点，测点不宜少于12个，监测断面宜选择在1号梁段附近截面，具体如图5.10所示。

(a)纵桥向温度监测点布置图

(b)监测截面温度传感器测点布置图

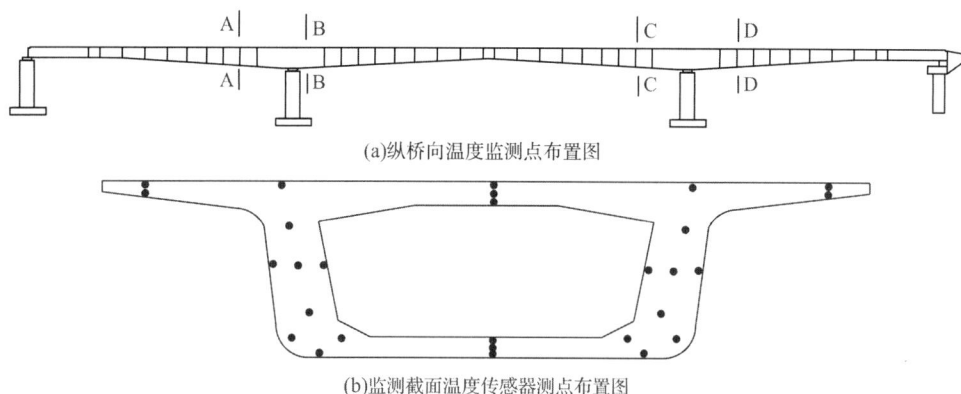

图 5.10　温度监测点布置

一般采用热敏电阻式温度传感器进行测量,同时配以采集仪进行数据自动记录。要求至少每隔 1 个小时测试一次,在温度敏感时段每隔 20 分钟测试一次,分析温度场随气温变化的规律。此外,在合龙段施工时,应先对温度场至少进行一次全天测试,掌握温度随时间的变化情况,以确定最佳合龙时机。

温度变化是桥梁结构承受的重要作用之一,无论是施工过程还是成桥状态都必须重视温度变化对桥梁结构受力和变形的影响。施工过程中应在春夏秋冬不同季节的典型气候条件下,对桥梁变形和应力等受温度变化影响情况进行 1~2 天的连续观测,监测频次同温度场,以掌握结构响应随温度变化的规律,为桥梁线形和内力双控奠定基础。对于预应力混凝土桥梁悬浇施工期间,温度变化会引起悬臂端标高的明显变化,因此要求立模定位、挠度测试等都应在气温恒定条件下进行。

### 5.3.4　施工误差分析与监控预警

对于预应力混凝土连续梁桥悬浇施工误差分析和监控预警可按 2.6 节的思路进行,并应重点关注混凝土弹性模量、容重与方量、有效预应力值、收缩徐变值等参数误差的影响。如在实际工程中,常常会因为桥面横坡控制不到位,导致实际浇筑的混凝土方量不同于设计值,对此应客观记录和严格把控;混凝土配合比、原材料及配筋率的差异等会导致计算模型中钢筋混凝土容重取值与实际情况不一,对此应收集基础数据重新计算材料容重,必要时可进行试验测试;预应力孔道摩阻系数的真实值与设计理论值也会存在一些差异,导致了有效预应力值的误差,从而导致结构响应存在误差,对此应选择典型预应力束对有效预应力值进行实测。在上述以直接测量参数值方式进行校准的基础上,还可基于结构的应力和变形等整体响应,采用优化方法对敏感参数进行反演分析,进一步进行间接校准。

## 5.4　工程实例

### 5.4.1　工程概况

悬臂浇筑预应力混凝土连续梁桥施工监控以"36m＋60m＋36m"的桥梁为例,该桥墩均为柱式实体墩,钻孔灌注桩基础。主桥桥面宽25m,横向分上下行两幅,对称于道路中心线,主桥横断面和纵断面示意图如图5.11所示。全线桥梁荷载标准采用公路Ⅰ级,人群荷载按《公路桥涵设计通用规范》(JTGD 60—2015)取值,桥梁结构设计基准期为100年。

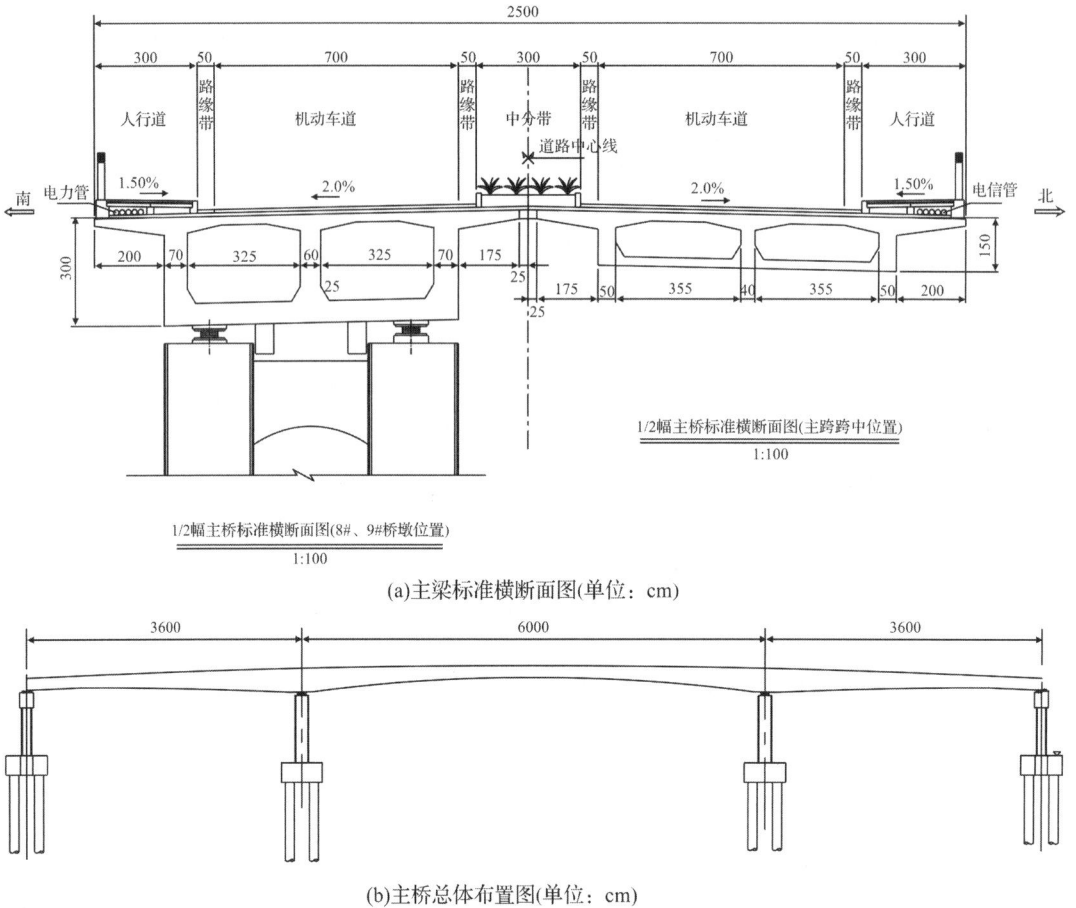

(a)主梁标准横断面图(单位:cm)

(b)主桥总体布置图(单位:cm)

图5.11  主桥横断面和纵断面示意

　　该桥采用悬臂现浇施工方法,先完成临时固结措施的施工,墩顶支架现浇10m长0#块;然后采用挂篮分段对称悬臂浇筑主墩T构,双悬臂分为6对梁段,从悬臂根部到跨中的梁段长度为"2×3.5m+2×4.0m+2×4.5m",悬臂累计总长24m;接着支架现浇边跨段,边跨现浇段长5m,然后边跨现浇段完成合龙,边跨合龙段长2m;边跨合龙后,0#块处临时固结解除,撤除临时支座,待中跨合龙后完成结构体系转换。

## 5.4.2  计算分析

**(1)施工阶段及工况**

　　本计算分析采用迈达斯有限元软件,全桥大致可划分6个施工节段。每一个施工待浇筑混凝土强度达到90%以上方可张拉预应力钢束,底板预应力钢束待合龙段混凝土强度达到100%以上方可张拉,二期恒载32.50kN/m。最后一个施工阶段为成桥收缩徐变10年。施工合龙顺序:先边跨合龙,后中跨合龙。施工信息见表5.1所示。

表 5.1　施工阶段施工信息

| 施工内容 | 施工阶段 | 模拟工况 |
|---|---|---|
| 0#块施工 | $CS_1$、$CS_2$ | (1)0#块支架现浇<br>(2)0#块预应力束张拉 |
| 1#块施工 | $CS_3$、$CS_4$ | (1)1#块现浇挂篮就位<br>(2)1#块现浇<br>(3)1#块预应力束张拉 |
| 2#块施工 | $CS_5$、$CS_6$ | (1)2#块现浇挂篮就位<br>(2)2#块现浇<br>(3)2#块预应力束张拉 |
| 3#块施工 | $CS_7$、$CS_8$ | (1)3#块现浇挂篮就位<br>(2)3#块现浇<br>(3)3#块预应力束张拉 |
| 4#块施工 | $CS_9$、$CS_{10}$ | (1)4#块现浇挂篮就位<br>(2)4#块现浇<br>(3)4#块预应力束张拉 |
| 5#块施工 | $CS_{11}$、$CS_{12}$ | (1)5#块现浇挂篮就位<br>(2)5#块现浇<br>(3)5#块预应力束张拉 |
| 6#块施工 | $CS_{13}$、$CS_{14}$ | (1)6#块现浇挂篮就位<br>(2)6#块现浇<br>(3)6#块预应力束张拉 |
| 边跨现浇段施工 | $CS_{15}$ | 边跨支架现浇 |
| 边跨合龙 | $CS_{16}$、$CS_{17}$ | (1)边跨合龙段吊架施工<br>(2)边跨预应力束张拉 |
| 中跨合龙 | $CS_{18}$、$CS_{19}$ | (1)中跨合龙段吊架施工<br>(2)中跨预应力束张拉 |
| 加桥面二期恒载 | $CS_{20}$ | 二期荷载施加 |
| 10年成桥收缩徐变 | $CS_{21}$ | 运营阶段收缩徐变 |

**(2)参数取值**

该桥施工过程中主要承受结构自重、预应力、混凝土收缩徐变、温度变化和施工临时荷载等的作用。运营阶段主要受永久作用和可变荷载的作用,主要包括:结构的重力、预应力效应、混凝土的收缩徐变效应、基础变位的作用,汽车、人群及温度变化等。上述荷载均依据设计文件和施工方案要求取值。混凝土、预应力钢束及普通钢筋等材料参数按设计规范取值。

悬浇施工分析涉及永久支座支撑、墩梁临时固结、支架支撑等三种情形的边界条件模拟。对于永久支座,将一主墩支座模拟为固定支撑,即约束 $x$、$y$、$z$ 向的平动;另一主墩及两边墩为竖向单向支撑,同时约束刚体位移。对于0#块的墩梁临时固结采用墩梁之间刚性连接模拟,即0#块中心截面和墩顶截面保持相同的转动和平动。对于现浇段支架支撑,采用只受压的弹性连接模拟,允许应力张拉等引起的现浇段与其支撑支架的部分脱离,竖向刚度按照支架结构情况进行计算取值,同时注意约束刚体位移。

**(3)施工阶段分析结果**

各施工阶段的最大应力和最小应力如表 5.2 所示,其中边跨合龙、中跨合龙、二期恒载和 10 年收缩徐变施工阶段的应力如图 5.12 和图 5.13 所示。施工阶段的最大压应力出现在中跨合龙段,其应力值为 12.50MPa;最大拉应力出现在 0$^\#$ 块施工阶段,其应力值约为 0.29MPa,且大部分拉应力的数值都非常小。最大拉应力和最大压应力均满足《公路钢筋混凝土及预应力混凝土桥涵设计规范》(JTG 3362—2018)要求。

表 5.2 各个施工阶段应力最值

| 施工阶段 | | 最大应力/MPa | 最小应力/MPa | 备注 |
|---|---|---|---|---|
| 第 1 施工阶段 | 上缘 | 0.00 | −1.11 | 0$^\#$ 块施工 |
| | 下缘 | 0.29 | −0.65 | |
| 第 2 施工阶段 | 上缘 | 0.00 | −2.82 | 1$^\#$ 块施工 |
| | 下缘 | 0.16 | −1.01 | |
| 第 3 施工阶段 | 上缘 | 0.00 | −4.59 | 2$^\#$ 块施工 |
| | 下缘 | 0.02 | −1.17 | |
| 第 4 施工阶段 | 上缘 | 0.24 | −6.09 | 3$^\#$ 块施工 |
| | 下缘 | 0.00 | 1.58 | |
| 第 5 施工阶段 | 上缘 | 0.00 | −6.89 | 4$^\#$ 块施工 |
| | 下缘 | 0.00 | −2.77 | |
| 第 6 施工阶段 | 上缘 | 0.00 | −7.46 | 5$^\#$ 块施工 |
| | 下缘 | 0.00 | −4.43 | |
| 第 7 施工阶段 | 上缘 | 0.00 | −8.66 | 6$^\#$ 块施工 |
| | 下缘 | 0.00 | −6.32 | |
| 第 8 施工阶段 | 上缘 | 0.00 | −8.65 | 边跨合龙 |
| | 下缘 | 0.00 | −10.60 | |
| 第 9 施工阶段 | 上缘 | 0.00 | −11.00 | 中跨合龙 |
| | 下缘 | 0.00 | −12.50 | |
| 第 10 施工阶段 | 上缘 | 0.00 | −10.30 | 加二期恒载 |
| | 下缘 | 0.00 | −11.20 | |
| 第 11 施工阶段 | 上缘 | 0.00 | −9.40 | 10 年收缩徐变 |
| | 下缘 | 0.00 | −10.70 | |

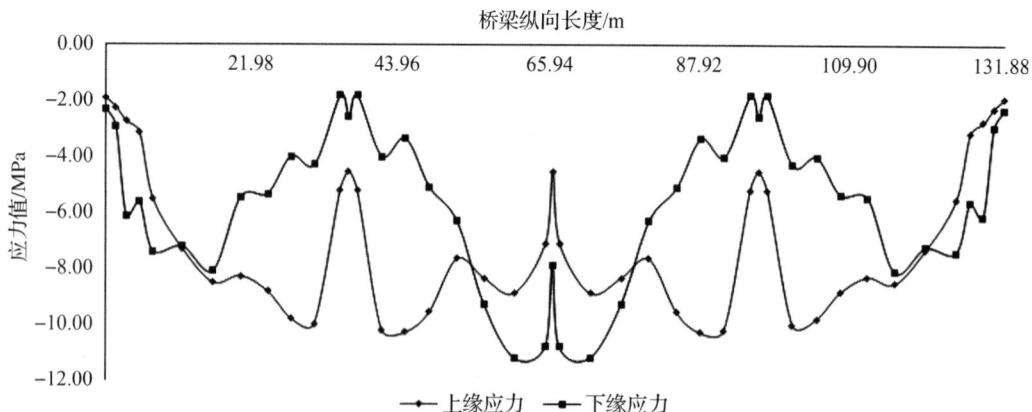

图 5.12 加二期恒载阶段累计上下缘应力曲线

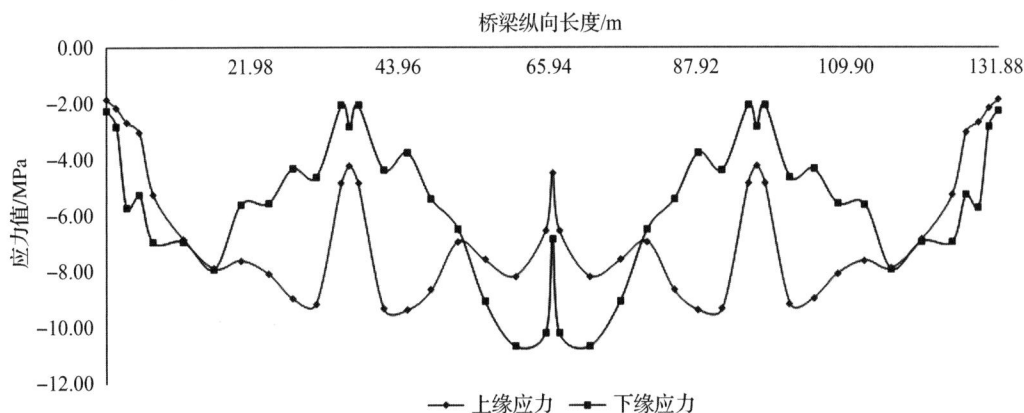

图 5.13　十年收缩徐变阶段累计上下缘应力曲线

各施工阶段的挠度最大值和挠度最小值如表 5.3 所示,中二期恒载和十年收缩徐变施工阶段的累计竖向挠度如图 5.14 和图 5.15 所示。

表 5.3　各施工阶段挠度控制最值

| 施工阶段 | | 挠度最大值/mm | 挠度最小值/mm | 备注 |
|---|---|---|---|---|
| 第 1 施工阶段 | 预应力张拉 | 0.26 | 0.00 | 0# 段的施工 |
| 第 2 施工阶段 | 挂篮就位 | 0.19 | −0.01 | 1# 段的施工 |
| | 浇筑 | 0.01 | −0.40 | |
| | 预应力张拉 | 0.66 | −0.01 | |
| 第 3 施工阶段 | 挂篮就位 | 0.61 | −0.01 | 2# 段的施工 |
| | 浇筑 | 0.13 | −1.10 | |
| | 预应力张拉 | 1.10 | −0.01 | |
| 第 4 施工阶段 | 挂篮就位 | 0.99 | −0.01 | 3# 段的施工 |
| | 浇筑 | 0.11 | −3.00 | |
| | 预应力张拉 | 1.50 | −0.01 | |
| 第 5 施工阶段 | 挂篮就位 | 1.39 | −0.01 | 4# 段的施工 |
| | 浇筑 | 0.05 | −6.20 | |
| | 预应力张拉 | 0.97 | −0.40 | |
| 第 6 施工阶段 | 挂篮就位 | 0.82 | −1.17 | 5# 段的施工 |
| | 浇筑 | 0.00 | −13.97 | |
| | 预应力张拉 | 0.14 | −4.64 | |
| 第 7 施工阶段 | 挂篮就位 | 0.06 | −6.15 | 6# 段的施工 |
| | 浇筑 | 0.00 | −26.05 | |
| | 预应力张拉 | 0.00 | −10.71 | |
| 第 8 施工阶段 | 预应力张拉 | 16.22 | −16.50 | 边跨合龙 |
| 第 9 施工阶段 | 预应力张拉 | 32.46 | −0.80 | 中跨合龙 |
| 第 10 施工阶段 | 加二期恒载 | 32.32 | −1.23 | 加桥面二期恒载 |
| 第 11 施工阶段 | 10 年收缩徐变 | 40.94 | −2.37 | 成桥收缩徐变 |

注:挠度向上为正。

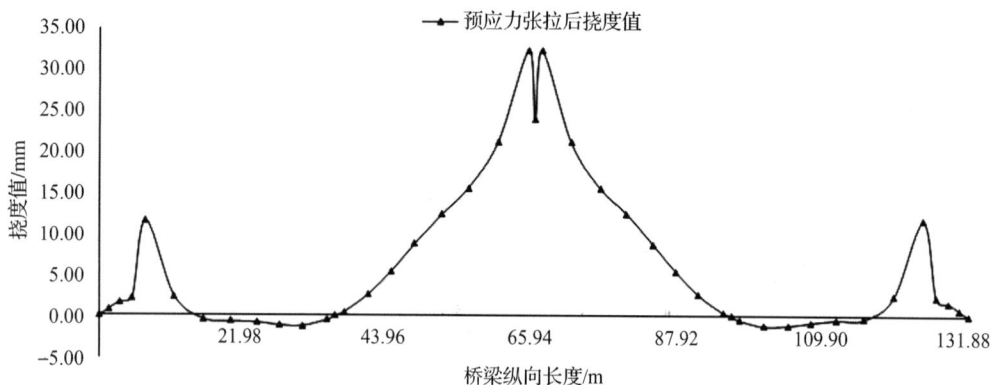

图 5.14　加二期恒载阶段累计竖向挠度曲线

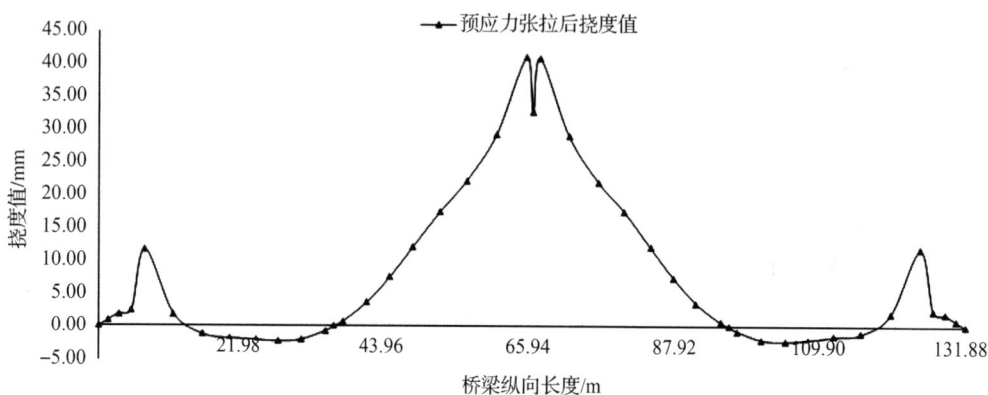

图 5.15　十年收缩徐变阶段累计竖向挠度曲线

**（4）成桥阶段分析结果**

标准活载作用下产生的最大挠度如图 5.16 所示。活载作用下主梁的最大挠度值出现在中跨，活载作用下主梁的最大挠度 22.44mm，方向向下。活载作用下挠度未超过 $L/1600=1/1600×60=37.5(mm)$，即满足设计采用的《公路钢筋混凝土及预应力混凝土桥涵设计规范》（JTG 3362—2018）的规定。

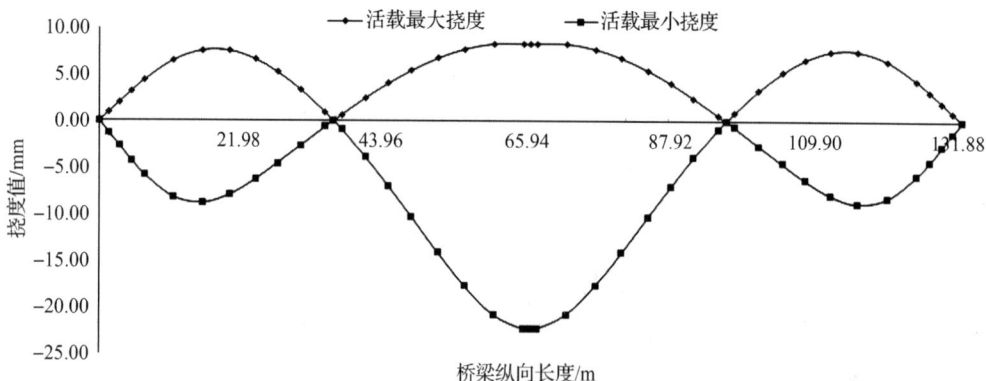

图 5.16　活载作用下挠度曲线

短期荷载组合作用下主梁应力计算结果如图 5.17 和图 5.18 所示,即短期荷载组合下最大压应力为 10.40MPa,无拉应力。截面边缘混凝土的压应力 $\sigma_{cc}<0.5f'_{ck}$、拉应力 $\sigma_{ct}<0.5f'_{tk}$,即设计采用的《公路钢筋混凝土及预应力混凝土桥涵设计规范》(JTG 3362—2018)对于预应力混凝土结构的受力要求。

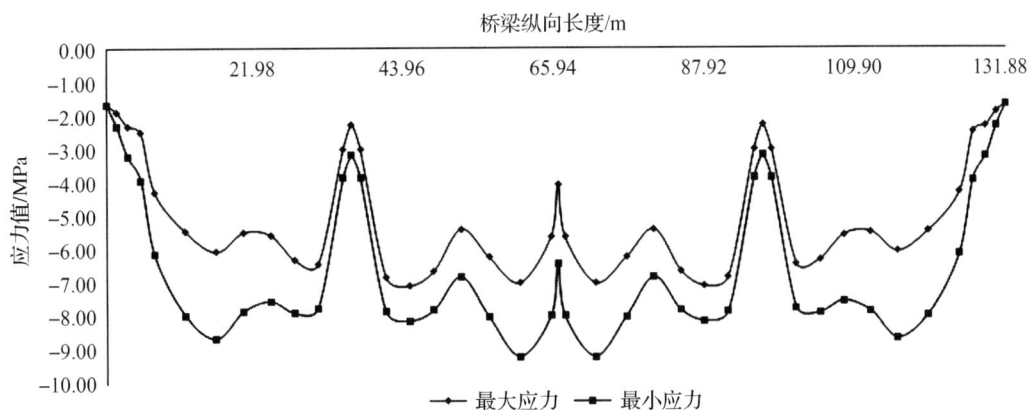

图 5.17　短期荷载组合作用下上缘应力分布

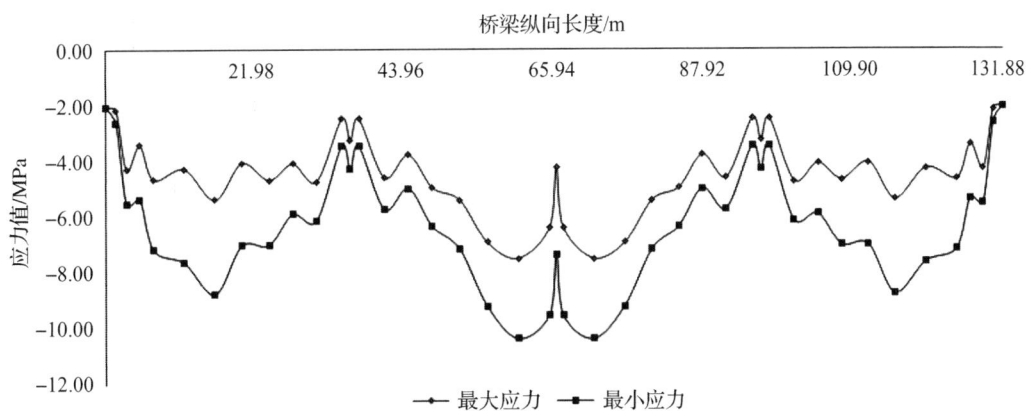

图 5.18　短期荷载组合下缘应力分布

## 5.4.3　预拱度的设置

对于本桥预拱度设置主要考虑设计预拱度和如下与施工相关的预拱度:
①抵消施工阶段累计变形而设置的预拱度;
②悬浇挂篮主体结构变形;
③悬浇挂篮外模板变形;
④悬浇挂篮内模系统变形;
⑤温度效应引起的挂篮变形。
其中:梁底预拱度=①-②-③-⑤,梁顶预拱度=①-②-③-④-⑤。对于设计预拱

度,按设计图纸要求取 1/2 活载挠度的反值。考虑上述因素后本桥梁顶预拱度如图 5.19 所示。

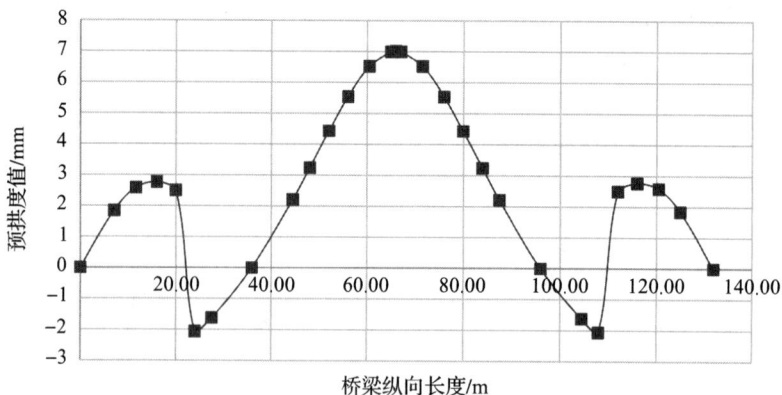

图 5.19　梁顶预拱度设置

### 5.4.4　测试项目及测点

**(1)线形**

该桥线形测点布置:纵向设置在主梁每一悬浇节段梁体的前端附近(距梁体前端约 15cm);横向设置在腹板和顶板相交处、顶板中部设置测点。悬浇挂篮施工混凝土桥梁的线形测点布置如图 5.20 所示。

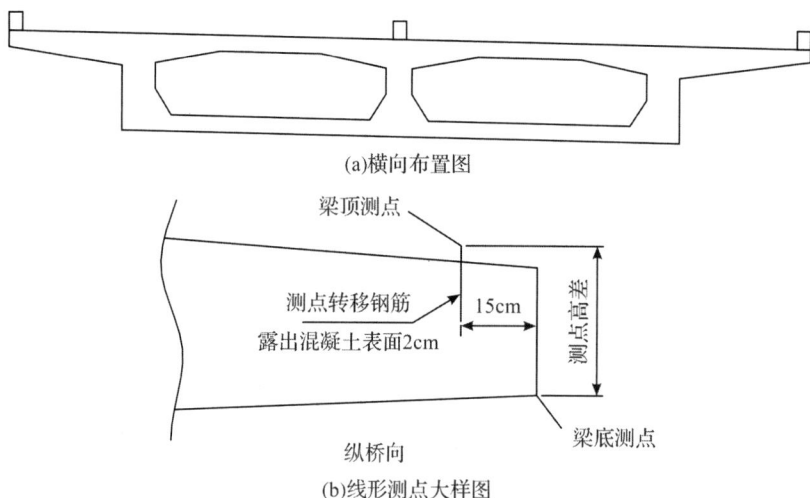

(a)横向布置图

(b)线形测点大样图

图 5.20　悬浇施工混凝土主梁线形测点布置

**(2)应力**

该桥选择悬臂根部、1/4$L$、1/2$L$ 处截面作为应力监测截面,其中主梁悬臂根部截面是施工过程应力监测的重点截面。应力测试截面测点布置如图 5.21 所示。

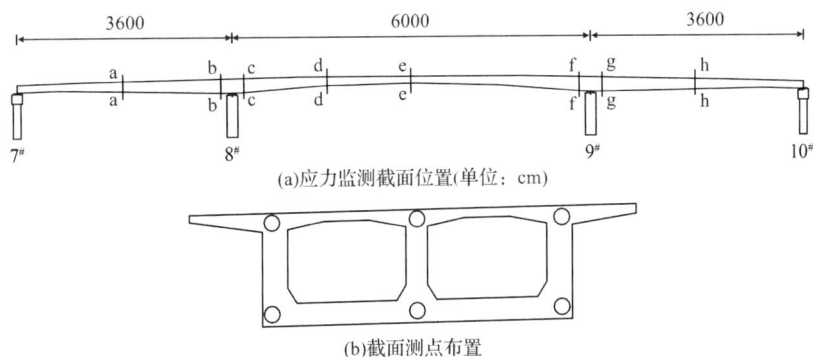

(a)应力监测截面位置(单位：cm)

(b)截面测点布置

图 5.21  混凝土主梁截面应力测点布置

## 5.4.5  监控结果

大桥合龙完成并经预应力张拉后,梁段实测标高和理论标高对比如图 5.22 所示。

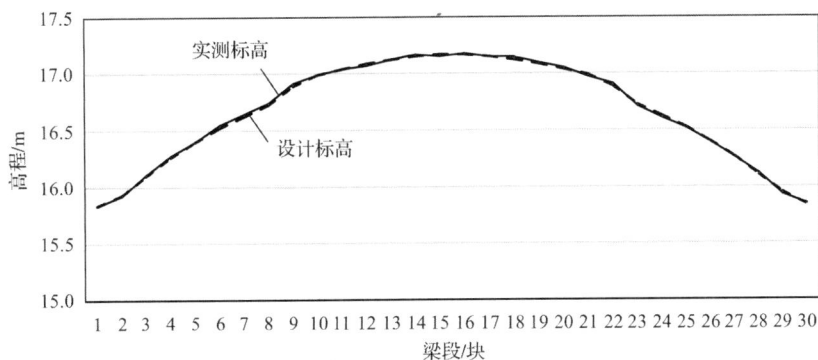

图 5.22  全桥梁段标高情况

以 9#墩 0#块应力监测结果为例,图 5.23 至图 5.26 示意了 9#墩 0#块端部 f-f 和 g-g 截面各工况上、下缘实测应力与理论计算值对比情况。

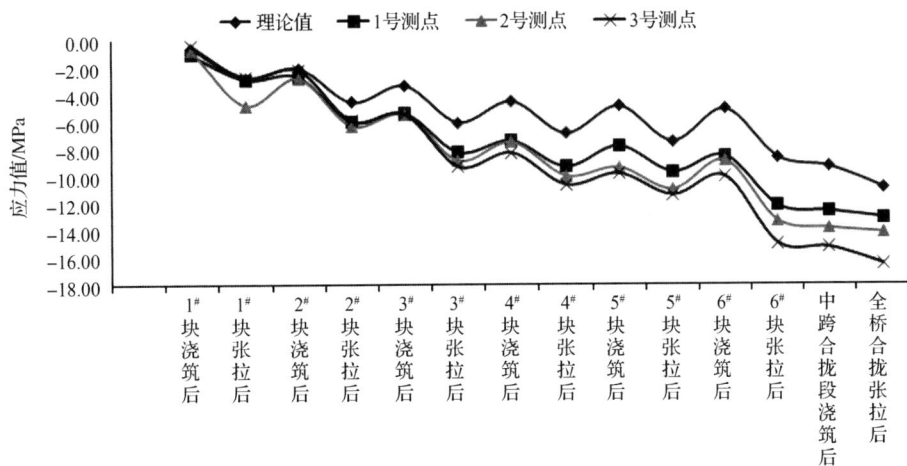

图 5.23  9#墩 0#块端部 f—f 截面上缘实测应力与理论值比较

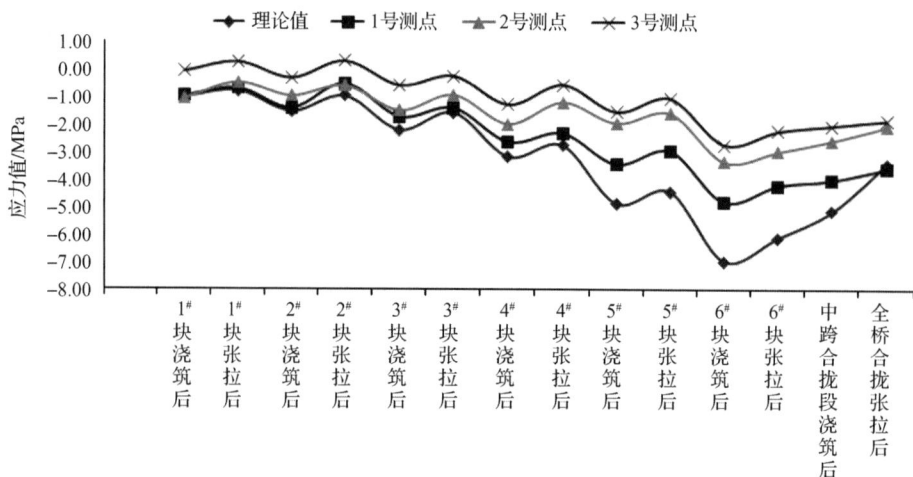

图 5.24　9#墩 0#块端部 f—f 截面下缘实测应力与理论值比较

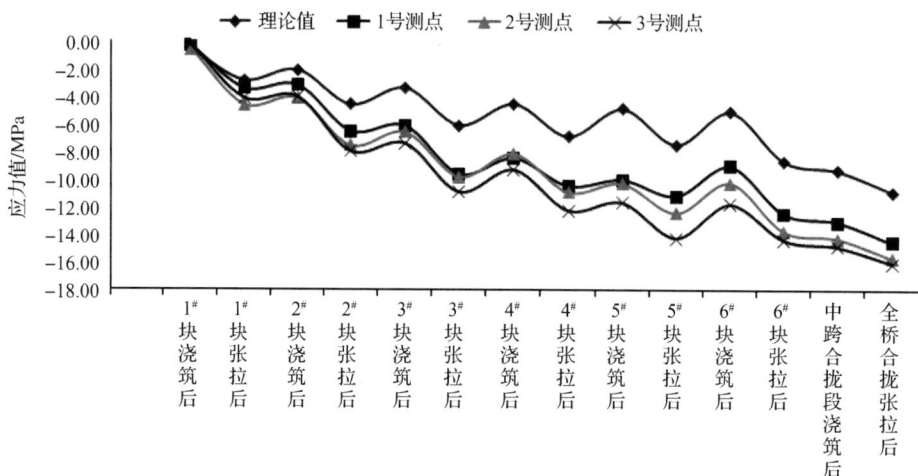

图 5.25　9#墩 0#块端部 g—g 截面上缘实测应力与理论值比较

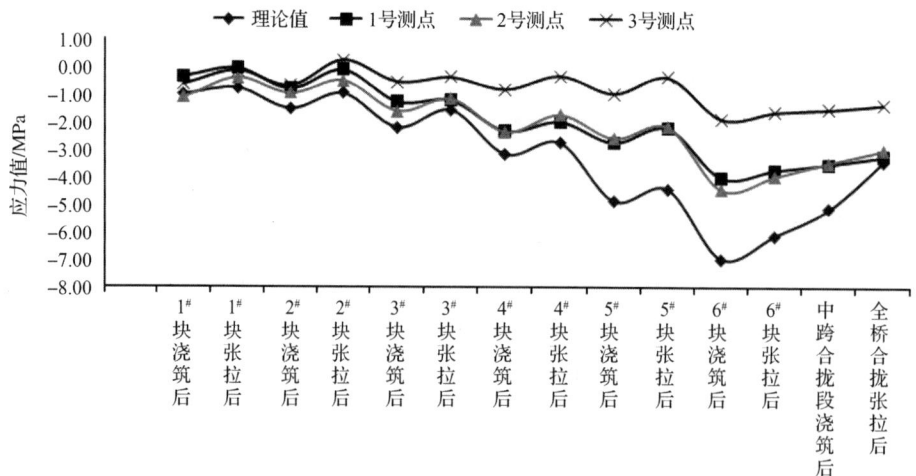

图 5.26　9#墩 0#块端部 g—g 截面下缘实测应力与理论值比较

## 5.5　临时设施检算示例

### 5.5.1　临时固结措施验算

示例采用的临时固定措施为临时固定支座,临时固定支座示图如图 5.27 所示。用 C50 混凝土浇筑临时固结垫块,垫块配 Φ32mm 螺纹钢筋(HRB400 钢筋)。

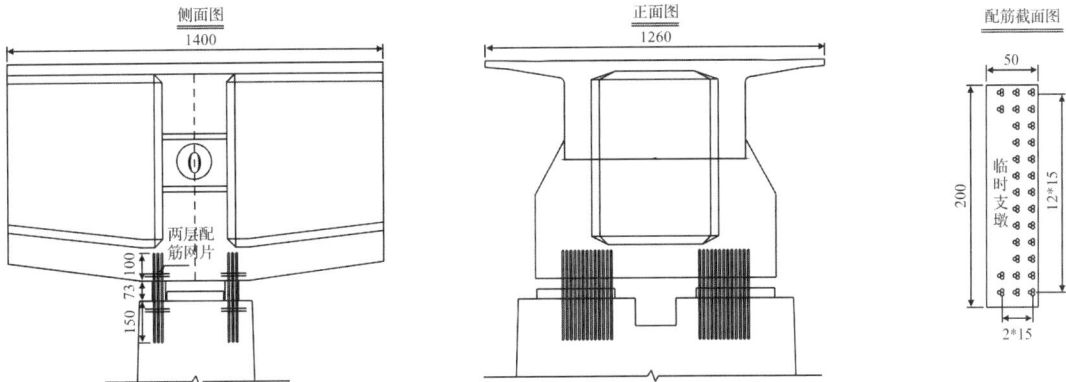

(a)临时固定支座布置示意图

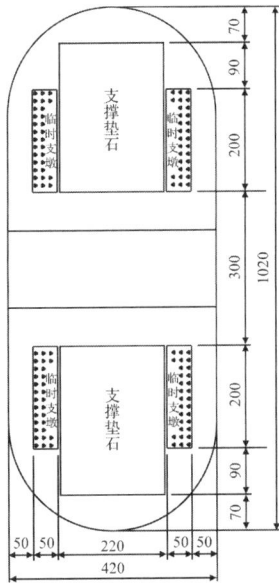

(b)临时支座平面布置图

图 5.27　临时固定支座布置

计算时考附属结构物总重为 60t,最远悬臂块段重为 134.55t,受压侧支反力 $R_B$ 为 23737kN。最远悬臂块段重心到临时固定支座中心距离为 47m,支座中心到锚筋中心距离 $L$ 为 1.35m。临时固定支座计算图示如图 5.28 所示。

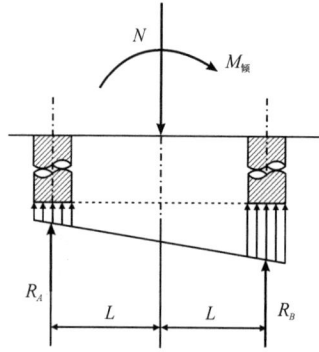

图 5.28 临时固定支座计算

最不利倾覆弯矩＝(单侧挂篮重＋最远悬臂块段重)×力臂＝(60＋134.55)t×9.8×47m＝89609.7kN·m。

**(1)抗压验算**

抗压验算不考虑成桥支座的作用,对临时固结混凝土进行受压验算。将弯矩等效为力偶,计算得到的力偶力以及叠加原支反力 $R_B$ 为 56925kN,垫块的抗压承载能力计算采用规范提供的公式 $N＝\varphi(f_{sd}A_s＋f_{cd}A_c)$;本垫块 $L/b<8$,取 $\varphi$ 为 1,则单侧垫块抗力为 112572.3kN,大于 56925kN,临时固定支座抗压验算通过。

**(2)抗拉验算**

抗拉验算时考虑竖向力均由成桥支座承担,倾覆力矩引起的一侧固结垫块的拉力,由相应的临时支座承受。最大倾覆力矩引起的单侧拉力为 33188kN;固结垫块中抗拉力为 51432.3kN,大于 33188kN,临时固定支座抗拉验算通过。

### 5.5.2  0# 块托架验算

**(1)0# 块托架布置情况**

本示例 0# 块托架主要受力结构由预埋件和牛腿组成,在墩身内预埋预埋件,预埋件与牛腿之间通过焊接相连,牛腿采用 I45a 工字钢焊接而成。具体布置如图 5.29 所示。

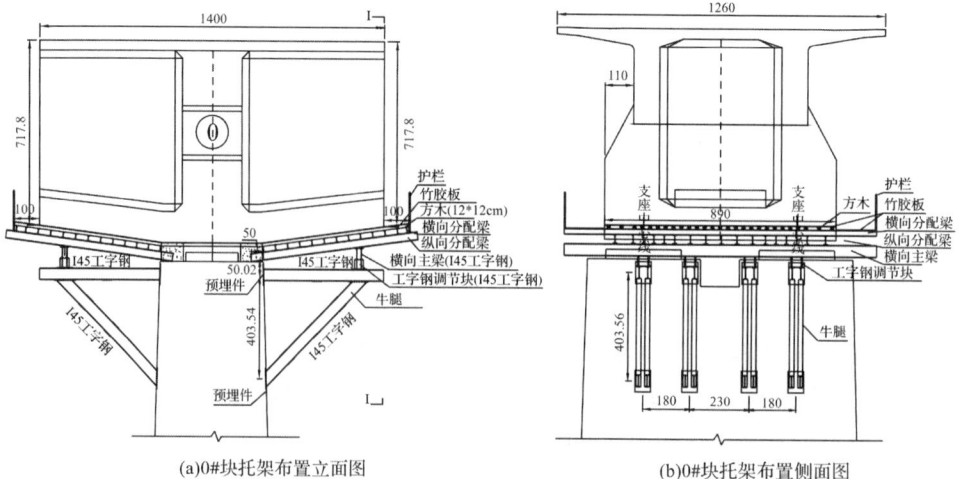

(a)0#块托架布置立面图          (b)0#块托架布置侧面图

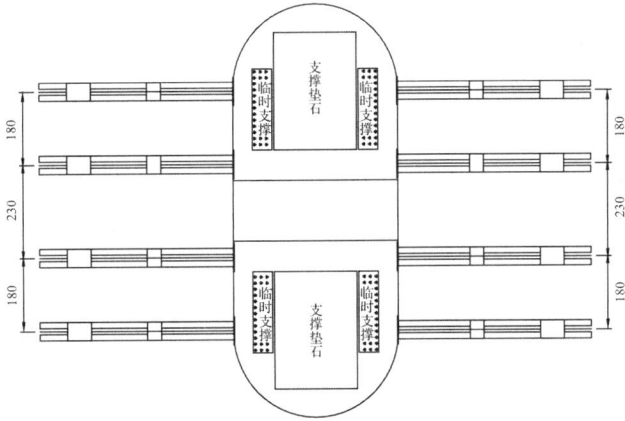

(c)0#块托架布置平面图

图 5.29　0#块托架布置

**(2)计算模型**

计算考虑了支架体系自重、浇筑混凝土湿重和混凝土振捣、模板重、施工人员及施工临时荷载,荷载直接施加在分配横梁上。按照设计图纸用 Midas Civil 进行建模以及荷载施加示意分别如图 5.30 和图 5.31 所示。荷载取值情况见表 5.4。

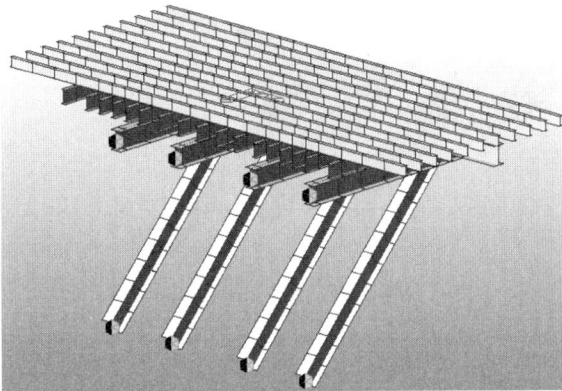

图 5.30　0#块托架有限元计算模型

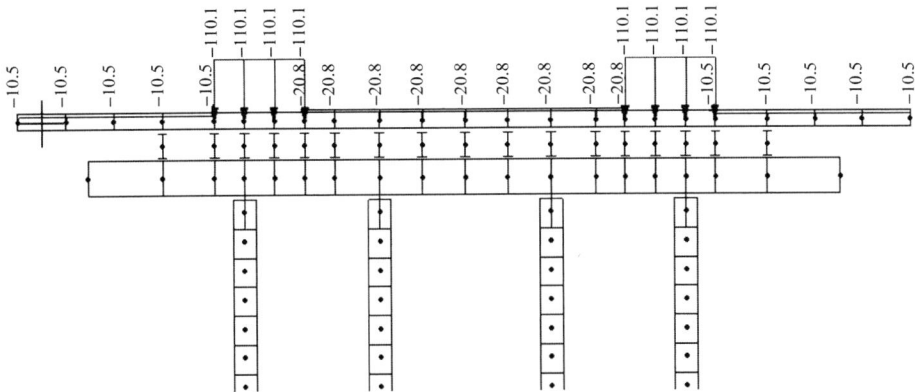

图 5.31　支架加载情况

表 5.4　本支架计算考虑的主要荷载情况

| 荷载编号 | 荷载种类 | 翼缘板 | 腹板 | 顶底板 |
|---|---|---|---|---|
| 1 | 单位长度重量/(kN/m) | 12.48 | 177.71 | 27.46 |
| 3 | 施工人机/(kN/m²) | 1 | 1 | 1 |
| 4 | 混凝土振捣/(kN/m²) | 2 | 2 | 2 |
| 5 | 冲击/(kN/m²) | 2 | 2 | 2 |
| 7 | 风荷载/(kN/m²) | 0.3616 | 0.3616 | 0.3616 |

**(3)计算结果**

在荷载作用下,托架的整体受力、变形以及屈曲模态如图 5.32 所示,计算结果列于表 5.5。

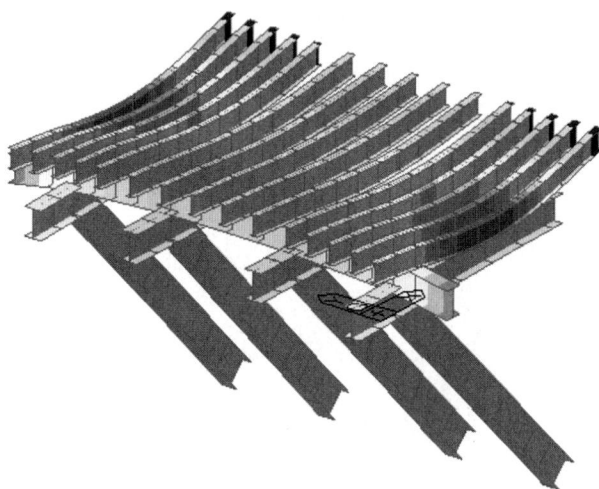

(a)托架变形示意图(单位:mm)

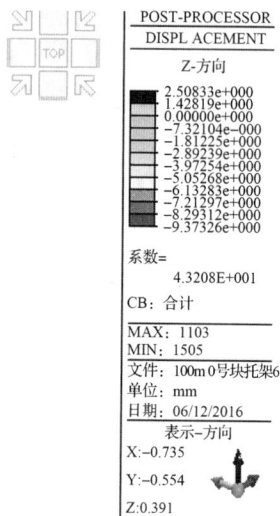

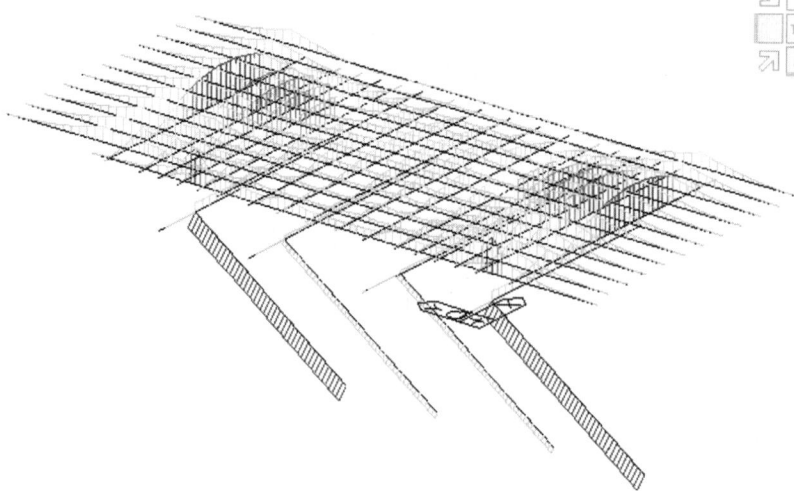

(b)托架应力云图(单位:MPa)

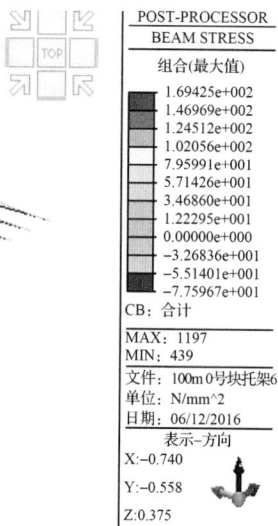

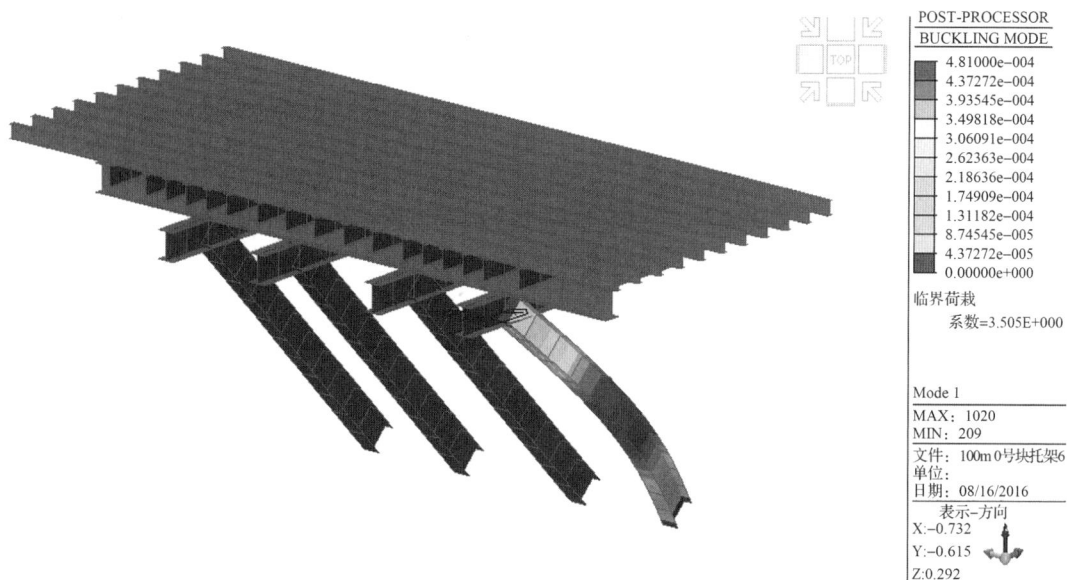

POST-PROCESSOR
BUCKLING MODE

4.81000e-004
4.37272e-004
3.93545e-004
3.49818e-004
3.06091e-004
2.62363e-004
2.18636e-004
1.74909e-004
1.31182e-004
8.74545e-005
4.37272e-005
0.00000e+000

临界荷载
系数=3.505E+000

Mode 1
MAX: 1020
MIN: 209
文件: 100m 0号块托架6
单位:
日期: 08/16/2016
表示-方向
X:−0.732
Y:−0.615
Z:0.292

(c)托架1阶屈曲模态示意图

图 5.32　托架有限元计算结果

**表 5.5　0# 块托架计算结果汇总**

| 计算项目 | 构件名称 | 结构材料 | 组合应力/MPa | 剪应力/MPa | 结构变形/mm | 结构屈曲系数 | 设计允许值 | 计算结论 |
|---|---|---|---|---|---|---|---|---|
| 托架应力计算结果 | I22a 分配梁 | Q235 | −8.6～73.2 | −24.2～24.2 | — | — | 组合应力 215MPa, 剪应力 125MPa | 强度安全系数 =215/(169.4/1.2)＝1.5,强度满足 |
| | I32a 纵梁 | | −72.9～169.4 | −49.8～44.2 | — | — | | |
| | 双拼 I45a 横系梁 | | 0～168 | −45.7～12.3 | — | — | | |
| | 牛腿横梁 | | 0～69.2 | 0～3.9 | — | — | | |
| | 牛腿斜撑 | | −77.5～−25.2 | −44.9～35.6 | — | — | | |
| 结构变形计算结果 | 整体支架 | | — | — | 9.3 | — | ≤L/400＝10mm | 刚度满足 |
| 结构稳定计算结果 | | | — | — | | 3.505 | ≥2.5 | 稳定性满足 |

## 5.5.3　边跨支架验算

**(1)边跨支架布置情况**

示例边跨现浇段支架采用钢管和贝雷片形式,贝雷片上设置 I12a 工字钢分配梁,具体布置如图 5.33 所示。

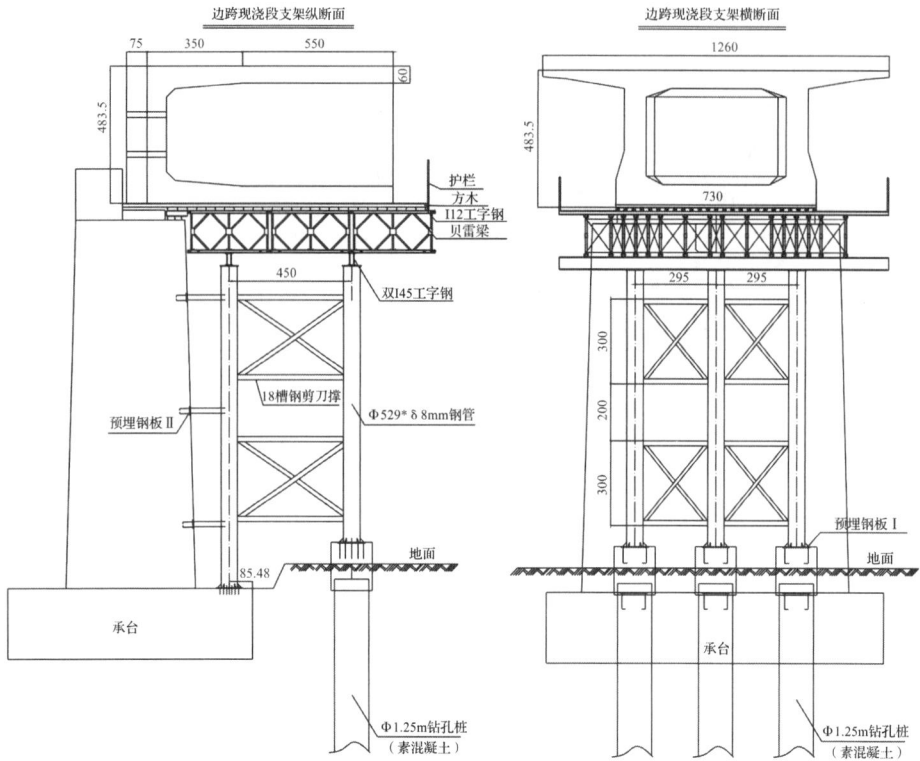

图 5.33　边跨支架布置

**(2)边跨支架计算模型**

边跨支架采用杆系方法对边跨支架体系进行分析,根据支架设计体系,荷载经分配梁传递至贝雷片再传递至钢管立柱,计算模型如图 5.34 所示。

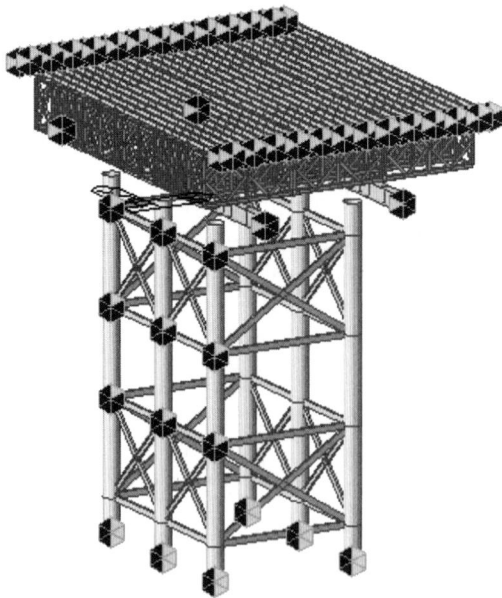

图 5.34　边跨支架有限元计算模型

　　计算考虑了支架体系自重、浇筑混凝土湿重和混凝土振捣、模板重、施工人员、施工临时荷载以及合龙段的相应荷载,荷载直接施加在分配横梁上,支架加载如图 5.35 所示。荷载取值情况见表 5.6。

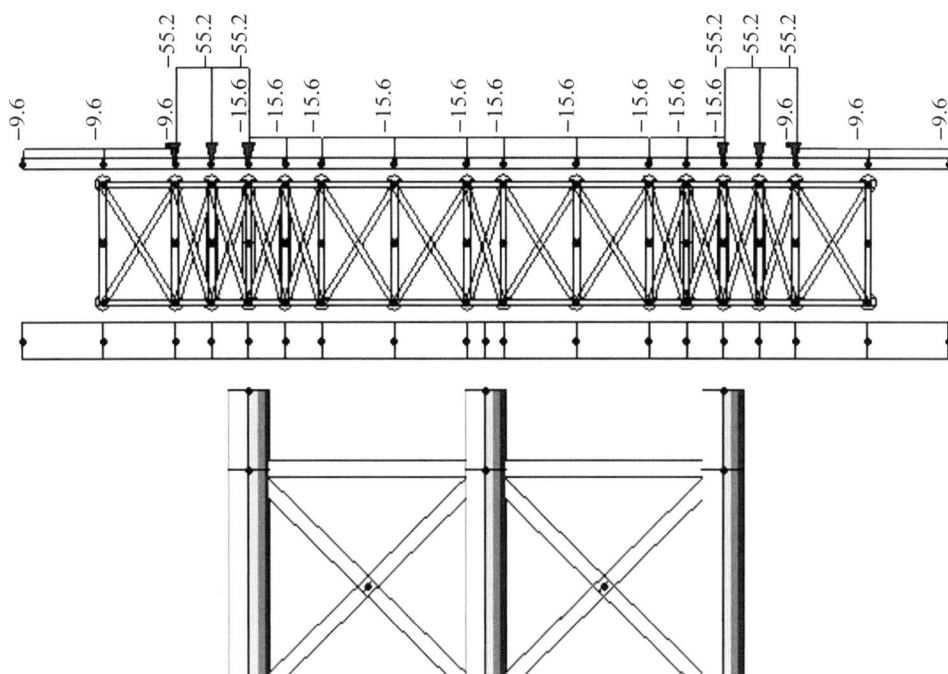

图 5.35　边跨支架加载情况

表 5.6　本支架计算考虑的主要荷载情况

| 荷载编号 | 荷载种类 | 翼缘板 | 腹板 | 顶底板 |
|---|---|---|---|---|
| 1 | 单位长度重量/(kN/m) | 16.95 | 125.71 | 31.20 |
| 3 | 施工人机/(kN/m²) | 1 | 1 | 1 |
| 4 | 混凝土振捣/(kN/m²) | 2 | 2 | 2 |
| 5 | 冲击/(kN/m²) | 2 | 2 | 2 |
| 7 | 风荷载/(kN/m²) | 0.3616 | 0.3616 | 0.3616 |

**(3)计算结果**

　　在荷载作用下,边跨支架的整体受力、变形以及屈曲模态如图 5.36 所示,计算结果列于表 5.7 中。

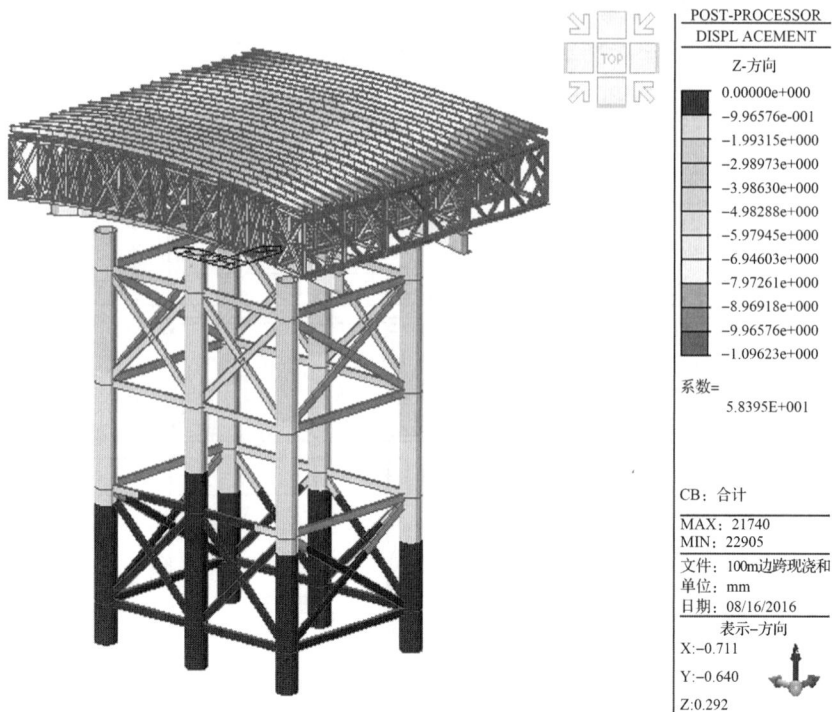

POST-PROCESSOR
DISPL ACEMENT

Z-方向

```
0.00000e+000
-9.96576e-001
-1.99315e+000
-2.98973e+000
-3.98630e+000
-4.98288e+000
-5.97945e+000
-6.94603e+000
-7.97261e+000
-8.96918e+000
-9.96576e+000
-1.09623e+000
```

系数=
5.8395E+001

CB：合计

MAX：21740
MIN：22905

文件：100m边跨现浇和
单位：mm
日期：08/16/2016
表示-方向
X：-0.711
Y：-0.640
Z：0.292

(a)支架变形示意图(单位：mm)

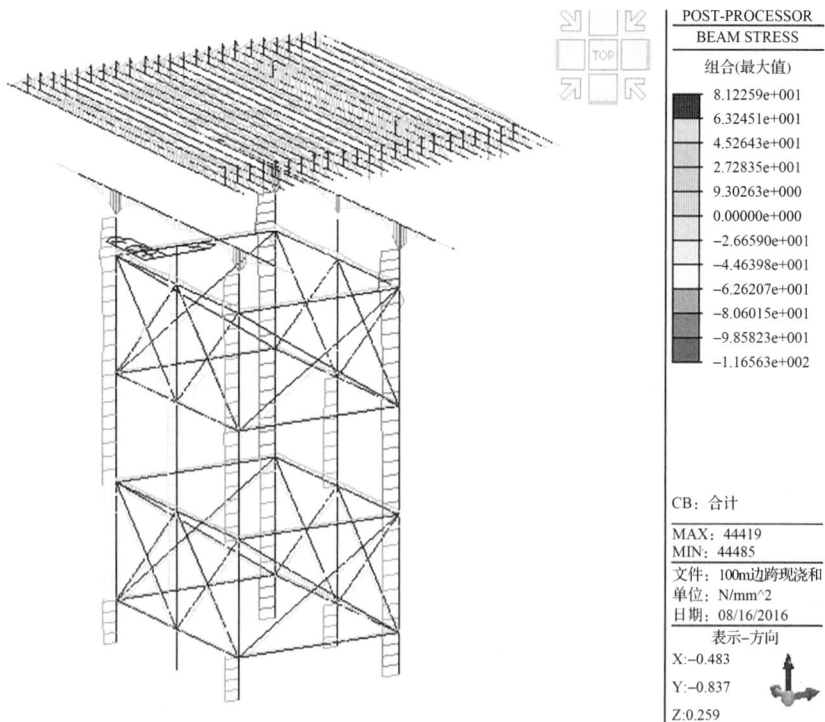

POST-PROCESSOR
BEAM STRESS

组合(最大值)

```
8.12259e+001
6.32451e+001
4.52643e+001
2.72835e+001
9.30263e+000
0.00000e+000
-2.66590e+001
-4.46398e+001
-6.26207e+001
-8.06015e+001
-9.85823e+001
-1.16563e+002
```

CB：合计

MAX：44419
MIN：44485

文件：100m边跨现浇和
单位：N/mm^2
日期：08/16/2016
表示-方向
X：-0.483
Y：-0.837
Z：0.259

(b)支架应力云图(单位：MPa)

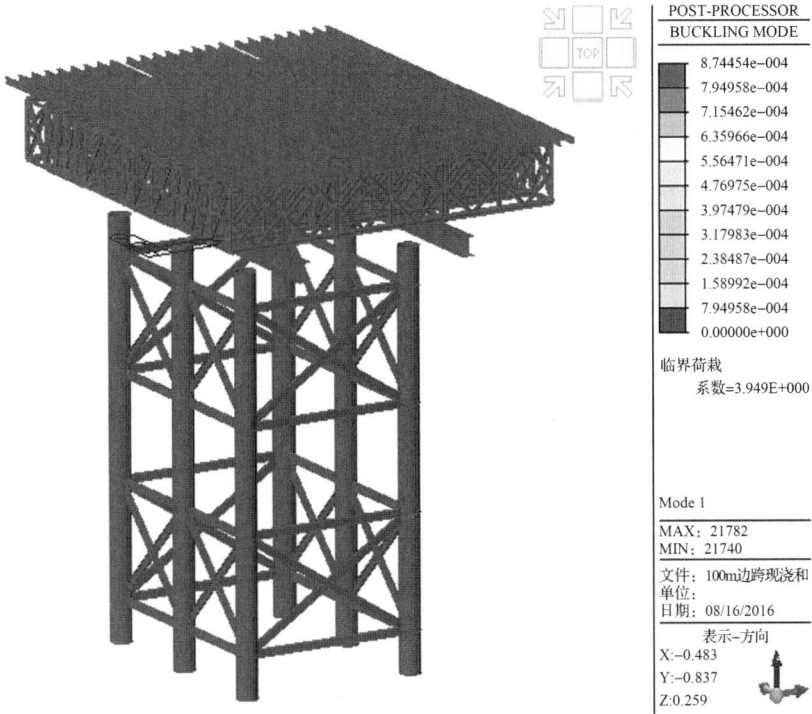

(c)支架1阶屈曲模态示意图

图 5.36　支架有限元计算结果

**表 5.7　边跨现浇支架计算结果汇总**

| 计算项目 | 构件名称 | 结构材料 | 组合应力/MPa | 剪应力/MPa | 结构变形/mm | 结构屈曲系数 | 设计允许值 | 计算结论 |
|---|---|---|---|---|---|---|---|---|
| 结构应力计算结果 | 贝雷片 | 16Mn钢 | −217～175 | −22.3～22.8 | — | — | 组合应力310MPa,剪应力180MPa | 强度安全系数= 310/( 217/1.2) = 1.7,强度满足 |
| | I12 分配梁 | Q235 | −73.5～81.2 | −21.0～21.1 | | | 组合应力215MPa,剪应力125MPa | 强度安全系数= 215/( 116/1.2) = 2.2,强度满足 |
| | 立柱横梁 | | −116～0.3 | −48.9～45.7 | | | | |
| | 钢管立柱 | | −105.3～−30.5 | −1.7～2.2 | | | | |
| | 立柱剪刀撑 | | −70.2～30.7 | −1.5～2.7 | | | | |
| 结构变形计算结果 | 支架前端 | — | — | — | 10.9 | | ≤L/400=11.25mm | 刚度满足 |
| | 支架中部 | | | | 9.5 | | | |
| | 支架后端 | | | | 8.2 | | | |
| 结构稳定计算结果 | 整体支架 | — | — | — | — | 3.949 | ≥2.5 | 稳定性满足 |

## 5.6　本章小结

　　预应力混凝土连续梁桥悬臂浇筑施工是典型的、常用的、基础性的分阶段施工方法,本章对预应力混凝土连续梁桥悬臂浇筑施工方法及其关键环节进行了阐述,对悬浇施工控制方法进行了讨论,并进行工程应用举例,还特别对临时设施的结构验算进行了示例。本章所述的一些施工监控的思路和方法也适用于桥梁其他类型分阶段施工,譬如临时结构评估、立模标高确定、监控测试等的思路与方法。后续其他章节对类似内容不作重复叙述,重点围绕其特定或个性的问题开展论述。

# 第6章 预应力混凝土斜拉桥悬浇施工控制

## 6.1 概　述

斜拉桥是由梁、塔、索三部分组成的一种组合体系结构,梁、塔承受压弯作用,斜拉索只承受拉力。目前建造的大跨斜拉桥均属密索体系,常采用悬臂法建造,其中预应力混凝土斜拉桥多采用挂篮进行悬臂浇筑。

与梁桥的悬臂施工工艺相比,PC斜拉桥悬臂浇筑时可利用斜拉索为挂篮提供支点,明显改善混凝土浇筑过程挂篮受力;相比梁桥的后支点挂篮,牵索挂篮自重与梁段重量之比明显降低,可使得挂篮施工能力增加一倍,单次浇筑的梁段长度得以增加。由于通过牵索可将一部分施工荷载传递至桥塔,已浇筑梁段的受力也得以明显改善。因此,采用牵索挂篮悬臂浇筑是PC斜拉桥的首选施工方法。

采用牵索挂篮悬臂浇筑时,一般在混凝土浇筑过程中通过数次张拉牵索,及时将混凝土的重量通过牵索传递给索塔,以减轻悬臂主梁的负担、确保主梁的安全,同时改善挂篮结构的受力。由于在悬浇施工过程中要进行牵索多次张拉,挂篮前后支点的作用力不断变化,荷载分配规律及受力关系复杂;对牵索挂篮受力和变形状况进行精确的模拟与预测,是准确确定施工控制参数的前提,否则将会导致合龙困难以及成桥后的线形与内力偏离理想状态。在悬浇施工时需要同时控制好两个参数:立模标高和牵索索力,其中牵索索力影响挂篮结构受力、主梁受力与变形,进而影响立模标高。随着悬臂长度的不断伸长,在浇筑混凝土时主梁悬臂端的挠度变化量不断增大,牵索索力对结构安全与变形的影响愈加明显,对其效应的准确预测尤为关键。

因此,PC斜拉桥悬浇施工控制的重点是准确预测悬浇过程中牵索索力及主梁前端标高的变化规律。本章主要就斜拉桥成桥索力优化、悬浇施工过程索力和标高的控制及索力监测等问题进行阐述,并进行工程应用举例。而有关施工过程监测与误差处理等,上一章已有涉及,本章不再叙述。

## 6.2　斜拉桥索力控制

斜拉桥属高次超静定结构,斜拉索是其主要的受力构件,索力的大小不仅决定了斜拉桥的内力分布和线形,而且还直接影响桥梁的工程造价,需针对斜拉桥的成桥状态确定一组最优恒载索力。在悬臂浇筑时,为改善混凝土浇筑时已施工梁段及挂篮自身的受力,需确定合理的牵索张拉方案。本节阐述了一种以主梁和索塔最大应力最小为目标的索力优化方法,同时探讨了基于挂篮变形协调条件确定牵索索力增量及牵索张拉方案的方法。

### 6.2.1　斜拉桥恒载索力优化

斜拉桥的恒载索力至关重要,合理与否直接决定结构的安全性及可靠度。其合理与否要根据实际结构的受力状况来评价。对于某个具体的斜拉桥,从理论上讲,总存在一个最为合理的恒载索力,确定该索力较好的方法就是选一个合适的目标进行优化分析。以斜拉桥梁和塔的最大应力最小为目标对索力进行优化,可求得合理的恒载索力。因为当梁和塔的最大应力达到最小时,整个梁和塔的应力分布趋于均匀且达到最小,其变形曲线也变得光滑平顺。该优化针对应力,结果较为直观。

以梁和塔的最大应力最小为目标的索力优化模型如下:

$$\min_{0\leqslant s_i\leqslant u}\sigma_{\max} \tag{6-1}$$

式中:$s_i(i=1,2,\cdots,n)$为各索的索力,$n$为索力的个数,$\sigma_{\max}$为结构的最大应力。约束条件为:$0\leqslant s_i\leqslant u$($u$为索力的上界,根据具体问题确定)。

在进行索力优化时,结构分析采用的是有限元法,目标函数$\sigma_{\max}$不能写成显式形式,且属于有简单约束的优化问题,这对优化方法有一定的要求。选用 Quasi-Newton 法和动态替换策略(An Active Set Strategy)来进行优化计算,该方法适用于具有简单约束边界的优化问题,它采用数值方法计算函数的导数。为了叙述方便,将该类优化问题写成如下形式:

$$\min_{x\in R^n}f(X),\text{S. T. } I\leqslant X\leqslant U \tag{6-2}$$

优化时,首先给定一个起始点 $X_c$ 及计算该点的约束下标集 $IA$,该集合中存放着位于约束边界上变量的下标,于是就可以计算自由变量的初始搜索方向 $d$:

$$d=-B^{-1}g_c \tag{6-3}$$

式中:$B$ 为起始点处自由变量的近似 Hessian 阵,$g_c$ 为起始点处的梯度,$B$ 和 $g_c$ 都是针对自由变量的;$IA$ 中变量的搜索方向为 $d=0$。由此,通过一维搜索可找到一个新的点 $X_n$:

$$X_n=X_c+\lambda d,\quad \lambda\in(0,1] \tag{6-4}$$

使得:

$$f(X_n)\leqslant f(X_c)+ag^{\mathrm{T}}d,\quad \alpha\in(0,0.5) \tag{6-5}$$

$X_n$ 算得后,更新 $IA$,并判断该点是否为最优点,判断准则如下:

$$\|g(x_i)\|\leqslant\varepsilon,i<x_i<u_i \tag{6-6}$$

$$g(x_i)<0,x_i=u_i \tag{6-7}$$

$$g(x_i)>0,x_i=i_i \tag{6-8}$$

式中:ε 为梯度精度。

若不满足收敛条件,则重新计算 $B$ 阵:

$$B \leftarrow B - \frac{Bss^{\mathrm{T}}B}{s^{\mathrm{T}}Bs} + \frac{yy^{\mathrm{T}}}{y^{\mathrm{T}}s} \tag{6-9}$$

式中:$s = X_n - X_c$,$y = g_n - g_c$。

于是,可得新的搜索方向 $d_n$,进行下一轮的计算,直到收敛为止。

$$d_n = -B^{-1}g_n \tag{6-10}$$

### 6.2.2　斜拉桥悬浇过程中索力控制

牵索张拉力是悬浇施工中可调控的因素,通过张拉牵索将混凝土的部分自重传递给索塔。在某部分混凝土浇筑之后牵索补张之前,挂篮主支承点反力较大,主梁处于较为不利的受力状态。要保证该工况下结构的安全,必须根据该部分混凝土浇筑时牵索索力的增加量来确定上一次牵索张拉力应达到的值。所以,牵索索力因混凝土浇筑而增加的量是确定混凝土浇筑过程中牵索张拉力的依据,在制定牵索张拉方案之前,必须准确计算该增加量。

利用挂篮在牵索锚固点处的下挠量($\Delta f_B$)与索力引起的牵索在该处的竖向位移($\Delta f_T$)相同这一变形协调条件可计算牵索索力因混凝土浇筑而增加的量($\Delta T$),计算简图如图 6.1 所示,假设在混凝土浇筑过程中桥梁结构变形是线弹性的。

设牵索在锚固点处弦向位移为 $\Delta L$,则:

$$\Delta f_T = \Delta L / \sin\alpha \tag{6-11}$$

式中:$\alpha$ 为牵索同水平向夹角。

设单位牵索索力引起的索塔顺桥向偏位为 $h$,$\Delta T$ 下索塔偏位 $\Delta H$ 为:

$$\Delta H = h\Delta T \tag{6-12}$$

由此引起的牵索沿弦向位移 $\Delta L_t$ 为:

$$\Delta L_t = \Delta H\cos\alpha = h\Delta T\cos\alpha \tag{6-13}$$

设牵索因索力增加引起的弦向位移为 $\Delta L_T$,它由弹性伸长 $\Delta L_e$ 和因垂度减小产生的伸长量 $\Delta L_f$ 构成:

$$\Delta L_e = \frac{L}{E}(\sigma - \sigma_0) \tag{6-14}$$

$$\Delta L_f = \frac{m^2 L_x^2 L}{24A^2}\left(\frac{1}{\sigma_0^2} - \frac{1}{\sigma^2}\right) \tag{6-15}$$

式中:$L$ 为斜拉索长度,$L_x$ 为 $L$ 的水平投影长度,$E$ 为垂直索的弹性模量,$m$ 为钢索单位长度重量,$A$ 为钢索中钢丝的截面积。则:

$$\Delta L = \Delta L_t + \Delta L_e + \Delta L_f \tag{6-16}$$

将式(6-13)~式(6-15)代入上式得:

$$\Delta L = h\Delta T\cos\alpha + \frac{L}{E}(\sigma - \sigma_0) + \frac{m^2 L_x^2 L}{24A^2}\left(\frac{1}{\sigma_0^2} - \frac{1}{\sigma^2}\right) \tag{6-17}$$

将上式代入式(6-11),得牵索在锚固点处的竖向位移 $\Delta f_T$ 为:

$$\Delta f_T = \frac{1}{\sin\alpha}\left[h\Delta T\cos\alpha + \frac{L}{E}(\sigma - \sigma_0) + \frac{m^2 L_x^2 L}{24A^2}\left(\frac{1}{\sigma_0^2} - \frac{1}{\sigma^2}\right)\right] \tag{6.18}$$

挂梁在锚固点处的挠度由挂篮自身的变形和主梁变形引起挂篮的整体位移这两部分组成。设在主梁的挂篮前支承点处单位力作用下,主梁在挂篮前后支点处的挠度分别为 $f_A^a$、$f_B^a$,则由此引起的挂篮牵索锚固点处的挠度($f_Q^a$)为:

$$f_Q^a = f_A^a + \frac{l_2}{l_1}(f_A^a - f_B^a) \tag{6-19}$$

设在主梁的挂篮后前承点处单位力作用下,主梁在挂篮前后支点处的挠度分别为 $f_A^b$、$f_B^b$,则由此引起的挂篮牵索锚固点处的挠度($f_Q^b$)为:

$$f_Q^b = f_A^b + \frac{l_2}{l_1}(f_A^b - f_B^b) \tag{6-20}$$

则浇筑某部分混凝土挂篮牵索锚固点处的挠度($\Delta f_B$)为:

$$\Delta f_B = f_Q^a(R_A^h + R_A^t) + f_Q^b(R_B^h + R_B^t) + f_\rho^g + f_c^g \Delta T \sin\alpha \tag{6-21}$$

式中:$R_A^h$、$R_B^h$ 为仅在混凝土自重下挂篮在前后支点处对主梁的作用力,$R_A^t$、$R_B^t$ 为仅在牵索锚固点处 $\Delta T$ 下挂篮在前后支点处对主梁的作用力;$f_\rho^g$ 为挂篮在混凝土自重作用下的变形,$f_c^g$ 为挂篮在牵索锚固点处单位竖向力作用下的变形。计算以上几个量所采用的力学模型如图 6.1 所示,其中 $f_\rho^g$、$f_c^g$ 可通过挂篮荷载试验测得。

将式(6-18)和式(6-21)代入变形协调关系式,即 $\Delta f_B = \Delta f_T$,得:

$$\frac{1}{\sin\alpha}\left[h\Delta T\cos\alpha + \frac{L}{E}(\sigma - \sigma_0) + \frac{m^2 L_x^2 L}{24A^2}\left(\frac{1}{\sigma_0^2} - \frac{1}{\sigma^2}\right)\right] = f_Q^a(R_A^h + R_A^t) + f_Q^b(R_B^h + R_B^t) + f_\rho^g + f_c^g \Delta T \sin\alpha \tag{6-22}$$

式(6-22)中只有一个未知量 $\Delta T$,求解该方程可得 $\Delta T$。

在求得牵索索力增量 $\Delta T$ 后,就可确定在混凝土浇筑过程中牵索应分几次张拉、每次张拉力为多少。在保证主梁和挂篮安全的前提下,可尽量减少牵索张拉次数,以简化施工。对于不同梁段,$\Delta T$ 不同,牵索张拉方案也不同。

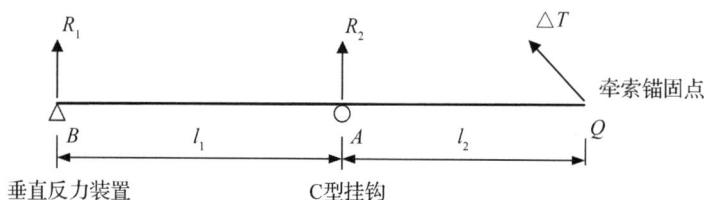

图 6.1　空挂篮未牵索时支点反力计算

## 6.3　悬浇过程中梁端标高控制

在混凝土悬浇过程中,牵索张拉方案合理与否直接关系到结构的安全;若对标高控制不当,将造成主梁线形不良,甚至导致合龙困难。在悬浇施工过程中,主梁标高变化同牵索张拉方案有直接关系,必须对牵索张拉力和主梁标高进行双控。在牵索张拉方案确定之后,挂篮上的立模标高也随之确定,通过设置合理的立模标高可达到线形控制的目的。在混凝土浇筑过程中应准确测量各工况下主梁前端的标高变化情况,同监控预测值进行比较,对差别较大的要及时查找原因,为以后节段施工积累经验。

　　选择混凝土浇筑完毕这一工况作为标高控制工况,在该工况下要求主梁前端高程到达监控值,同时要求索力满足监控要求。将该工况下的标高减去混凝土浇筑过程主梁前端标高变化值可得空挂篮上的立模标高。下文以牵索两次张拉这一施工工艺为例,论述混凝土浇筑过程中各工况下主梁前端的标高变化情况。

　　设空挂篮和浇筑一半混凝土时牵索张拉力分别为 $T_1$、$T_2$,混凝土浇筑一半牵索补张之前牵索的索力达到 $T_m$,混凝土浇筑完后牵索的索力达到 $T_e$。设混凝土浇筑完毕时底模标高为 $H$,空挂篮未张拉牵索后的底模标高为 $H_k$、空挂篮张拉牵索后的底模标高为 $H_s$、混凝土浇筑一半未补张牵索索力时的底模标高为 $H_m$、补张牵索后的底模标高为 $H_2$、混凝土浇筑完毕的底模标高为 $H_e$。由于挂篮最前端的挠度由主梁变形引起的挂篮整体变形及挂篮自身变形组成,则挂篮前端在混凝土浇筑过程各工况的标高分别为:

$$H_k = H - [f_Q^a(R_A^h + R_A^t) + f_Q^b(R_B^h + R_B^t) + f_\rho^g + f_c^g \Delta T \sin\alpha] \tag{6-23}$$

$$H_s = H_k + [f_Q^a R_A^{T_1} + f_Q^b R_B^{T_1} + f_c^g T_1 \sin\alpha] \tag{6-24}$$

$$H_m = H_k + [f_Q^a(R_A^{0.5h} + R_A^{T_m}) + f_Q^b(R_B^{0.5h} + R_B^{T_m}) + 0.5f_\rho^g + f_c^g T_m \sin\alpha] \tag{6-25}$$

$$H_2 = H_k + [f_Q^a(R_A^{0.5h} + R_A^{T_2}) + f_Q^b(R_B^{0.5h} + R_B^{T_2}) + 0.5f_\rho^g + f_c^g T_2 \sin\alpha] \tag{6-26}$$

$$H_e = H \tag{6-27}$$

式中:$R_A^h$、$R_B^h$ 为在某节段混凝土自重下按图 6.1 计算出的挂篮在前、后支点处对主梁的作用力;$R_A^{0.5h}$、$R_B^{0.5h}$ 为在某节段一半混凝土自重下按图 6.1 计算出的挂篮在前、后支点处对主梁的作用力。$R_A^t$、$R_B^t$ 为在牵索索力 $T_e$ 作用下按图 6.1 计算出的挂篮在前、后支点处对主梁的作用力;$R_A^{T_1}$、$R_B^{T_1}$、$R_A^{T_m}$、$R_B^{T_m}$、$R_A^{T_2}$、$R_B^{T_2}$ 分别为在牵索索力 $T_1$、$T_m$、$T_2$ 作用下按图 6.1 计算出的挂篮在前、后支点处对主梁的作用力。$f_\rho^g$ 为在某节段混凝土自重下挂篮前端的变形。其他字符含义同前。

　　在主梁施工过程中,将混凝土浇筑过程中各工况标高的预测值同实际值进行比较,看它们是否相符。由于对每个工况下的标高都进行了比较,这不仅可清楚地知道误差出现在哪个工况,且有利于查找误差的原因。

## 6.4　基于振动测量的索力监测

　　拉索索力状况直接决定了整个桥梁结构的应力分布和几何形态,同时其变化也可表征桥梁结构状况的改变。因此在桥梁施工监控和桥梁健康监测中进行索力监测都具有重要意义。索力测试的常用方法有油压表法、压力传感器法、磁通量法和频率法。油压表法通过拉索张拉时千斤顶的压力值换算为索力值,该法精度约为 $1\%\sim2\%$,仅用于拉索张拉时的索力控制;压力传感器法通过在拉索锚固端安装压力传感器测试拉索锚端压力,其精度可达 $1\%$ 左右,该法需要改变锚固端设计尺寸;磁通量法则通过测定索内磁通量的变化,根据索力、温度与磁通量变化的关系推算索力,该法具有较高的测试精度,但传感器费用昂贵,安装不方便;频率法主要通过加速度传感器拾取拉索的振动信号,通过频率和索力之间的关系反推得到索力值,频率法的测量精度一般可达 $5\%$ 以上,现场安装方便,测试成本低。

　　考虑到频率法进行索力测试时存在监测成本低、不存在零点漂移、安装更换方便且不影响测试结果等诸多优点,其在索力的长期监测中已具有广泛应用,采用频率法监测索力主要依赖于两个方面:索力与频率的精确对应关系、频率计算的准确性与及时性。本节将探讨索力与频率的相关性、振动测试数据分析方法等方面,提出较为完善的基于振动测试的索力监测技术。

### 6.4.1 索力与频率的相关性分析

基于频率法的索力测试关键在于建立索力与频率之间的对应关系,而索动力模型是获取索力、频率关系的根本。一般有两种常用分析计算模型:梁振动模型和考虑初始小垂度的拉索振动模型。

**(1)梁振动模型**

梁振动模型如图6.2所示。

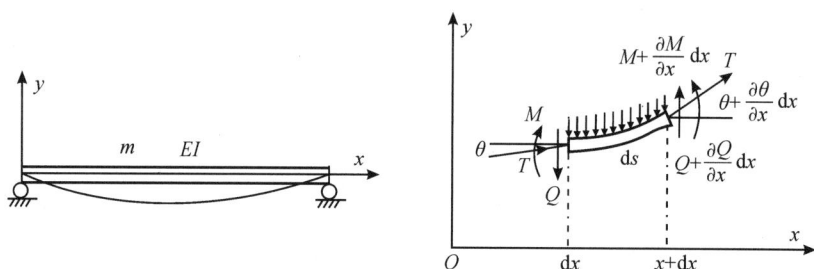

图 6.2 · 梁振动模型

梁振动模型推导的拉索自由振动方程:

$$m\frac{\partial^2 u}{\partial t^2}+EI\frac{\partial^4 u}{\partial x^4}-T\frac{\partial^2 u}{\partial x^2}=0 \tag{6-28}$$

式中:$T$ 为索力;$m$ 为索线密度;$x$ 为索轴方向纵向坐标,$u$ 为垂直于索轴方向横向坐标,$EI$ 为索抗弯刚度,$t$ 为时间。

上式若忽略抗弯刚度的影响,便可得到弦振动理论的解:

$$m\frac{\partial^2 u}{\partial t^2}-T\frac{\partial^2 u}{\partial x^2}=0 \tag{6-29}$$

令 $u(x,t)=\varphi(x)y(t)$,代入弦振微分方程(6-29),解得:

$$y(t)=A\sin(\omega t)+B\cos(\omega t) \tag{6-30}$$

$$\varphi(x)=C\sin(a\omega x)+D\cos(a\omega x) \tag{6-31}$$

$$a=\sqrt{\frac{m}{T}} \tag{6-32}$$

式中:$A$、$B$、$C$、$D$ 为待定系数,其中由弦振方程的初始条件可得 $A$、$B$,由牵索的边界条件可解得 $C$、$D$。$\omega$ 是弦振的频率。

当两端铰支时,该方程的解析解为:

$$T=\frac{4ml^2}{n^2}f_n^2 \tag{6-33}$$

通过边界条件的等效变换便可得到考虑减震器影响的拉索振动模型,只是此时的振动方程并无解析解。

**（2）考虑小垂度的拉索振动模型**

考虑小垂度的拉索振动模型如图 6.3 所示。

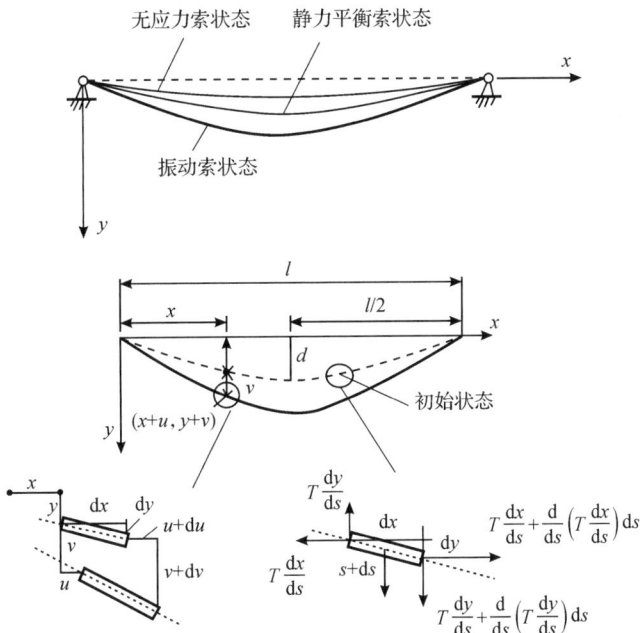

图 6.3　考虑小垂度的拉索振动模型

小垂度拉索面内振动控制方程：

$$\frac{h\left(\dfrac{\mathrm{d}s}{\mathrm{d}x}\right)^3}{EA} = \frac{\partial u}{\partial x} + \frac{\mathrm{d}y}{\mathrm{d}x}\frac{\partial v}{\partial x} \tag{6-34}$$

该方程为超越方程，没有解析解。

综上，可归纳出影响拉索索力与频率对应关系的因素主要有以下几个方面：

①拉索的边界条件：无论是梁振动模型还是小垂度振动模型，在求解拉索振动方程时，都体现了边界条件对索频关系的影响：梁振动模型仅在铰支条件下有解析解而固结条件和有减震器影响的边界条件下均无法求出解析解，而实际工程中的拉索边界条件更为复杂，如悬索桥结构中的拉索弹性支撑边界；对于小垂度振动模型，同样存在无解析解的问题。

②拉索的弯曲刚度：拉索结构并不是简单的柔性构件，工程中大量存在粗短索（如系杆拱桥中靠近拱脚位置的吊杆），对于这类索结构，其长径比小，力学行为类似于梁，索的弯曲刚度对索力影响不可忽略。

③拉索的垂度：现代桥梁工程中千米级斜拉桥已出现，其拉索长度已达 500m，拉索垂度对其频率的影响将在下文进一步探讨。

④拉索的质量分布：从梁振动模型推导的索频方程中，拉索的质量密度对索频有直接影响。在拉索长期监测中，拉索的质量并非一成不变，如雨雪天气导致的拉索附加质量增加、拉索上悬挂的装饰品等，这些附加质量的改变对拉索索频关系的影响不可忽略。

从理论推导索频对应关系仅在很小范围内有解析解，这增加了从解析解的角度定量分析索频对应关系的难度，必须采用数值计算的方法，通过建立拉索的有限元模型来分析索频之间的定量关系。

## 6.4.2 理论模型误差分析

### (1)抗弯刚度的影响分析

取以下 6 根索进行抗弯刚度分析,各索参数如表 6.1 所示。

**表 6.1 抗弯刚度分析中各索参数**

| 索编号 | 计算基频 $f$/Hz | 索长 $L$/m | 线密度 $m$/(kg/m) | 弹性模量 $E$/Pa | 惯性矩 $I_0$/m⁴ |
|---|---|---|---|---|---|
| $A_1$ | 23.23 | 5 | 74.126 | 1.95E+11 | 7.1869E−06 |
| $A_2$ | 11.61 | 10 | 74.126 | 1.95E+11 | 7.1869E−06 |
| $A_3$ | 5.81 | 20 | 74.126 | 1.95E+11 | 7.1869E−06 |
| $A_4$ | 3.87 | 30 | 74.126 | 1.95E+11 | 7.1869E−06 |
| $A_5$ | 2.32 | 50 | 74.126 | 1.95E+11 | 7.1869E−06 |
| $A_6$ | 1.16 | 100 | 74.126 | 1.95E+11 | 7.1869E−06 |

当以拉索的应力水平来评估其受力时,其索力与拉索应力是成正比例的,而与拉索横截面尺寸无关,因此此处采用单位截面积的索来分析,$T$ 均取 4000kN,采用式(6-33)进行求解,其结果如图 6.4 和图 6.5 所示。

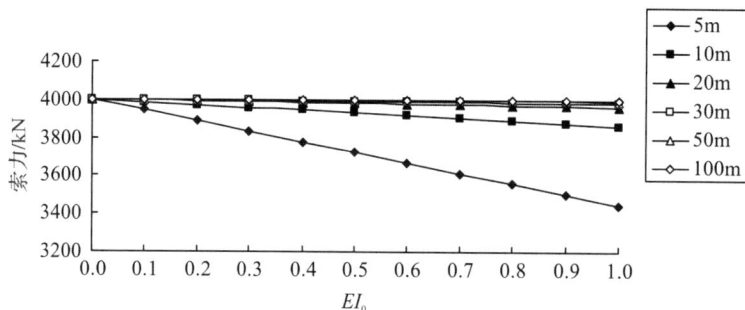

图 6.4 抗弯刚度取值引起的索力变化

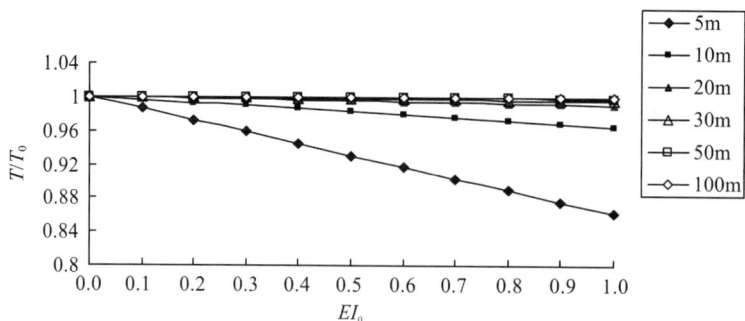

图 6.5 抗弯刚度取值引起的索力比值变化

从图 6.4 和图 6.5 可看出,在其他参数保持不变的前提下,抗弯刚度对索力的影响趋势基本一致,且其对短索的索力影响显著(5m 拉索索力的最大误差达 14.54%),对于 10m 以上的拉索,其影响程度不足 5%。

**(2)垂度的影响分析**

本小节根据工程中常用拉索的特性,对考虑垂度的拉索振动情况进行了分析。设拉索采用无黏结预应力钢绞线,抗拉强度为 1670MPa,拉索工作允许应力为 $0.4f_{pk}$,值为 668MPa。计算分析采用的拉索参数如表 6.2 所示。

表 6.2　拉索参数

| 参数 | 拉索面积/$mm^2$ | 密度/($kg/m^3$) | 弹模 $E$/Pa | 泊松比 | 线密度/($kg/m$) | 索力/kN |
|---|---|---|---|---|---|---|
| 数值 | 5026.55 | 7.85E+03 | 1.95E+11 | 0.3 | 39.46 | 3357.73 |

采用有限元方法分别计算了拉索在不考虑垂度和考虑垂度两种情况下的振动特性。模型中拉索采用了固结边界条件,拉索索力采用降温的方式施加。典型拉索各阶振动频率差值的百分比如图 6.6 所示,不同索长拉索考虑垂度和不考虑垂度的基频差值百分比如图 6.7 所示。

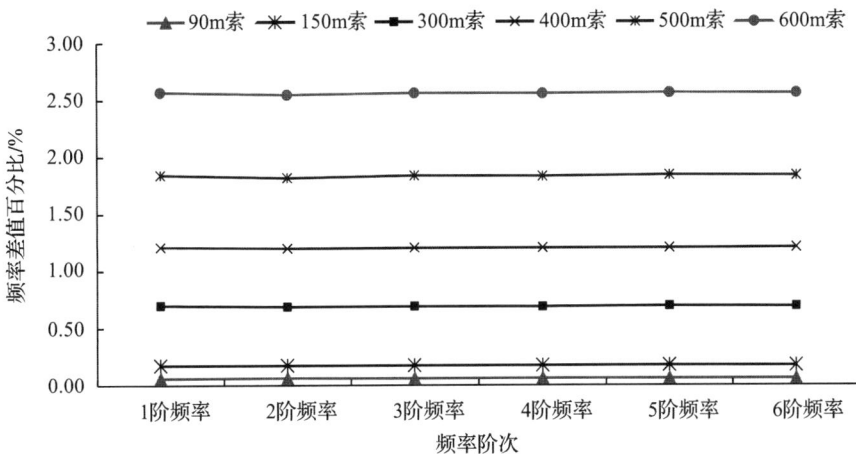

图 6.6　典型拉索考虑和不考虑垂度的各阶振动频率差值百分比

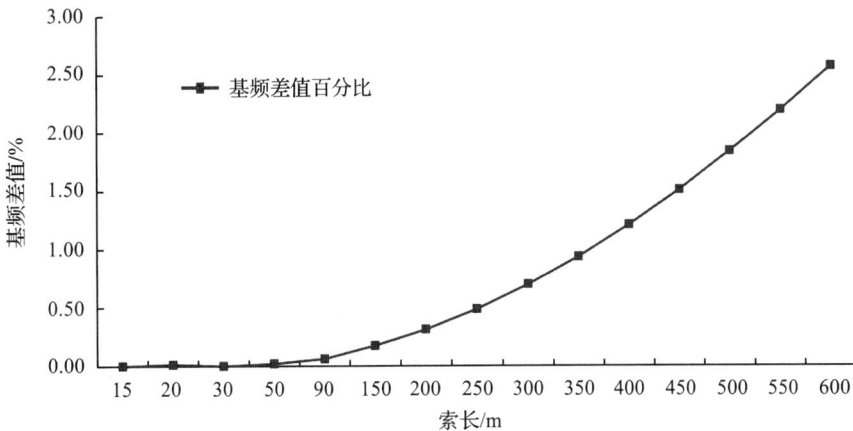

图 6.7　不同索长拉索考虑和不考虑垂度的基频差值百分比曲线

有限元分析表明:垂度对各阶频率的影响几乎是一致的,且随着索长的增加,垂度的影响逐渐变大。对于 50m 以下的拉索,其垂度效应对拉索的各阶振动频率的影响不超过 0.02%;对于超过 500m 的拉索,垂度对振动频率的影响将超过 1.5%,对于最长斜拉索为 2.57%。可见对于 50m 以下的拉索,其垂度对振动频率的影响可以忽略,而对于超过 500m 的拉索则需考虑垂度效应。

**(3)边界条件的影响分析**

端部约束对索频率的影响与索的长短有直接关系,选用不同的约束方式对于较长的斜拉索并不会产生太大影响,这是因为不同的约束方式对于索的作用仅限于靠近端部的部分,若索长较长,则受索端约束影响的部分在整个拉索中所占比重较小。而短索受索端约束影响的部分占整根索长的比重较大,短索支座边界的真实模拟对索力精度影响不容忽视。本节采用表 6.2 中的拉索数据,对比计算了铰支和固结两种边界条件下的振动频率,计算结果如表 6.3 所示。

表 6.3 铰支和固支条件下的拉索索振动频率对比

| 索编号 | 索长 L/m | 铰接边界下的振动频率 f/Hz | 固结边界下的振动频率 $f_1$/Hz | $(f-f_1)/f_1$ |
|---|---|---|---|---|
| $A_1$ | 15 | 9.7485 | 10.2120 | −4.5% |
| $A_2$ | 20 | 7.3032 | 7.5600 | −3.4% |
| $A_3$ | 30 | 4.8650 | 4.9780 | −2.3% |
| $A_4$ | 50 | 2.9178 | 2.9580 | −1.4% |
| $A_5$ | 90 | 1.6207 | 1.6331 | −0.8% |
| $A_6$ | 150 | 0.9724 | 0.9768 | −0.5% |
| $A_7$ | 300 | 0.4862 | 0.4873 | −0.2% |

从表 6.3 可知,边界条件对短索影响较大,15m 拉索索力误差可达 4.5%,但随着索长的增加,边界条件的影响减弱,50m 拉索索力误差为 1.4%,当索长大于 90m 时,误差很小,不超过 1.0%。因此,采用振动法测试时,对于 30m 以下的索需要考虑边界条件对索力的影响;50m 以上的索可不考虑边界条件的影响;而索长 30~50m 范围内需结合拉索的具体特性进行分析。

**(4)斜度的影响分析**

拉索振动模型都将拉索设为水平,而实际的斜拉索都是有一定的斜度。对于倾斜的索而言,索的重力必然会在沿索的弦向产生一个分力,即索力沿索长变化。为考虑该假设对工程的误差,本文选择了一根 90m 长的拉索,分别计算分析了倾角为 0°、15°、30°、45°、60°和 90° 时拉索的振动频率变化,如表 6.4 所示。

表 6.4 不同倾角状态下的拉索振动频率对比

| 项目 | 倾角 | 1 阶频率 | 2 阶频率 | 3 阶频率 | 4 阶频率 | 5 阶频率 | 6 阶频率 |
|---|---|---|---|---|---|---|---|
| 90m 索不同斜度下振动频率/Hz | 0° | 1.6341 | 3.2689 | 4.9050 | 6.5433 | 8.1843 | 9.8288 |
| | 15° | 1.6340 | 3.2687 | 4.9048 | 6.5430 | 8.1840 | 9.8284 |
| | 30° | 1.6338 | 3.2683 | 4.9043 | 6.5423 | 8.1831 | 9.8273 |
| | 45° | 1.6336 | 3.2678 | 4.9035 | 6.5413 | 8.1818 | 9.8258 |
| | 60° | 1.6333 | 3.2673 | 4.9028 | 6.5402 | 8.1805 | 9.8243 |
| | 90° | 1.6331 | 3.2668 | 4.9020 | 6.5392 | 8.1792 | 9.8227 |

| 项目 | 倾角 | 1 阶频率 | 2 阶频率 | 3 阶频率 | 4 阶频率 | 5 阶频率 | 6 阶频率 |
|---|---|---|---|---|---|---|---|
| 相对于 0°状态<br>振动频率改变<br>百分比/% | 15° | −0.01 | −0.01 | 0.00 | 0.00 | 0.00 | 0.00 |
| | 30° | −0.02 | −0.02 | −0.01 | −0.02 | −0.01 | −0.02 |
| | 45° | −0.03 | −0.03 | −0.03 | −0.03 | −0.03 | −0.03 |
| | 60° | −0.05 | −0.05 | −0.04 | −0.05 | −0.05 | −0.05 |
| | 90° | −0.06 | −0.06 | −0.06 | −0.06 | −0.06 | −0.06 |

在拉索各参数不变的前提下,索的倾角由 0°增加到 90°,拉索的振动频率改变不会超过 0.1%。因此,动测法中一般可不考虑斜度对索力的影响。

### 6.4.3　测试误差分析

**(1)采样频率误差**

根据奈奎斯特定理(采样定理),要求采样频率至少为被测信号的 2.0 倍,采样之后的数字信号才能完整地保留原始信号中的信息;但采样频率对索力测试精度却有影响,以铰接边界条件下不考虑垂度和抗弯刚度的拉索振动为例,式(6-33)两边微分得:

$$dT = 8ml^2 \frac{f_n}{n^2} df_n \tag{6-35}$$

由此可近似认为,

$$\Delta T = 8ml^2 \frac{f_n}{n^2} \Delta f \tag{6-36}$$

索力相对误差:

$$\frac{\Delta T}{T} = \frac{8ml^2 \frac{f_n}{n^2} \Delta f}{4ml^2 \left(\frac{f_n}{n^2}\right)^2} = 2\frac{\Delta f}{f_n} \tag{6-37}$$

式中:$\Delta f$ 为频谱分辨率,与分析采样频率有关,具体如下:

$$\Delta f = \frac{1}{T} = \frac{1}{N\Delta t} = \frac{f_s}{N} \tag{6-38}$$

式中:$\Delta t$ 为采样时长。将式(6-38)代入式(6-37)中,得:

$$\frac{\Delta T}{T} = \frac{2}{N} \times \frac{f_s}{f_n} \tag{6-39}$$

式中:$l$ 为索长,$m$ 为索的线密度,$f_n$ 为索的振动频率,$f_s$ 为采样频率,$N$ 为采样点数。

可见,索力误差与 $f_s$ 和 $N$ 有关。一般信号处理中采样点是固定的(如 256、512、1024、2048),则提高频率分辨率只能降低采样频率 $f_s$;而同时采样频率 $f_s$ 也必须满足采样定理,即 $f_s > 2f_n$,且这个过程还必须兼顾频率测试精度的要求。

**(2)错频误差**

拉索振动频率测试精度直接影响了拉索索力的精度,频率与索力的关系式直观地反映了这一点。拉索频率采集会得到频谱图上的一系列频率值,如何选择索力计算中的频率值,是能否用好频谱图的关键。其中错频是引起索频对应关系误差的主要因素。

以弦理论拉索为例,其索力可由式(6-33)算得。当采用 $n$ 阶频率被误认为是 $n+1$ 阶频

率时,计算索力误差比为:

$$\frac{\Delta T_{n(n+1)}}{T}=4mf_n^2l^2\left[\frac{(n+1)^2-n^2}{(n+1)^2n^2}\right]\bigg/\left[4mf_n^2\left(\frac{l}{n}\right)^2\right]=\frac{(n+1)^2-n^2}{(n+1)^2} \tag{6.40}$$

显然,如果频率阶次 $n$ 较小,即使相邻频率阶次 $n+1$ 也会使得索力差值越大,因此,需正确确定各频率阶次。

**(3)采样时长误差**

一般工程上要求索力误差控制在 5% 以内,即: $\frac{\Delta T}{T}\leqslant5\%$。

将式(6-39)代入上式,变形后可表示为:

$$N\geqslant40f_s/f_n \tag{6-41}$$

采样定理要求采样频率至少为被测频率的 2 倍,则一次分析的点数最少要求为 80 个点。采样频率一旦确定(假设为 64Hz),则单次测试时间也就确定了:

$$t=N\Delta t=N/f_s=80/64=1.25(s) \tag{6-42}$$

上式表明,至少 1.25s 的采样时间才能满足采样频率为 64Hz 条件下的索力测试精度不超过 5% 的要求。

对于静态索力测试,由于索力保持为恒定值,对测试时间没有限制,理论上可以无限长时间采样以满足索力测试精度要求。而对于运营阶段的索力监测,由于车辆荷载不断变化,索力及振动频率也处在不断变化中。1.25s 的采样时间对于一辆时速为 60km/h 的车来说,其行驶距离为 20.833m。这个距离值对于某些索来说意味着一次振动信号未完成采样时,车辆已驶出该索的影响区域,这种情况意味着动态索力监测失败。

针对上述情况,要完成拉索的动态监测,须进行测试索的移动荷载影响区域分析,根据结构的影响区域分析得到影响区域长度值 $L$;车辆行驶速度为 $v$,则动态信号的采样时间 $t$ 计算公式: $t=L/v$,即为动态监测所限制的采样时间:

$$t\geqslant N\Delta t=N/f_s \tag{6-43}$$

进一步得到:

$$f_s\geqslant N/t \tag{6-44}$$

对于基频较小的长索,很可能会出现动态监测所限制的时间不能满足测试精度要求的情况,针对这种情况不得不放弃对索的低频监测而采用测试索的高阶频率的方法,以实现索力测试精度和索力测试及时性这对矛盾体的统一。

上述讨论还可以得到一个结论:式(6-41)实际上给出了采样频率的上限值,而式(6-44)给出了采样频率的下限值,这是基于振动法的索力实时监测所附加的采样频率的限制条件。对于交通繁忙的桥梁,由于长时间持续承受系列车辆作用,斜拉索索力也会处于相对较为稳定的状态,因此实际测量结果会偏好。

### 6.4.4 考虑拉索非均匀结构的索力监测

式(6-33)假设拉索全长构造同一,但牵索实际在梁端及塔端存在接长段。因此针对拉索轴向结构的不同,按其距锚固端的距离,将之划分为 $n$ 个节段,各节段至索起始位置的距离为 $l_1,l_2,\cdots,l_n$,各节段振型设为 $\varphi_1,\varphi_2,\cdots,\varphi_n$。

由牵索的边界条件及牵索各节段交界处的连续性,可得:

$$\varphi_1(0) = 0 \tag{6-45}$$

$$\varphi_i(l_i) = \varphi_{i+1}(l_i) \tag{6-46}$$

$$\varphi_n(l_n) = 0 \tag{6-47}$$

$$\varphi_i'(l_i) = \varphi_{i+1}'(l_i) \tag{6-48}$$

由式(6-45)求得 $D_1=0$；由式(6-46)~式(6-48)可得：

$$\boldsymbol{AX} = 0 \tag{6-49}$$

以 $n=2$ 为例，则式中：

$$\boldsymbol{A} = \begin{bmatrix} \sin(\omega a_1 l_1) & -\sin(\omega a_2 l_1) & -\cos(\omega a_2 l_1) \\ \omega a_1 \cos(\omega a_1 l_1) & -\omega a_2 \cos(\omega a_2 l_1) & \omega a_2 \sin(\omega a_2 l_1) \\ 0 & \sin(\omega a_2 l_2) & \cos(\omega a_2 l_2) \end{bmatrix}, \boldsymbol{X} = \begin{bmatrix} C_1 & C_2 & D_2 \end{bmatrix}^{\mathrm{T}}; \omega$$ 为自

振圆频率。

由方程的物理意义，可以知式(6-49)的解不为 0，则有：

$$|\boldsymbol{A}| = 0 \tag{6-50}$$

求解式(6-50)即可得到拉索索力 $T$。

采用牵索挂篮进行预应力混凝土斜拉桥施工时，拉索在梁端与牵索相接，两段线质量分布不一致。根据索的振动频率，采用本节算法可准确求得牵索索力，结果如表 6.5 所示。

表 6.5　基于频率的牵索索力解析计算

| 工况 | 基频/Hz | 理论索力/kN | $l_1$/m | $l_2$/m | 线密度 $m_1$/(kg/m) | 线密度 $m_2$/(kg/m) | 计算索力/kN |
|---|---|---|---|---|---|---|---|
| 01 | 2.735 | 2540.6 | 3.5 | 38.5 | 150.9 | 56.8 | 2540.6 |
| 02 | 2.954 | 2964.0 | 3.5 | 38.5 | 150.9 | 56.8 | 2964.1 |
| 03 | 3.158 | 3387.5 | 3.5 | 38.5 | 150.9 | 56.8 | 3387.4 |

# 6.5　工程案例

## 6.5.1　工程概况

背景工程为一座"103m+240m+103m"跨径的预应力混凝土斜拉桥，全长 450m，桥面宽 34m，如图 6.8 所示。主梁为双向预应力混凝土结构，混凝土标号为 C50；截面为双实心边主梁形式，梁高 2.5m，横坡 1.5%；两实心边主梁中心距为 25.5m，两侧各有 3.25m 悬臂板，主塔附近加宽至 6.85m，实心梁之间用横梁及桥面板相连。在边跨边墩附近主梁为全截面实心压重，主梁伸出边支座中心 2.0m，引桥箱梁压在牛腿上，以提供压重。标准节段桥面板厚为 28cm，顺桥向每隔 6m 设一道横梁，其间距与索距相同，横梁厚度为 30cm。桥面铺装采用 6cm 防水混凝土加 4cm 沥青混凝土。主梁分为 0 号节段、标准节段、实心段、变宽段、合龙段等五种类型，主桥共分 75 个节段。主梁横截面如图 6.9 所示。

(a)桥梁平面图

(b)桥梁立面图

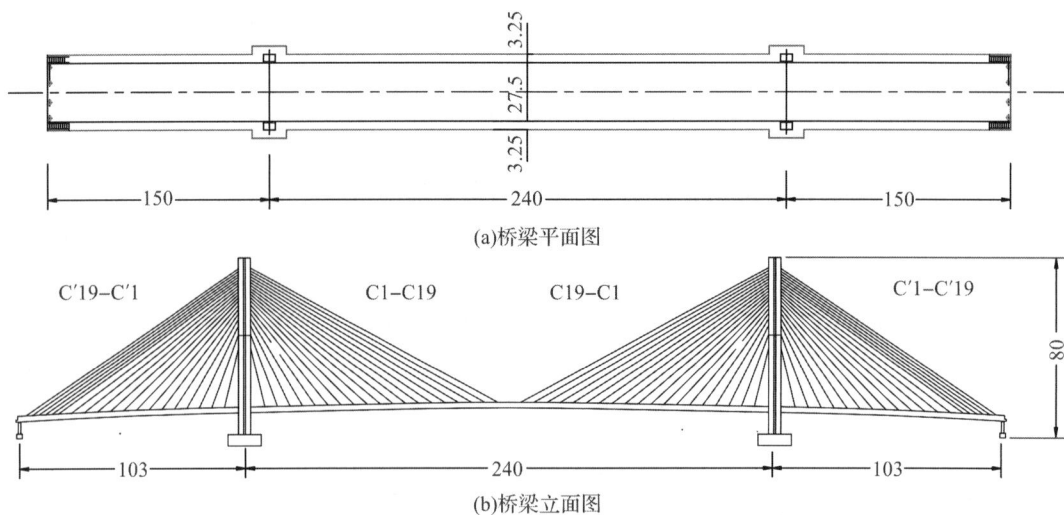

图 6.8　斜拉桥平面和立面

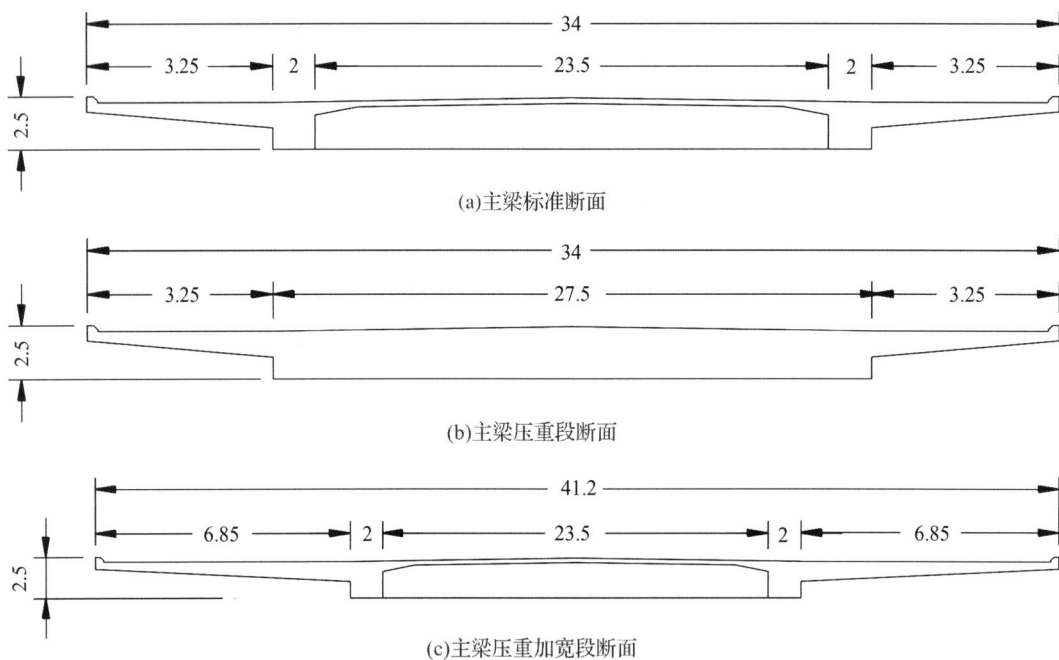

(a)主梁标准断面

(b)主梁压重段断面

(c)主梁压重加宽段断面

图 6.9　主梁横断面

　　主塔采用混凝土桥塔,H 形结构,自承台顶至塔顶高 80.0m,如图 6.10 所示。共设两横梁,下横梁高 3.0m,宽 5.2m,为单室箱形截面,壁厚均为 40cm,其竖向中线距承台顶面 8.3m;上横梁高 4.0m,宽 5.2m,为单室箱形截面,壁厚均为 40cm,其竖向中线距承台顶面 46.5m。两横梁将塔柱分为三段:下横梁中线以下部分为下塔柱,下横梁中线以上至上横梁段为中塔柱,上横梁以上部分为上塔柱。下塔柱采用实心矩形截面,高 8.3m,上部尺寸为 5.5m×3.0m,下部尺寸 5.5m×4.5m。中塔柱为两空心斜柱,倾斜率为 1∶12.07,中塔柱高 36.2m,截面为单室箱形截面,顺桥向宽 5.5m,横桥向宽 3.0m,壁厚分别为 60cm 和 90cm,

中塔柱下部有一段 3.10m 高的实心段。上塔柱为两空心直立柱,该部分为斜拉索锚固区段,高度 31.5m,上塔柱为单室箱形截面,顺桥向宽 5.5m,横桥向宽 3.0m,斜拉索锚固侧壁厚 120cm,其余两侧壁厚 60cm。塔顶设有一段 1.5m 高的装饰段。

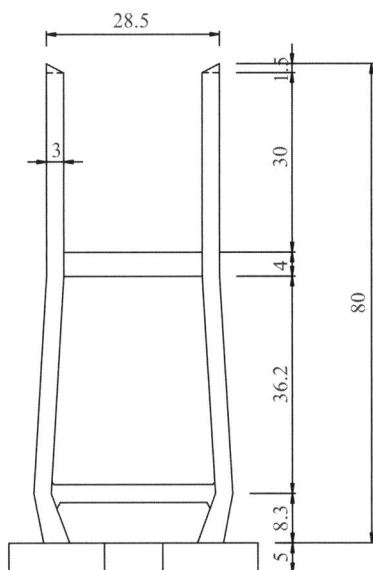

图 6.10　主塔横桥向立面(单位:m)

斜拉索采用扇形布置,每塔 19 对,不设 0# 索,全桥共 152 根。索在梁上基本间距为 6.0m,塔上截面索距为 1.4m,斜拉索采用 7mm 镀锌平行钢丝索,两端采用冷铸锚,索外挤包黑色和彩色 PE 防护套各一层。每根斜拉索均设减震器,并在其下端 2.5m 高的范围内外包不锈钢管。全桥斜拉索共有 7 种,分别为 109-7、127-7、139-7、163-7、187-7、211-7、233-7。

本工程根据施工规范和设计要求,确定具体监控控制指标及要求如表 6.6 所示。

表 6.6　施工监控工况及内容汇总

| 编号 | 监控项目 | 条目 |
|---|---|---|
| 1 | 线形控制精度要求 | 梁顶高程:$\pm L/5000$mm |
| | | 轴线偏位:$\leq L/10000$mm 且不大于 30mm |
| | | 横坡:$\pm 0.15\%$ |
| 2 | 斜拉索索力的施工精度要求 | 同步张拉的斜拉索,张拉时不同步拉力的相差值不得大于张拉力的 10%;成桥阶段,各斜拉索张拉力的误差控制在 5% 之内。 |
| 3 | 索塔精度要求 | 塔顶高程:$\pm 20$mm |
| | | 横梁轴线偏位:$\pm 10$mm |
| | | 拉索锚固点高程:$\pm 10$mm |
| | | 横梁顶面高程:$\pm 10$mm |

## 6.5.2　监控工作内容

斜拉桥施工控制是一项系统工程,目的是保证桥梁在施工和运营阶段的线形和内力都符合设计要求。为此,在桥梁主体结构施工之前必须进行分析计算及施工初始状态确定;在施工过程中对结构的变形、应力及稳定性进行控制。根据分析结果及相关规范,确定了相应的监控工况及内容,具体如表 6.7 所示。

**表 6.7 施工监控工况及内容汇总**

| 序号 | 监控工况 | 监控工作主要内容 |
|---|---|---|
| 1 | 承台及桥塔塔身施工 | 1.承台及下塔身大体积混凝土水化热效应分析控制与监测;<br>2.在墩台基础上设置沉降观测点,安装塔身应力传感器,设置塔身变形观测点;<br>3.确定各塔身节段安装的位置参数(纵向、横向位置);<br>4.各节段安装后测量桥塔应力和变形;<br>5.桥塔施工结束后,在两塔柱顶部预埋棱镜,测量初始位置;<br>6.监测桥塔偏位随日照的变化情况。 |
| 2 | 支架现浇 0# 块混凝土 | 1.确定立模参数;<br>2.安装应力传感器及布置线形测点;<br>3.测量 0# 块线形及应力、塔顶偏位等。 |
| 3 | 悬臂施工(1#—19# 梁段) | 1.确定主梁各节段安装立模参数、牵索张拉方案、斜拉索初张力;<br>2.混凝土浇筑中进行挂篮标高、悬臂端前三块线形和应力监测;<br>3.体系转换后进行已施工梁段线形及应力、塔顶偏位、已安装拉索索力等测量;<br>4.典型气候条件下结构应力、变形、索力等的温度效应监测。 |
| 4 | 边跨段支架现浇 | 1.确定边跨现浇段立模参数;<br>2.监测施工过程现浇支架受力。 |
| 5 | 边跨合龙施工 | 1.合龙段施工前连续观察合龙口两侧标高随时间、温度等变化情况,确定合龙段混凝土浇筑时机;<br>2.评估边跨线形平顺性以及可能需要采取的调索、压重等措施;<br>3.边跨合龙后进行已施工梁段线形及应力、塔顶偏位、已安装拉索索力等测量。 |
| 6 | 浇筑合龙段,主跨合龙 | 1.合龙段施工前连续观察合龙口两侧标高、主梁线形、塔顶偏位、拉索索力等随时间、温度等变化情况,确定合龙段混凝土浇筑时机;<br>2.评估中跨线形平顺性以及可能需要采取的调索、压重等措施;<br>3.合龙段施工完成后进行梁段线形及应力、塔顶偏位、拉索索力等的全面测量。 |
| 7 | 临时支架拆除 | 测量斜拉索索力、结构的应力、主梁线形、塔顶偏位等。 |
| 8 | 二恒施工 | 测量斜拉索索力、结构的应力、主梁线形、塔顶偏位等。 |
| 9 | 成桥索力调整 | 1.确定斜拉索索力调整方案(张拉顺序、张拉量);<br>2.监测斜拉索索力、结构的应力、主梁线形、塔顶偏位等。 |
| 10 | 成桥状态 | 测量结构的应力、主梁线形、塔顶偏位、拉索索力等,作为桥梁运行的初始状态。 |

上表所述的施工控制内容部分与连续梁悬浇施工控制相类似,如应力、线形测量等,在此主要给出相应测点布置,其他内容在此不再赘述。

**(1)桥梁线形监测**

主要选取每一悬浇节段梁体的前端附近(距梁体前端约 15cm),横桥向共设置 7 个测点作为主梁的标高测点,采用全站仪进行测量,并根据测量结果的变化分析评估结构变形情况。同时在梁段前端桥轴线处建立平面位置控制点。每对斜拉索张拉后,采用全站仪精确测定主梁中线位置。主梁线形测点纵桥向布置如图 6.11 所示,横向布置如图 6.12 所示。

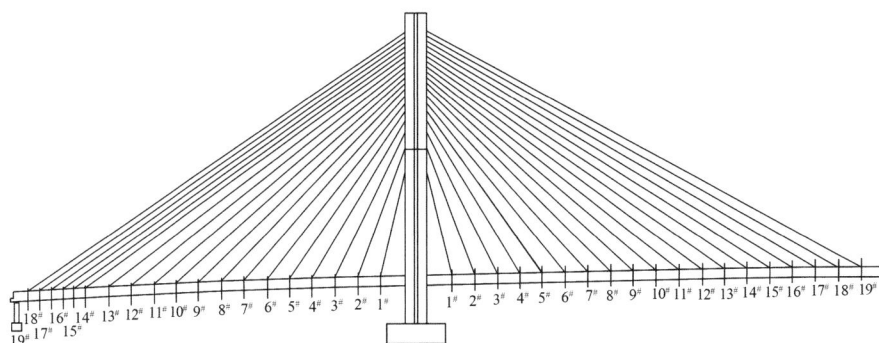

图 6.11　主梁线形监测截面布置

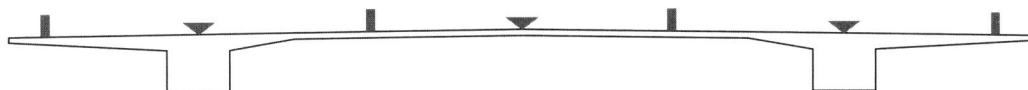

(a)监测截面横向测点布置图

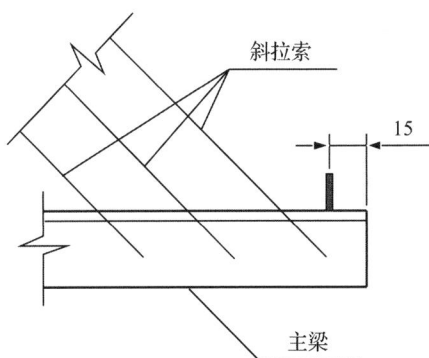

(b)主梁线形监测点大样图

图 6.12　主梁线形监测点布置

　　挂篮作为该背景桥梁主要的施工临时设施,其结构的变形和稳定性关乎施工安全及质量,因此需在牵索张拉前后、梁段混凝土浇筑前后对挂篮施工过程的标高进行测量,以评估挂篮变形情况。挂篮标高测点布置在挂篮前端,测点布置示意图如图 6.13 所示。

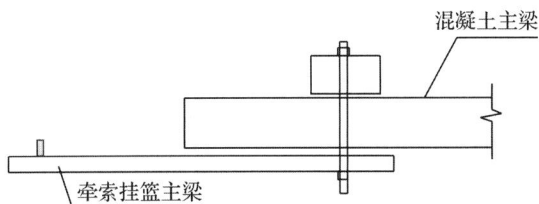

图 6.13　牵索式挂篮标高测点布置

　　桥塔为高耸结构物,塔顶偏位很大程度上可反应塔柱的受力安全与稳定状况,通过在每个塔柱顶部预埋棱镜,用全站仪进行观测,根据坐标变化分析塔柱偏位情况,测点布置如图 6.14 所示。

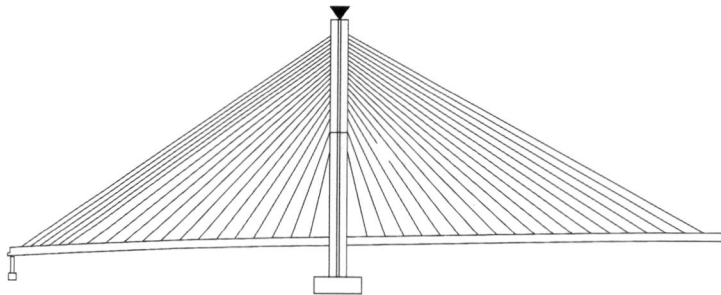

图 6.14  塔顶偏位测点布置

### （2）结构应力监测

预应力混凝土斜拉桥主梁在悬臂浇筑过程中,要承受强大的荷载,其受力状况复杂多变,为了掌握桥梁结构在施工过程中的实际应力状态,需要进行主梁纵向应力、桥塔的截面轴向应力等的监测,工程中常采用振弦式传感器进行应力测量。根据桥梁结构分析结果,主梁共选取了 7 个关键截面作为应力测试截面,分别为:主跨的 1/4 截面、跨中截面、3/4 截面及靠近塔根截面,边跨的跨中截面、3/4 截面及靠近塔根截面以及合龙段中跨截面。对于桥塔,塔根截面受力最为不利,因此桥塔选择了桥塔的塔根、塔身受力不利处等 2 个截面。测试截面的布置示意图如图 6.15 所示。

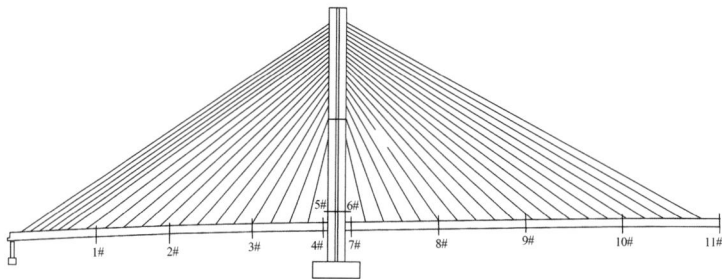

图 6.15  主桥的应变测试截面

其中 1#—4#、7#—11# 截面进行主梁纵向正应力测试,每个截面布置 8 个应力测点,共有 72 个纵向正应力测点,测点布置如图 6.16 所示。5#—6# 塔柱截面,在其四角位置处各设置一个测点,测点布置如图 6.17 所示。

图 6.16  主梁测试截面测点布置

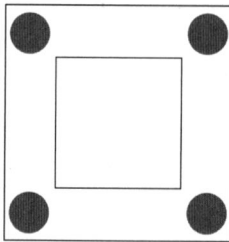

图 6.17  塔身应力测试截面测点布置

### 6.5.3　成桥恒载索力优化确认

采用改进的平面应力单元对主梁及索塔进行有限元分析,对斜拉索的作用以外荷载加以模拟。为了提高计算效率,利用对称条件对结构进行了简化,取结构的一半进行分析,在对称处限制其纵桥向的位移,主梁在塔处的支承条件视为简支。简化后,将主梁分成 43 个单元,共 218 个节点(见图 6.18);将索塔分成 16 个单元,共 83 个节点(见图 6.19);图 6.20 为主梁某单元网格的放大图。桥面铺装、栏杆等二期恒载以线分布载荷形式加到有限元模型上去,将桥梁端部两侧的人行坡道也作为线分布载荷。钢筋混凝土材料的弹性模量、泊松比和容重等物理量的值分别取 $0.35 \times 10^{11}\,\mathrm{Pa}$、$1/6$、$0.26 \times 10^5\,\mathrm{N/m^3}$。

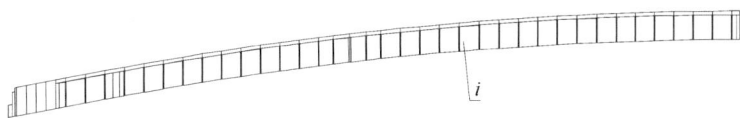

图 6.18　半个主梁有限元网格(对称结构取一半)

图 6.19　主塔有限元网格

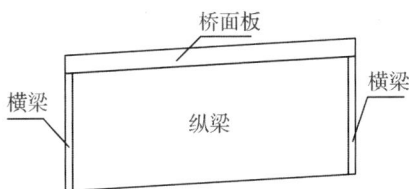

图 6.20　主梁第 $i$ 个单元网格放大图

斜拉索的索力以外载荷加到主梁和索塔上,共有 76 个索力,利用结构的对称性,只需确定 38 个索力。以主梁和索塔的最大应力最小为目标,进行索力优化,优化模型如前所述。通过优化计算,得到了梁和塔的最大应力最小目标下的恒载索力,具体数列于表 6.8。在该索力下,最大拉应力出现在主梁,为 3.11MPa(未考虑预应力的作用),主梁对称处的竖向位移为 20cm(向上),塔顶横向位移为 1.03cm(向桥台)。

表 6.8 恒载索力

| 索的编号 | 优化索力/kN | 索的编号 | 优化索力/kN |
|---|---|---|---|
| $C'_{19}$ | 4735.5 | $C_1$ | 1884.2 |
| $C'_{18}$ | 4464.1 | $C_2$ | 1966.1 |
| $C'_{17}$ | 4373.0 | $C_3$ | 2091.8 |
| $C'_{16}$ | 4101.5 | $C_4$ | 2212.0 |
| $C'_{15}$ | 3840.5 | $C_5$ | 2337.4 |
| $C'_{14}$ | 3649.0 | $C_6$ | 2464.9 |
| $C'_{13}$ | 3486.7 | $C_7$ | 2606.5 |
| $C'_{12}$ | 3364.0 | $C_8$ | 2740.5 |
| $C'_{11}$ | 3161.5 | $C_9$ | 2806.9 |
| $C'_{10}$ | 2959.7 | $C_{10}$ | 2873.9 |
| $C'_9$ | 2897.8 | $C_{11}$ | 3062.7 |
| $C'_8$ | 2847.0 | $C_{12}$ | 3273.3 |
| $C'_7$ | 2706.9 | $C_{13}$ | 3384.7 |
| $C'_6$ | 2577.7 | $C_{14}$ | 3527.1 |
| $C'_5$ | 2429.6 | $C_{15}$ | 3670.4 |
| $C'_4$ | 2303.0 | $C_{16}$ | 3785.0 |
| $C'_3$ | 2168.5 | $C_{17}$ | 3999.5 |
| $C'_2$ | 2046.7 | $C_{18}$ | 4225.1 |
| $C'_1$ | 1937.4 | $C_{19}$ | 4482.9 |

注:从 $C'_{19}$ 到 $C_{19}$ 对应从桥台到主桥中间的各节段的斜拉索,见图 6.8。

基于上述成桥索力,施工过程按一次张拉到位,通过无应力状态法分析可得各个斜拉索初张力,如表 6.9 所示。

表 6.9 索初拉力

| 索的编号 | 初张拉索力/kN | 索的编号 | 初张拉索力/kN |
|---|---|---|---|
| $C_1$ | 2321.0 | $C'_1$ | 2147.0 |
| $C_2$ | 2106.0 | $C'_2$ | 2213.0 |
| $C_3$ | 2159.0 | $C'_3$ | 2273.0 |
| $C_4$ | 2261.0 | $C'_4$ | 2520.0 |
| $C_5$ | 2403.0 | $C'_5$ | 2630.0 |
| $C_6$ | 2505.0 | $C'_6$ | 2830.0 |
| $C_7$ | 2665.0 | $C'_7$ | 2937.0 |
| $C_8$ | 2956.0 | $C'_8$ | 3135.0 |
| $C_9$ | 2960.0 | $C'_9$ | 3223.0 |
| $C_{10}$ | 3137.0 | $C'_{10}$ | 3525.0 |
| $C_{11}$ | 3399.0 | $C'_{11}$ | 3629.0 |
| $C_{12}$ | 3509.0 | $C'_{12}$ | 3831.0 |
| $C_{13}$ | 3652.0 | $C'_{13}$ | 3932.0 |
| $C_{14}$ | 3709.0 | $C'_{14}$ | 4128.0 |
| $C_{15}$ | 3883.0 | $C'_{15}$ | 4333.0 |

| 索的编号 | 初张拉索力/kN | 索的编号 | 初张拉索力/kN |
|---|---|---|---|
| $C_{16}$ | 4066.0 | $C_{16}'$ | 4422.0 |
| $C_{17}$ | 4114.0 | $C_{17}'$ | 4529.0 |
| $C_{18}$ | 4623.0 | $C_{18}'$ | 4518.0 |
| $C_{19}$ | 4725.0 | $C_{19}'$ | 4614.0 |

## 6.5.4　悬浇过程施工控制

如前面所述,空挂篮支点反力误差对各梁段标高会产生累积影响;在每个节段混凝土浇筑过程中,各工况下牵索索力控制情况的好坏会影响结构的安全,而前端标高控制情况的好坏将决定线形状况。

该桥主跨采用牵索挂篮进行悬浇施工,在一个节段施工过程中,共对斜拉索进行三次张拉,即空挂篮牵索、混凝土浇筑一半时补张和主梁斜拉索张拉。一个节段施工共分成以下几个工况:①挂篮前移并定位立模;②第一次张拉前支点斜拉索;③主梁混凝土浇筑一半;④第二次张拉前支点斜拉索;⑤混凝土浇筑完毕;⑥主梁预应力张拉;⑦主梁斜拉索第三次张拉至安装索力,体系转换,降挂篮。为了保证该桥施工顺利进行和线形状况良好,必须对其施工过程的索力和标高进行双控。

为保证混凝土浇筑过程中各工况下悬臂主梁和挂篮的安全,必须采用合理的牵索张拉方案。该桥在混凝土浇筑过程中,对牵索共进行了两次张拉,第一次张拉是在空挂篮上进行的,其目的是保证在混凝土前一半浇筑完毕时挂篮前支点对主梁的作用不能超出允许范围。第二次张拉是混凝土浇筑一半后进行的,其目的是保证混凝土浇筑完毕时挂篮前支点对主梁的作用在允许范围之内。一般而言,在每次牵索张拉前,挂篮前支点的反力较大,主梁受力较为不利;在牵索补张之后,挂篮前支点对主梁的作用明显减小,主梁受力情况得到改善,但挂篮本身在后支点处受力不利,此时必须考虑后锚固系统的承受能力。所以在设置牵索每次张拉力时必须考虑以下几个方面:牵索张拉完毕后须确保挂篮后锚固系统的安全;各部分混凝土浇筑完毕后牵索补张之前必须保证挂篮前支点对主梁的作用在允许范围之内,以保证主梁的安全;确保体系转换之前牵索索力不超过挂篮所允许的最大牵索张拉力。按以上三个方面要求,确定了该桥牵索张拉方案。由于每次牵索张拉力的确定都必须考虑到混凝土浇筑后牵索张力应达到值,所以要控制好牵索张拉力,必须准确计算牵索张力随浇筑混凝土而增加的量。按上节论述的方法对牵索张力随混凝土浇筑而增加的量进行了计算,结果列于表6.10。

表 6.10　悬浇施工牵索张力增量　　　　　　　　　　（索力单位:kN）

| 索的编号 | $C_2$ | $C_3$ | $C_4$ | $C_5$ | $C_6$ | $C_7$ | $C_8$ | $C_9$ | $C_{10}$ |
|---|---|---|---|---|---|---|---|---|---|
| 前一半砼 | 257.9 | 268.9 | 302.8 | 366.1 | 316.0 | 319.3 | 332.5 | 382.3 | 388.5 |
| 后一半砼 | 266.7 | 282.8 | 321.2 | 375.4 | 327.1 | 331.4 | 349.3 | 402.6 | 410.2 |
| 索的编号 | $C_{11}$ | $C_{12}$ | $C_{13}$ | $C_{14}$ | $C_{15}$ | $C_{16}$ | $C_{17}$ | $C_{18}$ | $C_{19}$ |
| 前一半砼 | 407.7 | 398.3 | 392.1 | 405.0 | 358.0 | 358.5 | 361.8 | 368.2 | 355.3 |
| 后一半砼 | 442.9 | 441.7 | 434.7 | 467.4 | 413.7 | 414.5 | 418.2 | 444.7 | 428.8 |

在该桥施工过程中,根据现场实际情况,对其中部分节段混凝土浇筑过程牵索索力随混凝土浇筑而增加的量进行了测量,并与监控理论值进行了比较,结果列于表 6.11。

**表 6.11　悬浇施工牵索索力增量预测值与实测值比较**　　　　　　　　　(索力单位:kN)

| 索的编号 | 实测值 | 预测值 | 差值 |
|---|---|---|---|
| $C_9$ 前一半混凝土浇筑 | 354.5 | 382.3 | −27.8 |
| $C_{10}$ 前一半混凝土浇筑 | 355.5 | 388.5 | −33.0 |
| $C_{11}$ 后一半混凝土浇筑 | 475.0 | 442.9 | 32.1 |
| $C_{12}$ 后一半混凝土浇筑 | 520.0 | 441.7 | 78.3 |
| $C_{14}$ 前一半混凝土浇筑 | 440.0 | 405.0 | 35.0 |
| $C_{15}$ 后一半混凝土浇筑 | 417.0 | 413.7 | −3.3 |
| $C_{16}$ 前一半混凝土浇筑 | 347.5 | 358.5 | −11.0 |
| $C_{18}$ 前一半混凝土浇筑 | 385.0 | 368.2 | 16.8 |
| $C_{18}$ 后一半混凝土浇筑 | 430.0 | 444.7 | −14.7 |

注:①有些块在施工时牵索第二次补张不及时,表中未列出该数据;②$C_9$—$C_{18}$表示相应斜拉索所对应的桥梁节段。

从表 6.11 所列出的数据可看出,除在 $C_{12}$ 块后一半混凝土浇筑时实测值与预估值偏差较大(为 78.3kN),出现异常外,其他误差都较小,差值都在 50.0kN 之内。这说明,牵索索力随混凝土浇筑的增加量能较准确地预测出,从而保证了牵索张拉方案的合理性,确保了施工的顺利进行。

以其中一侧 $C_{16}$ 块施工为例来说明混凝土浇筑过程中对牵索索力和主梁前端标高的控制。$C_{16}$ 块浇筑前一半和后一半混凝土时,牵索索力的增加量见表 6.7,依据此增加量,按照前支点最大支点反力与空挂篮时接近、后支点反力必须满足后锚强度要求的原则,确定了第一、二次单根牵索张拉力,其值分别为 1050.0kN 和 2100.0kN。该块混凝土浇筑过程中各工况的牵索索力及挂篮支点对主梁作用力列于表 6.12,悬浇过程中各工况下标高变化量的预测值与实测值比较列于表 6.13,其中主梁前端理论标高采用式(6-23)～式(6-27)进行计算。

**表 6.12　$C_{16}$ 块悬浇过程牵索索力控制**　　　　　　　　　(索力单位:kN)

| 索力 | 空挂篮 | 第一次牵索 | 浇前一半砼 | 第二次牵索 | 浇后一半砼 |
|---|---|---|---|---|---|
| 牵索索力 | 0.00 | 1050.0 | 1408.5 | 2100.0 | 2515.0 |
| 前支点作用力 | −1150.0 | −147.2 | −1154.8 | −494.4 | −1448.0 |
| 后支点作用力 | 250.0 | −205.1 | 89.5 | −210.3 | 59.8 |

注:作用力单位为 kN,负值表示方向向下。

**表 6.13　$C_{16}$ 块悬浇过程相对标高控制**　　　　　　　　　(标高单位:m)

| 标高 | 空挂篮 | 第一次牵索 | 浇前一半砼 | 第二次牵索 | 浇后一半砼 |
|---|---|---|---|---|---|
| 实测值 | 0.000 | 0.118 | −0.012 | 0.048 | −0.046 |
| 预测值 | 0.000 | 0.123 | −0.003 | 0.054 | −0.044 |
| 差值 | 0.000 | −0.005 | −0.009 | −0.006 | −0.002 |

注:表中所列标高为相对标高,以空挂篮为牵索时位置为基准,标高设为 0。

表 6.13 中数据表明,在 $C_{16}$ 块悬浇施工过程中,各工况下预测值同实测值的误差都在 1cm 之内,混凝土浇筑完毕时的误差仅为 2mm。由此可见,采用上节所述的方法能较合理地确定牵索张拉力,能较准确地预测混凝土悬浇过程主梁前端标高变化情况,从而在每节段悬浇施工过程中能对该节段的索力和线形进行双控,为整个结构的索力和线形双控奠定良好基础。

对悬浇 PC 斜拉桥而言,各节段混凝土悬浇过程的控制是整个桥梁控制的基础。在该大桥施工过程中,对各节段混凝土浇筑过程都按本章所述的方法进行了严格的控制。在混凝土浇筑过程中,重点控制空挂篮牵索及混凝土浇筑完毕时的标高,对中间各工况的标高进行一般校核;对牵索的每次张拉力都进行严格控制。以斜拉索初张拉后、挂篮移动前作为监控工况,进行索力、应力及标高等项目的测量,根据测量结果的误差情况来确定下一阶段的立模标高和初张力是否需要调整及调整量。由于对各块混凝土悬臂浇筑过程中的索力和标高都进行了严格的控制,从而确保了整个桥梁施工的顺利进行。

## 6.6　本章小结

对于斜拉桥结构,斜拉索索力人为可调,具有一定的主观性,各斜拉索索力的合理取值是桥梁施工和运营安全的保障。本章围绕索力合理取值问题,探讨了成桥恒载条件下以结构最大应力最小为目标的索力优化方法、悬浇施工时基于变形协调的牵索索力预测与控制方法及基于振动测量的索力监测方法,并成功进行了实际工程应用。斜拉桥施工控制工作还涉及结构分析、施工监控、误差分析与处理等方面,前面相关章节已有阐述,本章未作详细展开。

# 第7章 钢箱梁桥分块吊装施工监控

## 7.1 概 述

为了满足日益增长的交通需求,以高容量、高交通转化率、高经济性和少占地的城市高架桥为代表的中等跨径桥梁建设规模迅速增大。但其施工地点多位于城市繁华地段,施工受到场地有限、工期紧张、交通维持及环境保护等限制。因此,目前城市高架连续钢箱梁桥建设常采用纵向分段横向分块施工方法。

将钢箱梁纵向分段横向分块降低了吊装的重量与吊装单元的尺寸,可以降低对吊装设备的要求,也适合在空间狭小的城市中心施工。由工厂预制完成分段分块后的钢箱梁单元,运输到施工现场可以直接吊装焊接,大幅减少现场施工的时间,实现快速施工的目的。在施工过程中,若对纵向分段横向分块后的钢箱梁进行自支撑,则不会阻断交通。基于以上优点,钢箱梁纵向分段横向分块吊装施工方法在城市高架桥施工中应用前景广阔。

但钢箱梁的横向分块往往会使钢箱梁块的整体刚度降低且分布不均,在施工中若不采取加固措施则会存在一定的安全隐患。1970 年施工的墨尔本西门大桥,总长 2.6km,其中包括 848m 五跨连续单箱三室钢箱梁桥。该桥钢箱梁部分沿横桥向分为两块分别吊装。由于截面开口导致变形不均,相邻的两块箱梁在焊缝处存在较大变形差。为了减小相邻箱梁的变形差值,施工时对变形小的箱梁加载混凝土块压重,然而荷载导致箱梁局部屈曲,最终桥梁垮塌。

本章针对纵向分段横向分块施工后的结构特点进行规律性分析,阐述该工法对钢箱梁吊装过程中受力与变形的影响,并提出相应的施工加固措施,对最终成桥状态加以控制。

## 7.2 纵向分段横向分块吊装施工方法

### 7.2.1 方法介绍

纵向分段横向分块吊装施工法是指将钢箱梁沿纵向和横向分段分块,在工厂胎架上制作吊装单元,运输到施工现场,吊装就位后焊接成整体的施工方法。如图 7.1 和图 7.2 所示,由于施工作业条件限制,中跨吊装时要求一跨过河,因此将钢箱梁桥沿纵向分为 $A$、$B$、$C$ 三段,其中 $B$ 段横跨通航孔。然而,吊装时整段钢箱梁的重量超过吊装设备起吊能力,因此沿横向分为 $1^\#$、$2^\#$、$3^\#$ 三块以减小吊装重量。

该方法的优点是将钢箱梁分块后,起吊的重量和尺寸大大降低,对起吊设备的要求降低,能适应相对狭小的施工作业空间。工厂预制吊装单元可减少在现场的施工作业时间,加快施工进度,对交通影响小。

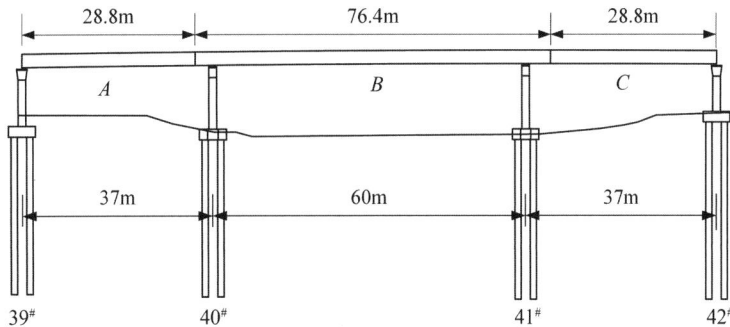

图 7.1　钢箱梁桥施工纵向分段

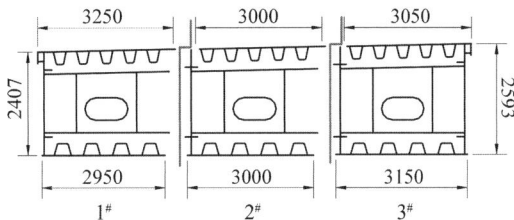

图 7.2　钢箱梁桥施工横向分块

该方法的缺点是由于钢箱梁的横向分块使对称封闭的钢箱梁变成多片不对称开口薄壁截面,如图 7.3 所示。分块造成的腹板与顶板或底板的分离导致顶板与底板失去位移连续的约束条件,截面的抗弯、抗扭刚度均大大减小,且梁的长细比增大,导致吊装时钢箱梁容易发生局部屈曲,安放到临时墩后各梁块纵向焊接处位移差过大,施工质量无法得到保证。

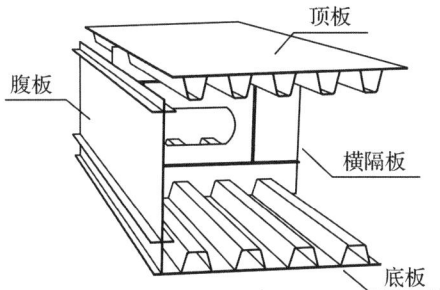

图 7.3　钢箱梁横向分块导致顶底板分离

## 7.2.2　横向分块施工效应

由于分块施工后各钢箱梁跨存在不同程度的开口,导致各梁块的横向抗扭和纵向抗弯刚度明显降低且分布不均,对钢箱梁的变形和受力造成不同程度的影响。这将会存在如下施工风险:①各片钢箱梁均未形成封闭箱室结构,箱梁抗扭刚度弱,结构整体受力性能较差,安装过程中容易发生失稳;②各钢梁安装过程存在横向变形不一致的可能性,从而将导致各片钢梁之间的接缝存在高差,影响焊接质量;③实际安装过程与设计理论要求可能会存在较大的差别,从而导致桥梁建成后的应力与线形状态等达不到设计的预期要求。

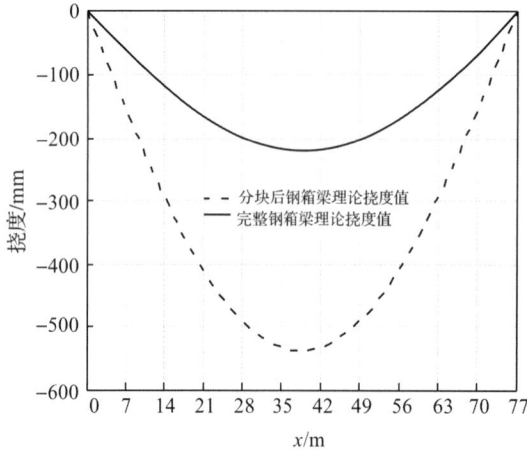

图 7.4　钢箱梁横向分块导致挠度增大

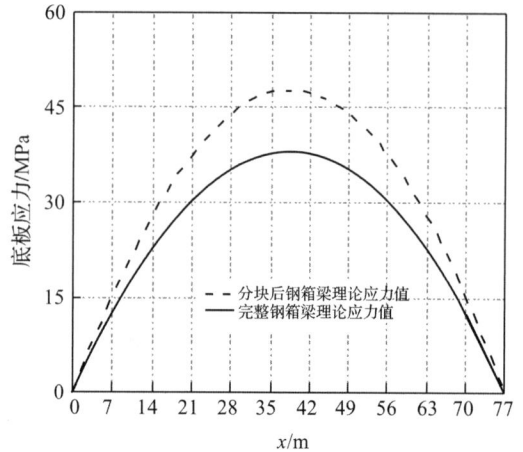

图 7.5　钢箱梁横向分块底板应力增大

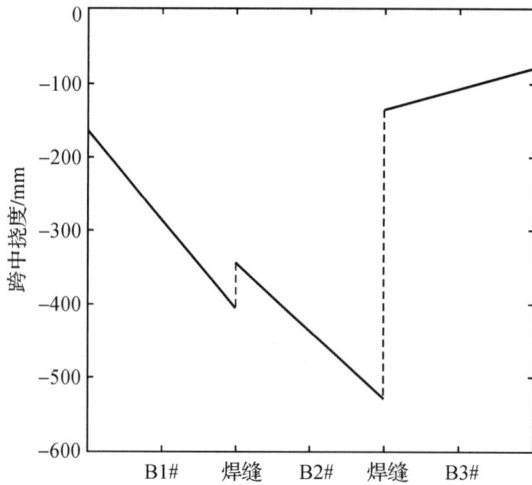

图 7.6　相邻梁段跨中变形差

从图 7.4 至图 7.6 中可知,分块后钢箱梁的挠度与完全连接的钢箱梁相比显著增大,甚至超出工程允许值,同时底板应力值也有所增大,相邻两块之间的焊缝处将会存在不可忽略的挠度差,影响焊接质量及最终成桥状态。

### 7.2.3　横向分块施工效应改善

**(1)抗剪支撑效果分析**

为了改善横向分块施工对梁块受力和变形所产生的效应,可采取如下方法:①增加纵向分段数量,降低开口箱梁块的长度;②外支撑,即搭设临时支架对开口箱梁块满堂支撑;③自支撑,即对开口箱梁块进行箱内抗剪临时支撑加固提升自身刚度。增加纵向分段数会导致施工中临时墩数量增加,并增加焊缝数量。搭临时贝雷梁支撑成本较高,降低了桥下净空,对交通影响较大,并且会降低施工速度从而延误工期。X 型抗剪临时撑通过提供抗剪刚度来约束顶底板滑移,以达到降低开口箱梁变形的目的。

以图 7.1 和图 7.2 所示桥梁为例,对无支撑和抗剪支撑均布的吊装节段进行对比分析。首先对吊装节段跨径进行分析,取跨径变化范围为 20～100m,计算结果见图 7.7。随着跨径增大,吊装节段的跨中挠度、跨中应力和端部滑移均大幅度增大。无支撑时钢箱梁吊装节段的跨中挠度和端部滑移均大于支撑加固后的情况,应力小于支撑后。由图 7.7(a)可以看出,当跨径小于 25m 时,无支撑条件下的跨中挠度小于 12mm,此挠度基本可满足吊装和焊接的需求,因此当分块跨径小于 25m,可以不加支撑直接吊装。当跨径在 25～60m 之间时,临时撑加固可明显降低挠度,吊装节段挠度控制在 100mm 以内。当跨径大于 60m 时,梁块挠度随跨径剧烈增长,即使采用临时撑加固,仍旧不能将挠度控制在工程允许范围内,此时可考虑增加梁高,缩短临时支墩间距等措施来降低吊装节段的挠度。

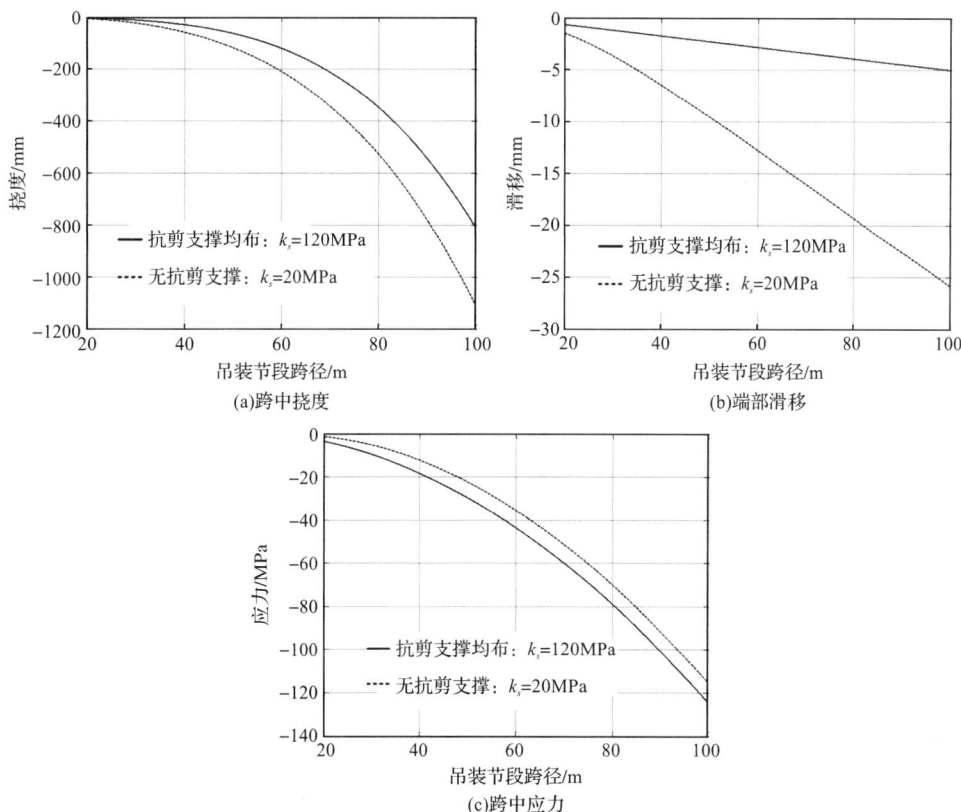

图 7.7　节段跨径与挠度滑移应力关系

除跨径之外,钢箱梁的梁高也是钢箱梁吊装节段计算的重要控制参数。取吊装节段截面形心距变化范围为 1.5～4.0m,计算结果见图 7.8。随着形心距增大,吊装节段的跨中挠度降低,端部滑移与跨中应力在无支撑时呈现先减小后增大趋势,在抗剪支撑均布时呈现减小趋势。无抗剪支撑时,吊装节段的跨中挠度和端部滑移均大于支撑加固后的情况,跨中应力小于支撑后。

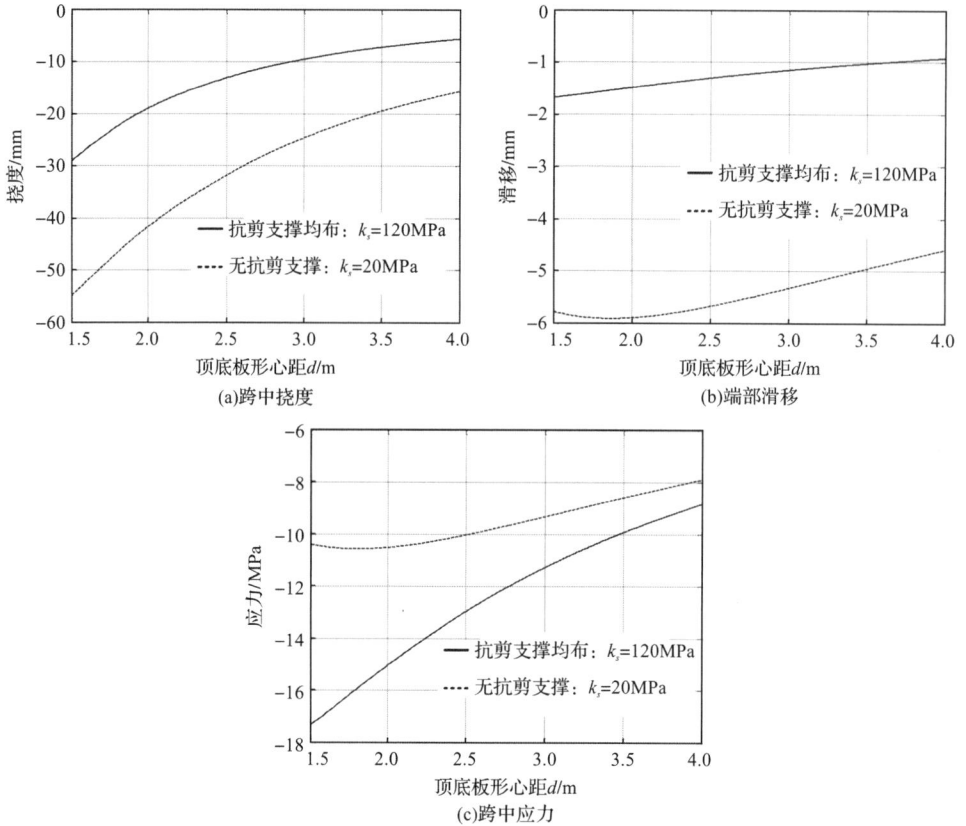

图 7.8　顶底板形心距与挠度滑移应力关系

实际工程中往往需要考虑梁高和跨径对吊装节段联合作用，并要求挠度小于 $L/600$。图 7.9 展示了跨中挠度与跨径和顶底板形心距的关系，其中的平面为 $w=L/600$，平面以上的部分满足变形要求，以下部分不满足变形要求。

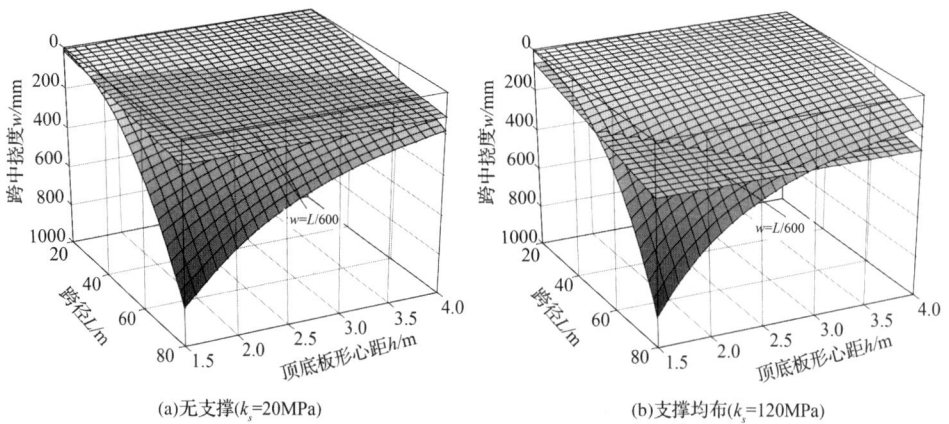

图 7.9　跨中挠度与跨径和顶底板形心距的关系

在无支撑的条件下，当跨径小于 30m 时，挠度可满足小于 $L/600$ 的要求。当跨径为 40m 时，顶底板形心距至少为 2.8m，即形心距与跨径比为 7/100。若跨径继续增大，仅调整顶底板形心距将无法满足变形要求。因此在无支撑条件下,当箱梁的顶底板形心距与跨径的比值超过 7/100 时应采取加固措施。

在支撑均匀的条件下,当跨径小于 50m 时,均可满足挠度小于 $L/600$ 的要求。当跨径为 80m 时,顶底板形心距至少为 3.0m,即形心距与跨径比为 3.75/100。因此在支撑均布条件下,箱梁的顶底板形心距与跨径的比值应不小于 3.75/100。

上述分析基于桥梁实例,但由于多数城市钢箱梁桥的结构构造具有相似性,因此,可在同类桥梁施工分析中借鉴该方法。

**(2)抗剪支撑设计**

不同开口箱梁吊装节段的跨度和梁高应选择不同的临时撑设计方案。六种临时撑横桥向布置方案如图 7.10 所示,六个方案都为 4 个 X 型抗剪临时撑。方案一至六中,临时撑依次沿横向从开口侧往有腹板侧移动。

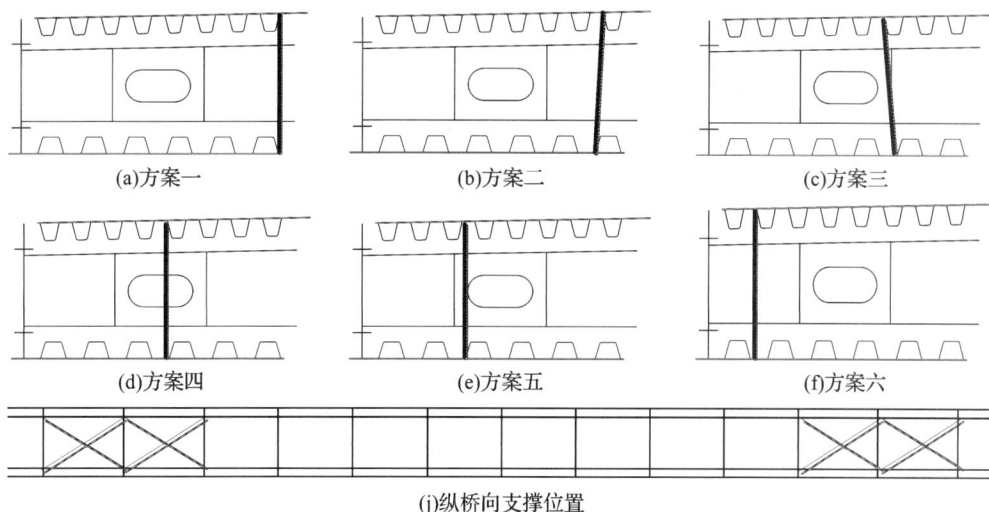

| (a)方案一 | (b)方案二 | (c)方案三 |
|---|---|---|
| (d)方案四 | (e)方案五 | (f)方案六 |

(j)纵桥向支撑位置

图 7.10　抗剪临时撑横桥向布置方案

通过有限元分析计算六种横向支撑方案,结果见表 7.1。由表可知,随着支撑从开口处向腹板处移动,开口处跨中位移增大,腹板处跨中位移减小,最大位移、位移差值、顶底板应力和支撑应力呈增大趋势;方案一支撑在开口处边缘,局部变形较大,因此方案二对位移和应力的改善效果优于方案一。综合比选,在横向支撑方案中,方案二对位移和应力改善效果最佳。

表 7.1　横向支撑方案比选结果

| 支撑方案 | 腹板处位移/mm | 开口处位移/mm | 位移差/mm | 顶底板最大应力/MPa | 支撑最大应力/MPa | |
|---|---|---|---|---|---|---|
| | | | | | 拉 | 压 |
| 无支撑 | 80.7 | 134.1 | 53.4 | 88.2 | | |
| 方案一 | 36.2 | 32.7 | −3.5 | 37.7 | 110.6 | −113.0 |
| 方案二 | 34.2 | 32.0 | −2.2 | 37.3 | 116.3 | −117.6 |
| 方案三 | 29.5 | 33.5 | 4.0 | 37.9 | 135.7 | −134.1 |
| 方案四 | 27.2 | 38.7 | 11.5 | 41.2 | 153.9 | −156.8 |
| 方案五 | 28.2 | 54.3 | 26.1 | 49.2 | 167.6 | −169.1 |
| 方案六 | 24.2 | 53.9 | 29.7 | 49.1 | 141.8 | −144.3 |

横向支撑选取方案二后,设计如图 7.11 所示的六种纵桥向临时撑布置方案,并进行分析比较。

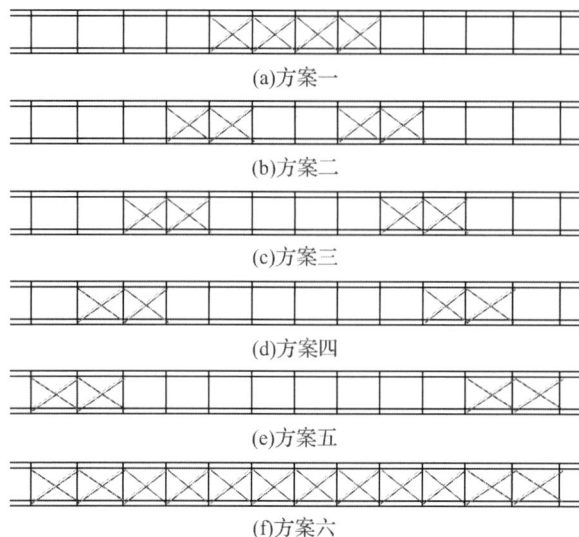

图 7.11　六种纵向临时支撑方案

通过有限元分析计算六种纵向支撑方案,结果见表 7.2。由表可知,方案六全跨支撑对位移和应力改善效果最好,但工程量为其他方案 3 倍;随着支撑从跨中向端部移动,箱梁跨中竖向位移、腹板处与开口处竖向位移差、顶底板应力和临时支撑应力均减小,因此约束端部位移可有效约束跨中挠度。综合比选,在纵向支撑方案中,方案五对位移和应力改善效果最佳。因此最佳支撑方案为横向方案二、纵向方案五。

表 7.2　安装时纵向支撑方案比选

| 支撑方案 | 腹板处位移/mm | 开口处位移/mm | 位移差/mm | 顶底板最大应力/MPa | 支撑最大应力/MPa | |
|---|---|---|---|---|---|---|
| | | | | | 拉 | 压 |
| 无支撑 | 80.7 | 134.1 | 53.4 | 88.2 | | |
| 方案一 | 65.7 | 100.5 | 34.8 | 79.0 | 156.1 | −163.9 |
| 方案二 | 51.5 | 69.9 | 18.4 | 68.0 | 164.5 | −173.4 |
| 方案三 | 41.1 | 47.1 | 6.0 | 50.8 | 157.4 | −166.0 |
| 方案四 | 34.9 | 33.7 | −1.2 | 37.4 | 139.2 | −143.7 |
| 方案五 | 34.2 | 32.0 | −2.2 | 37.3 | 116.3 | −117.6 |
| 方案六 | 19.6 | 28.8 | 9.2 | 33.6 | 88.6 | −90.4 |

## 7.3　横向分块施工设计

### 7.3.1　理论方法

目前横向分块施工效应计算大多通过有限元模拟,缺乏理论分析。横向分块后的钢箱梁顶底板失去抗剪约束,在两端简支的条件下,顶底板之间容易发生相对滑移,由传统的梁结构变为失去部分抗剪刚度的组合结构,其力学本质上与组合梁有相似之处,因此可将其看作考虑界面滑移的广义组合结构。将考虑界面滑移的组合结构的理论应用于横向分块施工后的钢箱梁块,得到其变形和受力公式,可从理论上精确计算该广义组合结构的挠度与应力,为横向分块施工设计提供依据。

对基于 Euler-Bernoulli 梁理论的部分抗剪连接组合结构,有如下基本假设:

①组合结构材料在荷载作用下符合线弹性变化且均为小变形;

②顶底板分别满足平截面假定;

③顶底板间的抗剪刚度连续且沿梁长方向均匀分布,且界面滑移力与相对滑移成正比;

④顶底板曲率相同,不发生横向的相对位移。

根据变分法和最小势能原理推导得到挠度 $w$ 控制微分方程:

$$EI\frac{\mathrm{d}^6 w}{\mathrm{d}x^6} - \overline{EI}\alpha^2\frac{\mathrm{d}^4 w}{\mathrm{d}x^4} = -\alpha^2 q + \beta^2\frac{\mathrm{d}^2 q}{\mathrm{d}x^2} \tag{7-1}$$

式中:$\overline{EA} = \dfrac{E_1 A_1 \times E_2 A_2}{E_1 A_1 + E_2 A_2}$,$EI = E_1 I_1 + E_2 I_2$,$\overline{EI} = EI + \overline{EA}h^2$,$\alpha^2 = k_s\left(\dfrac{1}{\overline{EA}} + \dfrac{h^2}{EI}\right)$,$\beta^2 = \dfrac{\overline{EI}}{EI}$。

$E_i$、$A_i$、$I_i(i=1,2)$ 分别为上下两部分的弹性模量、截面积和惯性矩,$k_s$ 为单位长度抗剪刚度,$h$ 为上下两部分的形心距,$q$ 为横向荷载。

长度 $l$ 的两端简支的部分抗剪连接组合结构在均布荷载 $q$ 作用下挠度的精确解为:

$$w = \frac{q}{24\overline{EI}}(x^4 - 2x^3 l + x l^3) +$$

$$\frac{q}{\alpha^4 \overline{EI}}(\beta^2 - 1)\left[-\tanh\left(\frac{\alpha l}{2}\right)\sinh(\alpha x) + \cosh(\alpha x) + \frac{1}{2}\alpha^2(lx - x^2) - 1\right] \tag{7-2}$$

根据基本假设④,上下部分曲率 $w''$ 相同,得到

$$w'' = \frac{M_1}{M_2} = \frac{EI_1}{EI_2} = \frac{M - Nh}{EI} \tag{7-3}$$

部分抗剪连接组合结构上、下缘应力 $\sigma_1$、$\sigma_2$ 分别为:

$$\begin{cases} \sigma_1 = \dfrac{N}{A_1} + \dfrac{M_1 h_1}{I_1} \\ \sigma_2 = \dfrac{N}{A_2} + \dfrac{M_2 h_2}{I_2} \end{cases} \tag{7-4}$$

## 7.3.2　影响参数分析

在钢箱梁横向分块施工中,需要找出影响部分抗剪连接箱梁块位移和应力的关键参数,分析其影响规律并加以控制,从而保证施工质量。由均布荷载 $q$ 作用下的部分抗剪连接组合结构的挠度表达式(7-2)可知,挠度的各影响因素表示如下:

$$w = w(q, l, h, A_1, A_2, I_1, I_2, k_s) \tag{7-5}$$

上述挠度的影响参数比较多,不便于方案设计,在此考虑对此类钢箱梁的构造特点进行分析,将相关参数进行归并。由于钢箱梁桥的高跨比 $m$ 一般都在一定的范围内,因此对于给定跨径的桥梁,视高跨比 $m$ 已知,将梁高 $H$ 与跨度 $L$ 归并,如可取 $H = 1/25L$。考虑到进行分块施工的等截面单箱多室钢箱梁截面形式类似,局部构造也基本相同,可以确定单位

宽度的顶底板面积 $a_1$、$a_d$ 及惯性矩 $i_1$、$i_d$ 和单位高度的腹板面积 $a_f$ 及惯性矩 $i_f$。根据分块宽度 $B$ 和梁高 $H$,可进一步求得组合梁上、下部分截面的面积 $A_1$、$A_2$ 和惯性矩 $I_1$、$I_2$。如此可将顶、底板的截面积 $A_1$、$A_2$,惯性矩 $I_1$、$I_2$,形心位置 $h$ 以及自重集度 $q$ 等参数与分块宽度 $B$ 和梁高 $H$ 进行归并,而分块宽度 $B$ 一般为相邻腹板间距,梁高 $H$ 又可由 $L$ 根据高跨比得到。对于失去腹板连接的顶底板之间抗剪刚度 $k_s$ 可以应用结构力学原理,通过建立相邻横隔板节间模型,由施加的外力与求得的位移之间的比值得到。因此根据跨度 $L$、分段长度 $l$ 和抗剪刚度 $k_s$ 便可得到部分抗剪连接组合结构的挠度,可将影响挠度的参数归并为:

$$w = w(L, l, k_s) \tag{7-6}$$

设 $w^P$ 为部分抗剪连接钢箱梁块跨中挠度,$w^T$ 为完全抗剪连接钢箱梁块跨中挠度。部分抗剪导致的挠度变化规律如图 7.12 所示。图 7.13 进一步讨论抗剪连接刚度对部分连接钢箱梁跨中挠度的影响。

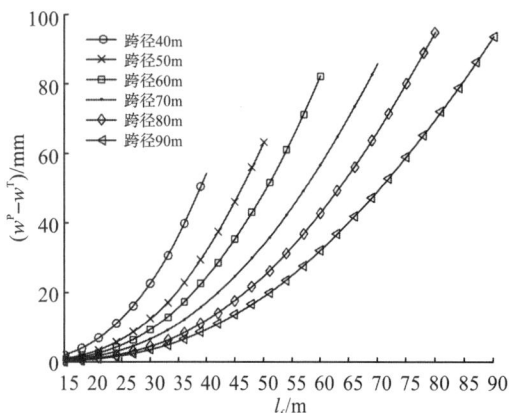

图 7.12 部分抗剪导致的挠度变化规律

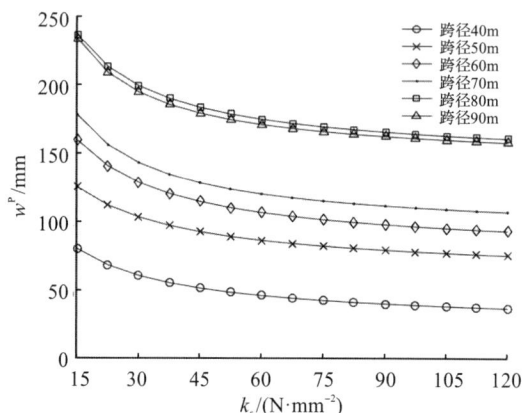

图 7.13 抗剪连接刚度对跨中挠度的影响

在钢箱梁横向分块施工过程中,不仅要考虑不产生过大的挠度,同时还要考虑应力是否在允许范围之内。部分抗剪钢箱梁顶底板应力与分段长度的关系如图 7.14 所示。图 7.15 进一步讨论抗剪连接刚度对跨中底板应力的影响。

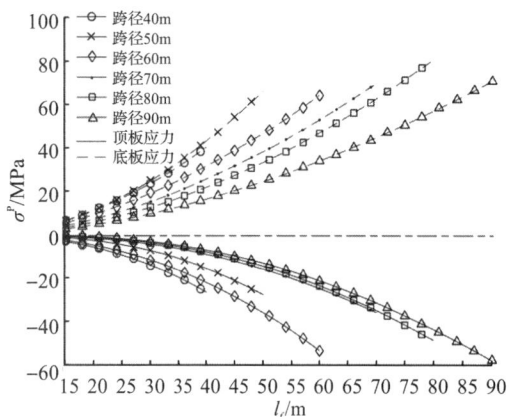

图 7.14 钢箱梁应力与分段长度的关系

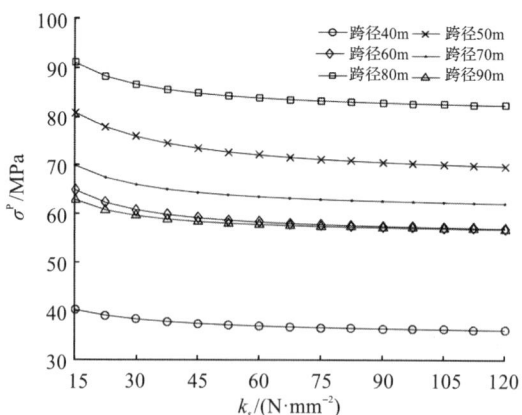

图 7.15 抗剪刚度对跨中底板应力影响

从上述图中可以看出,分段长度对横向分块施工钢箱梁跨中截面挠度影响显著,因此在实际施工中注意选择合适的分段长度是非常必要的,否则会由于过大的挠度影响成桥线形。

相对于挠度而言,部分抗剪效应对顶底板应力影响不是特别明显。由于提高抗剪刚度对减小跨中截面挠度和应力均有一定的效果,可以根据部分抗剪钢箱梁滑移引起的附加效应相应地布置抗剪临时支撑。

### 7.3.3　分块施工设计流程

由上述讨论,可由吊装能力、交通和场地等限制条件,先初步确定分段长度 $l_f$;再由桥梁跨径 $L$、分段长度 $l$、抗剪刚度 $k_s$ 以及截面参数和材料特性值计算部分抗剪连接钢箱梁段跨中挠度 $w^P$ 和应力 $\sigma^P$,并将其与完全抗剪连接钢箱梁的跨中挠度 $w^T$ 和应力 $\sigma^T$ 的差值与容许值 $[w]$ 和 $[\sigma]$ 对比,可据此评估分块施工对挠度和应力的影响;最后根据对比的结果确定分块方案可行性。如当吊装梁块的挠度和应力超过上述控制指标,则需要考虑通过设置临时抗剪撑、施加跨中顶升力等措施改善其变形和受力特性;特别是当抗剪刚度增大到抗剪临时撑所能提供的最大值 $k_{max}$ 时,挠度和应力仍然无法控制在允许值之内,则应考虑更改施工方案。其流程如图 7.16 所示。

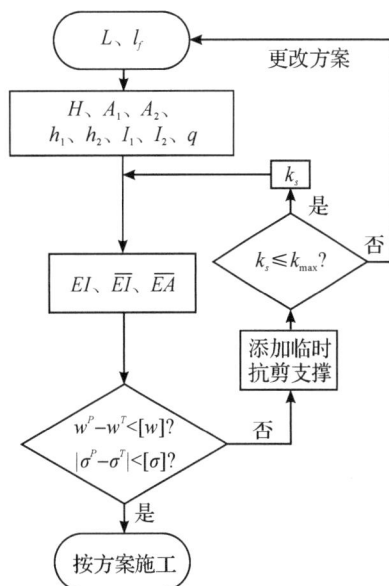

图 7.16　分块施工设计过程流程

## 7.4　工程案例

### 7.4.1　工程概况

以图 7.1 和图 7.2 所示钢箱梁桥为例具体说明横向分块施工在工程中的实际应用。该桥梁为单箱三室结构,梁高 2.50m,梁顶宽度 9.30m,梁底宽度 9.10m,顶板设置 2.0% 横坡,底板平坡,各横梁、横隔板均按径向布置,钢材材质为 Q345qC。跨京杭运河共有五种截面类型,腹板和边腹板厚度 12mm,中腹板加筋肋 10mm,上顶板加筋肋厚度 8mm,下底板加筋厚度 6mm。顶底板厚度共有三种,分别为 16mm、20mm 和 25mm。

### 7.4.2　施工方法

由于受施工条件的限制,中间跨需要一跨过河,钢箱梁桥沿纵桥向分为三段,分别为 28.8m、76.4m 和 28.8m。由于现场吊装条件无法满足分段后的钢箱梁整体起吊安装,进一步将其沿横桥向分为三块,分割位置在腹板处。134m 箱梁吊装时纵向分为三段(28.8m+76.4m+28.8m=134m),横断面分为三块(3.25m+3.00m+3.05m=9.30m)。

由于横向分块,1# 和 2# 箱梁块右侧腹板缺失,2# 和 3# 箱梁块左侧顶板与腹板分离,受桥下河道限制,中跨开口箱梁段长 76.4m,放在墩上后,支点间间距 60m,在城市高架钢箱梁桥横向分块施工中间距较大。根据前述结论,B 段高跨比较小,需添加抗剪临时撑且宜沿全跨均布,并对较为不利的 B 2# 节段布置两排临时支撑。A、C 段保守设计,也采用抗剪临时撑全跨均布的方案。由于对称关系，$A$ 段与 $C$ 段完全相同，因此只需研究 $A$、$B$ 两段箱梁，临时撑布置位置如图 7.17 所示。抗剪支撑的尺寸见图 7.18。

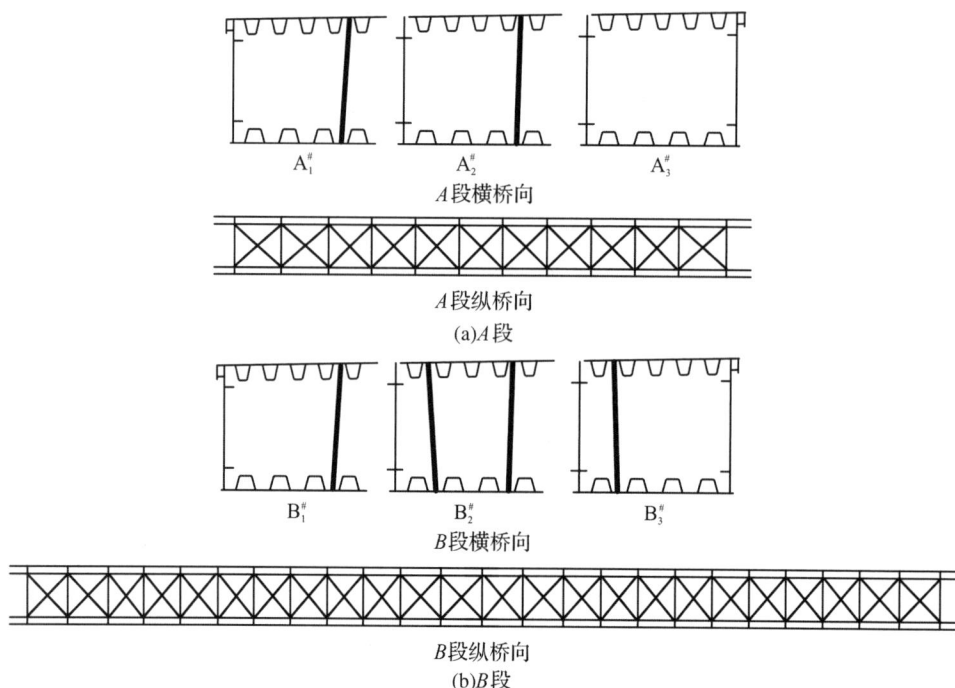

图 7.17　抗剪临时撑支撑位置

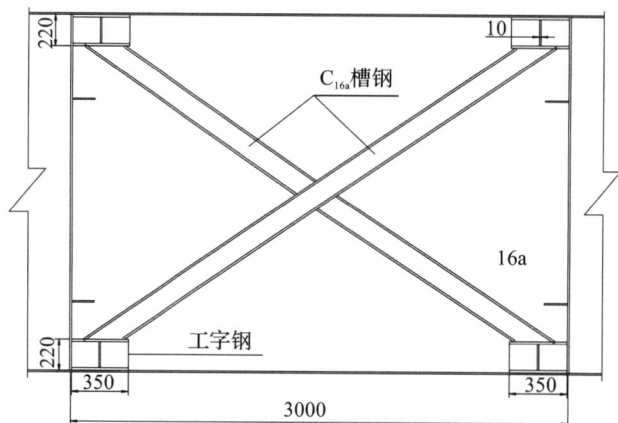

图 7.18　横撑形状(单位:mm)

### 7.4.3　施工监控重点及内容

为了评估钢箱梁焊接变形以及对比钢箱梁实际变形与理论计算变形的情况，需要对钢箱梁吊装后的线形进行测试，钢箱梁吊装后的线形测试内容主要包括钢箱梁顶面标高和钢箱梁中线偏位。

为了掌握吊装过程中钢箱梁的应力随施工过程的变化情况，确保结构的安全性和合理性,需对钢箱梁的应力进行监测与控制。钢箱梁的应力监测内容主要是选择施工过程中结构受力最不利的截面布设应力监测传感器进行应力监测。钢箱梁吊装过程的应力监测截面选择为每个吊装梁段的跨中截面和吊点截面等主要截面。

对于钢箱梁吊装就位后,焊接过程中的应力监测截面选择为:边跨跨中截面、中支墩截面、中跨跨中截面和中跨 1/4 截面,每一个截面均在其钢箱梁顶底板上布设应力监测传感器。

## 7.4.4　监控方案

该钢箱梁线形测点布置图见图 7.19。

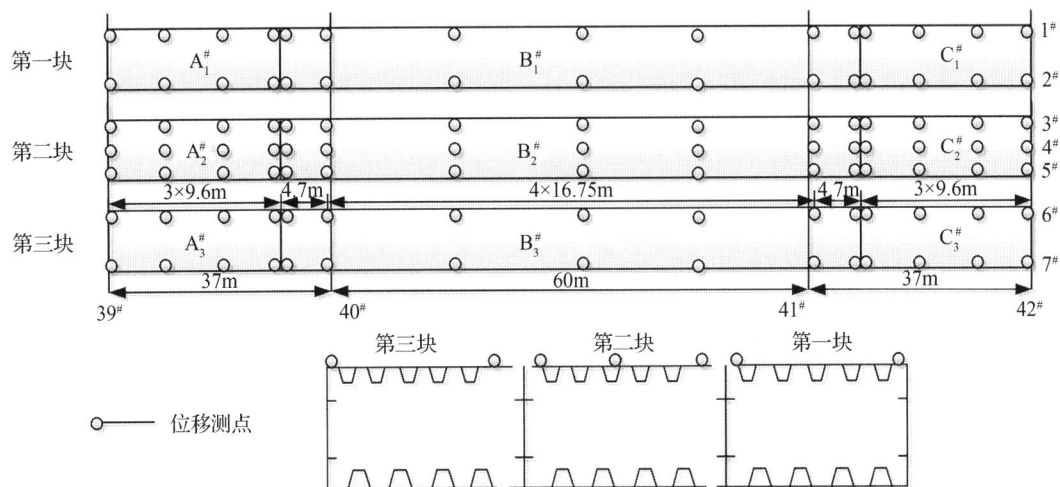

图 7.19　钢箱梁线型测点布置

吊装过程应力监测截面位置及截面测点布置如图 7.20 所示。

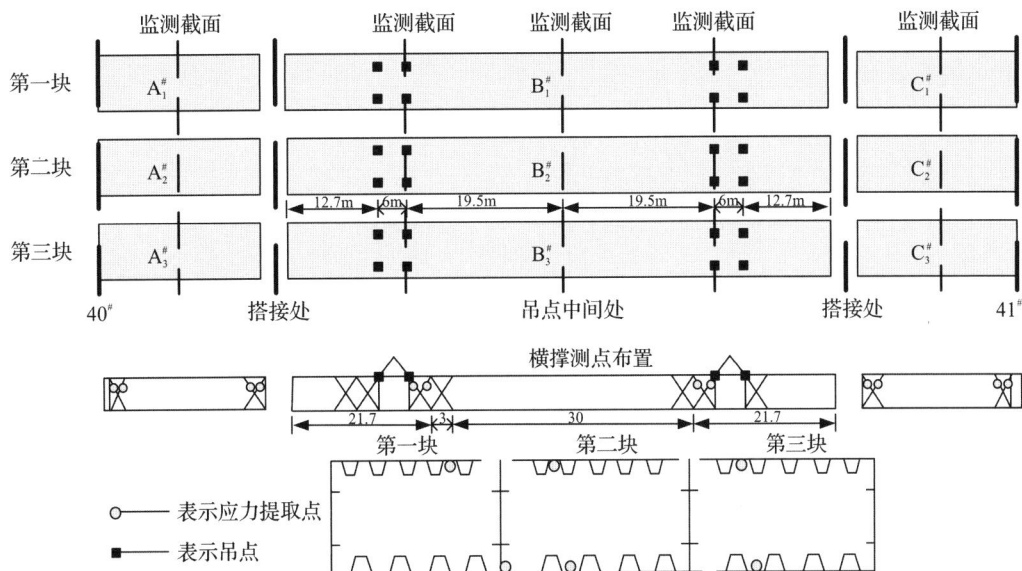

图 7.20　吊装过程测点布置

焊接过程应力监测截面位置及截面测点布置如图 7.21 所示。

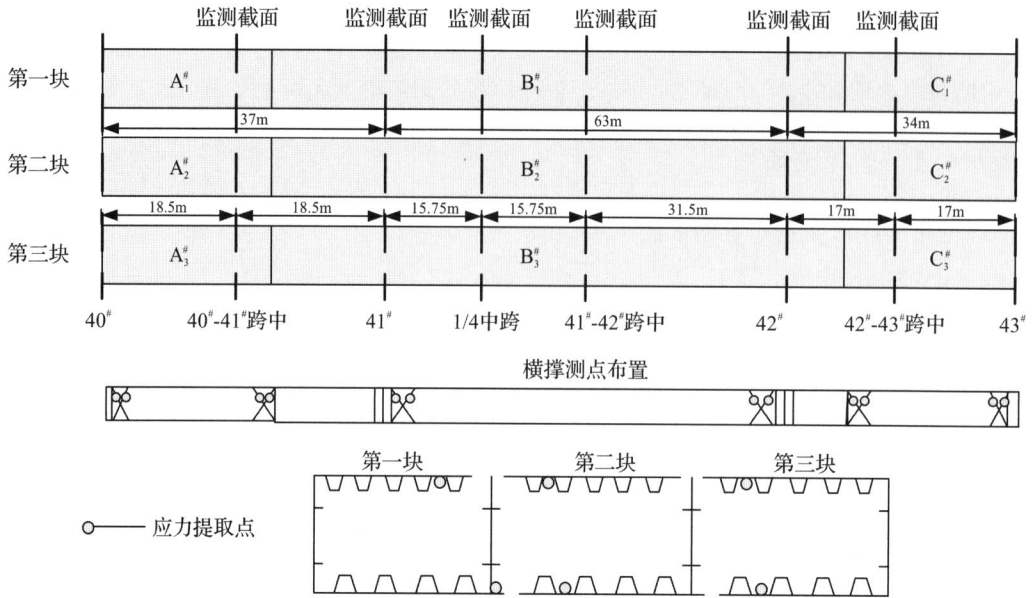

图 7.21　成桥测点布置

## 7.4.5　监控结果

结构挠度监测结果如图 7.22 所示,支撑后的开口箱梁块变形与实际计算相符,误差在 10mm 以内。由于 A 段箱梁长度较小(28.8m),相较 B 段箱梁跨中挠度值也较小,只有不到 10mm,因此现场实测误差被放大,导致 A 段箱梁的绝对误差值较大。总体来说,箱梁的变形与预期结果吻合,变形得到有效控制。成桥线型监控结果见图 7.23,由图可知,桥梁实际高程与设计高程一致。

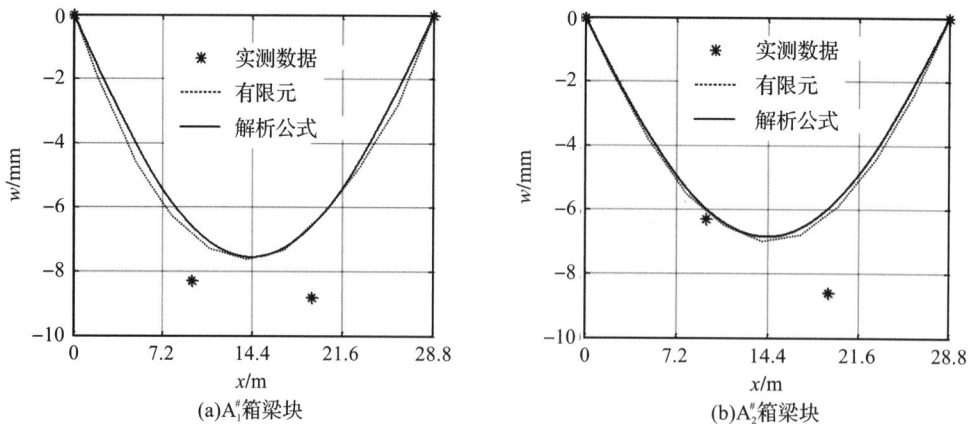

(a)$A_1^\#$箱梁块　(b)$A_2^\#$箱梁块

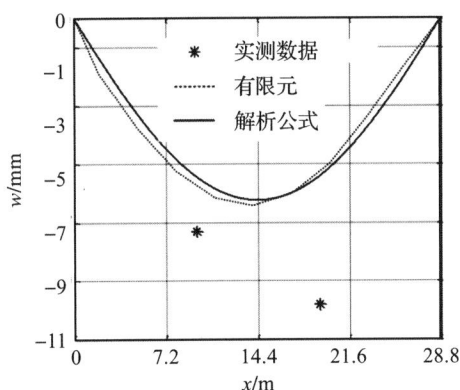

(c)A$_3^#$箱梁块

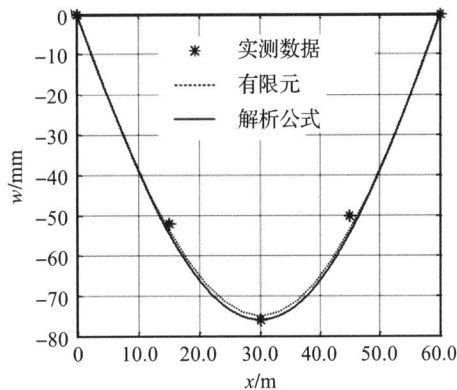

(d)B$_1^#$箱梁块

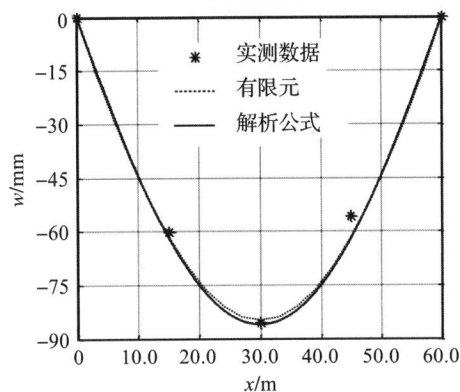

(e)B$_2^#$箱梁块

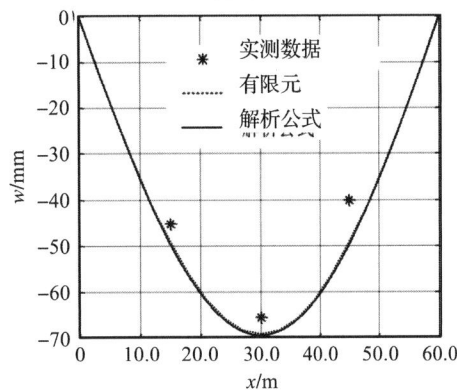

(f)B$_3^#$箱梁块

图 7.22　钢箱梁块挠度

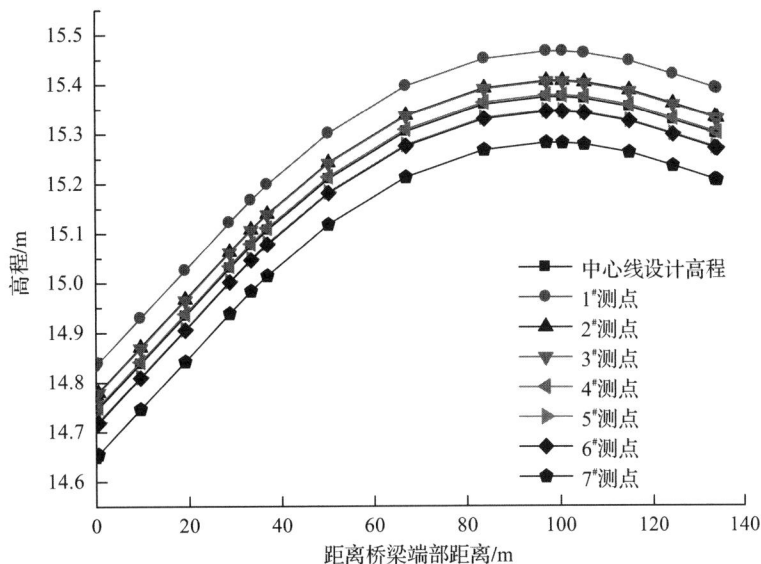

图 7.23　成桥线型监控结果

图 7.24 和图 7.25 为各梁块在吊装和安放过程中应力测点实测值与理论值的对比分析图。从图中可知,吊装过程中应力较小,安放到临时墩时应力发生突变,瞬间变大。应力实测值与理论值基本一致,而且应力未超出材料的设计强度值,整个施工过程是安全的。因此,该支撑方案能够满足钢箱梁横向分块施工控制要求。

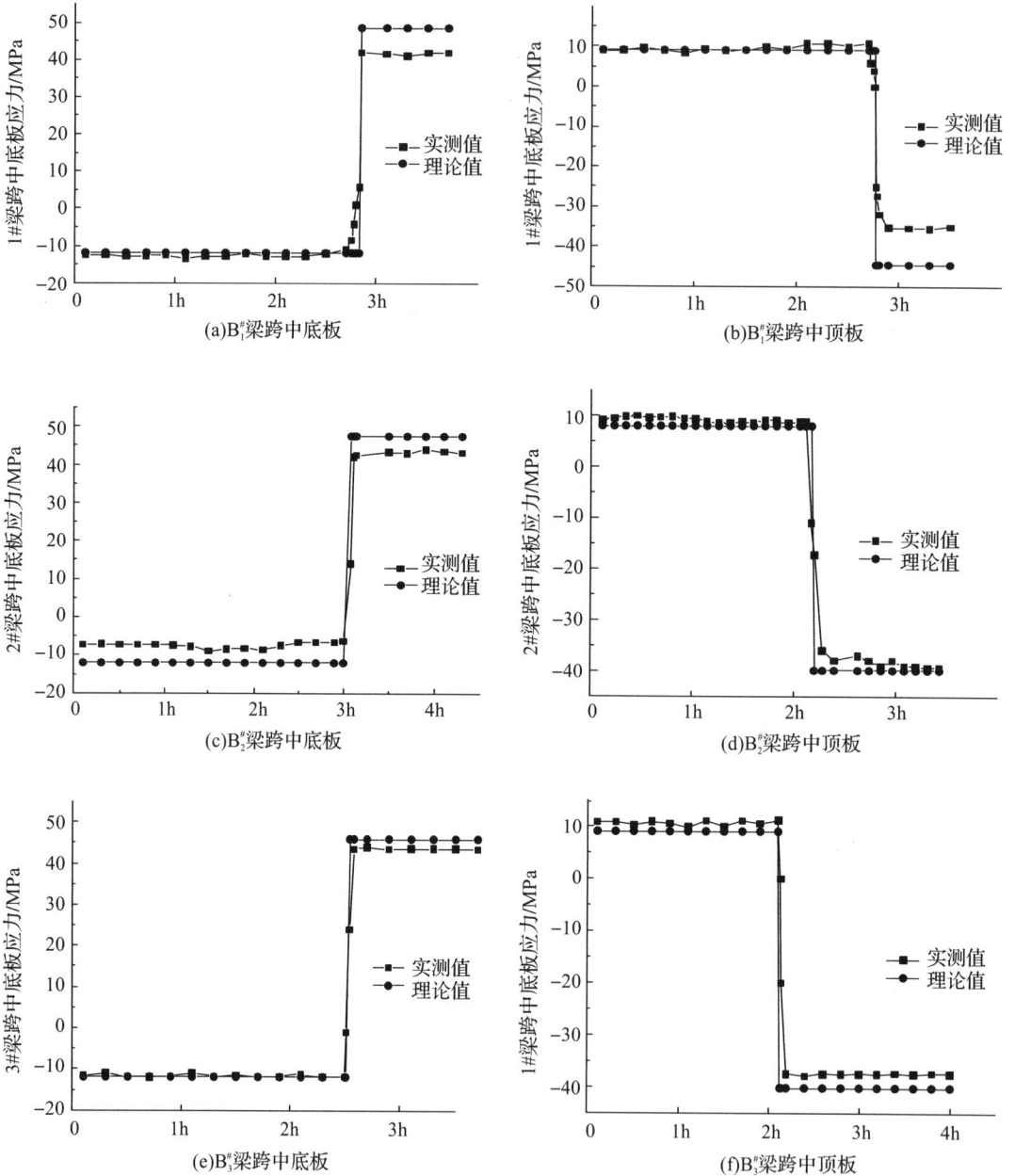

图 7.24 各梁块吊装及安放过程中跨中顶底板应力实测值与理论值的对比

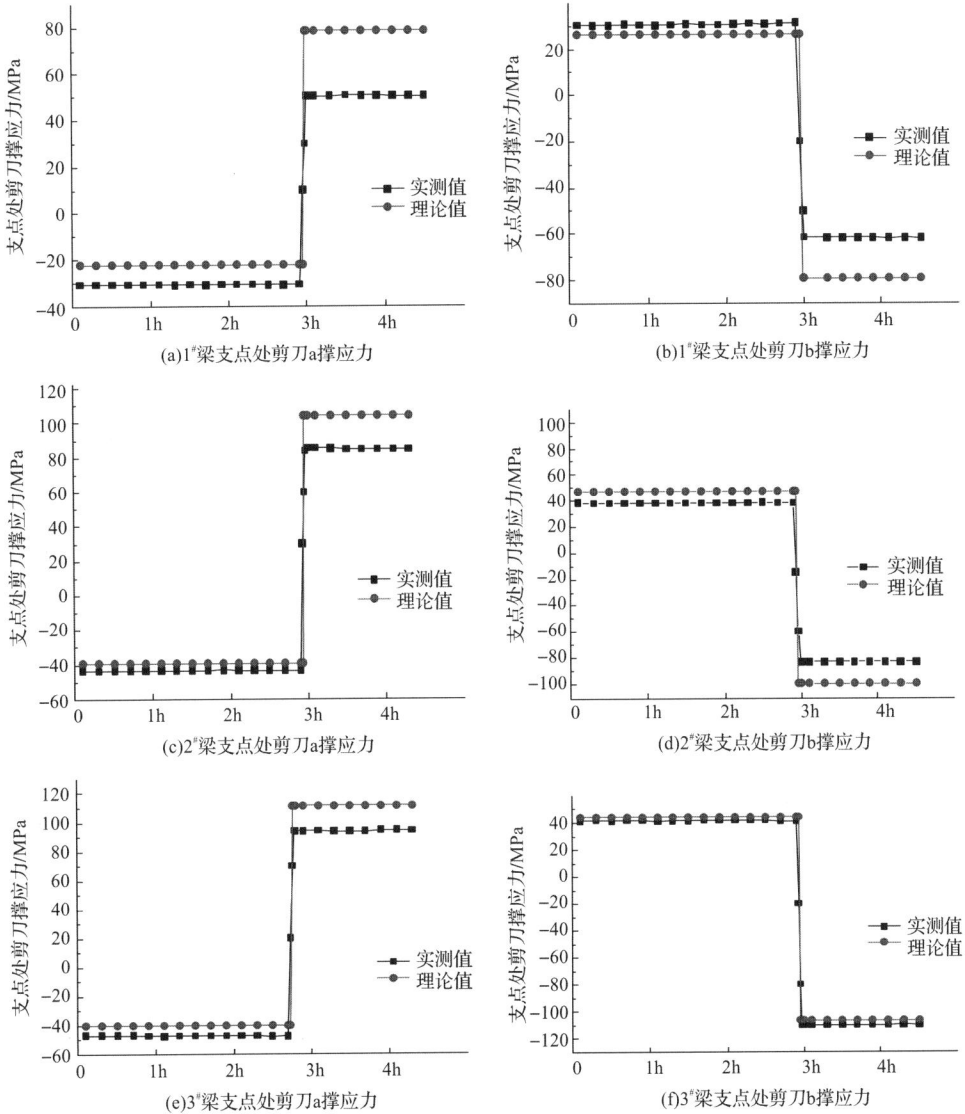

图 7.25　各梁块吊装及安放过程中支点处剪刀撑应力实测值与理论值的对比

## 7.5　本章小结

本章介绍了高架钢箱梁桥纵向分段横向分块的施工方法,针对横向分块施工中钢箱梁截面开口导致的抗弯抗扭刚度下降的问题,采用抗剪临时支撑加固措施,改善结构位移和应力状况。根据部分抗剪连接钢箱梁块的构造特点,应用广义组合结构理论,归纳分析关键参数对位移和应力的影响规律,为横向分块施工提供了理论支撑;并且给出了施工方法的设计流程,将该方法应用于实际工程,解决了城市高架钢箱梁桥的快速施工问题,可为同类工程提供参考。

# 第8章 连续梁桥顶推施工监控

## 8.1 概 述

顶推施工法简称顶推法,是在临近桥位处设置施工平台,预制梁体节段,并将其与已施工的梁段连接,再通过专用设备将梁体沿桥纵向平移一定距离、腾空施工平台;然后继续进行下一梁体节段的制造、连接与纵移,如此反复,梁体逐渐接近桥位,直至抵达。为了改善顶推过程梁体的受力和变形,可根据需要在梁体前后端设置导梁,以及在两桥墩中间设置临时支墩。顶推过程中,为适应平曲线、竖曲线和方便施工操作,还需进行竖向、横向位置调整。顶推施工现场情况如图 8.1 所示。

图 8.1 桥梁顶推施工照片

顶推法的构思来源于钢梁纵向拖拉法。1959 年,联邦德国的 Dr. Leonhardt 和 Professor Boyle 首次将顶推法用于奥地利修建 Ager 桥,该桥为 4 跨预应力混凝土连续梁桥,全长 280m,最大跨径 85m。1962 年,在委内瑞拉 Caroni 河桥的建造中,首次使用了钢导梁与临时墩,使梁体在顶推施工过程中的受力情况得到明显的改善。2004 年,在法国修建的 Millau 大桥主体工程顺利完成,该桥首次采用了楔进式多点连续顶推施工,改变了顶推过程梁体前移的方式,明显改善顶推运动的平顺性,为顶推施工提供了新思路,成为桥梁顶推施工的又一里程碑。我国于 20 世纪 70 年代后期开始运用顶推法，80 年代逐渐推广并发展至今。1977 年，首次采用顶推法建成一座 4 孔跨径为 40m 的预应力混凝土连续箱梁的西延线狄家河桥。1980 年，采用多点顶推法建成河南望城县沩水大桥，该桥是一座 6 孔跨径为 38 米的预应力混凝土连续梁桥。2008 年，杭州江东大桥的建成实现了制造线形为多段连续曲线钢箱梁的顶推；2010 年，杭州九堡大桥采用了计算机自动控制的步履式顶推系统，实现了多点顶推的同步性、统一性及协调性，顶推过程平稳顺利。

一般而言，顶推法具有交通干扰少、环境影响小、场地适应性强、装配化程度高、施工质量易于管控、不依赖大型吊装设备、设备周转率高等诸多优势，在 60～100m 跨径连续梁桥施工上具有较明显的经济技术优势。随着施工设备研发和施工控制技术的提升，顶推能力大幅提高，顶推施工技术应用范围得以大大拓展。顶推法除用于连续梁桥外，还可以应用于拱桥、斜拉桥以及悬索桥；顶推法可用于预应力混凝土梁、钢梁、钢-砼组合梁等，特别对于钢-砼组合梁可采用先钢梁顶推到位再安装桥面板，桥面板预制与钢梁顶推可同步进行，这样施工效率高、施工成本低。顶推法从单一的水平直线桥已拓展应用到水平弯桥以及复合变曲率竖曲线桥，甚至空间曲线桥。但顶推法也存在不足之处，如难以适应变截面和大曲率梁的顶推，大跨径桥梁顶推施工会因临时支墩等施工设施的增加使其失去经济性，长距离顶推施工会因工作面有限导致施工效率不高。

在桥梁顶推施工过程中，其边界条件和结构体系均在不断变化之中，各截面交替承受正负弯矩，应力和挠度的变化规律均较为复杂；且只有在梁体抵达桥位后，才能明确梁体的几何状态，线形误差具有较强的隐蔽性，难以及时得到识别和控制。因此对于顶推施工，应通过精细化结构分析提高首次预测的精度，并注重对各个施工阶段几何状态的预测与对比分析，以实现对顶推施工桥梁的应力和线形双控。本章先对顶推施工方法进行了简要介绍，再阐述顶推施工控制的技术方法，然后以实际工程为例介绍了顶推施工控制的实施情况。

## 8.2　顶推施工方法

本节主要从施工原理、施工工艺流程、临时设施、设备系统和顶推方式五个方面对顶推施工方法进行阐述。

### 8.2.1　施工原理

顶推时，梁体支撑于桥墩或临时支墩的专门垫块上，通过顶推装置提供的顶推力克服梁体与垫块之间的摩擦作用，使得梁体向前移动。实际工程中，常常要采取措施减小梁底部与垫块之间的摩擦作用，如在垫块上加一层摩擦系数比较小的滑板、及时涂抹润滑膏等。一般有两种方式对桥梁结构施加顶推力：液压油缸和钢绞线分散牵引。梁体顶推前移的条件如下：

$$\sum F_i > \sum (f_j \pm a_j)N_j \tag{8-1}$$

式中：$i$ 顶推点编号，$i=1$ 时为单点顶推，$i>1$ 时为多点顶推；$j$ 为支点编号；$F_i$ 为第 $i$ 顶推点千斤顶所施的力；$N_j$ 为第 $j$ 桥墩（或桥台）支点瞬时支反力；$f_j$ 为第 $j$ 桥墩（或桥台）支点相应的静摩擦系数；$a_j$ 为桥梁纵坡坡率，"+"为上坡顶推，"-"为下坡顶推。

从式中可以看出，顶推作用大于阻力作用，且静摩擦系数一般要大于滑动摩擦系数，因此刚启动时梁体会存在一个短暂的跳动或抖动,然后再逐渐回到平稳运动状态。通过顶推工艺和设备的改进,可以改善顶推启动时的梁体运动不均匀性。

## 8.2.2 施工工艺流程

桥梁顶推施工工艺流程主要包括临时设施施工、节段拼装、梁体顶推和就位落梁等几个阶段。顶推施工工艺流程如图 8.2 所示。

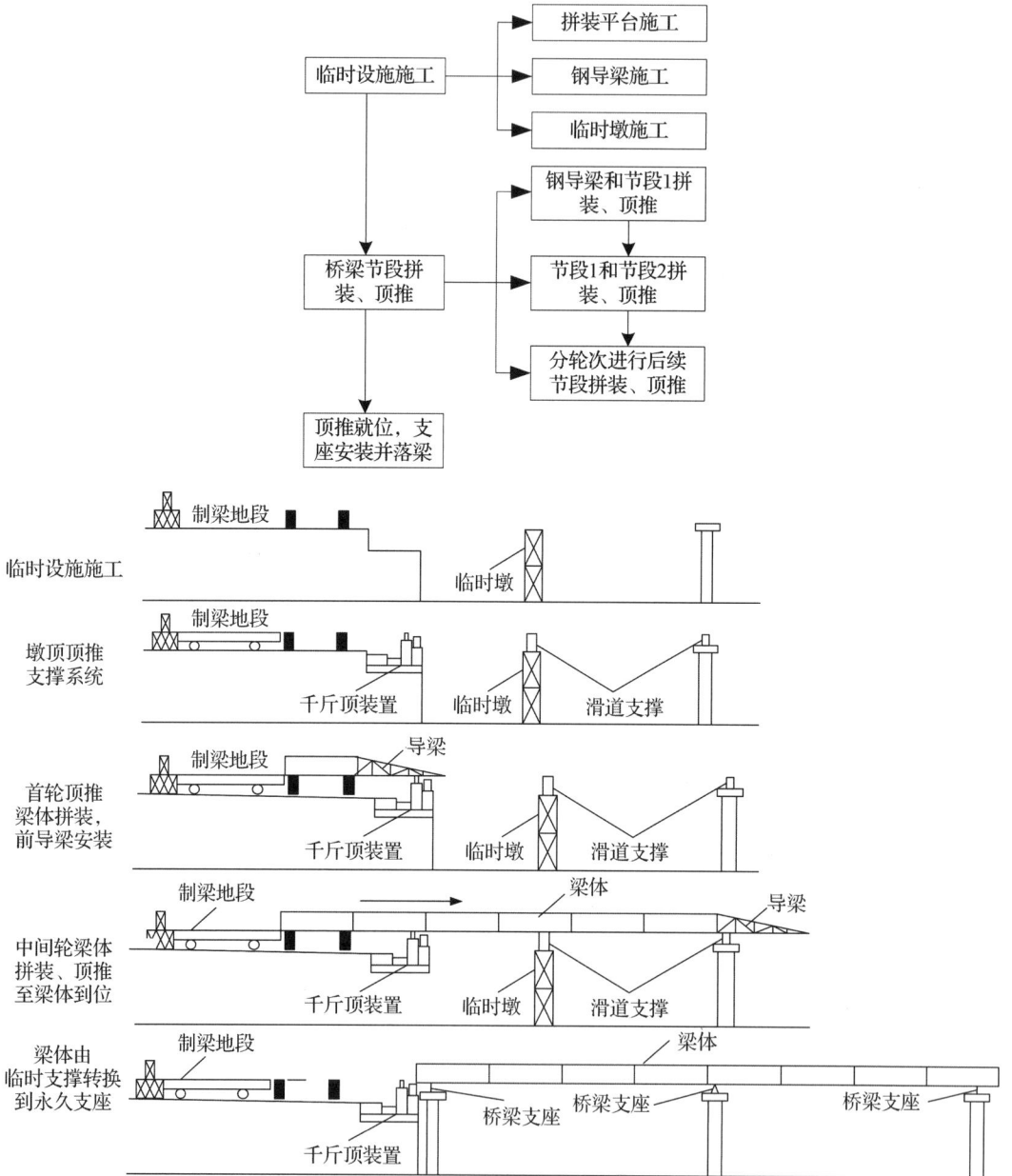

图 8.2 顶推施工工艺流程

## 8.2.3　临时设施

桥梁顶推施工临时设施主要包括拼装平台、导梁和临时支墩。

**(1)拼装平台**

拼装平台的作用在于为梁段拼装提供作业场所,调整梁段初始无应力线形,承受梁段拼装过程中梁体自重和施工荷载。在拼装平台上预制梁体节段时,能保证梁体线形与已经顶推出去的梁体完全一致,使结构最终线形满足设计要求。

拼装平台长度除满足每次顶推长度外,一般还需预留 2~3 个桥梁节段长度以保证梁段拼装能够顺利进行,宽度应满足为顶推施工提供足够的作业空间。拼装平台通常采用梁柱式结构或整体框架结构。

拼装平台安装步骤:钢管立柱→立柱下部纵、横联→立柱上部横联→立柱上部滑道梁支撑桁架→桁架横联→灌注钢管混凝土→立柱顶部分配梁→滑道梁。拼装平台结构示意如图 8.3 所示。

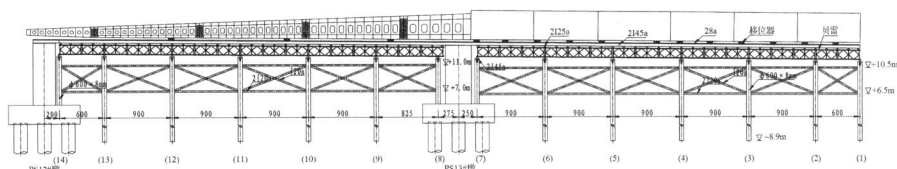

图 8.3　拼装平台结构

**(2)导梁**

顶推施工的连续梁桥在施工过程中边界条件不断变化,主梁各截面在移动过程中均要承受正负弯矩的交替变化。为了减小顶推过程中主梁最大悬臂长度、降低最大悬臂时的重量,通常在主梁的前端或前后两端设置导梁,从而减小悬臂前端的内力,增大顶推跨径。

导梁应自重轻而刚度大,长度一般可为顶推跨径的 0.6~0.7 倍,与主梁刚度比为 1/9~1/5,为减轻自重最好采用从根部至前端为变刚度或分段变刚度的导梁,导梁常用的结构形式主要有桁架梁和钢板梁两种。导梁前端通常加工成台阶形或弧形,以便于最大悬臂时导梁前端上支墩,由悬臂逐渐过渡为被支撑状态。如导梁前端位于滑道上方时,可用滑道上的千斤顶将导梁顶起,并带动千斤顶下方的滑块一起向前滑行,待导梁下缘升到滑块高度后,再落下千斤顶,使导梁就位正常运行。

梁端设置导梁时,导梁全部节间拼装应平整,并且应与主梁刚度相协调。导梁拼装允许误差:中线一般不超过 5mm,纵、横向底面高程一般不超过 ±5mm。导梁结构示意如图 8.4 所示。

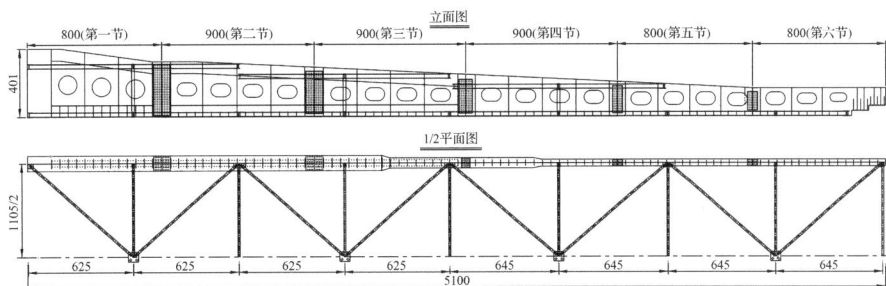

图 8.4　导梁结构

**(3)临时支墩**

当结构墩间距较大时,为减小顶推施工过程中梁体悬臂长度,往往需要在结构墩之间设置临时墩,以减小顶推过程中结构内力和降低对单个顶推设备的能力要求,从而顺利实施顶推施工。

设置于靠近顶推施工平台的临时墩还可以协助主梁前端钢导梁的安装,同时使主梁在顶推初始阶段保持平衡而不至于倾覆;能够减小主梁尾在每段梁段顶推完成后的转角,有助于顶推施工过程中梁体拼装误差控制,避免梁体拼装误差在梁体上产生过大的次内力。临时墩结构示意如图8.5所示。

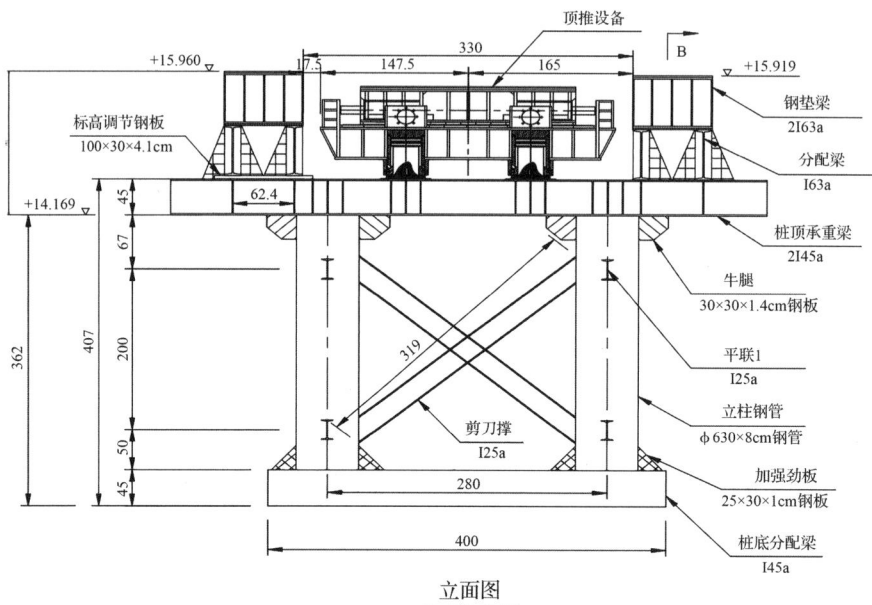

图 8.5　临时墩结构

## 8.2.4　顶推设备系统

桥梁顶推设备系统主要包括支撑系统、滑移系统、动力系统和控制系统四个部分。

**(1)支撑结构系统**

顶推支撑系统位于各支墩顶部,是顶推设备的载体,顶推过程承受梁体自重和施工临时荷载等竖向作用以及风、横向限位等侧向作用,须满足强度、刚度和稳定性要求,一般采用钢结构。支撑结构系统还要满足顶推施工过程中梁体线形调整的需求,当调整幅度较大时应设计专门的调位系统。

**(2)滑移系统**

滑移系统在顶推时支撑梁体,并为梁体运动提供滑移面;为顶推过程克服摩阻力所需的动力最小,滑移面需足够光滑;要严格控制滑移系统与梁底接触的区域,确保梁体局部受力满足要求。

钢绞线牵引方式的滑移面就在梁体底面,滑移系统一般由垫块、钢架、滑道板和滑块等部分组成,滑块一般采用面上贴一层聚四氟乙烯板的板式橡胶支座;滑道板一般用铸钢或钢板制作,其前后端各有一段斜面,以便于滑块的喂进和吐出。液压油缸顶推方式的滑移系统一般是一段箱型钢梁,其上面设置垫块与梁底接触,下面是滑移面,内部布置顶推油缸使其与梁体一起运动;由于支撑面和滑移面分离,可更精准控制滑移系统与梁底的接触区域。

**(3)动力系统**

桥梁顶推施工主要依靠液压设备提供顶升力和顶推力。顶推动力装置除包括为顶推施工提供纵向行走的动力装置外,还包括对桥梁进行横向导向和纠偏的动力装置。液压泵站是顶推系统的动力来源,通过泵站输出的液压动力去驱动多台平移千斤顶和多台顶升千斤顶同时工作,实现桥梁顶升、平移、下落等动作,同时实现横向调节顶的伸缸、缩缸。

**(4)控制系统**

控制系统是顶推设备系统的"神经中枢",负责控制协调整套设备的运转。在控制系统协调下,精确调节液压泵站每路动力输出的流量,从而控制每台千斤顶的动作快慢,实现桥梁的平稳移动。

顶推控制系统由主控台、现场控制箱、泵站启动箱、手持线控装置、传感器组件、接近开关组件、光电开关组件、电源电缆、信号电缆、控制电缆、通信电缆等部件组成。对于多点连续顶推,对控制系统提出了更高要求:控制系统的反应足够灵敏,即要求控制系统具有足够的控制精度;其次,控制系统需对各种反馈信息具有良好的处理能力,即要求控制系统作出的决策正确,采取的措施可靠;另外,系统本身工作性能可靠稳定。这些要求通过相应的软件与硬件配置来实现,其决定了顶推施工的先进性和可靠性。

## 8.2.5　顶推方式

按照顶推作用力施加方式的不同可将顶推施工分为单点顶推和多点顶推。目前工程上常用多点顶推法进行施工。

**(1)单点顶推**

单点顶推在国外称 TL(Taktshiebe Leonhardt)顶推法,单点顶推力可达到 3000～4000kN。单点顶推分为单向单点顶推(见图 8.6)和双向单点顶推(见图 8.7)两种方式。单向单点顶推只在一岸桥台处设置制作场地和顶推设备;而双向单点顶推在河两岸的桥台处设置制作场地和顶推设备,从两岸向河中进行顶推,进而加快施工进度。

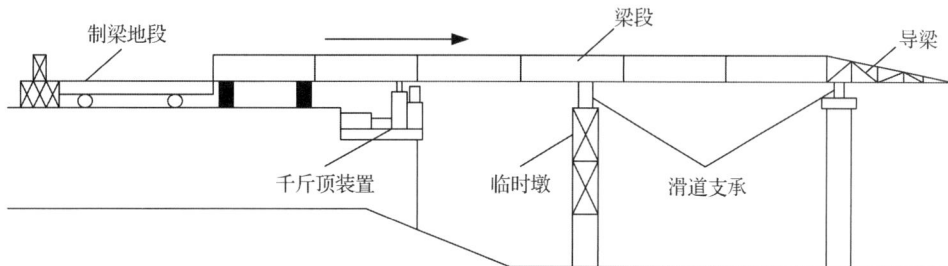

图 8.6　单向单点顶推施工

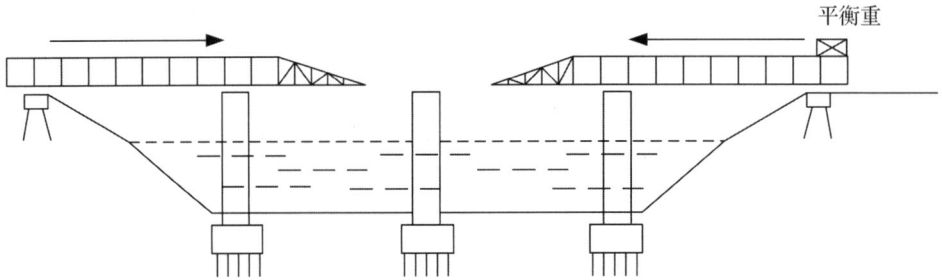

图 8.7  双向单点顶推施工

早期采用顶推法施工的桥梁均为单点顶推,顶推装置布置在主梁预制场附近的桥墩或桥台上,顶推反力由单个桥墩或桥台承受。当桥梁不长且桥墩较矮时,采用单点顶推施工具有设备简单、易操作等优点。随着桥梁长度不断增加,顶推反力逐渐加大,采用单点顶推必然使桥墩或桥台受力过大,从而导致桥墩或桥台截面尺寸过大而造成浪费。

**(2)多点顶推**

多点顶推也称 SSY 法,在每个墩台上均设置一对小吨位的水平千斤顶,将集中顶推力分散到各墩台上,并在各墩台及临时墩上设置滑移支撑。所有顶推千斤顶通过中心控制室控制千斤顶的出力等级,并同时启动,同步前进。多点顶推主要有拖拉式多点顶推、楔进式多点顶推和步履式多点顶推三种方式。

①拖拉式多点顶推

拖拉式多点顶推法(以下简称拖拉法)通过张拉设置在各临时墩上的连续千斤顶牵拉钢绞线,拖动梁段在临时支墩顶设置的滑道上滑移,牵引梁体安装就位。该顶推施工法在国内应用较多,如杭州江东大桥等。其现场施工示意图如图 8.8 所示。

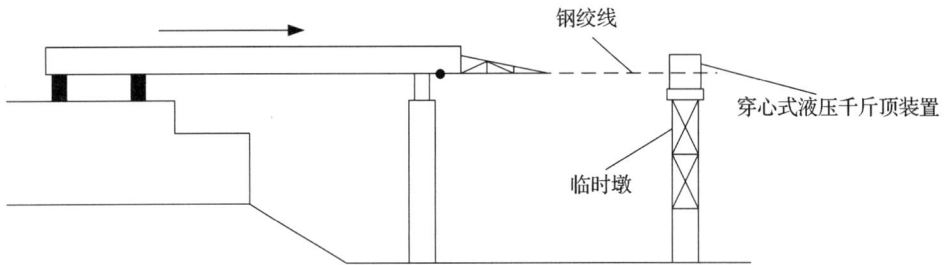

图 8.8  拖拉式多点顶推施工

拖拉法施工具有成本低、工艺成熟、操作简单等优点;但顶推施工过程中难以控制各点的牵引载荷,可能会对墩身产生较大的水平力,为满足顶推施工要求,需要对梁体、桥墩和临时墩的设计进行加强。

②楔进式多点顶推

为了解决高墩顶推施工过程中墩顶水平力过大、左右水平力不均匀的问题,研究出了楔进式多点顶推施工法,并在法国 Millau 大桥施工中成功运用。楔进式多点顶推法采用的顶推设备由支撑油缸、支撑架、楔进式顶推油缸等几部分组成。该方法运用了"顶"和"推"两个步骤的交替:先将梁体托起→向前推送→到达一个行程后将梁体置于桥墩上→顶推装置复位,一个阶段共有四个操作步骤完成一次"顶、推",四个步骤不断地循环执行,最终梁体被送到预定的位置。其顶推设备组成部分如图8.9所示。

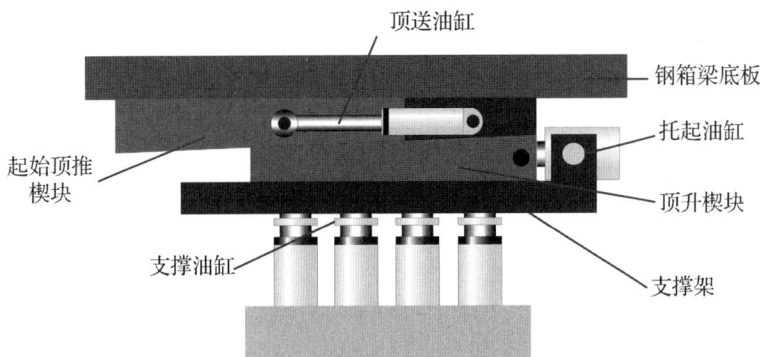

图 8.9　楔进式顶推设备主要组成部分

楔进式多点顶推法具有可控性好、施工效率高,能够较好地控制临时墩(或结构墩)的水平力等优点;但顶推施工过程中需要有精密的液压同步控制系统,施工工艺复杂、较难控制,对楔块、滑道的制作精度要求高,无法灵活适应梁体坡度和线形变化,且施工成本相对较高。

③步履式多点顶推

为适应不同坡度、不同线形的梁体顶推施工,我国研究开发出一套集顶升、平移、横向调整、竖向调节于一体的步履式多点顶推施工方法,实现了对顶推桥梁的顺桥向、横桥向和竖向的灵活移动和精确调整,该种工艺被称为步履式多点顶推施工法,自首次应用于杭州九堡大桥以来已在多座桥梁成功运用。其顶推运动过程如图 8.10 所示。

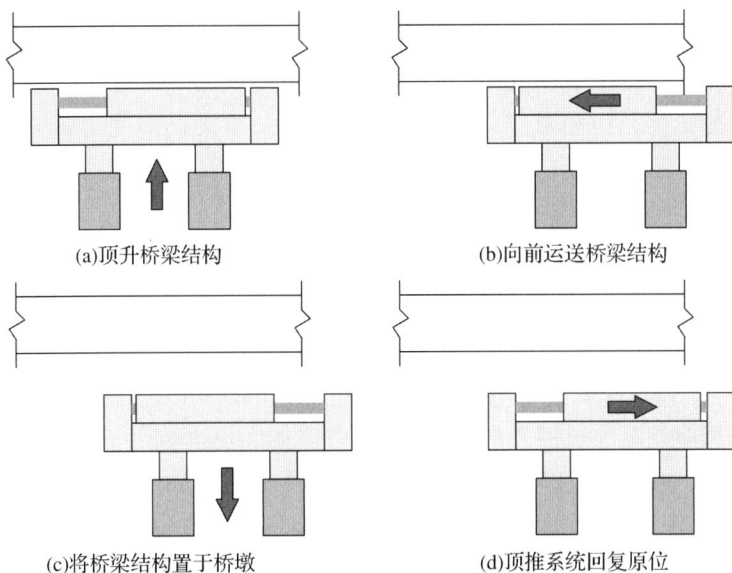

(a)顶升桥梁结构

(b)向前运送桥梁结构

(c)将桥梁结构置于桥墩

(d)顶推系统回复原位

图 8.10　步履式多点顶推运动

步履式多点顶推法具有施工精度高、可以灵活适应梁体坡度和线形变化等优点;将顶推施工思路由"结构适应顶推方法"转变为"顶推方法适应结构",充分发挥液压技术优势。但对液压设备和同步控制技术要求高,施工成本相对较高。

不论是哪种方式顶推,由于受限于千斤顶的工作行程,每顶推完一个行程,千斤顶需回程复位,此时梁体停止前移,出现顶推间断;梁体静动往复多次,造成梁体的"爬行"现象,导致桥墩纵向来回摆动,对桥墩和梁体的安全不利,且影响顶推效率。为了解决上述问题,通过将 2 台套千斤顶进行串联,1 台顶推,另 1 台回程复位,交替循环,进行连续顶推。

## 8.3  顶推施工监控技术

本节主要从结构计算分析、现场监测内容和线形控制方法三个方面对顶推施工监控技术进行阐述。

### 8.3.1  顶推施工模拟

梁体顶推时,支墩作用于梁体的位置不断变化,即梁体支点不断改变。因此,对于顶推施工过程模拟,关键是根据梁和墩的相对位置关系,确定支点的位置,不断调整边界条件。工程上,习惯将按梁体运动、桥墩位于设计位置方式来建模分析的称为前进分析,即梁体在桥墩运动;后退分析是按假设梁体位于设计的纵桥向位置、桥墩从桥位之外逐步后退到梁体相应位置的方式来建模分析,即桥墩在梁体下移动。通常以每顶进 0.5～1.0m 作为一个分析工况,以全面评估各主梁截面的受力和变形情况。由于整个施工过程结构均处于弹性,每个施工工况的受力可单独计算,成桥状态的受力可按一次成桥计算,无须考虑施工过程。

顶推施工模拟需统计梁体变形及上下缘应力的包络值,同时关注最不利位置的应力和变形的时程变化。如相对于导梁前端变形最大、导梁根部受力最不利和主梁跨中截面承受负弯矩等关键工况应进行重点分析。导梁前端变形最大工况是指导梁即将上临时墩,该工况下导梁处于最大悬臂状态,其不仅变形最大,导梁各截面承受负弯矩也达到最大;导梁根部受力最不利工况是指导梁前端已完全上墩,该工况下导梁与主梁交接位置承受最不利正弯矩,安全风险最大;主梁跨中截面承受负弯矩工况是指主梁跨中截面位于支墩上,该工况下原本以承受正弯矩为主的截面,需要承受较大负弯矩和剪力。

由于纵坡、竖曲线及预拱度等的不同,制造时梁体无应力线形一般为沿纵桥变化的曲线,但设置各支墩上临时支点的位置是确定的,因此顶推过程模拟时各支点实际上存在强迫位移。顶推施工过程模拟时,每个工况下均需按墩顶临时支点位置与梁体上对应支撑点在无应力状态下的位置之差设置强迫位移。顶推施工过程边界条件的调整情况如图 8.11 所示。

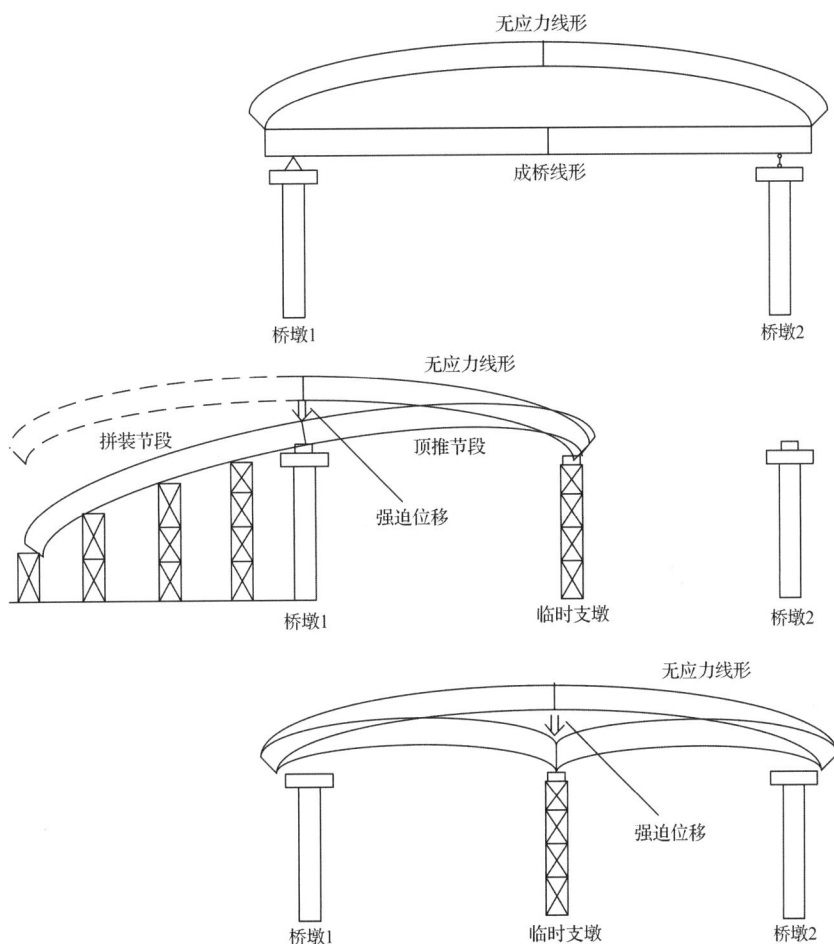

图 8.11　顶推施工模拟边界条件

## 8.3.2　现场监测

桥梁顶推施工过程中,各个施工阶段结构受力体系不同,造成结构的受力状态难以确定。由于实际施工状态和理论分析施工状态存在一定的偏差,因此为了保证顶推施工过程中结构的安全性和稳定性,除了进行模拟分析外,还需要对结构的几何形态和应力进行现场监测。

**(1) 几何形态**

在桥梁顶推施工过程中几何形态监测内容主要包括拼装平台变形与平整度、梁体结构的拼装线形、梁体结构轴线位置、梁体结构变形、导梁端部标高、临时墩变形和墩顶沉降等,主要采用测距仪、精密水准仪和高精度全站仪等设备。

①拼装平台变形与平整度

拼装平台刚度及平整度是否满足要求是能否保证梁体拼装精度的关键,一旦拼装平台发生变形或下沉,梁体高度和梁底平整度会出现偏差,从而使顶推施工过程出现问题,并可能使梁体在顶推施工过程中的内力出现较大的变化。因此在顶推施工过程中需要在拼装平台上设置长期观测点,以便随时进行观测。同时,在每个桥梁节段拼装之前对平台顶面的平整度进行检查,保证平整度符合要求。

拼装平台的变形测点通常沿横桥向对称布置,沿纵向一般按八分点布置;变形测试安排在每个节段拼装前后,测试时间安排在晚上 12:00 至第二天早 7:00 之间气温恒定时进行。

②梁体结构的拼装线形

梁体结构的拼装线形关系到成桥状态线形能否满足设计要求,因此需要在拼装过程中加强对梁体结构拼装线形的监测。在每个拼装节段的前、后两端各设置一组拼装线形观测点。

③梁体结构轴线位置

在顶推施工过程中,包括梁体两侧顶推不同步在内的多种因素可能使梁体发生偏位,因此需要对梁体轴线进行实时监测,以便及时发现偏差并纠正,确保梁体结构轴线位置正确。

④梁体结构变形

在顶推施工过程中,梁体结构各节点处的挠度不断发生变化,为了全面评估各截面的实际受力和变形情况同理论预测值是否能够很好地吻合,通常在梁体结构 1/4 截面和跨中截面布置标高监测点,每一轮顶推完成后都应进行梁体线形测量,评估其结构变形情况。同时,对于顶推施工关键阶段,还应选择典型位置进行梁体变形的实时监测,如首轮顶推、受力最不利阶段等。

⑤导梁端部标高

在顶推施工过程中,导梁端部的标高不断发生变化。由于滑块压缩、温度变化等原因,导梁端部挠度与理论分析值会有一定的偏差。所以为保证导梁顺利通过支墩,在导梁端部接近支墩时,应对其标高进行监测,确定是否需要对导梁端部进行起顶。一般在导梁端离支墩 0.5m 位置处对导梁端部标高进行监测,监测点通常在导梁端部沿横桥向左右对称布置。

⑥临时墩变形

临时墩是顶推施工过程中设置的临时设施,属于非永久性结构,其抗弯和抗压刚度均比永久性桥墩小。虽然顶推施工前已采用压重等方式消除非弹性变形,但其弹性变形及其他不可预见的变形是无法消除的。如果临时墩发生超过允许的变形,对整个顶推施工过程安全不利,所以需要对临时墩进行实时监测。另外,临时墩墩顶水平位移过大对临时墩本身受力会产生较大影响,进而对主梁的受力产生影响。因此在顶推施工过程中需要对临时墩的竖向位移和水平位移进行监测。

⑦墩顶沉降

桥墩沉降将对结构的受力产生不利影响,因此需要对桥墩进行墩顶沉降观测。桥墩沉降的测点通常设在墩顶、墩侧或承台等便于测量的位置,这些测点也可作为该桥运营监测期的桥墩沉降的观测点。在顶推施工过程中通常每顶推一轮或每隔 1 个月对桥墩的沉降观测一次,及时掌握桥墩的沉降情况。

**(2)结构应力**

随着顶推施工的推进,结构截面的应力值不断变化,在某一时刻结构的应力值是否与理论分析值吻合、结构是否处于安全状态是施工监控最关心的问题。因此,在顶推施工过程中需要对结构关键截面进行应力监测,一旦发现异常情况,立即查明原因并及时处理。顶推施工过程中通常选择主梁、导梁和临时墩的关键截面及受力不利位置进行应力监测,具体应根据计算结果选择。

①主梁

在顶推施工过程中,主梁截面的应力值变化情况较为复杂,为保证结构的安全性,需要实时掌握结构各截面的应力变化情况。通常选择结构受力最不利的跨中截面和墩顶处截面作为监测对象,在顶板、底板和腹板位置处布置一定数量的应力监测点。

②导梁

导梁在顶推施工过程中将发挥非常重要的作用,其受力情况比较复杂,因此需要对此构件的应力进行监测。通常选择导梁与主梁交接处及导梁中间截面作为应力控制截面,在顶板和底板位置处布置一定数量的应力监测点。

③临时墩

临时墩在顶推施工过程中将受到水平和竖向两个方向力的作用,为保证顶推施工过程中临时墩和主梁的安全性和稳定性,选择有代表性的临时墩作为应力监测对象,应力监测点通常在临时墩根部截面对称布置。

### 8.3.3　线形控制

**(1)参数选择与计算**

①参数选择

对于拼装施工的桥梁结构,一般是按以折线代替曲线思路,各节段间的预拼角是分段拼装施工桥梁线形控制的必不可少的一个参数,并以此为依据来确定各施工节段工厂下料参数和加工形状,其具体计算方法和要求见第 3 章相关内容。

位于顶推平台上的待拼装梁段处于无应力状态,其与已顶推出去的梁体的尾部梁段也应按无应力状态对接。当梁体存在竖曲线时,不同顶推轮次梁段拼装时的几何位置差别很大;但拼装平台是固定不动的,需要引入一个新的控制参数:末端倾角,用于调整待拼装的各梁段在拼装时的位置,以适应拼装平台。

设拼装平台倾斜坡度的角度为 $\lambda_0$,第 $k$ 跨梁段完成拼装并顶推到位后留在拼装平台上最后一节段为梁段 $i$,节段两端控制点分别标记为 $M_i$、$M_{i+1}$,梁段末端倾角为 $\alpha_i^c$,如图 8.12 所示。若第 $k+1$ 跨含有竖曲线,则拼装基线与 $\overline{M_iM_{i+1}}$ 存在一定角度 $\beta$。则拼装基线倾斜角度为:

$$\lambda = \alpha_i^c + \beta \tag{8-2}$$

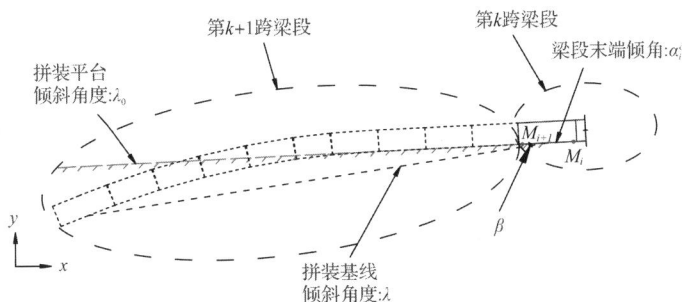

图 8.12　含竖曲线桥跨梁段末端倾角调整

此时,拼装基线倾角与拼装平台的倾角很可能存在不一致,若两者差别达到一定的量值,将会引起现场拼装困难,如图 8.12 所示。此时需要将梁段末端倾角 $\alpha_i^c$ 调整至合适的值,具体合理范围为:

$$\alpha_i^c \in (\lambda_0 + \beta + [\delta]^- / L_i, \lambda_0 + \beta + [\delta]^+ / L_i) \tag{8-3}$$

式中，$[\delta]^-$、$[\delta]^+$分别为拼装平台末端的梁段所允许降低或抬高的量。

如对于一跨 85m 的梁段，其拼装平台倾角 $\lambda_0=0.5729°$，当 $\beta=0.14°$，$\alpha_i^c=0.5729°$时，最后拼装的节段将低于拼装平台 20.8cm，实际施工时无法完成拼装，故须对末端倾角进行调整。若$[\delta]^-=-10cm$，$[\delta]^+=15cm$，将 $\alpha_i^c$ 调整到$[0.6455°,0.8140°]$即可。

需要说明的是，在进行末端倾角调整时，相当于对结构施加一个强迫位移，因此还应考虑此强迫位移对结构受力的影响，以确保结构安全。

**（2）线形状态预测与控制**

**①状态分析**

对于顶推施工的桥梁结构，其几何姿态处在不断调整中。要实现对顶推结构的线形误差情况进行及时分析掌控，首先必须明确顶推施工结构的几种状态。如第 3 章所述，对于顶推施工的桥梁结构，其具体有如下几种：成桥状态（标高、里程）、无应力状态、拼装状态、顶推施工状态。其中成桥状态是指设计要求的桥梁建成后在基准条件下所应达到的状态；无应力状态是指结构在设计基准条件下不承受任何荷载时的状态；拼装状态是指在平台上有待拼装的状态；顶推施工状态是指拼装完成后将结构从平台顶推出的状态。

在上述的几种状态中，设计成桥状态是事先已知的，是监控的目标；无应力状态与设计成桥状态相对应，可由成桥状态通过分析计算反推得到；该两状态只是理论上存在的状态，前者是施工监控的起始点，后者是施工监控的目标终点；拼装状态和顶推状态是施工过程中所经历的实际状态，其中拼装状态直接决定了将来的成桥状态，在顶推状态可进行线形误差分析，为后续的误差调整提供依据。

对于拼装状态，位于平台上待拼装的结构仍不承受荷载，但所处的空间位置须考虑与已安装部分的协调一致，具体定位可由无应力状态通过刚体运动得到，但需要考虑误差修正；而顶推状态下结构已承受荷载、发生变形，具体因荷载、边界条件的不同而异，可通过力学分析得到。需要特别指出的是，这两状态是在施工过程中要实际面对的状态，必须考虑温度变化、焊缝收缩、临时荷载、强迫位移以及安装误差等的影响，对其进行相应修正。

顶推施工桥梁结构的各状态间的传递关系如图 8.13 所示，从该图可以看出，对于顶推施工，在顶推状态应加强误差分析，并将分析结果反馈到拼装状态，对确保理想成桥状态的实现非常关键。

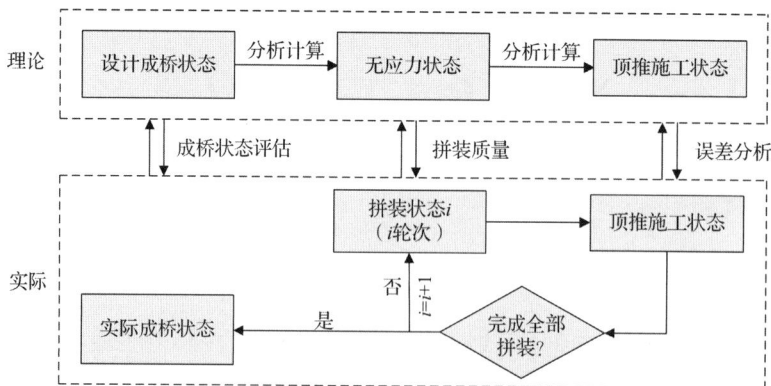

图 8.13　顶推施工过程各种线形状态

②状态传递

不论是何种状态,其几何形态都可以由里程和高程等两个状态量来描述,若为曲线梁结构,还需增补轴向偏离量。记梁段 $i$ 两端控制点位置分别为 $P_i\{S_i,H_i\}$ 和 $P_{i+1}\{S_{i+1},H_{i+1}\}$,

$$\boldsymbol{\Phi}_i = \begin{Bmatrix} S_i \\ H_i \\ 1 \end{Bmatrix},S_i 为 i 点的里程,H_i 为 i 点的高程,1 无实际物理意义,为方便后面传递矩阵分$$

析计算添加第三行 1;则顶推施工过程各种状态分别用 $\boldsymbol{\Phi}^D$、$\boldsymbol{\Phi}^N$、$\boldsymbol{\Phi}^C$、$\boldsymbol{\Phi}^L$ 表示,其中 $\boldsymbol{\Phi}^D$ 为设计状态,$\boldsymbol{\Phi}^N$ 为无应力状态,$\boldsymbol{\Phi}^C$ 为拼装状态,$\boldsymbol{\Phi}^L$ 为顶推状态。

$$\boldsymbol{\Phi}^N = \boldsymbol{\Phi}^D - \begin{bmatrix} 0 & \Delta & 0 \end{bmatrix}^T \tag{8-7}$$

式中:$\Delta$ 是指由计算所得的成桥累计位移,在施工监控中可根据误差识别结果不断进行调整,当预拱度考虑活载效应时应计入相应活载引起位移。

根据拼装平台上尾部梁段 $i$ 末端倾角 $\alpha_i^C$ 及无应力状态下梁段 $i+1$ 与梁段 $i$ 的位置关系可确定出待拼接梁段 $i+1$ 的空间状态 $\overline{P_{i+1}^C P_{i+2}^C}$,依次类推即可确定出下一轮各待拼装梁段的线形状态,即有传递方程:

$$\boldsymbol{\Phi}_{i+2}^C = \boldsymbol{T}_{i+1}\boldsymbol{\Phi}_{i+1}^C + \boldsymbol{\Phi}_{i+1}^\delta \tag{8-8}$$

式中:$\boldsymbol{T}_{i+1}$ 为状态传递矩阵,$\boldsymbol{\Phi}_{i+1}^\delta$ 为非基准条件引起的状态修正矩阵。

$$\boldsymbol{T}_{i+1} = \begin{bmatrix} 1 & 0 & \xi l_{i+1}\cos(\alpha_i^C - \theta_{i+1}) \\ 0 & 1 & \xi l_{i+1}\sin(\alpha_i^C - \theta_{i+1}) \\ 0 & 0 & 1 \end{bmatrix} \tag{8-9}$$

其中,

$$\begin{cases} l_{i+1} = \sqrt{(S_{i+1}^N - S_i^N)^2 + (H_{i+1}^N - H_i^N)^2} \\ \alpha_i^C = \arctan\left(\dfrac{H_{i+1}^C - H_i^C}{S_{i+1}^C - S_i^C}\right) \\ \theta_{i+1} = \arctan\left(\dfrac{H_{i+1}^N - H_i^N}{S_{i+1}^N - S_i^N}\right) - \arctan\left(\dfrac{H_{i+2}^N - H_{i+1}^N}{S_{i+2}^N - S_{i+1}^N}\right) \end{cases} \tag{8-10}$$

式中:$\xi$ 为长度因子,$\xi \in [0,1]$,对于末端控制点 $\xi$ 即为 1;末端倾角 $\alpha_i^C$ 在施工现场可以调整,具体数值通过实际测量和力学分析综合确定。

由于施工过程中现场温度不断变化,应根据实际天气温度变化对里程及高程进行修正。如图 8.14 所示,以钢结构桥梁为例,梁段在拼装平台上经调整至所需的空间状态并定位好后,进行焊接施工,由于焊缝收缩的影响,焊接完成后梁段的里程和高程将变化,故应进行修正:

$$\boldsymbol{\Phi}_{i+1}^\delta = \begin{bmatrix} [\mu(T-T_0)l_{i+1} + Nw_0]\cos(\alpha_i^C - \theta_{i+1}) & [\mu(T-T_0)l_{i+1} + Nw_0]\sin(\alpha_i^C - \theta_{i+1}) & 0 \end{bmatrix}^T$$

$$\tag{8-11}$$

式中:$T$ 表示梁段调整时的温度值;$T_0$ 为设计落梁时的温度值;$\mu$ 表示梁段材料膨胀系数;$w_0$ 为单条焊缝的收缩量;$N$ 为当前梁段定位时,其前还有已定位但未焊接梁段数量,对于每调整好一个节段安装一个节段的施工工艺 $N$ 为 1。

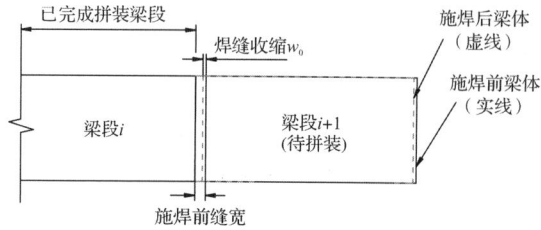

图 8.14 焊缝收缩修正

在计入施加预应力引起的轴向变形后,通过式(8-8)即可确定出拼装平台上待拼接梁段所需的安装线形状态。

在顶推施工过程中需对任意工况条件下的线形状态进行预测控制,以分析当前工况线形控制效果是否理想,评估线形控制策略的有效性和可操作性。记预测线形状态为 $\boldsymbol{\Phi}^P$,设当前共安装 $k$ 块节段,在拼装平台上末尾梁段线形状态已知,即 $P_i^c\{S_i^c,H_i^c\}$ 和 $P_{i+1}^c\{S_{i+1}^c,H_{i+1}^c\}$ 可确定,则有

$$\boldsymbol{\Phi}_{i-1}^P=\boldsymbol{U}_i\boldsymbol{\Phi}_i^P+\boldsymbol{\Phi}^f \tag{8-12}$$

式中:

$$\boldsymbol{U}_i=\begin{bmatrix}1 & 0 & -\xi l_i\cos(\alpha_i+\theta_i)\\0 & 1 & -\xi l_i\sin(\alpha_i+\theta_i)\\0 & 0 & 1\end{bmatrix} \tag{8-13}$$

其中:

$$\alpha_i=\begin{cases}\arctan\left(\dfrac{H_{i+1}^C-H_i^C}{S_{i+1}^C-S_i^C}\right),i=k\\[3mm]\arctan\left(\dfrac{H_{i+1}^N-H_i^N}{S_{i+1}^N-S_i^N}\right),i<k\end{cases} \tag{8-14}$$

$\boldsymbol{\Phi}^f$ 可以根据现场荷载及位移边界条件进行计算,为包括自重和强迫位移等引起的位移,强迫位移是指结构处于无应力状态下支点处的高程与实际状态下支点高程的差值。

通过式(8-12)可确定出顶推过程各梁段预测线形状态 $\boldsymbol{\Phi}^P$。最后根据预测线形状态 $\boldsymbol{\Phi}^P$ 和顶推过程实测结构线形状态 $\boldsymbol{\Phi}^L$,即可分析当前结构线形是否达到所需精度要求,进而评估是否需要调整施工工艺和线形控制策略。

**(3)误差处理策略**

顶推施工过程出现误差的可能性较大,其种类也较多。对于系统误差,如设计参数误差、计算模型偏差引起结构变形预测误差,须调整参数重新计算。对于随机误差,如节段加工误差、焊接变形引起的误差以及节段拼装定位误差等,该误差只是局部误差,对于局部误差采用局部消除的原则进行处理,只让它影响邻近的一、二个节段。如图 8.15 所示,当梁段 $i$ 发生误差时可以通过一块或两块梁段过渡进行调整。

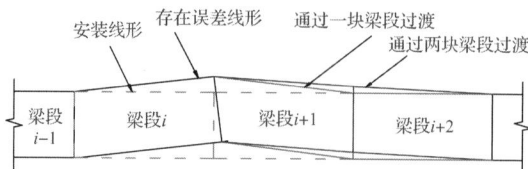

图 8.15 节段拼装局部误差修正

各轮拼装施工前,确定拼装基线时应考虑上一轮尾部梁段 $i$ 的拼装误差对本轮确定梁段末端倾角时的影响,否则完成拼装落梁后桥跨可能将承受较大的强迫位移 $\delta^F$。记梁段 $i$ 两端控制截面的误差分别为 $f_1$、$f_2$,如图 8.16 所示。

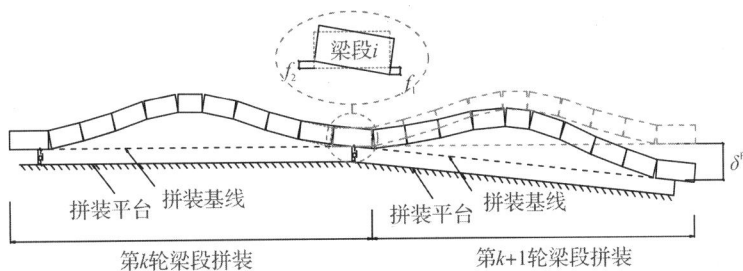

图 8.16　拼装误差引起强迫位移计算

强迫位移 $\delta^F$ 的计算式为:$\delta^F = L(f_1 + f_2)/l_0$,式中 $L$ 为下一轮拼装跨度,$l_0$ 为梁段 $i$ 两端控制截面间的距离。例如,对于跨度 $L$ 为 85 米,当 $f_1 = f_2 = 5\text{mm}$,$l_0 = 9.5\text{m}$,$\delta^F = 89.47\text{mm}$。实际施工过程中梁段 $i$ 拼装误差 $f_1$、$f_2$ 可能较大,则影响更为不利,故在下一轮拼装时应考虑上一轮梁段 $i$ 拼装误差的影响,并进行合理修正。

## 8.4　工程案例

### 8.4.1　工程背景简介

背景工程为一钢混组合结构多跨连续梁桥,其跨径布置为:21.785m+78m+9×85m+55m=919.785m,如图 8.17 所示。桥面宽度 31.3m,结构形式为等高度单箱单室钢-混凝土组合结构连续箱梁,梁中心线高 4.5m。主梁结构断面由混凝土桥面板及槽形的梁组成,槽形钢梁顶面宽 13.1m,底板宽 11.06m,标准断面图如图 8.18 所示。

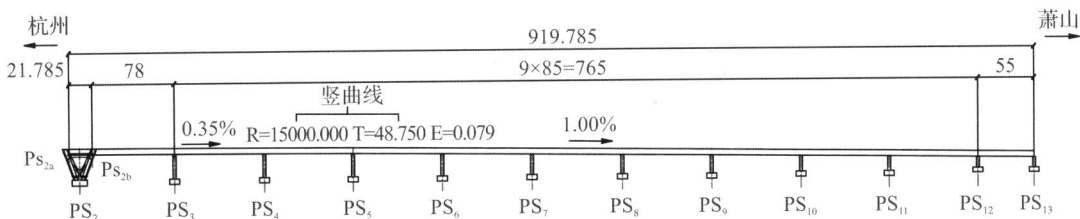

图 8.17　桥跨布置(单位:m)

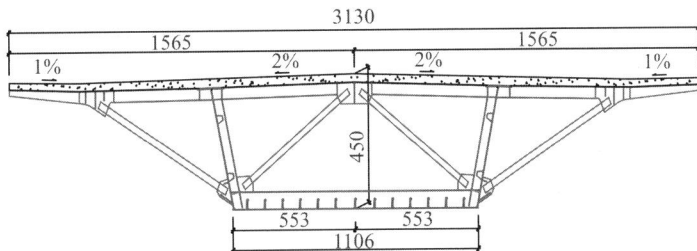

图 8.18　桥梁标准断面(单位:cm)

其槽形钢梁采用步履式多点连续顶推施工工艺,在 PS2#~PS12# 墩墩顶共安装顶升设备,在拼装平台上设置移位器。槽形钢梁在拼装平台上拼好后,先通过移位器拖拉前进。在钢导梁前端离 PS12# 墩 45m 时,开启 PS12# 墩上的顶升设备,再配合移位器连续顶推。槽形钢梁顶推到位后,通过顶升设备对纵向线形进行调整,同时安装好永久支座,最终完成槽形钢梁的安装。

### 8.4.2 监控方案

**(1)几何形态**

槽型钢梁在顶推施工过程中需控制主梁的标高及变形,它不仅影响最终成桥的线形,而且也能反应结构的安全状况。在每个工况发生前和发生后对其标高进行监测,标高测点布置如图 8.19 所示。

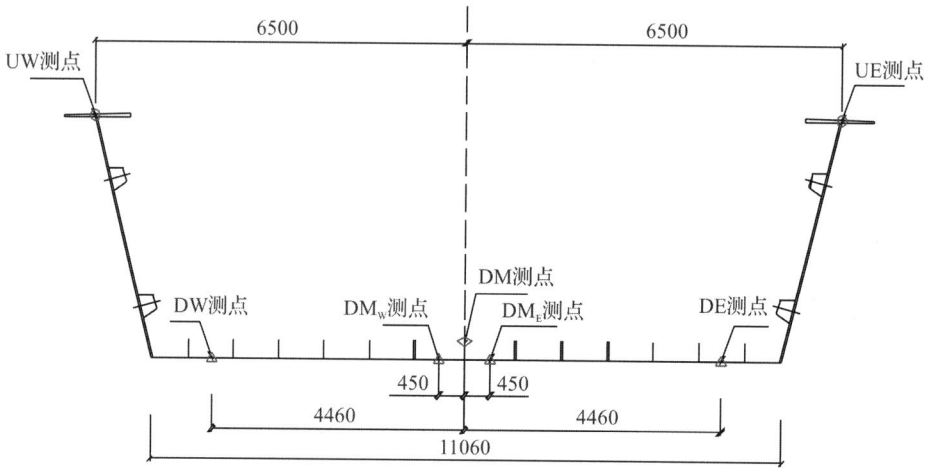

图 8.19　标高测点(单位:mm)

**(2)结构应力**

①主梁关键截面

在顶推施工过程中选择受力最不利的跨中和墩顶截面作为监测对象,对相应控制截面的纵向应力进行测试。应变监测控制截面及相应的测点布置如图 8.20 所示。

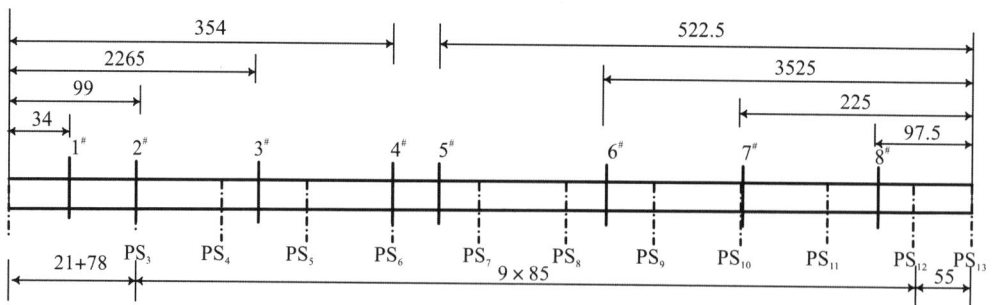

(a)应力监测的控制截面(单位:m)

(b)1# 截面的应变测点布置图

(c)3#、6# 及8# 截面的应变测点布置

(d)5# 截面的应变测点布置

(e)2#、7# 截面的应变测点布置

(f)4# 截面的应变测点布置

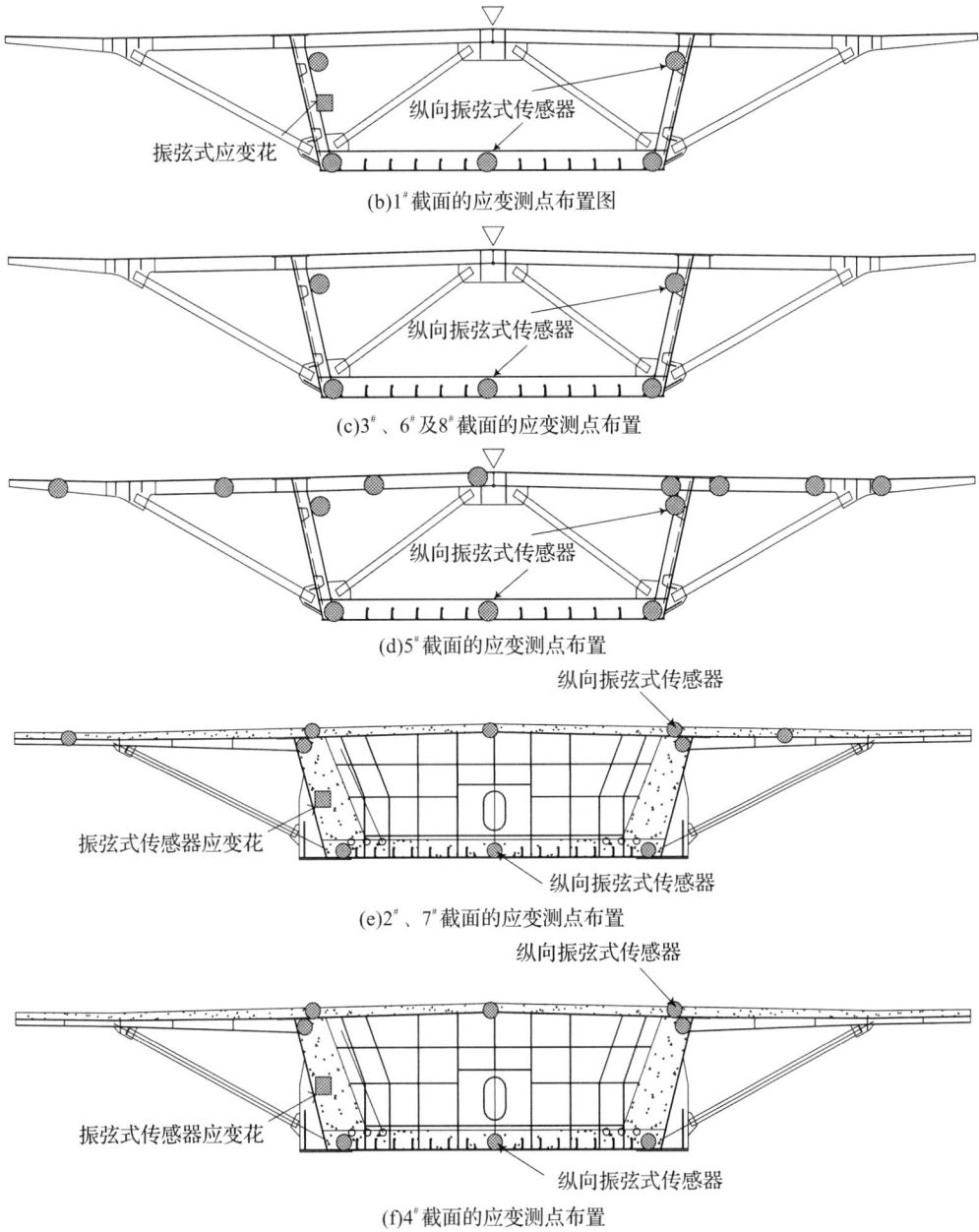

图 8.20 应力监测测点布置

② 导梁关键截面

桥梁顶推过程中导梁将发挥非常重要的作用,而且导梁的受力也较为不利,因此需对此构件的应力进行监测。选择两个控制截面,分别为导梁与钢箱梁交接接触处及导梁中部,导梁的具体测点布置如图 8.21 所示。

(a)导梁监测的控制截面

(b)$ND_1^\#$截面的应变测点布置

(c)$ND_2^\#$截面的应变测点布置

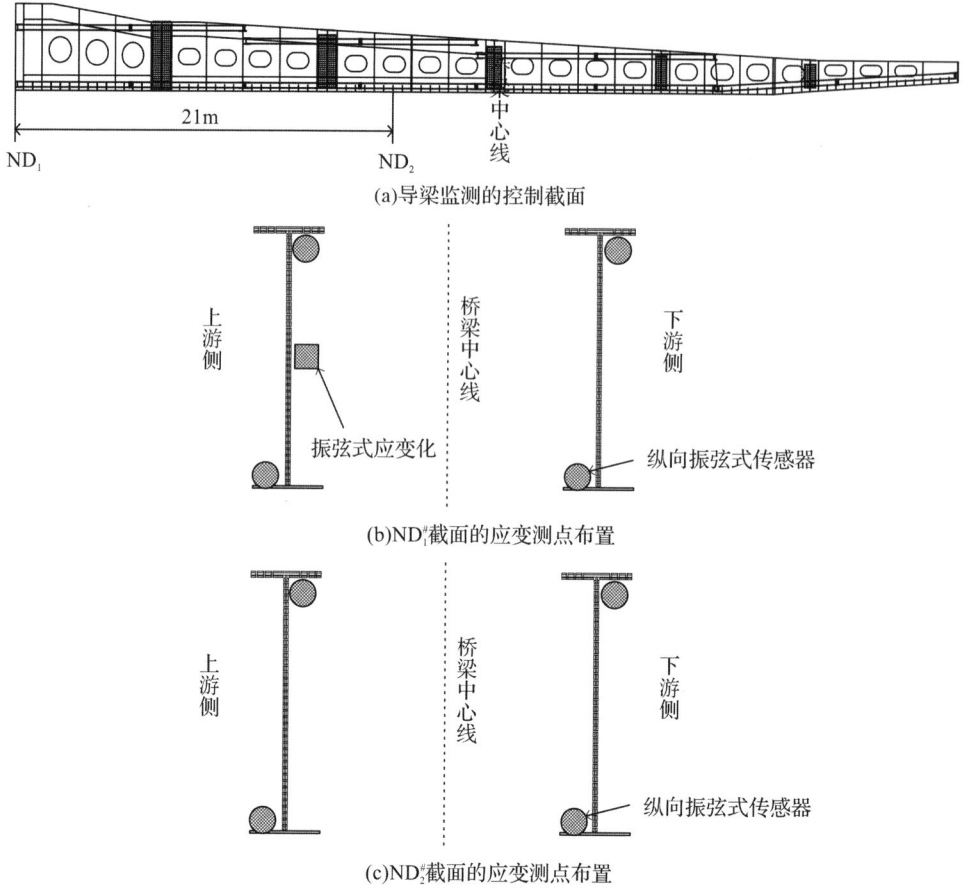

图 8.21　导梁的应力监测点布置

## 8.4.3　整体分析

**(1)计算模型**

采用前进分析法,基于梁格法理论,将槽形钢梁截面划分为五部分,纵向网格划分主要考虑顶推间距的需要按 0.8 米间距划分一个单元。模型中每 4.25 米设有横隔梁。槽形钢梁的梁格划分如图 8.22 所示,有限元网格如图 8.23 所示。

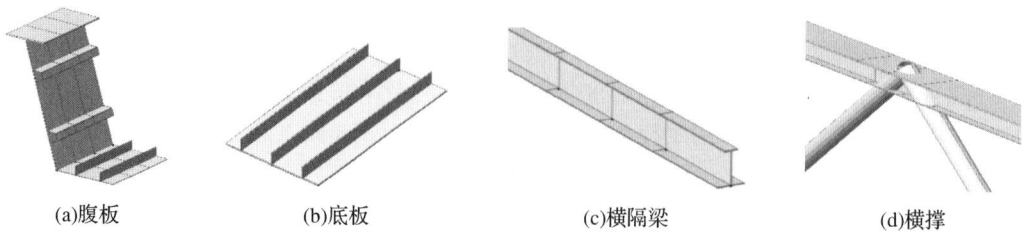

(a)腹板　　　(b)底板　　　(c)横隔梁　　　(d)横撑

图 8.22　槽形钢梁梁格划分

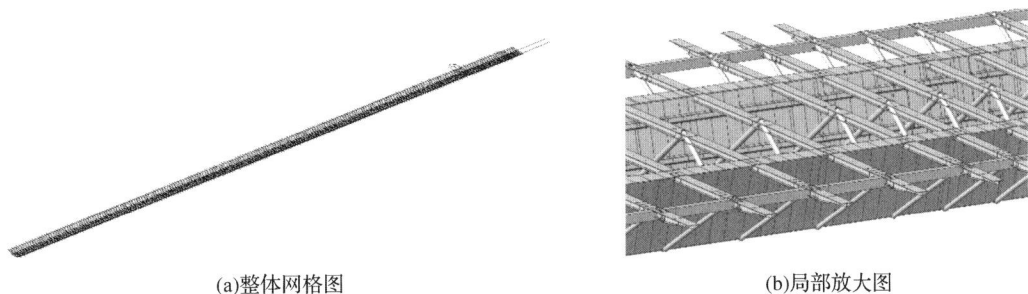

<table>
<tr><td>(a)整体网格图</td><td>(b)局部放大图</td></tr>
</table>

图 8.23 槽形钢梁顶推分析有限元模型

有限元模型中边界条件为 $PS_{12}$ 墩位置约束 $D_x$,$D_y$,$D_z$,其余墩处只约束 $D_y$,$D_z$。位于拼装平台上的梁段移位器的支撑作用以只受压弹性连接模拟,钢导梁与槽形钢梁的连接通过钢导梁连接段实现。计算时钢材容重取 $78.5\text{kN/m}^3$,节点板及横梁上部分纵向加劲肋仅考虑其重量,将其作为集中荷载加在相应构件上。分析时以每顶推一步约 0.8 米为一工况,在此基础上增设了关键位置工况,如钢导梁最大悬臂、钢导梁刚上墩等,通过改变边界条件来模拟顶推施工过程。

**(2)计算结果**

挠度反映结构整体效应及特性,与成桥线形、槽形钢梁加工参数等有直接关系;应力则直接反映了结构的局部响应,直接关系到结构的安全。因此顶推施工过程中需要对挠度和应力进行分析评估。

①挠度

在 1.0 恒载作用下,$PS_{11}$—$PS_{12}$ 跨的挠度较大,最大挠度值为 $-11.1\text{cm}$。中间 85 米标准跨最大挠度值约为 $-8.2\text{cm}$,$PS_{12}$—$PS_{13}$ 跨最大挠度值约为 $-1.8\text{cm}$,第二跨最大挠度值约为 $-6.9\text{cm}$,具体挠度结果如图 8.24 所示。预拱度设置时仅考虑 1.0 恒载效应,不考虑活载作用。

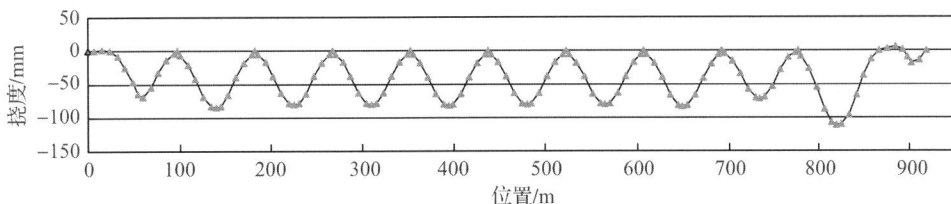

图 8.24 1.0 恒载作用下挠度

由于顶推施工过程中的分析工况及分析结果较多,故选取导梁前端作为特征点进行分析。导梁前端的挠度变化范围在 $-75.2\sim16.8\text{cm}$ 之间,如图 8.25 所示。导梁即将上 $PS_3$ 墩时处于最大悬臂状态,此时导梁前端挠度达到最大值 $-75.2\text{cm}$,导梁上 $PS_3$ 前各点挠度值如图 8.26 所示。

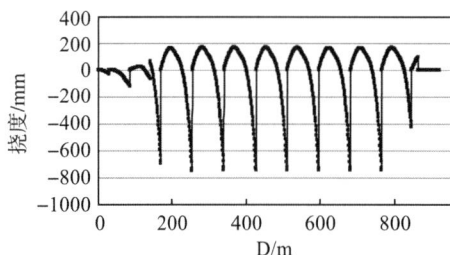

图 8.25　导梁前端挠度时程

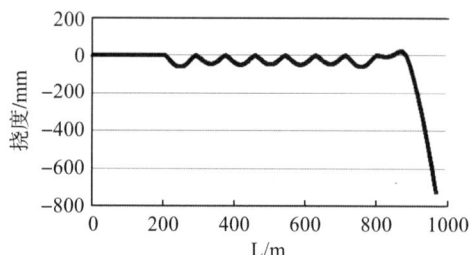

图 8.26　导梁上 PS3 前各点挠度值

②应力

在顶推施工过程中,导梁上缘最大拉应力为 34.9MPa,最大压应力为 −130.0MPa;下缘最大拉应力为 126.0MPa,最大压应力为 −34.9MPa。导梁受力最不利截面上、下缘应力随顶推施工过程的变化情况如图 8.27 和图 8.28 所示。

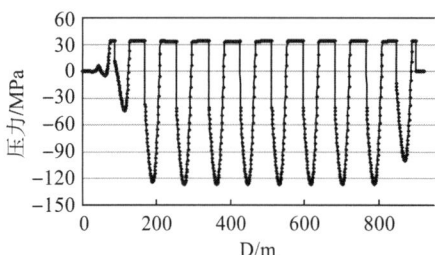

图 8.27　导梁受力最不利截面上缘应力时程

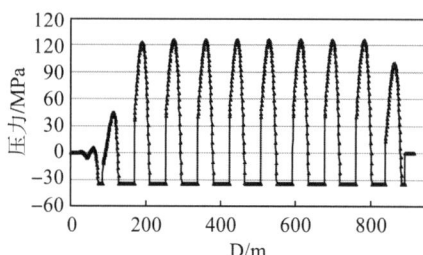

图 8.28　导梁受力最不利截面下缘应力时程

### 8.4.4　顶推局部受力分析

在顶推接触系统设计过程中,为了分析顶推过程槽梁的局部受力情况,且考虑到问题的求解规模,采用混合单元:板壳单元和梁单元建立了槽梁模型。全部结构共划分为 135240 个板壳单元、2532 个梁单元、154321 个节点。为了评估顶推过程不同接触边界引起的局部应力变化情况,将处于最不利受力位置时的支反力以等效反力荷载施加到结构上;分别考虑了顶推设备与梁体的三种不同接触方式:点接触方式、线接触方式和面接触方式,相应施加的等效荷载为点荷载、线荷载和面荷载。有限元模型如图 8.29 所示。

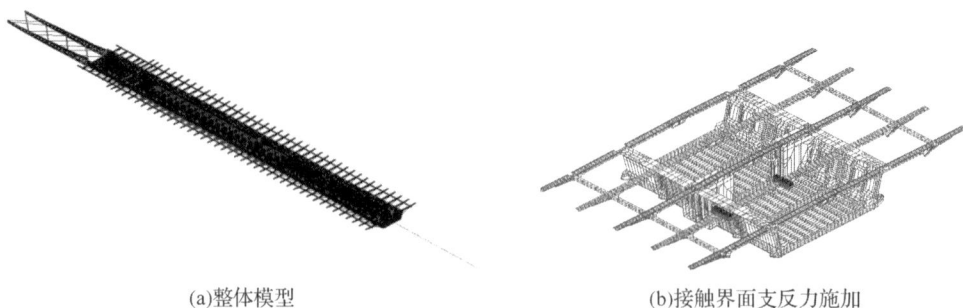

(a)整体模型　　　　　　　　　　　(b)接触界面支反力施加

图 8.29　接触界面计算评估模型

对上述三种不同接触边界进行计算分析,其结果如图 8.30 所示,其中点接触最大应力为 267MPa,线接触最大应力为 75MPa,面接触最大应力为 322MPa。之所以面接触产生的应力最大,是因为有一部分面荷载施加到底板上面,底板是结构相对薄弱位置,最大应力也正是出现在底板上,而线接触应力直接传至腹板,故应力最小。

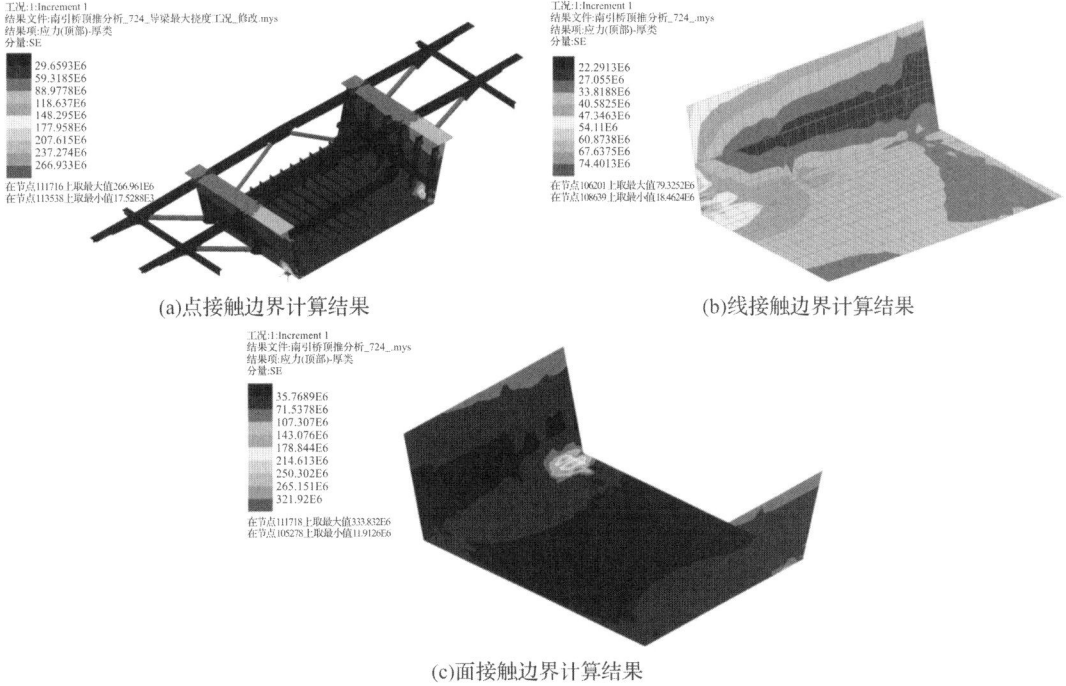

(a)点接触边界计算结果　　　　　　　　(b)线接触边界计算结果

(c)面接触边界计算结果

图 8.30　不同接触边界的计算结果

　　顶推设备与梁体的接触应介于线接触与面接触之间,为满足该要求,现场采用了如下措施:在顶推设备上支撑架顶面设置一过渡垫块,过渡垫块断面呈三角形,厚度 2cm,长度 1.6m,与钢槽梁底板接触宽度为 15cm,其上可设置橡胶垫,橡胶垫可以使局部承载均衡,还可保护钢槽梁底部防腐涂层。该过渡垫块只是搁置在顶推设备上支撑架顶面,可根据钢槽梁底板边缘及时调整位置,保证顶推设备传力完全传递到腹板上,如图 8.31 所示。

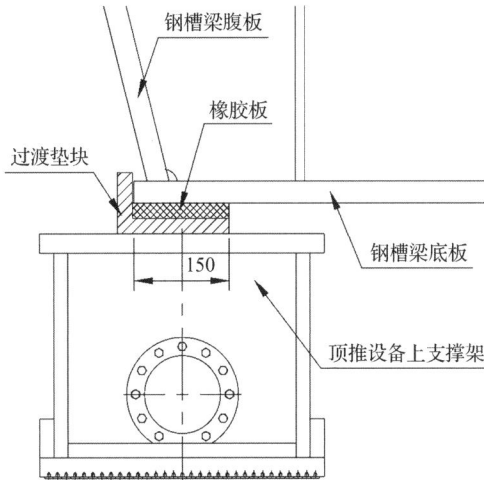

图 8.31　过渡垫块布置(单位:mm)

### 8.4.5　监控结果

**(1)线形控制效果评估**

根据顶推过程中现场测量数据得出的实测变形与理论预测变形、实测高程与预测高程能较好地吻合,安装线形控制取得了较理想的效果。其中第二轮至第四轮、第六轮、第八轮、第十轮顶推到位时,各控制截面底部测点预测变形和测量变形如图 8.32 至图 8.37 所示。

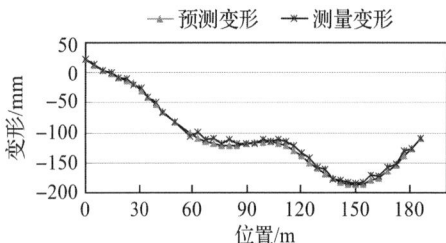

图 8.32　第二轮顶推到位变形比较

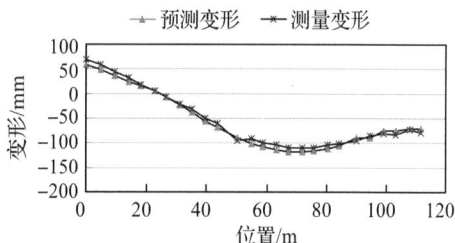

图 8.33　第三轮顶推到位变形比较

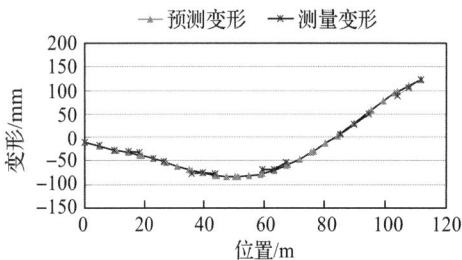

图 8.34　第四轮顶推到位变形比较

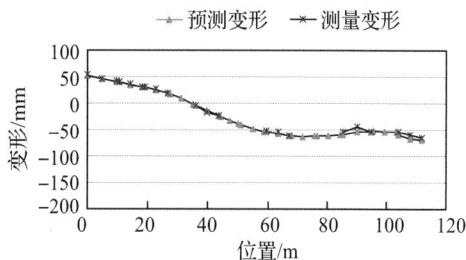

图 8.35　第六轮顶推到位变形比较

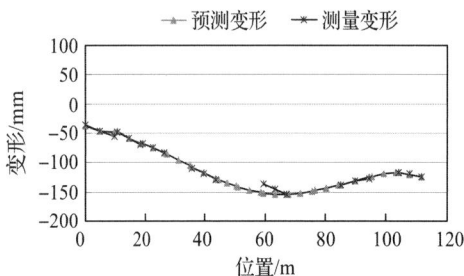

图 8.36　第八轮顶推到位变形比较

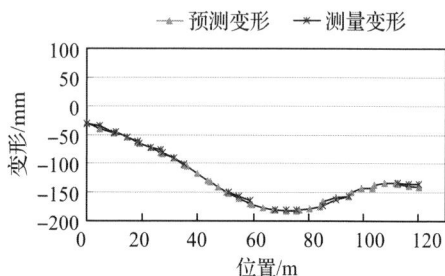

图 8.37　第十轮顶推到位变形比较

钢槽梁顶推到位后,对各跨梁段主要控制截面测点进行了测量。各控制截面测点相对于所在桥跨墩顶连线的相对高程如图 8.38 所示。在墩编号为 $PS_3$、$PS_4$、$PS_5$ 处,墩顶高程本身存在的误差分别为 2.5cm、2.4cm、1.7cm,将此误差计入计算中,然后再进行比较。经过多次测量,误差在 ±1.0cm 之间的测点共占 90.6%;误差大于 1.0cm 的测点占 6.0%,小于 −1.0cm 的测点占 3.4%;其中 $PS_{12}$ 与 $PS_{11}$ 之间的最大误差为 −1.5cm,出现在跨中靠 $PS_{11}$ 侧梁段;$PS_4$ 与 $PS_3$ 之间的最大误差为 1.3cm,出现在跨中靠 $PS_3$ 侧梁段。预测相对高程与实测相对高程能很好地吻合,结果表明线形控制效果较理想。

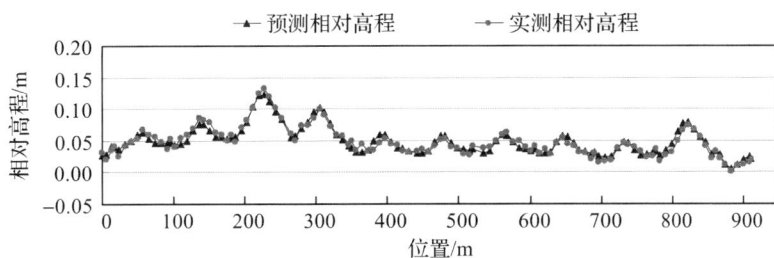

图 8.38　钢槽梁顶推到位后相对高程对比

**（2）应力控制效果评估**

在顶推施工过程中,采用振弦式应力传感器对桥梁结构进行应力监测,以顶推前传感器的测试结果作为初值,通过增量法监测顶推施工过程中各个工况下结构应力的变化情况。以导梁第二轮至第四轮、第六轮、第八轮、第十轮顶推过程为例,其控制截面顶、底板应力监测点的时程如图 8.39 至图 8.50 所示。

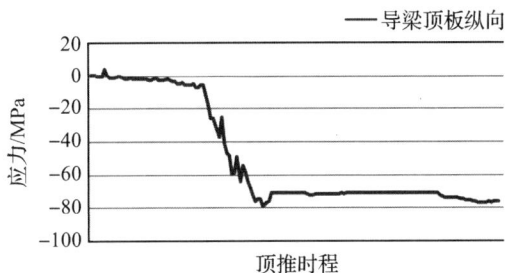

图 8.39　第二轮顶推顶板应力监测点时程

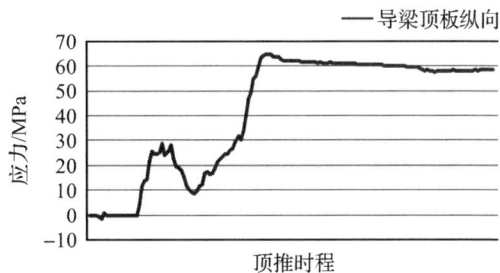

图 8.40　第二轮顶推底板应力监测点时程

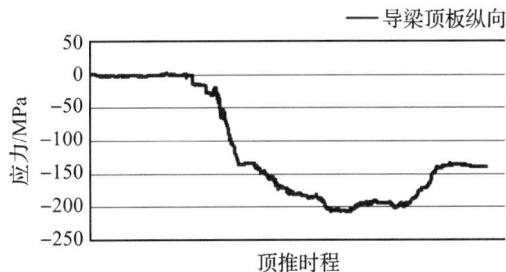

图 8.41　第三轮顶推顶板应力监测点时程

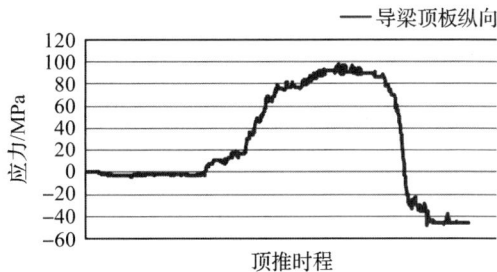

图 8.42　第三轮顶推底板应力监测点时程

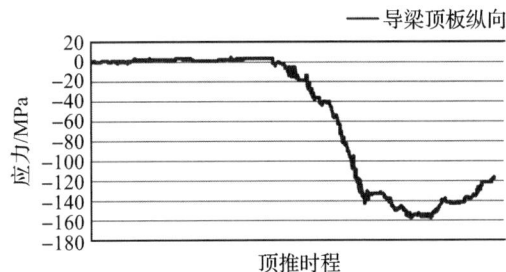

图 8.43　第四轮顶推顶板应力监测点时程

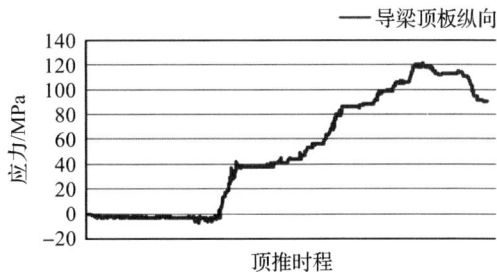

图 8.44　第四轮顶推底板应力监测点时程

图 8.45　第六轮顶推顶板应力监测点时程

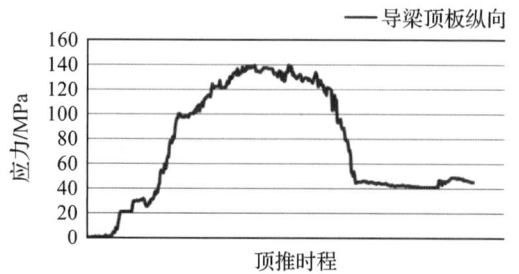

图 8.46　第六轮顶推底板应力监测点时程

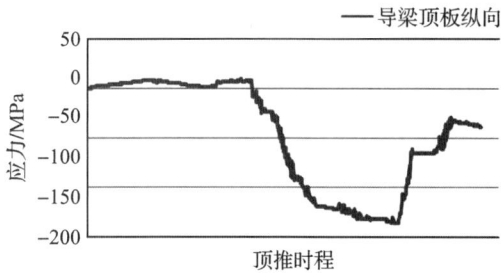

图 8.47　第八轮顶推顶板应力监测点时程

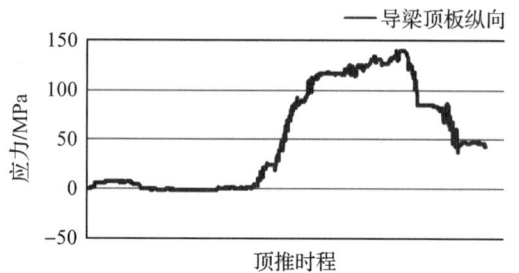

图 8.48　第八轮顶推底板应力监测点时程

图 8.49　第十轮顶推顶板应力监测点时程

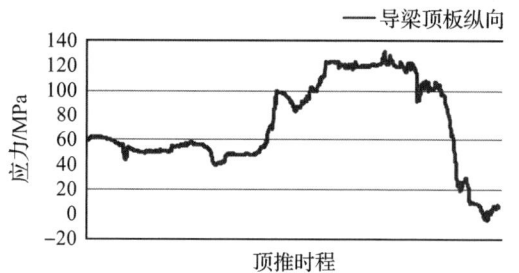

图 8.50　第十轮顶推底板应力监测点时程

导梁控制截面顶、底板应力随着顶推施工的进行而不断发生变化,变化规律基本是一致的,实测应力值与预测值能够很好地吻合,应力控制效果较理想。

## 8.5　本章小结

本章首先从顶推施工方法的施工原理、施工工艺流程、临时设施、设备系统和顶推方式五个方面系统介绍了桥梁顶推施工方法,重点分析顶推施工过程中设置的临时设施和顶推方式;其次从结构计算分析、现场监测内容和线形控制方法等三个方面对顶推施工监控技术进行详细阐述,着重讨论了状态传递法在顶推施工监控中的应用;最后以一座混凝土板槽型钢梁组合桥梁为例,介绍了步履式顶推施工方法及施工监控,可为同类工程建设提供直接参考。

# 第9章 跨海钢箱梁桥大节段吊装施工监控

## 9.1 概 述

桥梁大节段吊装施工是将两个及以上小节段在工厂组拼成长度一般不小于40m的大节段,然后将大节段运输到桥位指定区域后,将其吊装到预定位置。由于海上浮吊的起吊能力目前可达数千吨以上,单次吊装的大节段长度可达百米以上,大量减少了施工临时设施,大幅缩短了海上施工作业时间,显著提高了桥梁的施工质量和效率。如1997年丹麦采用大节段吊装建成了大贝尔特海峡西桥,该桥采用公铁并行的预应力混凝土连续箱梁,最大吊装混凝土梁段长110m,吊重约5800t;同年,加拿大建成诺森伯兰海峡大桥,该桥采用预应力混凝土连续箱梁,最大吊装混凝土梁段长193m,吊重约8200t。

近些年,随着我国社会经济的发展,桥梁建设迅猛发展,对桥梁工程品质的要求也越来越高,具有高强、轻质、环境污染小且对装配化施工具有良好适应性等优点的钢箱梁结构在桥梁建设中得到了越来越广泛的使用。而对于跨海桥梁而言,由于下部结构施工难度大、造价高,桥梁跨径的增加可减少桥墩数量、降低阻水率、节省工程费用,非通航区域的跨海大桥也开始采用大跨径钢箱梁结构。将大节段吊装施工应用于跨海钢箱梁桥建设,可实现逐孔或整孔安装,推动我国跨海大桥向大型化、工厂化、标准化、装配化方向发展,实现跨海大桥的快速、高品质建设。如港珠澳大桥和深中通道的非通航孔桥、厦门东二通道等都采用了单跨跨径超百米的钢箱梁结构,并采用大节段钢箱梁吊装施工工艺,逐跨装配,极大地提高了施工效率。跨海大桥大节段吊装施工现场照片如图9.1所示。

对于分阶段安装施工,当钢箱梁节段的长度达到40m以上时,将不同于传统的小节段拼装,自重和温度引起的结构变形对现场装配产生明显影响;特别是跨海钢箱梁节段单次安装长度达到100m以上,梁段长度、支座位置、螺栓孔定位等加工参数均需要进行修正,且钢箱梁大节段的存放、运输、吊装及就位的难度明显加大。因此,需要对钢箱梁自单元件制作到现场安装就位的全过程进行施工控制,以保障施工过程安全、顺利,并实现设计成桥目标。

本章将在对跨海钢箱梁桥大节段吊装施工方法进行介绍的基础上,阐述了钢箱梁大节段吊装监控内容、监控重难点和相应的技术方法,并以实际工程为例展示了施工监控的具体实施情况。

(a)边跨大节段钢箱梁吊装(长132.6m,重2815t)　　　　(b)合龙段钢箱梁吊装

图 9.1　逐孔吊装现场

## 9.2　大节段吊装施工方法

### 9.2.1　施工流程

跨海钢箱梁桥大节段吊装施工一般分为工厂制造、海上运输、桥位安装等三个阶段。

**(1)工厂制造**

大节段钢箱梁的制造主要包括板单元制作、小节段组拼、大节段拼装等环节。大节段钢箱梁一旦制造成型,其成桥线形随之确定,预埋件及预留孔位置等也难以调整,因此制造时应进行几何参数的准确计算和严格监控,确保顺利装配和设计成桥线形等。大节段钢箱梁制造的总体流程如图 9.2 所示。

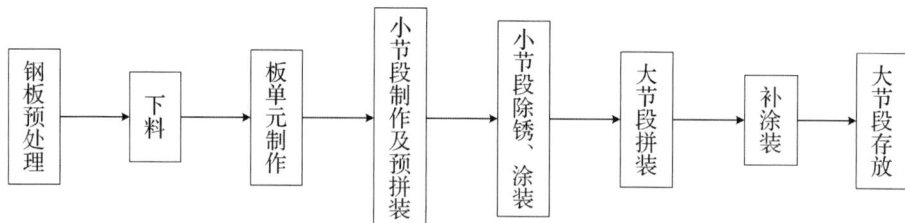

图 9.2　大节段钢箱梁工厂制造流程

板单元的制造分为板件单元划分和板件单元加工两个方面。板单元划分应根据施工规范及设计要求,同时综合考虑施工成本。所有的板单元均应按类型在专用胎架上形成流水线作业制造,一般需经过钢板预处理、精确下料、板单元组装、焊接加工和防腐等工序,要注意严格控制板单元的加工变形。下料时应计入板件受力变形、纵横曲线的影响,并根据下料

温度与设计基准温度的差异进行修正。

钢箱梁小节段组拼一般按照"底板→横、纵隔板→腹板→顶板→附属结构"的组拼顺序,逐段组拼并焊接。组拼时应设置专门的组拼胎架,同时须考虑线形控制、测量控制网设置、涂装厂房配置、节段下胎与存放等要求。由于环境温度对拼装尺寸影响较大,为减小温差对板单元定位精度的影响,板单元的定位组装宜避免太阳直接照射。

大节段拼装时关键要控制好钢箱梁的装配精度和整体线形,重点须考虑竖向线形、水平长度和支座位置的控制,以确保钢箱梁的顺利架设。大节段拼装时应合理地设置临时支墩的位置与数量以保证临时支墩有足够的强度、刚度和稳定性,使得钢箱梁底部均匀受力。拼装完成后的钢箱梁还应对其梁长、梁高、梁宽、腹板中心距、桥面坡度、吊点位置等进行检测以保证制造的钢箱梁合格。制造完成的大节段钢箱梁通过运梁车转运到提前规划好的存梁场地,在转运和存放过程中应考虑钢箱梁局部稳定,对于露天存放的情况,还应考虑温度梯度引起的支墩反力的变化。

**(2)海上运输**

钢箱梁从工厂制造完成后,需要用运输船运到桥址位置,海上运输总体工艺流程为:梁场转运→钢箱梁装船→钢箱梁临时固定→海上运输。在运输前应根据运输区域提前规划好运输路线、明确运输的气象条件,进而选择合理可行的运输设备。梁段在运输过程中,必须采取特别的措施防碰、防撞、防变形、防倾覆、防污染等,确保运输过程中结构及船舶的安全性,如设置合理的临时支撑、系固与绑扎使钢箱梁在运输过程中受力和变形满足要求。

海上运输方式一般可采用运架分离、运架一体。运架分离即需要单独的吊装设备将梁段吊装到运输船上,运输到桥位安装处再通过单独的浮吊架梁;而运架一体则无须辅助船舶,可独立完成取梁、运梁和架梁工作。钢箱梁大节段装船常用方式有滑移、滚装和吊装等,具体应综合考虑结构特点、码头条件、厂内转运方法及装船设备等因素进行确定。

**(3)桥位安装**

对于运架一体方式的,利用运架一体起重船直接进行吊装作业;对于运架分离方式的,则需根据吊装钢箱梁大节段的重量和空间姿态选择合适的浮吊,并根据浮吊结构形式和钢箱梁大节段几何尺寸等参数设计专用的吊具系统,以满足吊具系统在吊装过程中结构受力的安全、可靠。

钢箱梁吊装至桥墩上方后,通过墩顶和梁底设置的牵引设备将钢箱梁缓慢引导至临时支撑区域,通过目测进行钢箱梁的初步定位,使钢箱梁就位于临时支墩上。钢箱梁初步就位后,然后利用由临时支座、钢垫块、千斤顶组成的调位系统实现对钢箱梁的轴向偏位、高程及纵向位置与支座偏位的精确调整。精确调位后的钢箱梁仍支撑于临时支座上。调梁定位和连接固定都须在气温稳定环境下进行,避免温度梯度引起结构附加变形和应力。循环施工,直至完成一联钢箱梁的安装。

当钢箱梁安装完成后,还需将其由临时支座支撑转换为设计永久支座支撑,即进行钢箱梁的落梁就位。钢梁就位后,温度变化和安装作业使得梁体还会继续发生纵向位移。为了保证设计基准状态下支座顶底板对齐,应事先根据梁体就位时的梁体温度与设计基准温度的差值和钢梁就位后的施工作业情况分别计算梁体底部的纵向位移,按两者之和的相反值设置支座预偏量,施工过程中支座位置变化情况如图 9.3 所示。落梁就位可以在整联钢梁吊装完成后实施,也可以在安装过程中分次逐步进行。落梁就位时,其纵向定位还应综合考虑梁底支座与桥墩支座垫石之间的匹配情况,适当对梁体进行纵向平移,以便于各支座顺利就位到桥墩预留位置上;因此,对于在钢箱梁安装之前还未取得钢箱梁与桥墩支座垫石的匹配误差的,宜采用整联落梁的方式。

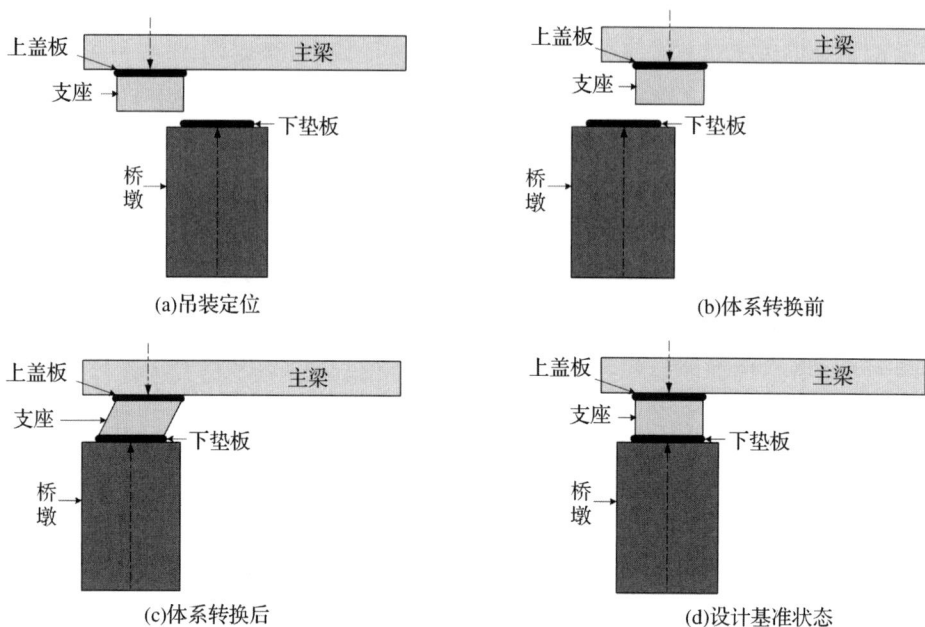

图 9.3  支座位置变化

对于设置合龙段的钢箱梁,其梁长应预留一定的余量,用于已安装梁段施工误差的调整。在合龙段架设前,需连续 48～72h 监测合龙口的空间形态及其随温度的变化规律,根据监测结果确定合龙段配切参数及合龙时间。合龙段安装前,应先将两端或一端的梁体向外侧移开一定距离,以便于合龙段就位,因此其落梁就位应在合龙段施工完成后进行。

## 9.2.2  大型临时设施

钢箱梁大节段吊装施工的临时设施主要有:制造及运输时设置的钢箱梁临时支撑结构、为吊装设置的吊点、搭接牛腿、墩顶临时支撑等,吊点及牛腿如图 9.4 所示。对于跨径偏大的梁段,限于施工能力,难以实现整孔施工,现场还需设置临时支墩,如图 9.5 所示。临时设施的安全与稳定直接关系到施工的安全,因此对于这些大型临时设施要进行专项设计,注重吊点及牛腿与钢箱梁的连接区域的局部受力和构造,注重验算临时支墩的承载力和稳定性,并应加强施工过程中的监测和检查。

边腹板处临时牛腿及加强

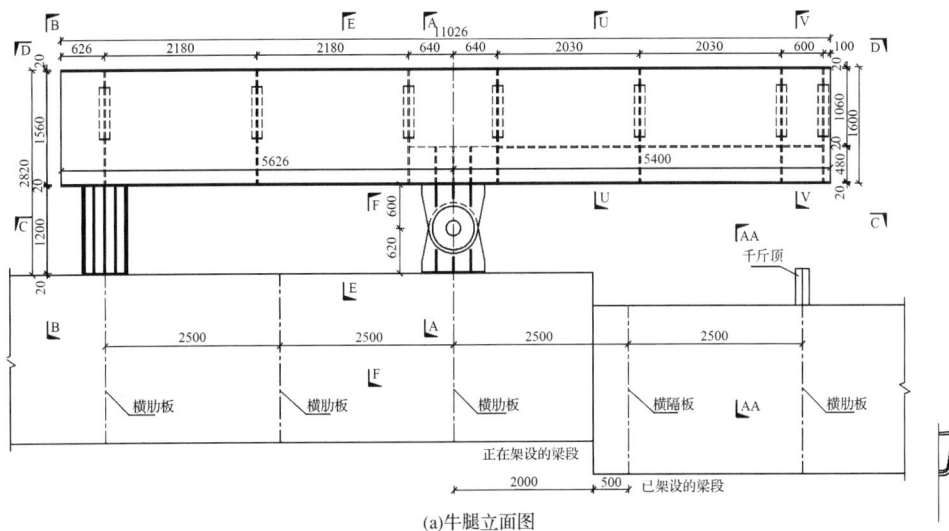

(a)牛腿立面图

(b)吊点及牛腿现场照片

图 9.4　吊点及牛腿

图 9.5　临时支墩

### 9.2.3 施工装备

**(1)吊具系统**

吊具是起重机械中吊取重物的装置,负责将吊装重量均匀可靠地传递给吊钩,其同时需要考虑吊装对象的几何形状、空间姿态和结构受力等。目前工程上应用于钢箱梁吊装的吊具类型有多种,如空间桁架式、平面压杆式、滑车自平衡式等;图9.6所示的吊具是用于厦门东二通道大节段钢箱梁吊装的新型吊具,较方便适用于变宽梁段吊装,其自上而下包括吊架、分配梁和连接件等部分,其中位于上部的吊架由吊索、纵梁、横梁等组成。

图9.6 大节段吊装的吊具系统

**(2)运输船**

对于大节段钢箱的海上运输,常采用滚装船,如图9.7(a)所示;根据设备条件可采用运架一体式船舶,如9.7(b)所示的"天一号"运架一体船,其无须辅助船舶可对梁段进行取、运、架等作业,最大重量可达3600t。

(a)运架分离的滚装船

(b)运架一体船

图9.7 运输船

**(3)起重船**

起重船又称浮吊,工程上常称吊装船,是专用于吊装作业的工程船,如图9.8所示的"一航津泰"的最大起重为4000t、水上最大起高为110m。

图 9.8　"一航津泰"起重船

**(4)现场调位系统**

大节段钢箱梁吊装施工时在各个墩的墩顶和牛腿端部均设置有竖向、横向和纵向等三个方向千斤顶,以实现钢箱梁安装过程中的三向精确调位;但三个方向调位是独立实施的,一般按竖向高程、横向位置、纵向位置等顺序反复多次进行,直到满足施工精度要求为止。图 9.9 示意了牛腿处的调位系统,墩顶处相类似。

(a)竖向调位　　　　　　　　　　　　　　　　(b)水平调位

图 9.9　牛腿处调位系统

# 9.3　大节段钢箱梁吊装监控方法

## 9.3.1　施工监控特点分析

钢箱梁桥大节段吊装施工需经历工厂制造、海上运输和桥位安装三个阶段,每个施工阶段环环相扣,某个环节控制不好将对整个施工过程造成影响。其施工风险较常规的小节段吊装施工明显增大,体现在两个方面:钢箱梁和临时设施受力安全和几何精准匹配。为确保整个过程安全、顺利,需在吊装前对吊装施工方案进行充分的分析论证,并在吊装过程中对钢箱梁和临时设施的关键受力部位进行实时监测;同时,也要注重控制好钢箱梁大节段加工的几何状态,通过设置合理的施工参数,使得大节段长度及总梁长误差满足要求、支座位置准确、大节段间匹配良好。

大节段钢箱梁的长度一般都是 40m 以上,在制造和安装时温度效应都很明显,要系统进行温度效应控制。工厂制造阶段,要考虑施工温度与设计基准差引起的下料长度修正,要避免温度梯度对梁体制造线形的影响,要考虑温度梯度引起的梁段存放临时支点反力的不均匀性等。现场安装阶段,要求在气温恒定条件下进行梁体定位与体系转换,并考虑温度及受力对支座预偏量的影响。

### 9.3.2 施工监控工作内容

大节段钢箱梁施工过程中需要采集结构的几何形态和应力等参数。其中几何形态监测的主要目的是保证钢箱梁制造线形的准确可靠、钢箱梁吊装施工顺利实施以及获取已形成的结构实际几何形态。内容主要包括:

①钢箱梁拼装线形;

②钢箱梁安装线形;

③短期温变对钢箱梁线形的影响;

④墩身倾斜测量。

其中几何线形具体监测内容包括钢箱梁长度、钢箱梁高度、节段倾角、钢箱梁标高、钢箱梁中线等。

大节段钢箱梁施工控制中的应力监测的内容主要包括:

①钢箱梁跨中截面的正应力监测;

②钢箱梁墩顶截面的正应力监测;

③钢箱梁吊点处的剪应力;

④钢箱梁纵向两吊点跨中截面的正应力。

根据各施工阶段不同的侧重点,需有针对性地采取监测与控制措施,具体的监控工作内容可见表 9.1。

表 9.1　大节段钢箱梁吊装施工监控工作内容

| 施工阶段 | 监控计算 | 现场测试 | 误差分析与状态评估 |
|---|---|---|---|
| 工厂制造 | ·板件下料参数<br>·制造线形<br>·端面倾角<br>·支座间距<br>·预留件位置<br>·钢梁局部受力 | ·制造线形:顶板、底板、端面典型位置的坐标<br>·传感器安装、应力测试与温度测试<br>·支座定位及预留件位置 | ·几何误差分析:制造线形、端面倾角、支座位置、预留件位置等是否与指令要求一致<br>·制造时梁体温度分布均匀性<br>·局部应力是否满足要求 |
| 海上运输 | ·钢梁局部受力 | ·空间倾斜状态<br>·受力不利处的应力 | ·运输稳性是否满足要求<br>·局部受力是否满足要求 |
| 桥位安装 | ·相邻大节段匹配情况:环焊缝尺寸<br>·支座预偏量计算 | ·环境条件监测(温度场、风向风速)、吊装时吊具、钢箱梁及牛腿应力监测<br>·定位后竖向线形、轴线位置、横向扭转、大节段衔接情况及环焊缝尺寸<br>·控制截面的应力应变、支座对中 | ·吊装时应力均匀及安全性评估与预警<br>·线形误差、定位误差及相邻大节段匹配误差分析,确定施工监控指令是否需要调整 |

### 9.3.3　控制指标计算

根据第 2 章几何状态方程及第 3 章各状态向量的计算方法,可进一步计算大节段钢箱梁控制指标,具体计算方法如下。

**(1)钢箱梁下料参数计算**

大节段钢箱梁是由若干个小节段在无应力状态拼装的,对于节段 $i$ 与节段 $(i+1)$ 间顶底板下料参数的计算,仅需调取无应力状态方程 $\boldsymbol{\Phi}^N$ 中 $i$ 节段上的 $P_i^3$、$P_i^4$ 以及 $(i+1)$ 节段上的 $P_{i+1}^1$、$P_{i+1}^2$ 的状态向量,通过计算 $\delta L_i^t=\overrightarrow{P_i^3 P_{i+1}^1}^N$ 和 $\delta L_i^b=\overrightarrow{P_i^4 P_{i+1}^2}^N$,可确定连接端面处顶底板的下料参数(见图 9.10)。

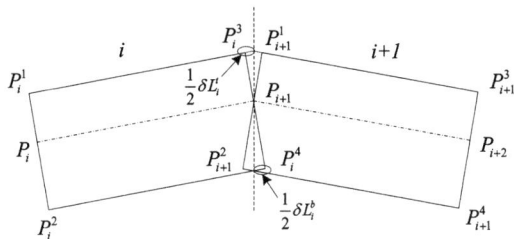

图 9.10　小节段接缝处顶底板配切

**(2)环缝宽度预测**

相邻大节段钢箱梁是在受力状态下进行焊接连接的,其无应力状态下必定存在环缝夹角(顶底板缝宽不一致,见图 9.11),预测大节段吊装后环缝缝宽变化,仅需调取无应力状态方程 $\boldsymbol{\Phi}^N$、吊装后的预测变形 $\boldsymbol{\Delta}^E$,可得到预测状态方程 $\boldsymbol{\Phi}^P$;调取环缝所在梁段 13# 和 14# 的状态向量,分别计算 $\delta D^t=\overrightarrow{P_{13}^3 P_{14}^1}^P$ 和 $\delta D^b=\overrightarrow{P_{13}^4 P_{14}^2}^P$,即可计算出环缝处顶底板缝宽,可据此进行环缝两侧梁段顶底板的配切参数。

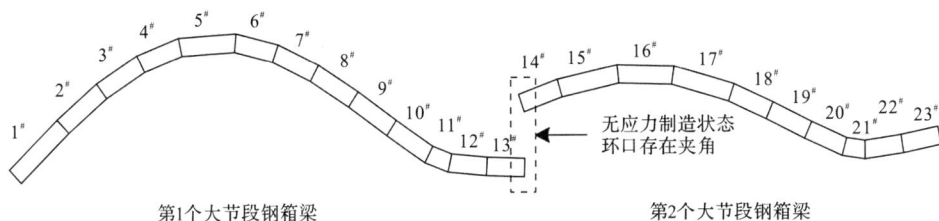

第1个大节段钢箱梁　　　　　　　　　　　　第2个大节段钢箱梁

图 9.11　无应力制造状态下大节段钢箱梁对接环口存在夹角

**(3)支座定位**

支座随梁吊装,而钢箱梁吊装后相对于其无应力状态底板长度将发生变化,从而引起支座位置变化,支座定位必须考虑钢箱梁底板长度的变化值。支座所在小节段钢箱梁为 1# 和 11#(见图 9.11),分别调取无应力状态方程 $\boldsymbol{\Phi}^N$ 的状态向量 $\overrightarrow{P_1^2 P_{11}^2}^N$ 和支座安装时刻预测状态方程 $\boldsymbol{\Phi}^P$ 中的状态向量 $\overrightarrow{P_1^2 P_{11}^2}^P$,二者的差值即为支座偏位值,实现提前定位支座。

### 9.3.4　支座预偏量计算

吊装梁体在环境温度、施工受力引起的底板长度变化、梁长误差、定位误差、焊缝引起的收缩变形影响下,会引起桥墩支座的位移量。为此,需在桥墩支座上座板与支座理论中心线间预设纵向偏移量,以抵消体系转换后梁体产生的纵向位移,使支座达到设计状态,从而避免支座出现偏心受力,使支座受力均衡。支座预偏量应根据各支座在其工作后直至达到设计基准状态期间支座上盖板与下垫板中心线的偏移总量进行设置,即取偏移量的反值。支座下垫板位于桥墩支座垫石上,是保持不动的;支座上盖板固定于箱梁底板,随梁底板一起移动,可根据该支座与固定支座间的箱梁底板长度在各种因素的作用下产生的纵向长度变化量来计算。支座预偏量计算主要考虑:后续梁段自重和二期恒载等重力作用、均匀温度差、温度梯度等三个因素。

**(1)自重及二期恒载**

如图 9.12 所示,在梁体自重作用下,虽然梁的中性层长度不会变长或缩短,但支座安装在箱梁底板上,梁底板长度会一直发生变化。以施工前进方向为正方向,设一联钢箱梁的实际施工共需 $n$ 个工况达到设计基准状态,在第 $m$ 个工况进行某一支座的安装,若达到设计基准状态时该支座顶板因自重产生的纵向位移为 $\delta^g$,则 $\delta^g$ 可表示为:

$$\delta^g = \sum_{i=m+1}^{n} c_i L_i^g \tag{9-1}$$

式中:$c_i$ 是第 $i$ 个工况下该支座的状态参量,安装固定支座时取 0,滑动支座且位于固定支座的施工前进方向时取 1,滑动支座且位于固定支座的施工后退方向时取 $-1$;$L_i^g$ 是第 $i$ 个工况下该支座与固定支座间的梁底板长度变化量,一般可利用施工全过程的有限元模型进行计算:$L_i^g = (l_i)^{\mathrm{T}} \dfrac{\sigma_i^g}{E}$,其中 $l_i = [l_{i1} \quad \cdots \quad l_{ij} \quad \cdots \quad l_{is_i}]^{\mathrm{T}}$,$l_{ij}$ 是第 $i$ 个工况时的有限元模型中该支座与固定支座间第 $j$ 个梁单元的长度,$s_i$ 是第 $i$ 个工况时的有限元模型中该支座与固定支座间的梁单元总数;$\sigma_i^g = [\sigma_{i1}^g \quad \cdots \quad \sigma_{ij}^g \quad \cdots \quad \sigma_{is_i}^g]^{\mathrm{T}}$,$\sigma_{ij}^g$ 是第 $i$ 个工况时的有限元模型中该支座与固定支座间第 $j$ 个梁单元下缘相比上一工况由自重荷载引起的应力增量;$E$ 是钢的弹性模量。

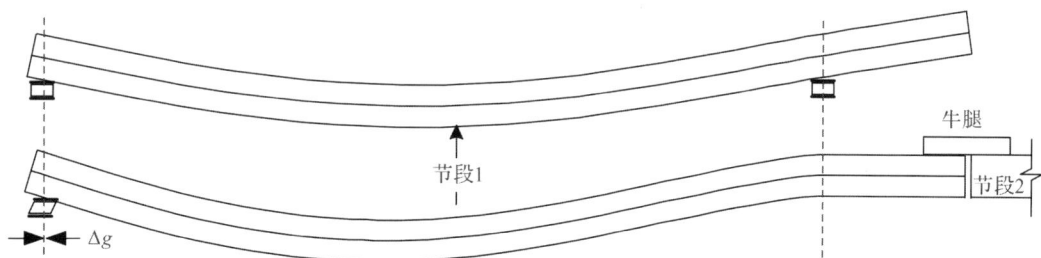

图 9.12 自重引起的梁底板长度变化和支座偏移

**(2)均匀温差**

箱梁底板的纵向长度也会直接受到整体温度变化的影响,设达到设计基准状态时某支座顶板因整体温度变化产生的纵向位移为 $\delta^t$,其计算式为:

$$\delta^t = \sum_{i=m+1}^{n} c_i \alpha (T_{i+1} - T_i) l_i \tag{9-2}$$

式中:$\alpha$ 是钢的热膨胀系数,$T_i$、$T_{i+1}$ 分别为当前工况与下一工况的温度,其他符号意义同前。从上式可以看出,为了准确确定各支座的预偏量,需准确预测各个支座安装时的温度。实际施工时,应依据预测温度进行相应支座上的落梁就位操作。

**(3)温度梯度**

与自重的作用类似,温度梯度造成的钢箱梁底板长度变化同样与各支座安装的顺序密切相关,也可利用施工全过程的有限元模型进行计算。设一联钢箱梁的实际施工共需 $n$ 个工况达到设计基准状态,在第 $m$ 个工况进行某一支座的安装,若达到设计基准状态时该支座顶板因温度梯度产生的纵向位移为 $\delta^{tg}$,则 $\delta^{tg}$ 可表示为:

$$\delta^{tg} = \sum_{i=m+1}^{n} c_i L_i^{tg} \tag{9-3}$$

式中:$L_i^{tg} = (l_i)^{\mathrm{T}} \dfrac{\boldsymbol{\sigma}_i^{tg}}{E}$,$\sigma_i^{tg} = [\sigma_{i1}^{tg} \quad \cdots \quad \sigma_{ij}^{tg} \quad \cdots \quad \sigma_{is_i}^{tg}]$,是第 $i$ 个工况时的有限元模型中该支座与固定支座间的第 $j$ 个梁单元下缘相比上一工况由温度梯度引起的应力增量,其他变量与计算 $\delta^g$ 时的规定相同。

综上,以施工前进方向为位移的正方向,一个支座完成安装后其顶板因自重、整体温度变化和温度梯度而产生的总位移为 $\delta^g + \delta^t + \delta^{tg}$,其支座预偏量应设为 $-(\delta^g + \delta^t + \delta^{tg})$。

## 9.3.5　受力安全与稳定控制

大节段钢箱梁在工厂制造、海上运输、桥位安装等不同阶段的结构体系、支撑状态和施工荷载均不相同,需针对不同施工阶段、不同工况进行强度、刚度和稳定性的验算。需要特别注意的是,钢箱梁结构刚度相对较小,施工过程中的支撑条件和状态不同于成桥,容易出现局部稳定和变形过大等问题,应加强分析与评估。

当大节段钢箱梁置于露天场地存放时,日照导致钢箱梁截面存在竖向温度梯度,使得其临时支撑的反力分布出现明显变化。临时支撑布置应充分考虑此影响,需要基于临时支撑的受力以及钢箱梁局部受力评估结果,确定其数量和支承位置。同样,需对钢箱梁运输时临时支撑处的局部受力和稳定进行评估,对吊点、牛腿区域的钢箱梁局部受力和变形进行评估。

# 9.4　温度梯度对工厂制造的影响分析

不均匀温度分布会引起结构的受力和变形,一般应在拼装车间或遮阳棚内进行大节段总拼。但有时限于实际条件,可能存在露天条件下进行大节段总拼的情况,此时竖向温度梯度作用会导致大节段下胎前存在应力,即胎架总拼是在有应力状态下进行的,这与胎架上无应力拼装的要求是不符合的。静定条件下,温度梯度应力会随温度梯度卸载而消除;随着该应力的消除,大节段钢箱梁将发生相应的变形,相当于改变了大节段钢箱梁的制造线形,施工时须考虑此影响而进行制造线形的调整。

## 9.4.1　分析模型

以一座 $4 \times 90\text{m}$ 连续钢箱梁桥首跨为例,其大节段节段划分如图 9.13 所示。采用空间梁单元进行模拟分析,在支座、横隔板及横肋板位置建立相应节点划分单元,根据大节段钢箱梁拼装流程划分施工阶段,按照实际钢墩位置施加边界条件,其中 6 号小节段均设置为固定支座,其余每个小节段设置一个固定支座,为仅受压双向活动支座。模型共有节点 228 个,单元 87 个,其有限元模型见图 9.14。

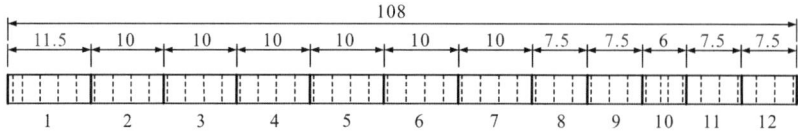

图 9.13　第 1 跨大节段节段划分(单位:m)

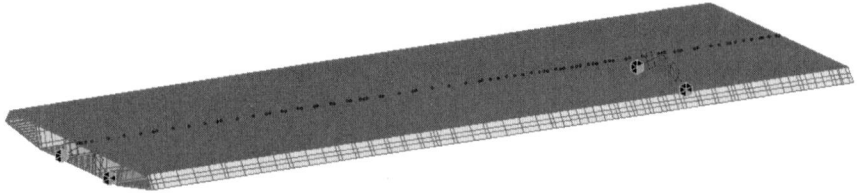

图 9.14　第 1 跨大节段有限元模型

模拟大节段的总拼流程,施加对应的温度梯度荷载,以模拟温度梯度对大节段工厂制造的影响。同时,增加一个由胎架到现场安装的体系转换工况,此工况卸载温度梯度,以分析总拼过程中温度梯度对施工过程结构应力和累计变形的影响。接下来对各个小节段的温度梯度按一致和非一致两个情形分别进行讨论。

### 9.4.2　温度梯度

对于无铺装钢箱梁,竖向温度梯度曲线在顶板附近位置呈现指数形式,远离顶板位置温度变化比较均匀。在此假设下,在距梁顶 1m 范围内按照式(9.4)进行拟合,1m 以下部分用直线进行拟合。

$$T_y = (T_1 - T_2)e^{-ay} + T_2 \tag{9-4}$$

式中:$T_y$ 为距离顶板 $y$ 高度处的温度值(℃);$T_1$ 为无铺装钢箱梁顶底板温差(℃);$T_2$ 为距离顶板 1m 高度处的温度值(℃);$a$ 为日照温度梯度计算参数;$y$ 为温度测点到钢箱梁顶板的距离(m)。

将长江入海口地区某一典型晴朗天气下实测腹板温度数据带入拟合公式,其中 $T_1 = 39.6℃$,$T_2 = 21.9℃$,$a = 1.65$,实测温度梯度与拟合温度梯度对比结果如图 9.15 所示。可以发现拟合温度分布与实测温度分布基本一致,两者温度差值基本小于 1℃,表明可以采用指数曲线加直线的方式描述该地区钢箱梁温度梯度的竖向分布。

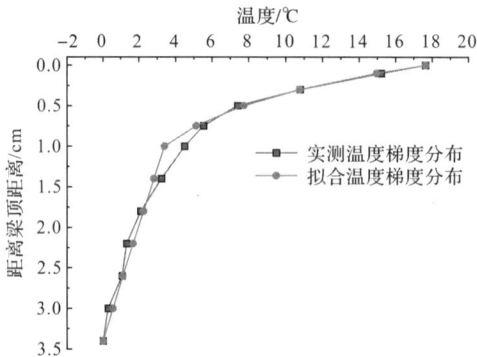

图 9.15　中腹板实测温度梯度与拟合温度梯度对比

### 9.4.3　一致温度梯度的影响分析

各个小节段在存在温度梯度的情况下在胎架上进行总拼、形成大节段,假设各个小节段的温度梯度相同,在此对比三种温度梯度的影响情况:$T_1 = 10℃$($T_2 = 4℃$),$T_1 = 20℃$($T_2 = 7℃$),$T_1 = 30℃$($T_2 = 10℃$)。通过计算分析发现,大节段总拼完成后下胎,将其边界条件调整与安装时一致,卸载温度梯度,在不考虑结构自重作用条件下,其变形不为 0,即总拼过程中的结构温度梯度会影响大节段制造线形。图 9.16 示意了上述三种温差对大节段钢箱梁制造线形的影响,即使是温度梯度较小的第一种温差情形,最大也将会产生 2cm 的线形偏差,其不可忽略。但总拼过程的温度梯度对应力的影响仅限于下胎前,即下胎后静定条件下,卸载温度梯度后,应力变为 0,下胎前温度梯度引起的应力如图 9.17 所示。

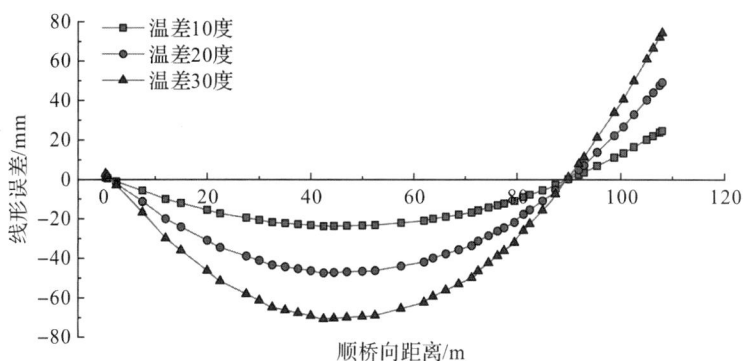

图 9.16　一致温度梯度对大节段钢箱梁制造线形的影响

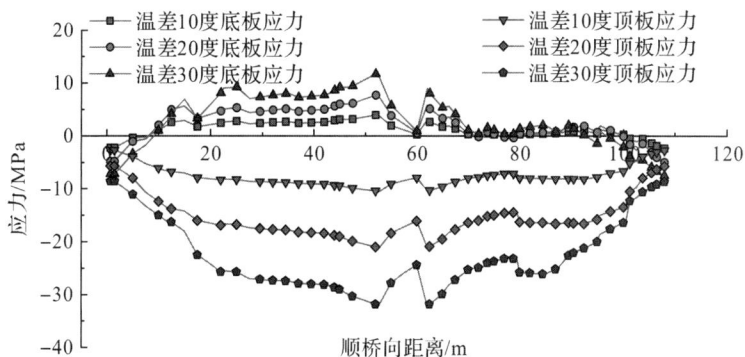

图 9.17　一致温度梯度对下胎前大节段钢箱梁应力的影响

### 9.4.4　非一致温差梯度的影响分析

大节段钢箱梁顶底板温差受到太阳辐射、大气温度、风速等气候环境因素的影响,故在一年中的不同季节、一天中的不同时刻温度梯度都在不断变化。第 1 跨大节段由 12 个小节段组成,两个小节段间的环缝连接大概需要 4 天时间,故整个大节段钢箱梁的室外拼装需要持续 40 天左右,显然在这个过程中温差在不断发生变化,各个小节段总拼时温度梯度往往是不相同的。

在此讨论大节段钢箱梁在拼装过程中的四种温差变化情况,顶底板最大温差取 30℃,最小温差取 5℃,如表 9.2 所示;$T_2$ 与 $T_1$ 相对应,具体取值如表 9.3 所示。在有限元模拟拼装过程中的温度变化时,新拼装节段只需要根据该施工阶段温差赋予对应的梁截面温度梯度,而对于已拼装节段而言,要赋予该施工阶段相对于上一个施工阶段的温差变化量。拼装过程中温差变化对大节段钢箱梁制造线形及下胎前应力的影响如图 9.18 和图 9.19 所示。

表 9.2　大节段钢箱梁拼装过程中顶底板温差　　(单位:℃)

| 拼装节段 | 6 号 | 7 号 | 5、8 号 | 4、9 号 | 3、10 号 | 2、11 号 | 1、12 号 |
|---|---|---|---|---|---|---|---|
| 温差变化一 | 20 | 5 | 30 | 15 | 10 | 25 | 15 |
| 温差变化二 | 5 | 25 | 20 | 15 | 30 | 10 | 20 |
| 温差变化三 | 5 | 5 | 10 | 15 | 20 | 25 | 30 |
| 温差变化四 | 30 | 25 | 20 | 15 | 10 | 5 | 5 |

表 9.3　参数 $T_1$ 与 $T_2$ 的对应关系　　(单位:℃)

| $T_1$ | 5 | 10 | 15 | 20 | 25 | 30 |
|---|---|---|---|---|---|---|
| $T_2$ | 2 | 4 | 5 | 7 | 8 | 10 |

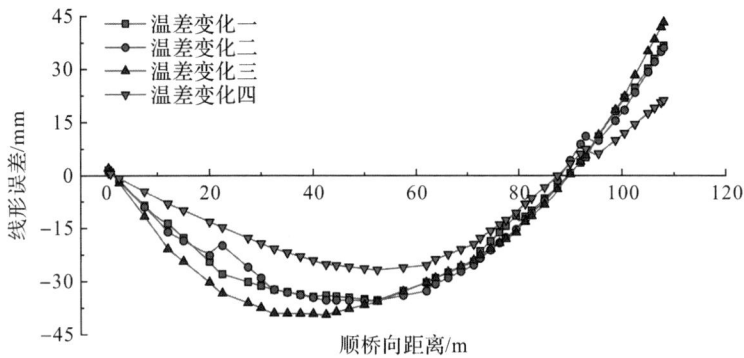

图 9.18　非一致温度梯度对大节段钢箱梁制造线形的影响

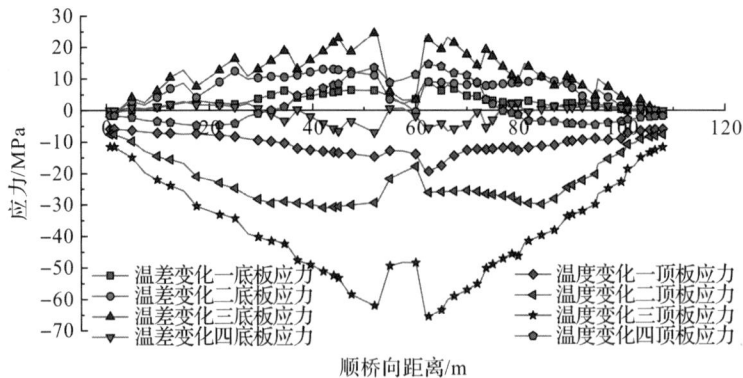

图 9.19　非一致温度梯度对下胎前大节段钢箱梁应力的影响

可以看出,拼装过程中温度持续升高(情形三)对线形的影响最大,持续降温(情形四)对线形的影响最小,温差变化情况也会影响最大线形误差的纵向位置;持续升温条件下,温差在 $5\sim30℃$ 之间发生变化时,支座间梁段最大线形误差范围为 $-39.5\sim-26.8\text{mm}$,悬臂端线形误差范围为 $21.2\sim43.3\text{mm}$。拼装过程中下胎前持续降温顶板会出现拉应力,其他温度变化情形下顶板均为压应力,其中持续升温顶板压应力最大可达到 $-67.4\text{MPa}$;下胎后静定条件下,温度梯度应力随温度梯度卸载而消除。

## 9.4.5　实测验证

对于首跨钢箱梁,未考虑工厂制造阶段温度梯度影响的变形理论值与实测值对比如图 9.20 所示。可以看出,4 个测点的实测变形基本一致,且均大于理论变形,不考虑测点 1 及测点 2 存在测量误差的个别测点,跨中位置最大变形误差为 $31.5\sim37.7\text{mm}$,悬臂端最大变形误差为 $-17.3\sim-26.7\text{mm}$。

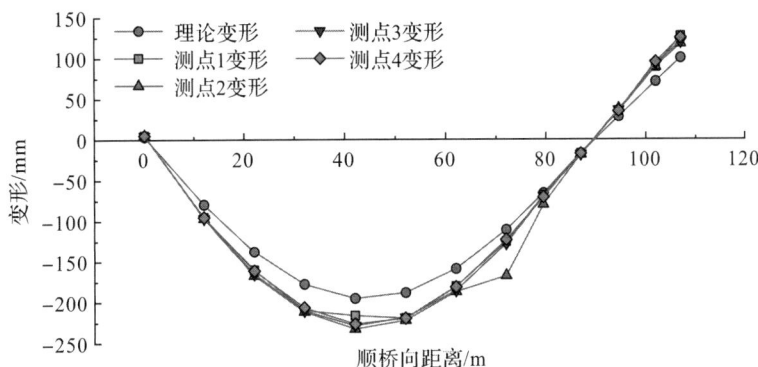

图 9.20　未考虑工厂制造阶段温度梯度影响的首跨变形理论值与实测值对比

基于工厂制造时的实际天气情况,按 $T_1=12.5℃$、$T_2=4.5℃$ 的温度梯度进行制造线形修正,在跨中位置引起的线形误差可以达到 $-35.4\text{mm}$,对悬臂端线形的影响为 $36.9\text{mm}$,如图 9.21 所示。考虑温度梯度对制造线形的影响,首跨变形理论值与实测值的对比如图 9.22 所示;对比发现实测线形与修正后理论线形的误差基本在 1.5cm 以内,验证了温度梯度对大节段制造线形影响分析的准确性。

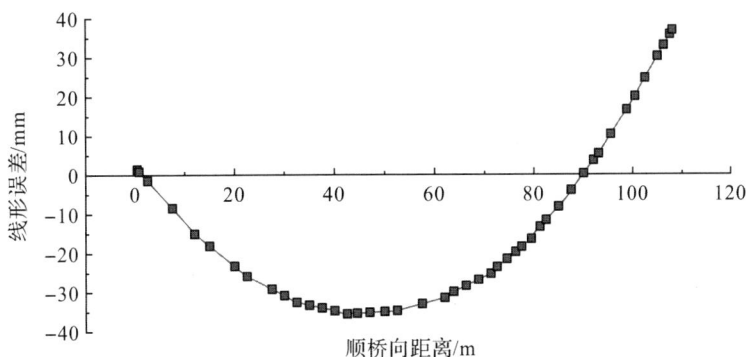

图 9.21　温度梯度对第 1 跨大节段制造线形的影响

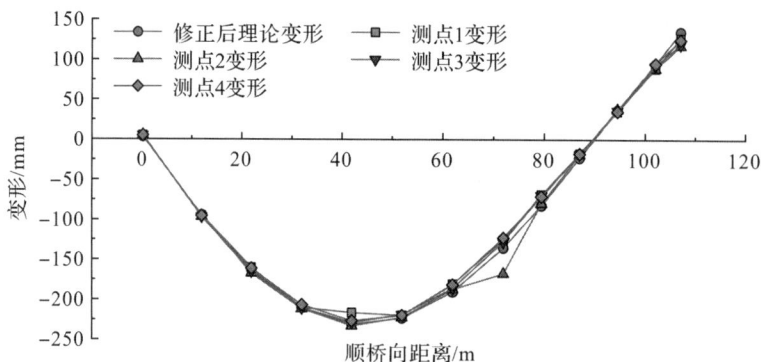

图 9.22　考虑工厂制造阶段温度梯度影响的首跨变形理论与实测对比

## 9.5　工程案例

### 9.5.1　工程概况

以一座 6×110m 的六跨钢箱连续梁桥为背景进行大节段吊装施工监控的应用举例,如图 9.23 和图 9.24 所示。其主梁采用整幅等截面钢箱连续梁,顶板为正交异性板结构;钢箱梁梁宽 33.1m,钢箱梁梁高 4.5m,梁高与跨径比值为 1/24.4。采用大节段逐跨吊装,梁段之间的接缝位于中间墩顶侧 23m 处,标准联首跨吊装梁长 132.6m,中间跨吊装长度 110m,尾跨吊装长度 87m。中跨和尾跨安装梁段利用梁端牛腿临时挂设于前一梁段悬臂端,待达到设计要求后焊接合龙。大节段吊装示意图如图 9.25 所示。

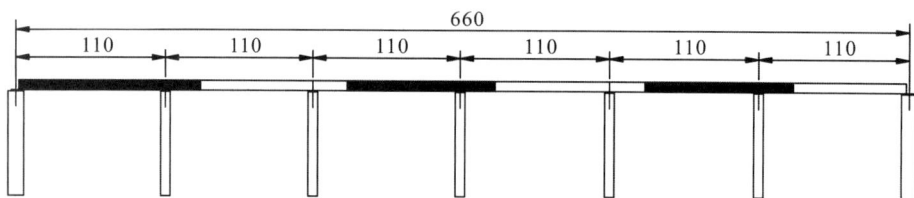

图 9.23　6×110m 梁段逐孔吊装施工节段划分(单位:m)

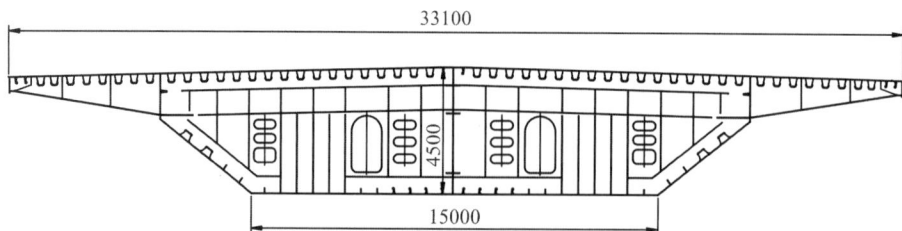

图 9.24　非通航孔桥钢箱梁标准横截面(单位:mm)

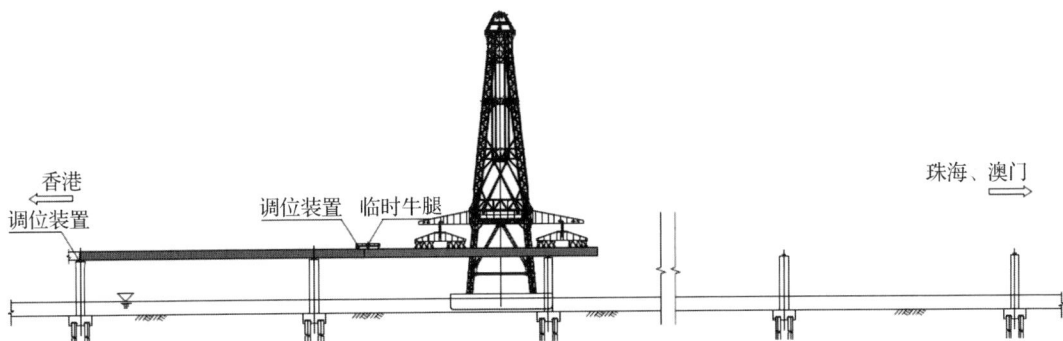

图 9.25　6×110m 梁段逐跨吊装

## 9.5.2　监控计算

施工监控首先应采用合适的分析模型对施工过程中桥梁的挠度、应力进行分析,校核其是否满足规范要求,并基于分析结果计算相应的施工参数,即钢箱梁的下料参数与支座预偏量。

**(1)计算模型**

采用杆系模型对钢箱梁施工过程进行仿真分析。6×110m 标准联在横隔板位置、支座位置以及大节段接缝位置等划分单元,全联共划分单元 380 个,节点 400 个,如图 9.26 所示。

图 9.26　6×110m 连续梁桥有限元模型

在每个永久支座和临时支撑位置建立节点,按支座类型分别约束相应的平动位移,支座节点与对应处的主梁节点通过刚臂连接;施工过程的临时支撑条件以及体系转换时机按钢箱梁安装施工的实际情况模拟。对于大节段之间的搭接牛腿,采用梁单元进行模拟,并通过弹性连接模拟牛腿与梁段之间的连接与支撑。支座处的边界及吊装时牛腿如图 9.27 所示。

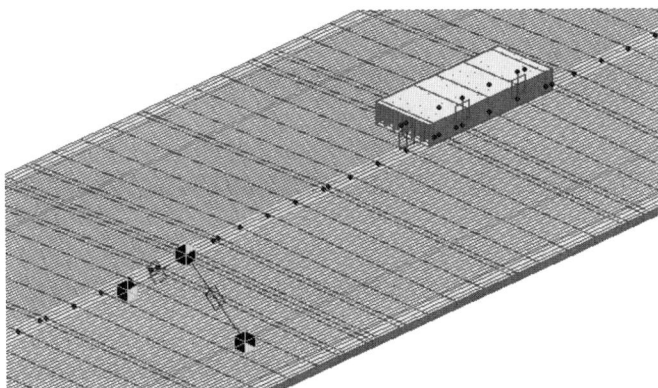

图 9.27　桥墩处及吊装时牛腿的模拟

对于薄壁钢箱梁结构,存在剪力滞等空间受力效应,上述模型中需要注意对抗剪面积等截面特性参数进行修正。为了评估杆系模型分析结果的可靠性、分析横桥受力特征,往往还需选取典型梁跨并采用板壳单元进行空间受力分析。对于背景桥梁,选取首跨进行空间分析,其分析模型如图 9.28 所示。

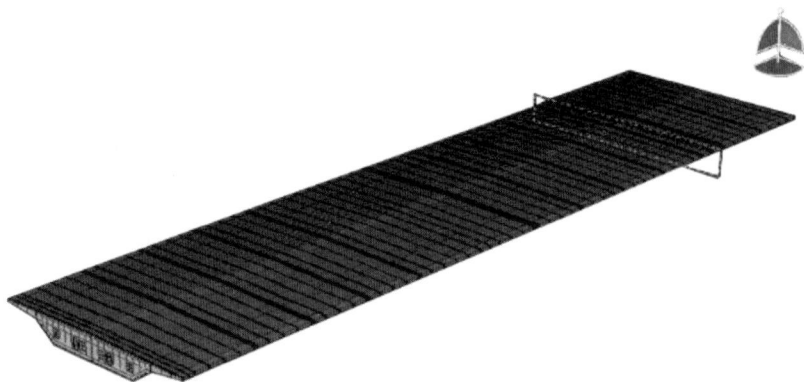

图 9.28　首跨钢箱梁的三维分析模型

**(2)变形结果**

①纵桥向分布

各工况下的结构变形情况如图 9.29 所示(考虑剪切变形),钢箱梁最大竖向变形出现在吊装首跨时候的首跨跨中,最大值为 280.6mm;活载作用下钢箱梁最大下挠值出现在两边跨跨中,最大值为 74.0mm。

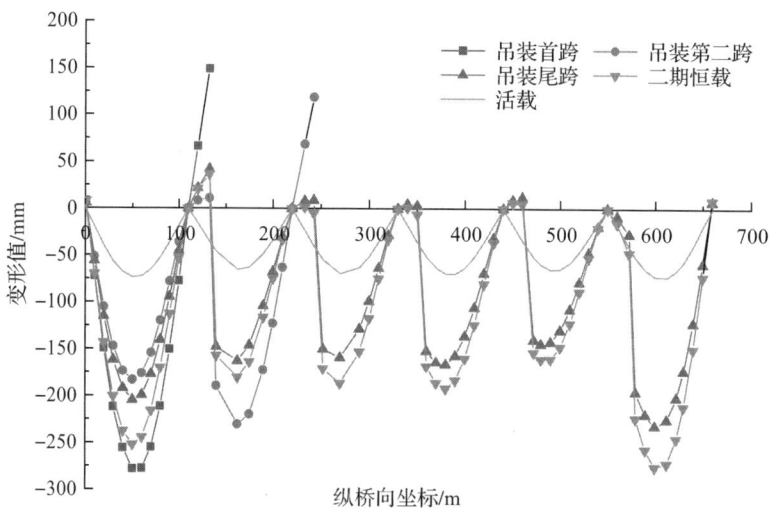

图 9.29　各工况下的顶板变形的纵向分布

②横桥向分布

根据桥梁的板壳单元模型,其钢箱梁顶板首跨吊装与移动荷载工况下 1/4 跨、跨中、3/4 跨处顶板相对变形横向分布如表 9.4 所示。根据横向变形情况,可沿横向按线性变化设置相应的预拱度,并提前评估环缝处相邻两节段的匹配情况。

表 9.4 首跨钢箱梁的顶板横桥向相对变形

| 横桥向坐标/m | 吊装首跨/mm | | | 移动荷载/mm | | |
|---|---|---|---|---|---|---|
| | 1/4 跨处 | 跨中处 | 3/4 跨处 | 1/4 跨处 | 跨中处 | 3/4 跨处 |
| −16.551 | −6.36 | −7.68 | −5.47 | −3.05 | −3.55 | −1.53 |
| −14.733 | −4.74 | −5.76 | −4.07 | −2.35 | −2.81 | −1.19 |
| −12.942 | −3.46 | −4.24 | −2.95 | −1.80 | −2.25 | −0.93 |
| −10.876 | −2.34 | −2.88 | −1.97 | −1.29 | −1.75 | −0.68 |
| −9.988 | −2.01 | −2.47 | −1.69 | −1.14 | −1.60 | −0.61 |
| −8.782 | −1.62 | −1.97 | −1.36 | −0.94 | −1.43 | −0.53 |
| −7.965 | −1.39 | −1.68 | −1.17 | −0.83 | −1.37 | −0.48 |
| −6.972 | −1.13 | −1.36 | −0.96 | −0.71 | −1.33 | −0.44 |
| −5.765 | −0.86 | −1.02 | −0.73 | −0.57 | −1.24 | −0.38 |
| −3.578 | −0.41 | −0.47 | −0.35 | −0.30 | −0.78 | −0.22 |
| −1.178 | −0.05 | −0.06 | −0.05 | −0.04 | −0.10 | −0.03 |
| 0 | 0 | 0 | 0 | 0 | 0 | 0 |
| 1.178 | −0.07 | −0.07 | −0.07 | −0.04 | −0.09 | −0.03 |
| 3.578 | −0.46 | −0.53 | −0.41 | −0.29 | −0.39 | −0.22 |
| 5.765 | −0.95 | −1.11 | −0.82 | −0.55 | −1.20 | −0.38 |
| 6.972 | −1.24 | −1.46 | −1.07 | −0.68 | −1.31 | −0.44 |
| 7.965 | −1.51 | −1.80 | −1.29 | −0.79 | −1.35 | −0.48 |
| 8.782 | −1.75 | −2.11 | −1.51 | −0.90 | −1.41 | −0.53 |
| 9.988 | −2.16 | −2.63 | −1.85 | −1.09 | −1.58 | −0.61 |
| 10.876 | −2.50 | −3.04 | −2.14 | −1.25 | −1.72 | −0.68 |
| 12.942 | −3.66 | −4.31 | −3.16 | −1.74 | −2.22 | −0.93 |
| 14.733 | −4.97 | −5.84 | −4.30 | −2.29 | −2.78 | −1.19 |
| 16.551 | −6.61 | −7.62 | −5.74 | −2.98 | −3.51 | −1.52 |

**(3)应力结果**

各工况下的结构应力情况如图 9.30 和图 9.31 所示,施工过程中顶板应力最大值出现在钢箱梁首跨吊装时的下缘,最大值为 127.1MPa。

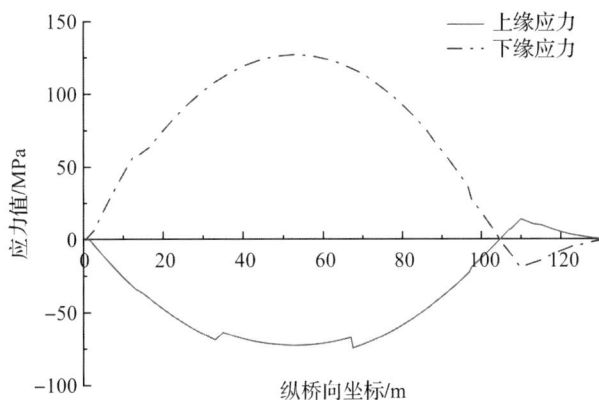

图 9.30 吊装首跨工况下的顶板应力分布

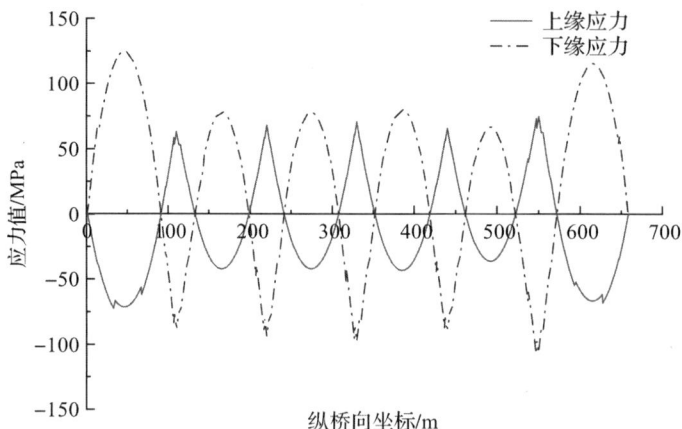

图 9.31 二期恒载作用下的顶板应力分布

**(4)钢箱梁下料参数**

以首跨大节段钢箱梁为例,各个梁段是在无应力状态下总拼为大节段的,因此要根据无应力状态下的几何关系计算下料参数。按当前节段右侧截面与中性轴垂直、调整下一节段左端截面的原则进行匹配,采用状态向量计算配切参数,如 $\delta L_3^t = \overrightarrow{P_2^3 P_3^{1N}} = 3\text{mm}$,这要求节段 $3^{\#}$ 加工时左端顶板需要延长 3mm。首跨大节段钢箱梁各节段下料参数如表 9.5 所示,正值表明需要延长,负值则需要切割。

表 9.5 采用状态向量计算首跨大节段钢箱梁下料参数

| 梁段编号 | $(P_i^1)^N$/m | | $(P_i^2)^N$/m | | $(P_i^3)^N$/m | | $(P_i^4)^N$/m | | 配切长度/mm | |
|---|---|---|---|---|---|---|---|---|---|---|
| | $s_i$ | $H_i$ | $s_i$ | $H_i$ | $s_i$ | $H_i$ | $s_i$ | $H_i$ | $\delta L_i^t$ | $\delta L_i^b$ |
| $1^{\#}$ | −0.043 | 1.699 | 0.072 | −2.799 | 12.557 | 2.022 | 12.672 | −2.477 | * | * |
| $2^{\#}$ | 12.558 | 2.022 | 12.669 | −2.477 | 22.558 | 2.268 | 22.669 | −2.231 | 2 | −3 |
| $3^{\#}$ | 22.561 | 2.268 | 22.664 | −2.231 | 32.561 | 2.495 | 32.664 | −2.004 | 3 | −5 |
| $4^{\#}$ | 32.565 | 2.495 | 32.657 | −2.004 | 42.565 | 2.700 | 42.657 | −1.799 | 4 | −6 |
| $5^{\#}$ | 42.570 | 2.700 | 42.649 | −1.799 | 56.570 | 2.945 | 56.649 | −1.555 | 5 | −8 |
| $6^{\#}$ | 56.575 | 2.945 | 56.641 | −1.555 | 66.575 | 3.091 | 66.641 | −1.409 | 5 | −8 |
| $7^{\#}$ | 66.579 | 3.091 | 66.635 | −1.409 | 76.579 | 3.216 | 76.635 | −1.283 | 3 | −6 |
| $8^{\#}$ | 76.581 | 3.217 | 76.631 | −1.283 | 86.581 | 3.328 | 86.631 | −1.172 | 2 | −4 |
| $9^{\#}$ | 86.582 | 3.328 | 86.630 | −1.172 | 96.582 | 3.435 | 96.630 | −1.065 | 1 | −1 |
| $10^{\#}$ | 96.581 | 3.435 | 96.632 | −1.065 | 106.581 | 3.548 | 106.632 | −0.952 | −1 | 2 |
| $11^{\#}$ | 106.575 | 3.548 | 106.641 | −0.952 | 112.575 | 3.634 | 112.641 | −0.865 | −5 | 9 |
| $12^{\#}$ | 112.570 | 3.634 | 112.650 | −0.865 | 122.570 | 3.812 | 122.650 | −0.687 | −6 | 9 |
| $13^{\#}$ | 122.568 | 3.812 | 122.652 | −0.687 | 132.568 | 3.998 | 132.652 | −0.501 | −1 | 2 |

注:表中部分数据可能存在 1mm 的偏差,是由计算时舍入所引起的。

### （5）钢箱梁支座预偏量

钢箱梁支座预偏量如表 9.6 所示。

表 9.6　钢箱梁支座预偏量的计算

（单位：mm）

| 支座 | 主梁底板纵向位移 | | | 预偏量 |
|---|---|---|---|---|
| | $\delta^g$ | $\delta^r$ | $\delta^{rg}$ | $-(\delta^g+\delta^r+\delta^{rg})$ |
| $B_1$ | −12.66 | 16.95 | 0.39 | −4.68 |
| $B_2$ | −2.46 | 11.35 | 0.34 | −9.23 |
| $B_3$ | 0.76 | 5.68 | 0.17 | −6.61 |
| $B_4$ | 0.00 | 0.00 | 0.00 | 0.00 |
| $B_5$ | 6.07 | −5.68 | 0.19 | −0.58 |
| $B_6$ | −0.24 | −11.35 | 0.31 | 11.28 |
| $B_7$ | 3.95 | −16.95 | 0.38 | 12.62 |

## 9.5.3　几何状态监测

### （1）测点布置

①测试截面：在钢箱梁小节段两端截面横向基线处。

②测点布置：在待测截面顶板及底板上沿左、中、右各布设 3 个监测点，共计 6 个监测点。其中顶板测点在箱梁中心线及两侧翼板处；底板测点在箱梁中心线及底板与斜底板交界处，现场测量时测点用油漆标示。测点布置如图 9.32 所示。

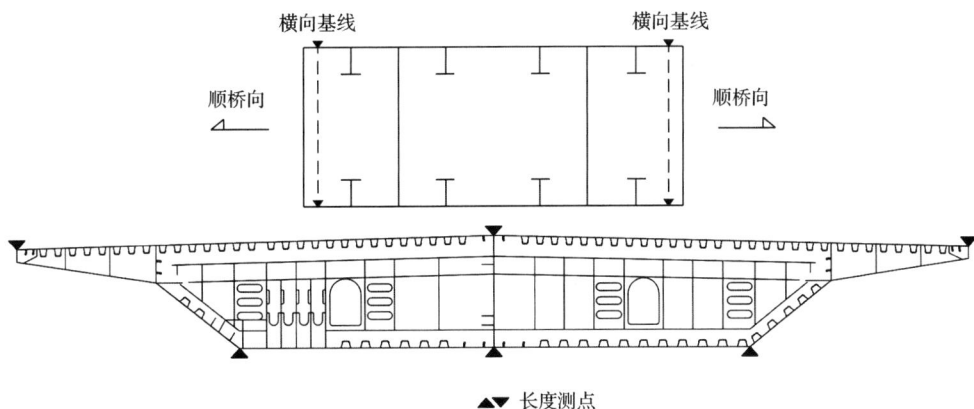

图 9.32　标准联钢箱梁顶、底板几何测点布置

### （2）测试工况及频率

钢箱梁几何线形的测试工况及测试内容如表 9.7 所示。

表 9.7　钢箱梁线形测试工况一览

| 测试阶段 | 测试工况 | 梁长、梁高 | 钢箱梁标高 | 钢箱梁中线 | 梁端倾角 |
|---|---|---|---|---|---|
| 钢箱梁工厂组拼 | 节段预拼完成 | √ | √ | √ | — |
| | 大节段焊接完成 | √ | √ | √ | √ |
| 钢箱梁现场安装 | 安装就位 | — | √ | √ | √ |

注：①线形测试工作需在气温稳定时进行；②"√"表示需要测量的项目，"—"表示无须测量的项目。

**(3)监测分析**

选取典型节段首跨 $G_6$、中间跨 $G_7$、尾跨 $G_{11}$ 进行分析,将其吊装后的实测变形值与模型分析值进行对比,结果表明:各大节段实测变形值与理论计算值相比非常接近,两者最大差值不超过 1cm。全联成桥后的实测线形与理论线形吻合较好,实测变形值与理论计算值的对比如图 9.33 所示。

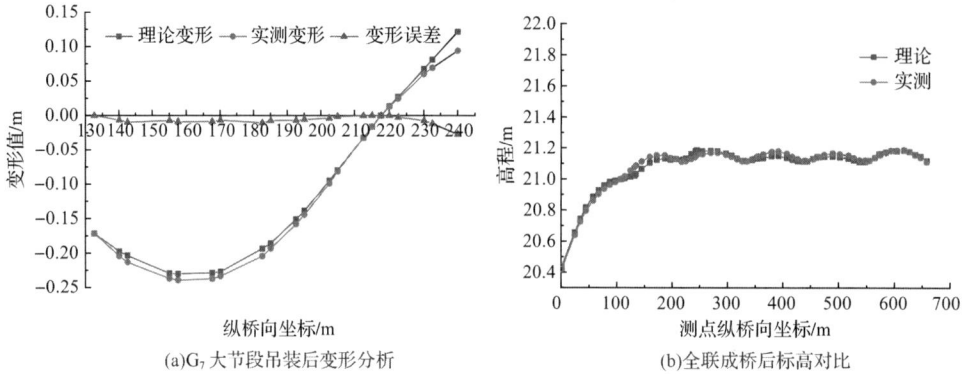

(a) $G_7$ 大节段吊装后变形分析          (b)全联成桥后标高对比

图 9.33 各大节段实测变形与理论计算值对比

## 9.5.4 应力状态监测

**(1)应力测点布置**

钢箱梁在胎架上组拼处于无应力状态,为了对后续钢箱梁安装提供初始应力状态,需对钢箱梁下胎前进行结构的初始应力监测。

①测试截面:对非通航孔等高度钢箱梁,每联选取 5 个截面,即两边跨跨中截面、一次边跨跨中截面、一中跨跨中截面和一次边跨墩顶截面,如图 9.34 所示。

②测点布置:每个测试截面顶板布设 6 个测点(3 个纵向、3 个横向),底板布设 4 个测点(3 个纵向、1 个横向),测点布置如图 9.35 所示。

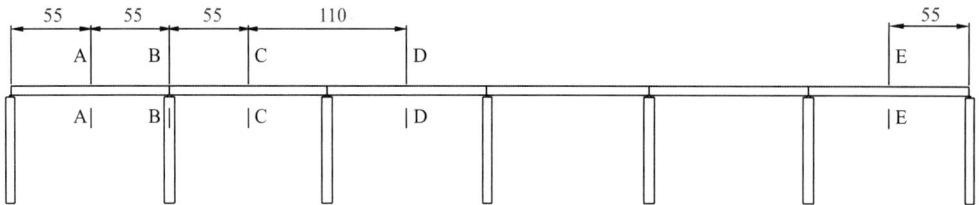

图 9.34 钢箱梁应力测试截面布置(单位:m)

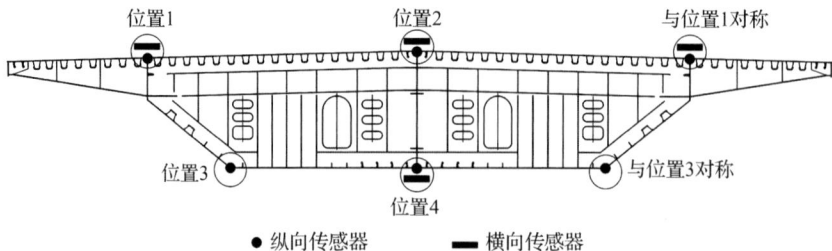

● 纵向传感器　　　 ▬ 横向传感器

图 9.35 钢箱梁应力测点布置

**（2）应力测试工况及频率**

钢箱梁应力的测试工况及测试频率如表 9.8 所示。

表 9.8　钢箱梁应力测试工况

| 测试类型 | 测试阶段 | 测试工况 | 测试频率 |
|---|---|---|---|
| 一般测试 | 钢箱梁工厂组拼 | 大节段组拼好下胎前 | 测试稳定后记录 |
| | | 大节段存放时 | 测试稳定后记录 |
| | | 大节段运输前 | 测试稳定后记录 |
| | 钢箱梁现场安装 | 安装就位 | 测试稳定后记录 |
| | | 二恒铺装前后 | 测试稳定后记录 |
| 重点测试 | 钢箱梁吊装过程 | 钢箱梁吊装 | 钢箱梁吊装全过程 |

**（3）吊装过程应力监测结果**

选取第二跨 $G_7$ 节段作为典型节段进行分析，其顶底板实时应力监测数据如图 9.36 所示。$G_7$ 节段吊装过程中的应力监测结果表明：吊装过程中钢箱梁实测应力的变化幅度均小于采用的 Q345 钢材的设计强度值，结构处于安全状态。

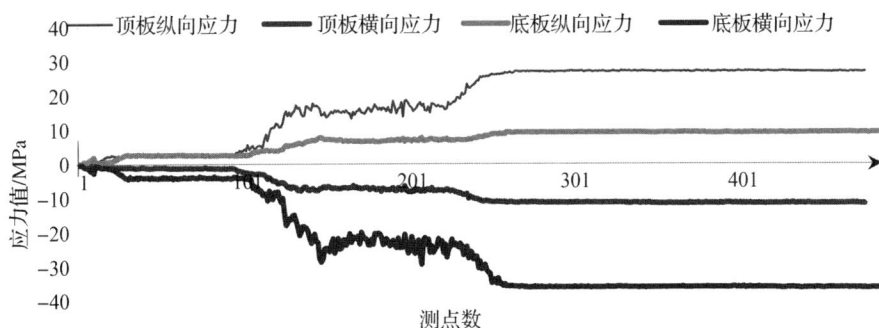

图 9.36　$G_7$ 节段吊装过程顶底板典型测点纵向应力历时曲线

## 9.5.5　钢箱梁温度场监测

**（1）温度测点布置**

主梁共布设 2 个温度测量断面，非通航孔桥位于第一跨跨中主梁截面，截面设置 20 个温度测点，测点布置如图 9.37 所示。

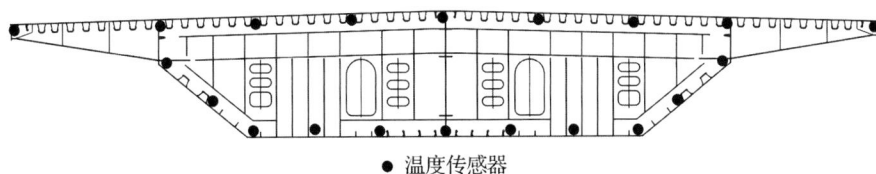

● 温度传感器

图 9.37　标准联钢箱梁温度测点布置

**（2）温度场监测结果**

日照引起顶底板温差是造成桥位钢箱梁线形变化的主要原因，施工监控过程中为了获得实际的钢箱梁截面温度场,对桥位处的钢箱梁进行了温度场连续观察。选取 2014 年 5 月 26 日 15:00 至 2014 年 5 月 29 日 24:00 期间的测量数据,钢箱梁顶板和腹板的温度分布分别如图 9.38 和图 9.39 所示。

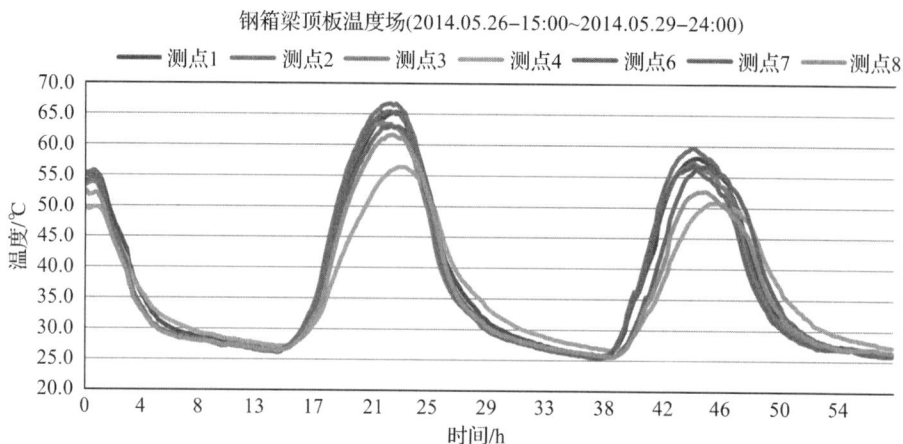

钢箱梁顶板温度场(2014.05.26-15:00~2014.05.29-24:00)

图 9.38 选取时间内顶板各测点温度横向实时分布

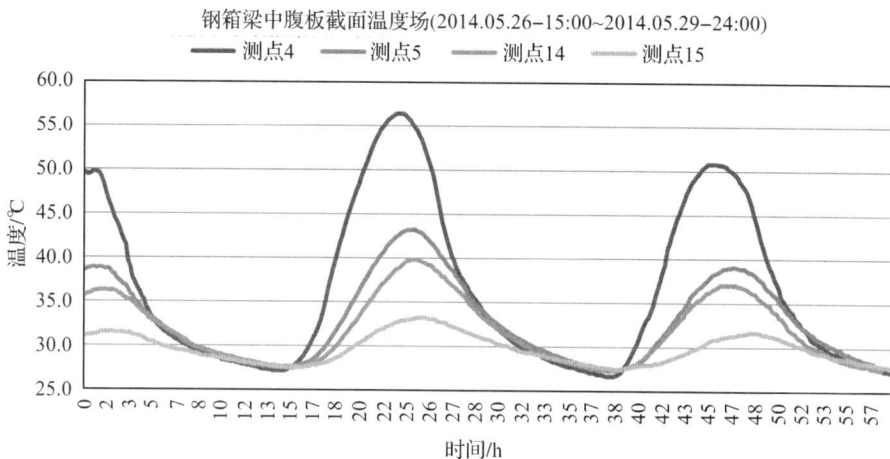

钢箱梁中腹板截面温度场(2014.05.26-15:00~2014.05.29-24:00)

图 9.39 选取时间内腹板各测点温度竖向实时分布

通过对不同时间段钢箱梁截面温度场的测试可得到如下结论:

①日照对于钢箱梁截面的温度分布影响极大,最高温度出现在 2014 年 5 月 27 日 13:00 的顶板测点 2,高达 67.8℃;

②顶板横桥向的温度分布较为均匀,沿竖向则存在较大温差,即截面主要存在竖向温度梯度,边腹板处顶底板的最大温差可达 30℃;

③对于存在日照的天气,整个钢箱梁截面温度场分布趋于均匀的时间约在一天的 22:00 至第二天的 07:00。这意味着在此时间段内进行施工可以尽可能地减小钢箱梁的温度效应。事实上,依托工程的钢箱梁调整定位及连接工作均要求在此段时间完成,以避免温度梯度对体系转换的影响。

## 9.6　本章小结

跨海钢箱梁桥大节段吊装施工涉及面广、参与单位多、工作界面衔接复杂,应自工厂制造到现场安装全过程开展施工监控,通过施工监控将桥梁设计、钢结构施工、土建施工等单位的技术要求相衔接。施工前开展精细化结构分析,准确预测整个施工过程结构响应,确定合适的施工控制参数,明确施工过程结构质量和安全风险;施工过程开展针对性现场监测,及时反馈施工误差,评估结构状态,从而实现钢箱梁的精准制造、平顺对接、准确就位,确保跨海钢箱梁桥大节段吊装施工安全顺利。要特别重视温度变化对钢箱梁桥大节段吊装施工的影响,如制造线形、支座预偏、体系转换等。

# 第10章 拱桥分阶段吊装施工监控

## 10.1 概 述

拱桥以拱作为主要受力构件,通过压弯受力将自重、人群、车辆等作用转换为竖向力和水平力传递给基础。为了改善下部结构及地基与基础的受力,通过在拱脚段增设拉杆将水平力部分或全部变成结构体系内部作用力,形成拱与杆或梁的组合体系结构,拉杆可以是柔性或刚性。对于传统的中小跨径圬工或钢筋混凝土拱桥,桥面系位于拱之上,常常填满材料,即实腹式拱桥;对于中大跨拱桥,拱的高度大,需采用空腹式,桥面系与拱之间通过框架或吊杆相连。由于吊杆张拉力可主动调整,对于拱、梁组合体系,吊杆张拉力起到调整桥面系自重传递到拱上的比例,因此吊杆力的控制是梁拱组合体系的拱桥中需要重点考虑的问题之一。

目前中大跨径拱桥一般都采用分阶段进行梁、拱的施工。对于简单体系拱桥、系杆拱桥等全部以拱传递竖向荷载,应先完成拱的安装,再进行桥面系施工;当跨径不大、现场便于支架搭设的,分段吊装拱肋到临时支架上拼装;对于跨越大江大河的,需搭设临时塔,设置缆索吊进行逐段吊装,借助扣索进行悬臂拼装。对设置劲性骨架的,先完成劲性骨架施工,再以其为支撑,按特定顺序进行内外混凝土的浇筑。对于钢管混凝土拱,先分段完成钢管部分安装,再按特定顺序进行混凝土灌注。对于梁拱组合体系拱桥,一般先采用悬浇、悬拼、顶推、分段拼装等方法完成梁的施工,进而以梁为支撑分阶段进行拱的施工,最后进行桥面系等施工。

拱肋属于刚性构件,其施工控制方法和要求与梁类似;但其几何形态复杂,特别对于异形钢结构拱肋,准确进行各安装阶段的几何解析、确定安装控制点三维坐标是施工控制的重点。本章将以异形梁拱组合体系的钢拱桥为例,对拱桥分阶段吊装施工过程及其控制进行阐述。

## 10.2 工程背景

背景工程为跨度92m下承式异形系杆钢拱桥,宽度为42.5m;位于半径为600米的圆曲

线和缓和曲线上,线路中心与河道斜交角度为右偏 129.7°。全桥整体结构整体布置如图
10.1 所示。

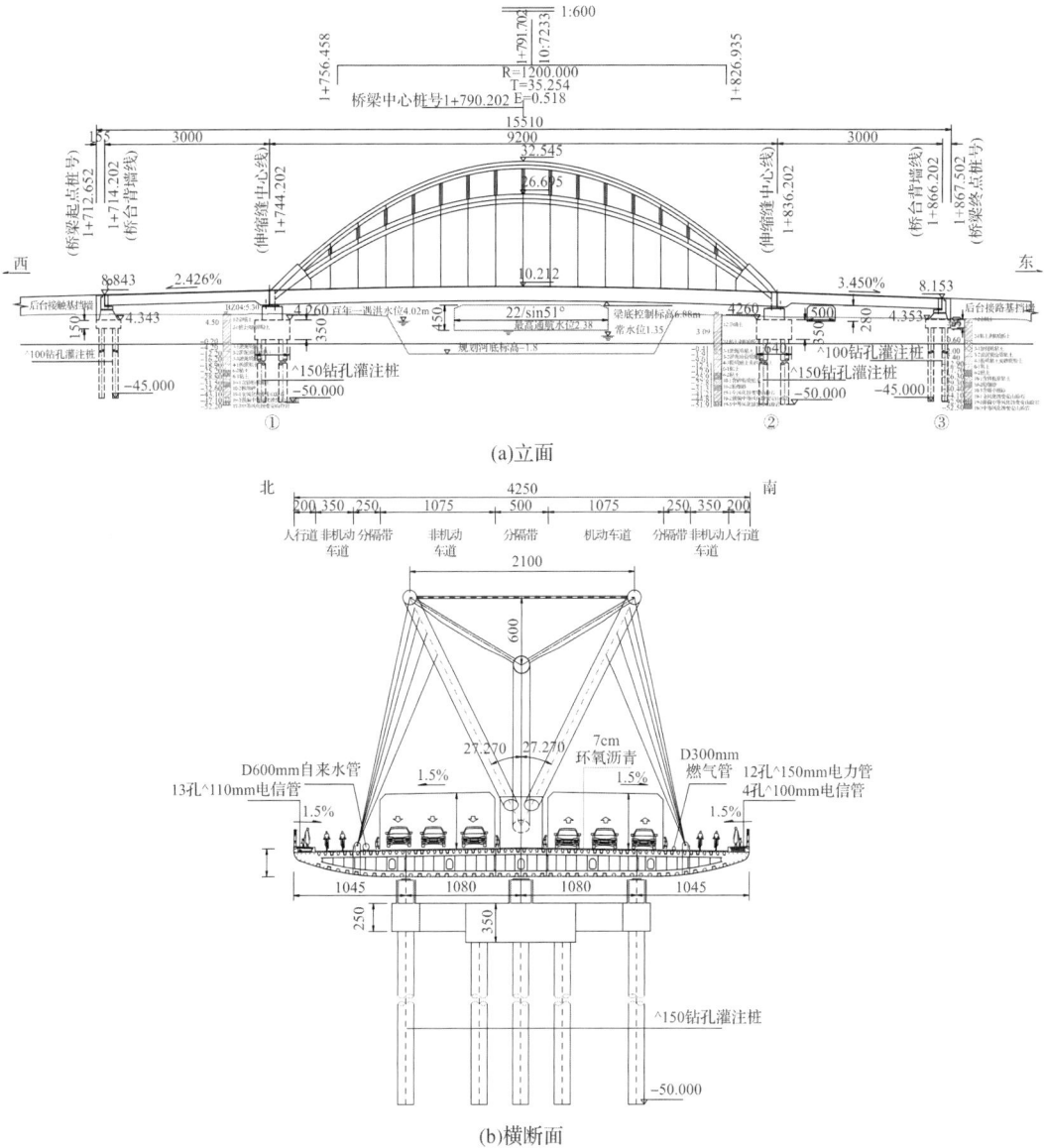

(a)立面

(b)横断面

图 10.1　桥梁布置

　　主梁采用全焊钢箱梁,顶、底板均设置 U 形加劲肋。主桥设置三片钢管拱,断面为圆
形,管内设置横隔板和加劲肋。主拱设在中间,计算跨径为 89.9323m,矢高为 18m,拱轴线
为二次抛物线;边拱设在主拱两侧,以主拱中心线为对称中心线,计算跨径为 89.9323m,竖
向矢高为 23m,横向矢高为 11.856m,拱轴线为二次抛物线,边拱与主拱竖向夹角为
27.270°;主拱、边拱拱肋在拱脚处与钢箱梁焊接成整体。吊杆均采用钢绞线整束挤压叉耳
式吊杆,吊杆在下端通过叉耳与钢箱梁的耳板连接,张拉端均设在拱顶。为增加主拱和边拱
的稳定性,在主拱与边拱之间设置横撑和斜撑,横撑、斜撑均为径向布置。

安装时,将钢箱梁沿纵向和横向分为若干块,将各拱肋沿轴向分为两个拱脚段、一个中间段等,采用汽车吊和浮吊进行分段吊装施工。钢梁分块如图 10.2 所示,在临时支墩上先进行横向拼装,然后再进行纵向分段之间的连接,形成钢箱梁整体;再焊接拱脚,并将主拱、边拱拱脚段拱肋与拱脚钢板焊接完成。然后,按先拱脚段再中间段的顺序,先后完成主拱、边拱安装;焊接中拱与边拱间的拉杆、撑杆。接着,安装主拱、边拱吊杆,并进行初张拉、二次张拉调整,使各索力与此施工阶段计算索力相吻合。最后,拆除桥下临时支架,施工桥面铺装及其他附属设施。完工前,再次调整各吊杆成桥索力使其与设计索力相符。

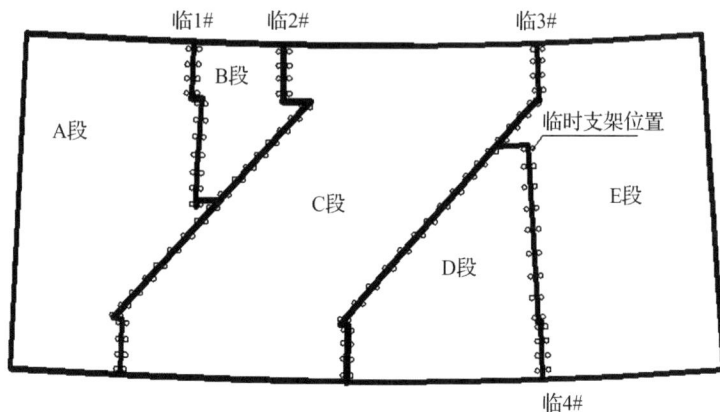

图 10.2  钢箱梁分块

为确保桥梁结构在施工及成桥后受力合理、拱肋安装过程中结构的稳定和安全、桥梁结构的成桥线形达到设计状态和要求、各吊杆的索力达到设计状态等,需要在对结构受力进行精细化分析的基础上,确定施工初始状态确定及相应的施工控制参数,对桥梁结构变形、应力及稳定性进行监测与控制。

## 10.3  监控计算

采用杆系单元对施工过程及成桥状态进行整体受力分析,采用板壳单元对主梁分段状态下的受力、对吊车上桥工作等状况的局部受力进行分析。

### 10.3.1  分析模型

为了更好地分析结构性能,采用空间梁格法(剪力-柔性梁格分析法)分析箱梁结构,根据其腹板设置情况沿横向离散成若干根纵梁;同时在箱梁的最外侧添加梁一道虚梁,以便于加载。用空间梁单元模拟主拱和边拱,将吊杆离散为只受拉力的桁架单元。按施工顺序定义各个施工阶段的结构、荷载和边界,基于线性叠加按增量法进行施工过程模拟。共分为如下八个施工阶段:

①安装主梁;
②安装拱肋及横向连接构造;
③张拉拱肋第一阶段吊杆力;

④加配重；

⑤张拉第二阶段吊杆力；

⑥拆除临时支架；

⑦桥面系安装：人行道、栏杆、铺装沥青混凝土等；

⑧调索至设计制定的成桥索力。

典型施工阶段桥梁结构整体受力分析的杆系模型如图 10.3 所示。

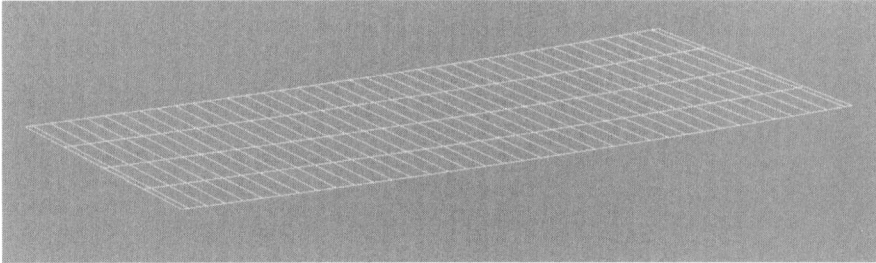

(a)安装主梁

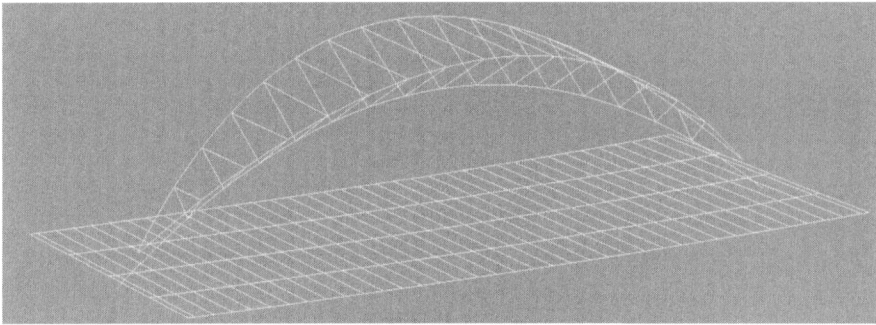

(b)安装拱肋及横向连接构造

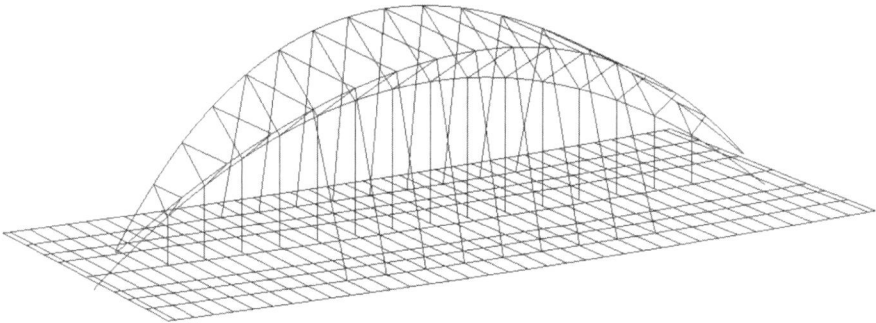

(c)吊杆安装

图 10.3　杆系单元模型

　　空间分析时，用薄壳单元进行结构离散，首次分析时整个钢箱梁共划分单元 116872 个、节点 90896 个。为验证有限元数值计算结果是否达到工程精度要求，在首次分析的基础上对该桥纵桥向的网格加密一倍，以判断分析结果的收敛性，加密后整个钢箱梁共划分单元 206152 个、节点 163760 个。通过加密前后分析结果比较表明，挠度与应力计算结果均差别不大，能够满足桥梁工程分析精度要求。用于钢箱梁结构空间受力分析的板壳单元模型如图 10.4 所示。

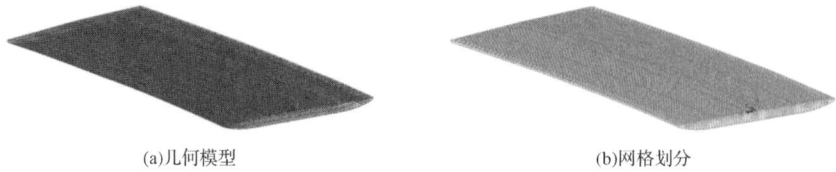

(a)几何模型　　　　　　　　　(b)网格划分

图 10.4　钢箱梁板壳单元模型

## 10.3.2　施工过程应力

根据分析可知,在整个施工阶段结构最大应力为 112.2MPa,满足对应力的控制要求。典型施工阶段结构应力计算结果如图 10.5 所示。

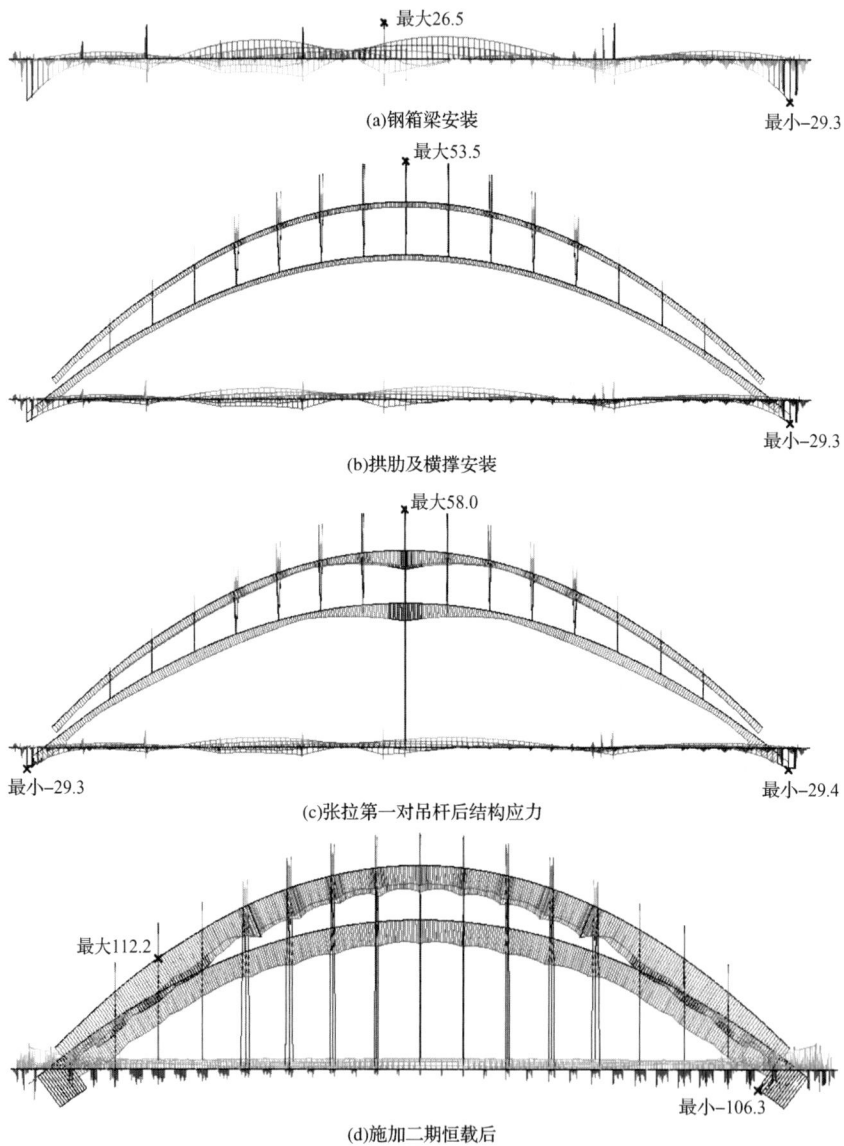

最大26.5

(a)钢箱梁安装

最小−29.3

最大53.5

(b)拱肋及横撑安装

最小−29.3

最大58.0

最小−29.3　　　　　　　　　最小−29.4

(c)张拉第一对吊杆后结构应力

最大112.2

最小−106.3

(d)施加二期恒载后

图 10.5　典型施工阶段结构应力(单位:MPa)

### 10.3.3　施工阶段变形

根据分析,施工过程中最大竖向挠度 56.1mm,最大横向挠度 13.9mm。施工过程典型工况下结构累计变形如图 10.6 所示,据此进行施工预拱度设置和变形监测控制。

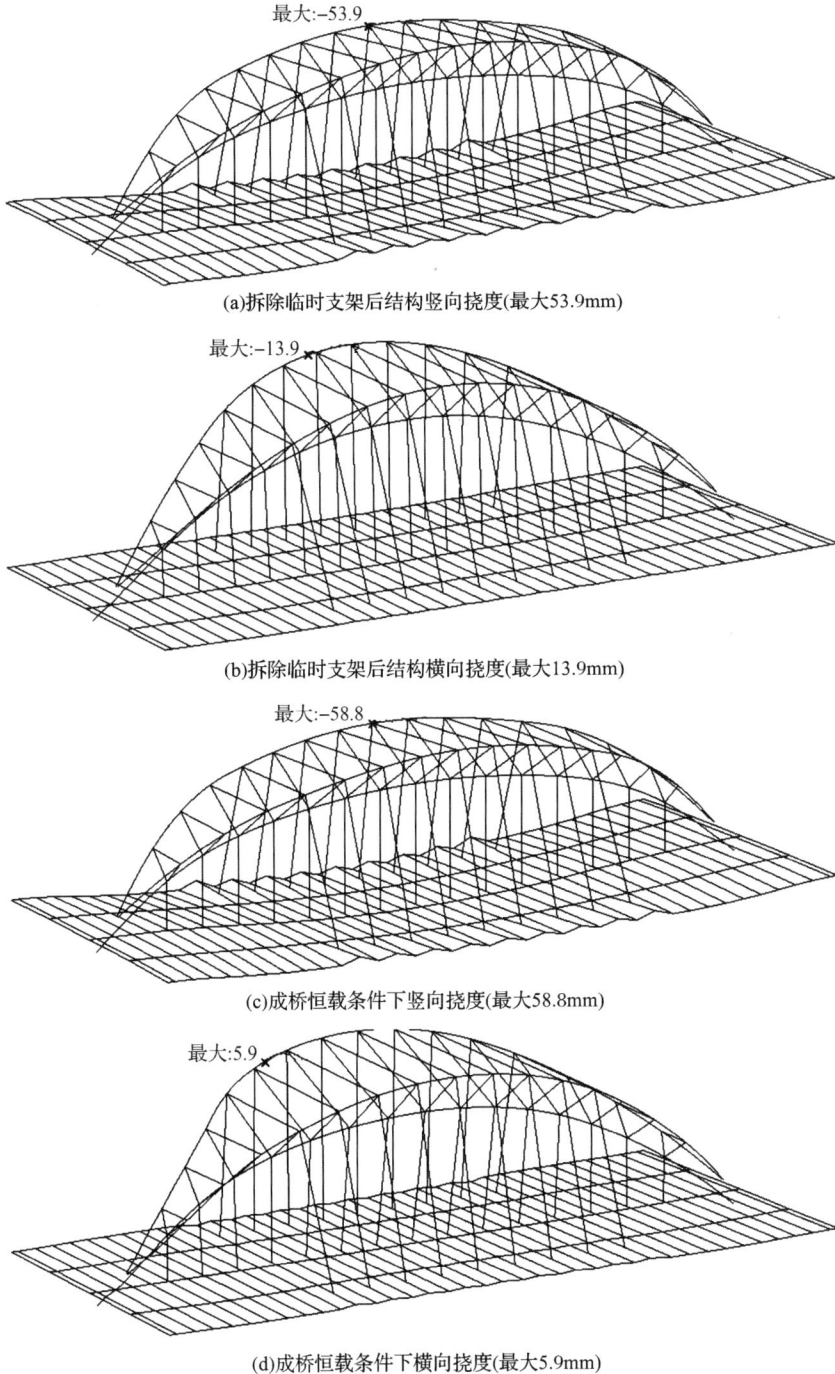

(a)拆除临时支架后结构竖向挠度(最大53.9mm)

(b)拆除临时支架后结构横向挠度(最大13.9mm)

(c)成桥恒载条件下竖向挠度(最大58.8mm)

(d)成桥恒载条件下横向挠度(最大5.9mm)

图 10.6　施工过程典型工况结构累计变形

## 10.3.4 使用阶段应力

桥梁运营过程中,在恒载、移动荷载、整体降温、桥面板负温度梯度等作用标准组合下的结构受力最为不利,总体最大应力为 123.3MPa,应力包络结果如图 10.7 所示。

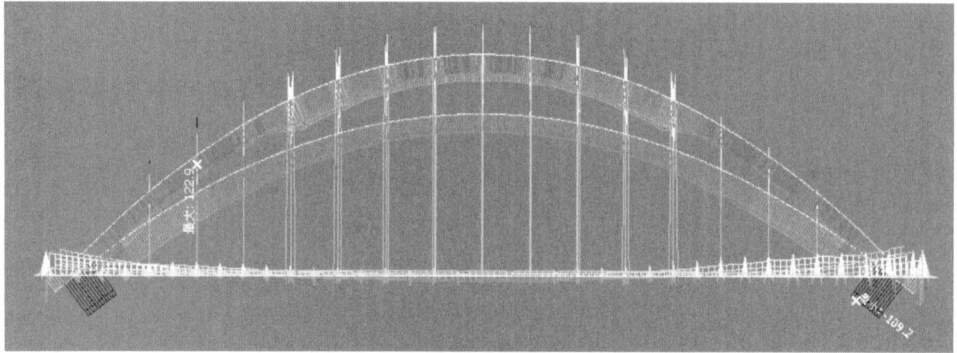

(a)上缘应力包络图

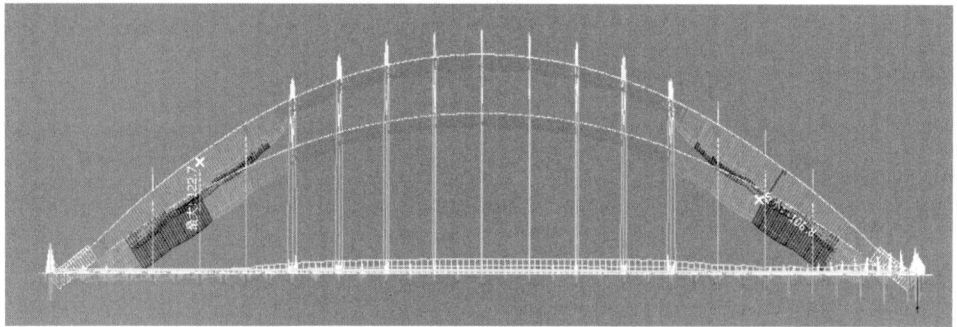

(b)下缘应力包络图

图 10.7　标准组合结构受力最不利应力(单位:MPa)

## 10.3.5 使用阶段变形

使用阶段移动荷载作用下结构挠度如图 10.8 所示,据此进行桥梁刚度验算和成桥预拱度设置。

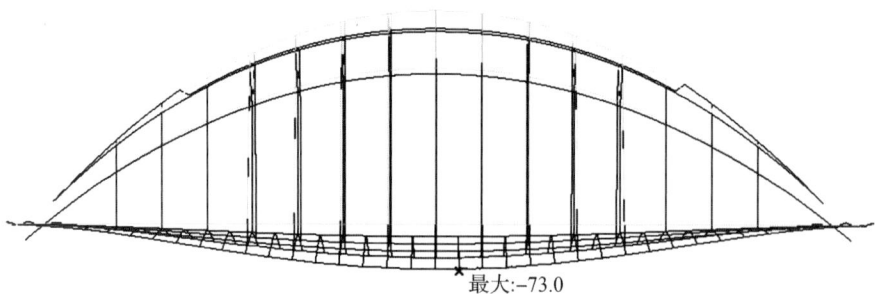

最大:-73.0

(a)竖向挠度(最大73mm)

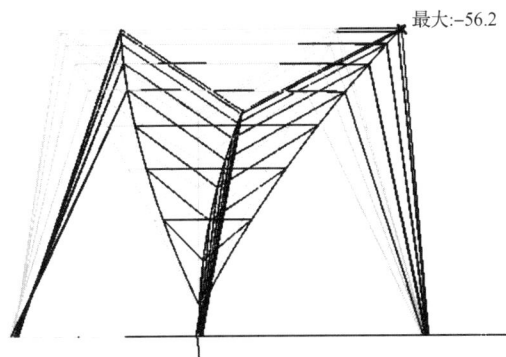

(b)横向挠度(最大56.2mm)

图 10.8　移动荷载作用下结构挠度

## 10.3.6　吊车上桥评估

为确保吊车在钢箱梁桥面系的作业安全,有必要对吊车过桥及起吊作业过程的各关键工况进行分析与评估。对吊车荷载模拟采用等效的四个面荷载,即每个支点一个,如图 10.9所示。吊车各支撑面荷载数值等于支点力除以支撑面积,吊车每个支点的面积取 0.6m×0.4m;其支点反力包括吊车自重引起的支点反力及起吊物重量引起的支点反力,吊车自重引起的支点反力按四个支点平均分配,起吊物重量引起的支点反力根据回转半径及起吊高度等,按杠杆法进行分配。为确保安全及合理,在吊车过桥及起吊作业的过程中,对自重荷载考虑适当的冲击系数,其中吊车过桥时考虑 1.2 的冲击系数,吊装过程的冲击系数选用 1.3。

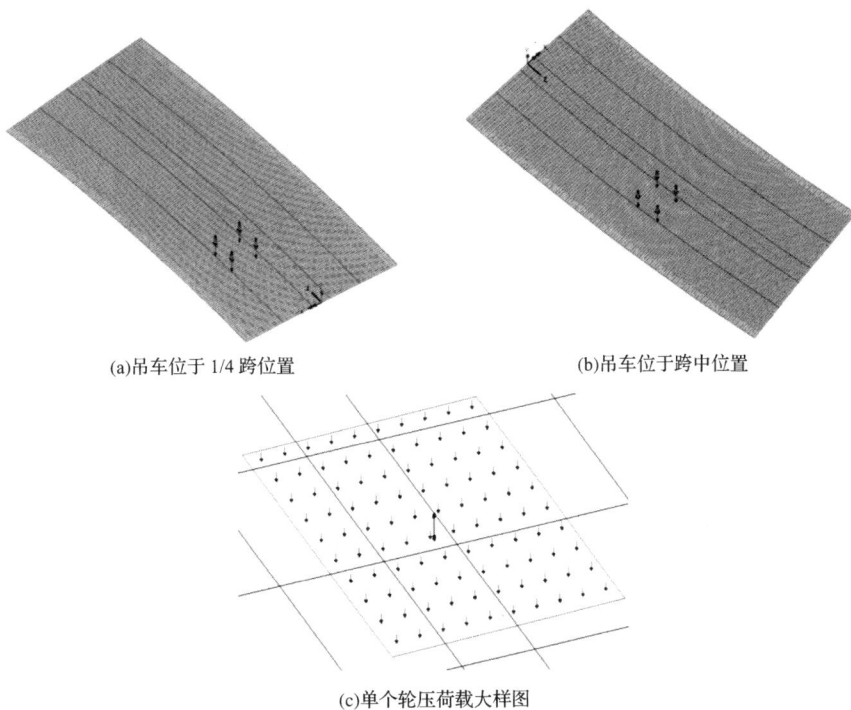

(a)吊车位于 1/4 跨位置

(b)吊车位于跨中位置

(c)单个轮压荷载大样图

图 10.9　吊车轮压荷载

根据实际施工情况,计算中主要考虑以下两个种情况:①一台吊车沿中腹板和边腹板之间位置从桥上驶过;②吊车在桥上立于待吊装段的中间位置,将钢拱肋吊起安装。根据拱肋吊装施工过程中钢箱梁的受力特点,对上述的两种情形分别考虑吊车沿钢箱梁内、外侧行驶以及在钢箱梁内、外侧1/4跨处与1/2跨处进行拱肋吊装等工况。

根据分析可知,在车辆过桥及各吊装工况下,底板及顶板的最大应力均出现在3/4跨(5#临时支墩)的曲线外侧,底板最大应力为36.5MPa,顶板最大应力为23.11MPa;钢箱梁顶板局部最大变形在1.5mm之内,出现在未受到横隔板或腹板支持的吊车支腿处。譬如吊车在内侧1/4跨处进行拱肋吊装,其停靠在边腹板与中腹板中间,此时考虑的荷载为吊车自重(60t)以及起吊半径为7米(最大起吊半径)时拱肋阶段的自重荷载(22t),并考虑了吊装过程中的冲击效应影响,其应力结构如图10.10所示。

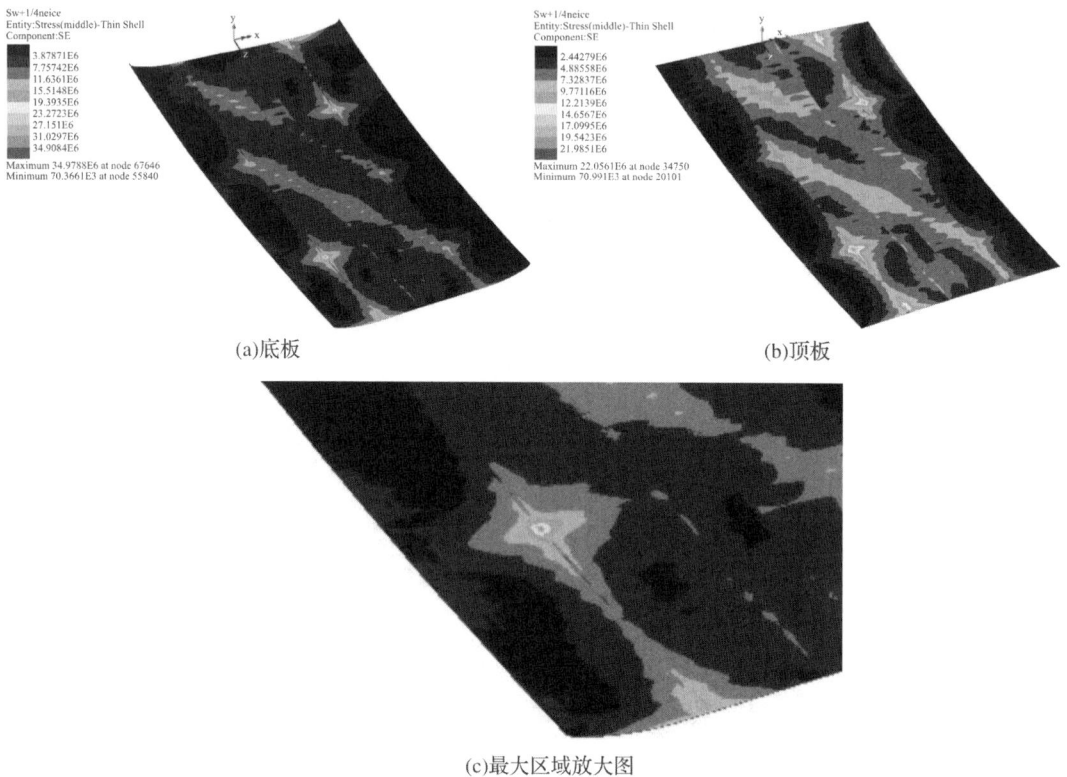

(a)底板     (b)顶板

(c)最大区域放大图

图 10.10　吊车位于内侧1/4跨处吊装拱肋时的应力云图

## 10.3.7　施工阶段吊杆力

吊杆张拉按横向共面、纵向交替的顺序进行,分两次进行,其中初张拉力值约为成桥索力的40%。以成桥索力为目标,通过迭代分析,确定了各吊杆合理的初拉力值及张拉顺序,最终成桥索力与设计要求的成桥索力差值百分比均在5%以内。张拉顺序及张拉力如表10.1和表10.2所示,典型工况索力汇总情况如表10.3所示。

表 10.1 吊杆第一次张拉的张拉顺序及张拉力 （单位:kN）

| 张拉序号 | 主拱吊杆 | | 内边拱吊杆（北侧） | | 外边拱吊杆（南侧） | |
|---|---|---|---|---|---|---|
| | 张拉吊杆 | 张拉力 | 张拉吊杆 | 张拉力 | 张拉吊杆 | 张拉力 |
| 1 | $ZS_8$ | 170 | $NS_5$ | 190 | $WS_5$ | 150 |
| 2 | $ZS_6$ | 180 | $NS_3$ | 190 | $WS_3$ | 160 |
| 3 | $ZS_{10}$ | 180 | $NS_7$ | 190 | $WS_7$ | 160 |
| 4 | $ZS_{12}$ | 260 | $NS_9$ | 280 | $WS_9$ | 250 |
| 5 | $ZS_4$ | 260 | $NS_1$ | 280 | $WS_1$ | 250 |
| 6 | $ZS_2$ | 480 | — | — | — | — |
| | $ZS_{14}$ | 460 | | | | |
| 7 | $ZS_5$ | 200 | $NS_2$ | 200 | $WS_2$ | 170 |
| 8 | $ZS_{11}$ | 200 | $NS_8$ | 200 | $WS_8$ | 170 |
| 9 | $ZS_9$ | 170 | $NS_6$ | 190 | $WS_6$ | 150 |
| 10 | $ZS_7$ | 170 | $NS_4$ | 190 | $WS_4$ | 150 |
| 11 | $ZS_3$ | 360 | — | — | — | — |
| | $ZS_{13}$ | 360 | | | | |
| 12 | $ZS_1$ | 560 | — | — | — | — |
| | $ZS_{15}$ | 540 | | | | |

备注:吊杆自西向东依次编号。

表 10.2 吊杆第二次张拉的张拉顺序及张拉力 （单位:kN）

| 张拉序号 | 主拱吊杆 | | 内边拱吊杆（北侧） | | 外边拱吊杆（南侧） | |
|---|---|---|---|---|---|---|
| | 张拉吊杆 | 张拉力 | 张拉吊杆 | 张拉力 | 张拉吊杆 | 张拉力 |
| 1 | $ZS_1$ | 1297 | — | — | — | — |
| | $ZS_{15}$ | 1045 | — | — | — | — |
| 2 | $ZS_2$ | 1035 | — | — | — | — |
| | $ZS_{14}$ | 905 | — | — | — | — |
| 3 | $ZS_3$ | 845 | — | — | — | — |
| | $ZS_{13}$ | 745 | — | — | — | — |
| 4 | $ZS_4$ | 605 | $NS_1$ | 612 | $WS_1$ | 768 |
| 5 | $ZS_{12}$ | 664 | $NS_9$ | 706 | $WS_9$ | 773 |
| 6 | $ZS_{11}$ | 595 | $NS_8$ | 562 | $WS_8$ | 559 |
| 7 | $ZS_5$ | 611 | $NS_2$ | 524 | $WS_2$ | 572 |
| 8 | $ZS_6$ | 609 | $NS_3$ | 528 | $WS_3$ | 547 |
| 9 | $ZS_{10}$ | 645 | $NS_7$ | 565 | $WS_7$ | 558 |
| 10 | $ZS_9$ | 618 | $NS_6$ | 551 | $WS_6$ | 536 |
| 11 | $ZS_7$ | 554 | $NS_4$ | 532 | $WS_4$ | 494 |
| 12 | $ZS_8$ | 377 | $NS_5$ | 463 | $WS_5$ | 398 |

备注:吊杆自西向东依次编号。

**表 10.3　典型工况各吊杆索力情况**　　　　　　　　　　　　　（单位:kN）

| 吊杆编号 | 初拉力值 | 二次张拉力值 | 张拉完成后索力 | 拆除支架后索力 | 成桥后索力 | 设计成桥索力 | 与设计成桥索力差 |
|---|---|---|---|---|---|---|---|
| $ZS_1$ | 560 | 1297 | 1388 | 1334 | 1685 | 1750 | −3.7% |
| $ZS_2$ | 480 | 1035 | 1116 | 1113 | 1522 | 1585 | −4.0% |
| $ZS_3$ | 360 | 845 | 794 | 813 | 1239 | 1305 | −5.0% |
| $ZS_4$ | 260 | 605 | 600 | 618 | 885 | 925 | −4.3% |
| $ZS_5$ | 200 | 611 | 473 | 493 | 759 | 793 | −4.3% |
| $ZS_6$ | 180 | 609 | 408 | 429 | 691 | 722 | −4.3% |
| $ZS_7$ | 170 | 554 | 380 | 400 | 660 | 693 | −4.7% |
| $ZS_8$ | 170 | 377 | 377 | 396 | 656 | 685 | −4.3% |
| $ZS_9$ | 170 | 618 | 382 | 401 | 660 | 693 | −4.7% |
| $ZS_{10}$ | 180 | 645 | 412 | 431 | 692 | 722 | −4.1% |
| $ZS_{11}$ | 200 | 595 | 474 | 495 | 758 | 793 | −4.4% |
| $ZS_{12}$ | 260 | 664 | 595 | 619 | 887 | 925 | −4.1% |
| $ZS_{13}$ | 360 | 745 | 766 | 816 | 1252 | 1305 | −4.1% |
| $ZS_{14}$ | 460 | 905 | 1080 | 1168 | 1607 | 1585 | 1.4% |
| $ZS_{15}$ | 540 | 1045 | 1222 | 1390 | 1819 | 1750 | 4.0% |
| $NS_1$ | 280 | 612 | 720 | 740 | 952 | 987 | −3.5% |
| $NS_2$ | 200 | 524 | 510 | 528 | 651 | 675 | −3.6% |
| $NS_3$ | 190 | 528 | 474 | 495 | 613 | 635 | −3.4% |
| $NS_4$ | 190 | 532 | 466 | 486 | 603 | 621 | −3.0% |
| $NS_5$ | 190 | 463 | 463 | 483 | 598 | 618 | −3.2% |
| $NS_6$ | 190 | 551 | 467 | 486 | 601 | 621 | −3.2% |
| $NS_7$ | 190 | 565 | 481 | 499 | 616 | 635 | −3.0% |
| $NS_8$ | 200 | 562 | 530 | 547 | 668 | 675 | −1.0% |
| $NS_9$ | 280 | 706 | 732 | 763 | 972 | 987 | −1.6% |
| $WS_1$ | 250 | 768 | 646 | 651 | 816 | 855 | −4.6% |
| $WS_2$ | 170 | 572 | 459 | 458 | 573 | 600 | −4.5% |
| $WS_3$ | 160 | 547 | 419 | 415 | 539 | 565 | −4.7% |
| $WS_4$ | 150 | 494 | 403 | 397 | 525 | 552 | −4.9% |
| $WS_5$ | 150 | 398 | 398 | 391 | 521 | 548 | −5.0% |
| $WS_6$ | 150 | 536 | 403 | 396 | 524 | 552 | −5.0% |
| $WS_7$ | 160 | 558 | 419 | 413 | 537 | 565 | −4.9% |
| $WS_8$ | 170 | 559 | 464 | 459 | 577 | 600 | −3.8% |
| $WS_9$ | 250 | 773 | 649 | 648 | 823 | 855 | −3.8% |

备注:吊杆自西向东依次编号。

# 10.4　施工控制

## 10.4.1　控制目标与要求

按照线形和内力双控的原则,根据施工规范和设计要求,确定具体控制指标及要求如下：

①线形控制精度要求

(a)钢箱梁顶面高程：±20mm；

(b)钢箱梁中轴线位置误差：±15mm；

(c)拱轴线位置：±30mm。

②吊杆内力的精度要求

在施工过程中，各吊杆张拉力的误差控制在8%之内；成桥阶段，各吊杆张拉力的误差控制在5%之内。

③测量精度要求

(a)标高测量精度控制在 2mm 以内；

(b)吊杆张拉力测量精度5%之内；

(c)坐标测量精度控制在 1cm 之内。

## 10.4.2　监控预警值

根据背景桥梁结构特点及其具体受力情况，从保障施工安全及提高施工可靠性的角度，设置如表 10.4 所示的施工控制预警值。本表所列的监控物理量达到下限值时，应启动对结构的施工安全性及可靠性等评估；若达到上限时，应立即停止施工，查明原因，组织专家论证。

表 10.4　背景桥梁施工控制预警值设置

| 编号 | 监控物理量 | 类型 | 单位 | 一级预警值<br>(初级预警) | 二级预警值<br>(高级预警) |
| --- | --- | --- | --- | --- | --- |
| 1 | 拱肋应力 | 绝对量 | MPa | 120.0 | 150.0 |
| 2 | 主梁应力 | 绝对量 | MPa | 110.0 | 140.0 |
| 3 | 吊杆张拉力 | 绝对量 | kN | 50.0 | 80.0 |
| 4 | | 相对量 | % | 5.0 | 8.0 |
| 5 | 主梁变形 | 绝对量 | cm | 4.8 | 8.9 |
| 6 | 主拱变形 | 绝对量 | cm | 4.0 | 7.3 |
| 7 | 内侧边拱变形 | 绝对量 | cm | 5.6 | 7.3 |
| 8 | 外侧边拱变形 | 绝对量 | cm | 4.2 | 7.3 |
| 9 | 临时支架变形 | 绝对量 | cm | 2.5 | 3.0 |
| 10 | 临时支架应力 | 绝对值 | MPa | 80.0 | 100.0 |

## 10.4.3　监控工作内容

桥梁施工过程中，在相应工况开展相应的施工控制工作，监控工况及内容如表 10.5 所示。由于主梁及拱肋等均采用吊装法安装，施工进度较快，在安装期间需对结构状态进行较高频次的测量。

表 10.5　背景桥梁施工监控工况及内容

| 序号 | 监控工况 | 监控工作主要内容 |
|---|---|---|
| 1 | 钢箱梁支架安装 | 1.签发主梁各节段安装位置参数；<br>2.在 2#、5# 临时支墩上设置应力观测点；<br>3.在钢箱梁上安装应力传感器,并进行传感器初始值采集；<br>4.各节段安装后对关键位置的应力和变形进行测量；<br>5.安装结束后,在主梁顶面设置标高及位置观测点,并进行相应测量。 |
| 2 | 拱脚安装 | 1.监测相应临时设施的应力；<br>2.监测主梁的应力等。 |
| 3 | 汽车上桥 | 对汽车上桥时主梁关键位置的应力进行测量。 |
| 4 | 主拱钢管分段安装 | 1.签发主拱各节段安装位置参数；<br>2.各节段安装后对主梁的应力进行测量；<br>3.在拱肋上安装应力传感器并进行应力测量；<br>4.对主拱轴线形进行监测；<br>5.对主拱安装支架应力进行监测。 |
| 5 | 边拱钢管分段安装 | 1.签发边拱各节段安装的位置参数；<br>2.各节段安装后对主梁的应力进行测量；<br>3.在拱肋上安装应力传感器并进行应力测量；<br>4.对边拱轴线形进行监测；<br>5.对边拱安装支架的应力进行监测。 |
| 6 | 撑杆安装 | 1.对主梁结构的受力状态进行监测；<br>2.对主拱结构的受力状态进行监测；<br>3.对边拱结构的受力状态进行监测；<br>4.对拱肋安装支架的受力状态进行监测。 |
| 7 | 吊杆安装及初张拉 | 1.签发各吊杆初张拉的张拉力；<br>2.对结构受力状态及几何位置等进行监测。 |
| 8 | 浇注混凝土配重 | 1.签发配重混凝土的浇注顺序；<br>2.对结构受力状态及几何位置等进行测量。 |
| 9 | 吊杆二次张拉 | 1.根据施工误差情况及监测结果,确定合理的吊杆二次张拉方案；<br>2.对结构受力状态及几何位置等进行监测。 |
| 10 | 临时支架拆除 | 对结构受力及几何位置进行监测。 |
| 11 | 二恒施工 | 对结构受力及几何位置进行测量。 |
| 12 | 成桥索力调整 | 1.确定各吊杆成桥张力的调整方案,使之与设计目标相符；<br>2.在吊杆张拉力调整过程中,对结构的应力和索力进行监测。 |
| 13 | 成桥状态 | 对成桥状态下的结构应力、标高、位置及吊杆张拉力进行一次全面的测试,作为今后桥梁管理养护的依据。 |

## 10.4.4　测点布置

### (1)桥梁结构线形

线形监测主要包括钢箱梁标高、钢箱梁中线、拱轴线等项目。采用全站仪对拱轴线和中线进行测量,采用几何水准法进行主梁标高的测量,根据测量结果的变化分析评估结构变形情况。成拱后,拱肋及钢箱梁的测点布置如图 10.11 所示。

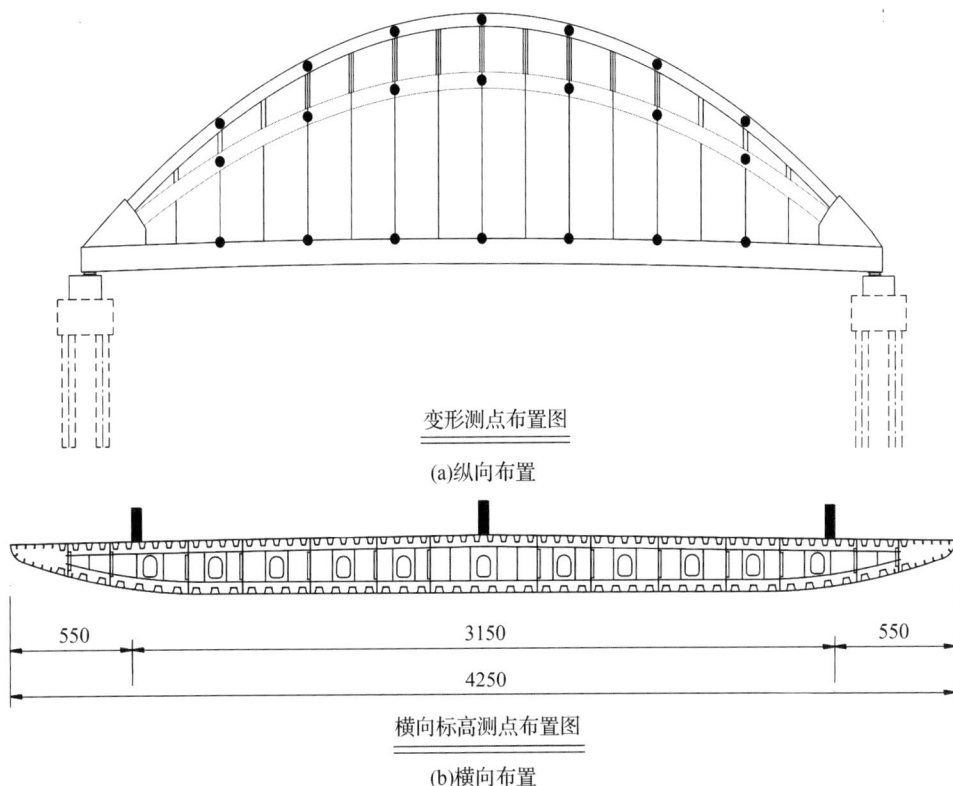

变形测点布置图

(a)纵向布置

横向标高测点布置图

(b)横向布置

图 10.11　拱肋及钢箱梁线形测点布置

　　在拱肋阶段吊装阶段,对于拱肋各节段分别在两端设置控制断面Ⅰ、Ⅱ,控制断面距离自由端 15～20cm 且垂直于拱轴线,在吊杆中心线与拱肋中心线交接位置处也按垂直于拱轴线布置复核测量断面,依次编号为Ⅲ、Ⅳ、Ⅴ截面,主拱每个断面上各布置 2 个测点,边拱向两侧倾斜,每个断面布置 3 个测点,如图 10.12 所示。在安装过程中,主要是对控制截面进行测量,对于复核性截面根据需要进行复核和备用。

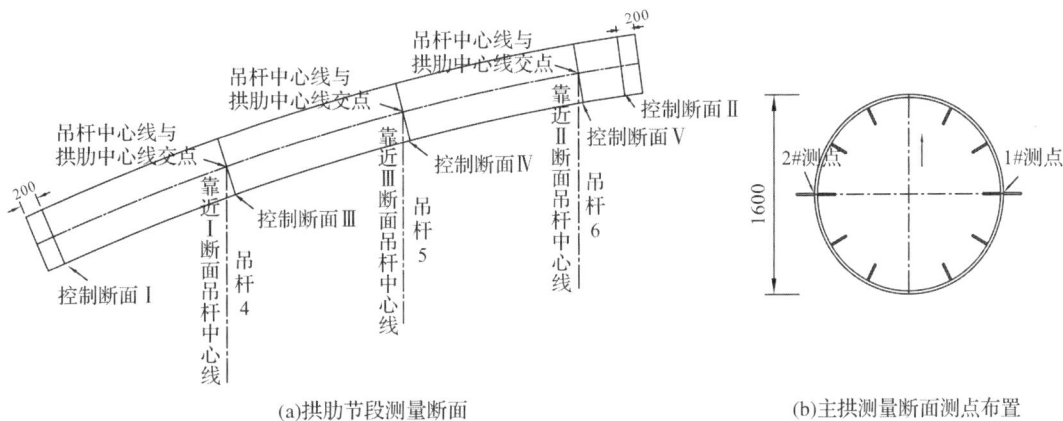

(a)拱肋节段测量断面

(b)主拱测量断面测点布置

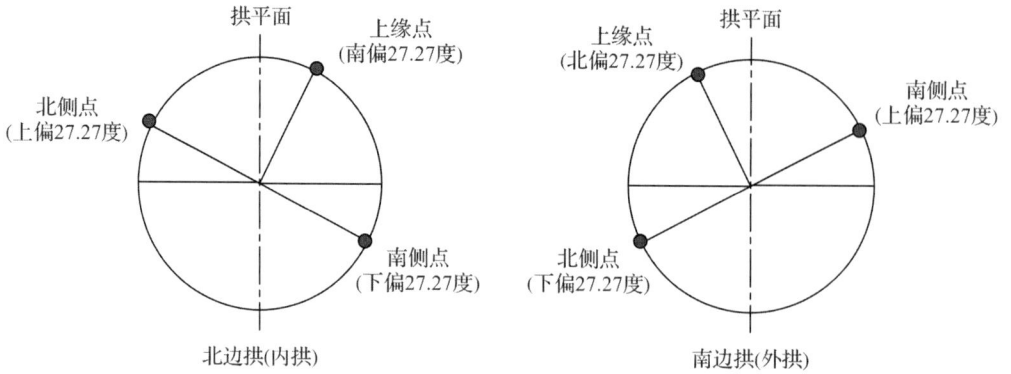

拱平面　上缘点
(南偏27.27度)

北侧点
(上偏27.27度)

南侧点
(下偏27.27度)

北边拱(内拱)

上缘点
(北偏27.27度)　拱平面

南侧点
(上偏27.27度)

北侧点
(下偏27.27度)

南边拱(外拱)

(c)边拱测量断面测点布置

图 10.12　安装过程拱肋线形测点布置

### (2)桥梁结构应力

根据结构分阶段施工过程分析结果来确定应力测点的具体布置。选择在两侧拱肋的拱脚截面、$L/4$ 截面及 $L/2$ 截面以及钢箱梁的两支座端及跨中截面等进行应力测试。同时,拱梁接合部结构形式及受力状况复杂,其应力通过在拱脚处埋设应变花来进行测量。测试截面位置如图 10.13 所示。

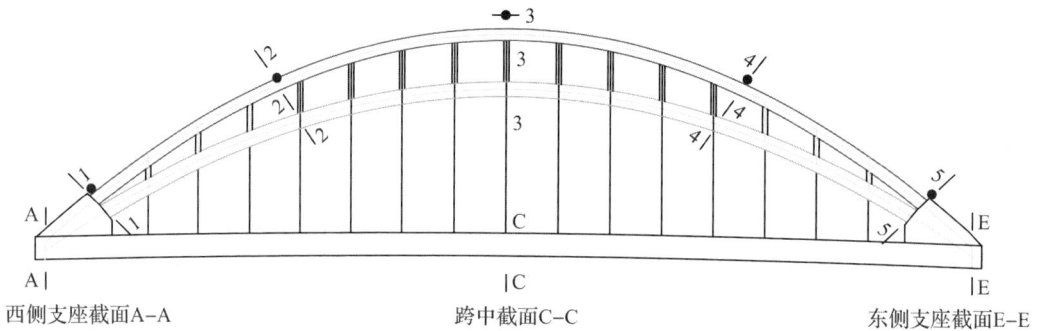

西侧支座截面A–A　　　　　　　跨中截面C–C　　　　　　　东侧支座截面E–E

图 10.13　施工过程中应力监测截面布置

对于拱肋应力监测,各截面布置上下、左右 4 个应力测点;对于跨中和四分之一处的横撑、斜撑则在截面上下缘布置 2 个应力测点,具体如图 10.14 所示。

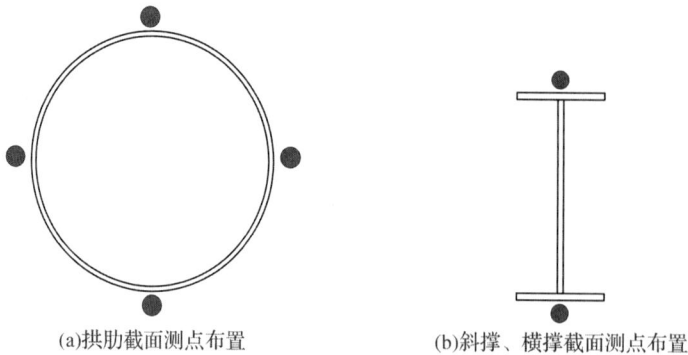

(a)拱肋截面测点布置　　　　　　　(b)斜撑、横撑截面测点布置

图 10.14　拱肋及斜撑、横撑应力监测截面的测点布置

　　对于钢箱梁应力监测,需对截面纵、横向应力进行全面测试,因此施工监控中在截面主要测点布置了横向和纵向两个传感器,监测截面的应力测点布置如图 10.15 所示。对于拱脚截面,由于其应力较为复杂,在测点布置应变花对其主应力进行测量,具体如图 10.16 所示。

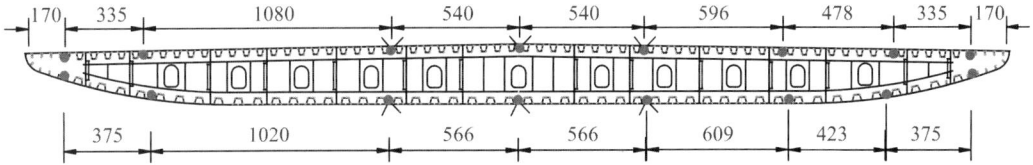

图 10.15　主梁施工监控应力测点布置(\/:双向传感器)

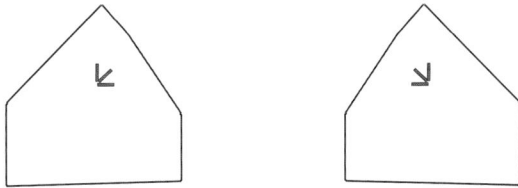

图 10.16　拱脚应变花布置大样

**(3)临时设施监控**

　　对于主梁安装支架,根据支架的设置特点,主要是对 2# 及 5# 临时墩的基础沉降变形情况进行监测。通过在 2# 及 5# 临时墩基础的近岸侧角点位置设置沉降观测点,通过测量观测点的相对标高变化情况,确认是否存在沉降现象。

　　根据分析计算结果,在 2#、5# 临时支架的立柱上安装应力传感器,在主梁及拱肋的安装阶段,分别对临时支架的应力进行监测,进而对其安全性进行评估。根据需要,在拱肋安装支架的立柱上安装应力传感器,在拱肋吊装各阶段,对拱肋安装支架的应力状况进行监测,进而对支架的安全性进行评估。

## 10.4.5　线形监控

　　本桥为异形拱桥,限于建设条件圆曲线与缓和曲线不得已在桥梁区域相交,使得各构件几何线形复杂,安装定位难度大;线形控制的难点在于各构件各节段安装控制点坐标的准确计算和现场精准放样。限于篇幅,本节只阐述线形控制参数。按此参数施工完成后,各构件几何衔接平顺,线形状况良好,符合设计要求。

**(1)主梁线形**

　　主梁位于平曲线上,需同时控制其竖向和平面线形。按钢箱梁所处的平曲线,计算各个横隔梁处的钢箱梁中线及内外侧点的平面坐标,作为平面线形控制参数。在设计竖向线形基础上,考虑成桥预拱度、施工过程结构累计变形以及安装支架变形与焊接影响等,综合设置预拱度,确定钢梁安装标高,作为竖向线形控制参数。表 10.6 罗列了钢梁中线位置的竖向线形控制参数。

表 10.6 钢梁中线安装标高

| 桩号($K_1$+)/m | 路面设计高程/m | 钢箱梁顶面设计标高/m | 安装预拱度/mm | | 安装标高/m |
|---|---|---|---|---|---|
| | | | 成桥及施工 | 附加* | |
| 744.202 | 9.571 | 9.501 | 0.0 | 0.0 | 9.501 |
| 752.202 | 9.765 | 9.695 | 22.2 | 9.5 | 9.727 |
| 760.202 | 9.954 | 9.884 | 40.2 | 17.2 | 9.941 |
| 768.202 | 10.096 | 10.026 | 54.0 | 23.1 | 10.103 |
| 776.202 | 10.185 | 10.115 | 63.5 | 27.2 | 10.206 |
| 784.202 | 10.221 | 10.151 | 68.8 | 29.5 | 10.249 |
| 789.002 | 10.217 | 10.147 | 70.0 | 30.0 | 10.247 |
| 790.602 | 10.211 | 10.141 | 70.0 | 30.0 | 10.241 |
| 792.202 | 10.203 | 10.133 | 69.9 | 29.9 | 10.233 |
| 800.202 | 10.132 | 10.062 | 66.7 | 28.6 | 10.158 |
| 808.202 | 10.008 | 9.938 | 59.3 | 25.4 | 10.023 |
| 816.202 | 9.830 | 9.760 | 47.6 | 20.4 | 9.828 |
| 824.202 | 9.599 | 9.529 | 31.8 | 13.6 | 9.574 |
| 832.202 | 9.326 | 9.256 | 11.6 | 5.0 | 9.273 |
| 836.202 | 9.188 | 9.118 | 0.0 | 0.0 | 9.118 |

注:安装预拱度的附加部分是为抵消安装支架非弹性变形与焊接影响而设置的。

**(2)拱脚段安装控制**

拱脚段衔接拱肋与拱座,其精准放样、安装是实现拱肋线形良好控制的基础。此桥拱座承压面是个单一平面,与主拱正交,即承压面与主拱正截面一致。由于两边拱向两侧倾斜,边拱与承压面斜交,截面为椭圆形,需要通过解析几何分析具体计算出边拱在承压面处的端截面,并在承压面上进行同步放样。

以距离边拱端部正截面为基准面,沿拱肋一周通过相对基准面的距离来描述端部拱肋端部截面空间几何形态。西侧拱脚段部分控制点安装控制参数如表 10.7 所示,南北两边拱对称。

表 10.7 西侧拱脚段部分控制点安装控制参数

| 角度/(°) | 目标点与基准面距离/m（沿轴线方向） | 目标点所在的正截面与基准面水平距离/m | 备注 |
|---|---|---|---|
| 中心点 | 0.000 | 0.000 | 椭圆中心 |
| 0 | 0.216 | 0.150 | |
| 20 | 0.229 | 0.159 | 长轴位置 |
| 30 | 0.225 | 0.156 | |
| 60 | 0.175 | 0.121 | |
| 90 | 0.077 | 0.053 | |
| 110 | −0.001 | −0.001 | 短轴位置 |
| 120 | −0.041 | −0.029 | |
| 150 | −0.148 | −0.103 | |
| 180 | −0.216 | −0.150 | |
| 200 | −0.229 | −0.159 | 长轴位置 |

| 角度/(°) | 目标点与基准面距离/m（沿轴线方向） | 目标点所在的正截面与基准面水平距离/m | 备注 |
|---|---|---|---|
| 210 | −0.225 | −0.156 | |
| 240 | −0.175 | −0.121 | |
| 270 | −0.077 | −0.053 | |
| 290 | 0.001 | 0.001 | 短轴位置 |
| 300 | 0.041 | 0.029 | |
| 330 | 0.148 | 0.103 | |
| 360 | 0.216 | 0.150 | |

注:①距离为正表示偏向跨中,向西侧拱脚方向为负;②角度以拱平面顶部点为参考,边拱偏转方向为正。

**(3)拱肋线形**

按图 10.12 所示,考虑预拱度计算各拱肋节段安装控制点的三维坐标。主拱和边拱部分安装控制点的坐标如表 10.8 和表 10.9 所示。拱肋安装完成后,还应计算各横撑轴线与相应拱肋相交点的三维坐标,以指导横撑系统的安装。

**表 10.8　主拱 $Z_1$ 段北侧安装控制点位置参数**　　　　（长度:m）

| 截面标识 | 现场安装参数 | | 北侧点($2^{\#}$点)坐标 | | | 说明 |
|---|---|---|---|---|---|---|
| | 里程 | 距西端拱脚距离 | $X$ | $Y$ | $H$ | |
| 1 号吊杆 | 1755.28 | 10.087 | 76100.594 | 85639.414 | 15.092 | |
| 2 号吊杆 | 1760.28 | 15.092 | 76105.563 | 85638.812 | 17.985 | |
| 3 号吊杆 | 1765.28 | 20.094 | 76110.528 | 85638.210 | 20.431 | 距离自由段 20cm |
| $Z_1$-E 截面 | 1765.142 | 19.956 | 76110.391 | 85638.227 | 20.369 | |
| 分段处 | 1765.342 | 20.156 | 76110.590 | 85638.203 | 20.458 | 接缝位置 |

**表 10.9　内边拱 $N_1$ 节段北侧安装控制点位置参数**　　　　（单位:m）

| 截面标识 | 里程 | 轴线点 | | | 正截面北侧点 | | |
|---|---|---|---|---|---|---|---|
| | | 大地 $Y$ | 大地 $X$ | 标高 $H$ | 大地 $Y$ | 大地 $X$ | 标高 $H$ |
| 西拱脚 | 1749.505 | 76094.900 | 85640.138 | 13.107 | 76094.759 | 85640.772 | 13.025 |
| $N_1$-W | 1750.305 | 76095.762 | 85640.424 | 13.869 | 76095.622 | 85641.059 | 13.789 |
| $N_1$-M | 1756.400 | 76102.262 | 85642.341 | 19.090 | 76102.143 | 85642.977 | 19.025 |
| $N_1$-E | 1763.094 | 76109.277 | 85643.914 | 23.766 | 76109.183 | 85644.555 | 23.719 |
| 分段处 | 1763.294 | 76109.484 | 85643.953 | 23.889 | 76109.392 | 85644.594 | 23.843 |

注:计算控制点坐标时按安装时的实际里程考虑。

## 10.4.6　吊杆力控制

吊杆力的控制即确定其合理的张拉方案,包括分几次张拉、每次张拉的顺序和张拉力等。本桥施工过程中结构受力的安全风险较小,一定的索力误差不会引起结构安全问题。为便于施工,过程中对吊杆力先按 10.3.7 节所给出的结果进行开环控制;待二期恒载施加并拆除支架后,根据索力实测结果进行吊杆力调整,使之达到设计目标要求。

表 10.10 罗列了二期恒载施加后索力的误差情况,表 10.11 给出了相应的吊杆力调整方案,表 10.12 罗列了吊杆力调整后的误差情况。由此可见,各吊杆张力与设计成桥张力误差均在 5% 内,吊杆张拉力误差较小,满足预期精度要求。

表 10.10 二期恒载后实测索力

| 位置 | 编号 | 实测索力/kN | 成桥目标索力/kN | 差值/kN | 差值百分比/% |
|------|------|-----------|---------------|--------|------------|
| 主拱 | $ZS_1$ | 1596 | 1750 | −153.9 | −8.8% |
| | $ZS_2$ | 1499 | 1585 | −86.1 | −5.4% |
| | $ZS_3$ | 1270 | 1305 | −35.4 | −2.7% |
| | $ZS_4$ | 869 | 925 | −55.7 | −6.0% |
| | $ZS_5$ | 859 | 793 | 66.0 | 8.3% |
| | $ZS_6$ | 524 | 722 | −197.7 | −27.4% |
| | $ZS_7$ | 843 | 693 | 149.7 | 21.6% |
| | $ZS_8$ | 752 | 685 | 67.5 | 9.8% |
| | $ZS_9$ | 687 | 693 | −6.5 | −0.9% |
| | $ZS_{10}$ | 694 | 722 | −27.7 | −3.8% |
| | $ZS_{11}$ | 708 | 793 | −84.6 | −10.7% |
| | $ZS_{12}$ | 927 | 925 | 1.9 | 0.2% |
| | $ZS_{13}$ | 1110 | 1305 | −195.2 | −15.0% |
| | $ZS_{14}$ | 1394 | 1585 | −190.7 | −12.0% |
| | $ZS_{15}$ | 1467 | 1750 | −283.3 | −16.2% |
| 内拱 | $NS_1$ | 1011 | 987 | 24.2 | 2.5% |
| | $NS_2$ | 636 | 675 | −39.2 | −5.8% |
| | $NS_3$ | 561 | 635 | −74.4 | −11.7% |
| | $NS_4$ | 615 | 621 | −5.6 | −0.9% |
| | $NS_5$ | 590 | 618 | −28.0 | −4.5% |
| | $NS_6$ | 571 | 621 | −50.3 | −8.1% |
| | $NS_7$ | 642 | 635 | 6.5 | 1.0% |
| | $NS_8$ | 595 | 675 | −79.8 | −11.8% |
| | $NS_9$ | 1015 | 987 | 27.8 | 2.8% |
| 外拱 | $WS_1$ | 828 | 855 | −27.1 | −3.2% |
| | $WS_2$ | 566 | 600 | −34.5 | −5.7% |
| | $WS_3$ | 522 | 565 | −43.4 | −7.7% |
| | $WS_4$ | 581 | 552 | 29.0 | 5.2% |
| | $WS_5$ | 576 | 548 | 27.6 | 5.0% |
| | $WS_6$ | 534 | 552 | −18.3 | −3.3% |
| | $WS_7$ | 577 | 565 | 11.8 | 2.1% |
| | $WS_8$ | 619 | 600 | 18.6 | 3.1% |
| | $WS_9$ | 872 | 855 | 16.7 | 2.0% |

**表 10.11　成桥后吊杆调索顺序及张拉力**

| 调索序号 | 调索吊杆 | 张拉力值/kN | 调索序号 | 调索吊杆 | 张拉力值/kN |
|---|---|---|---|---|---|
| 1 | $ZS_{15}$ | 1828 | 15 | $NS_8$ | 712 |
| 2 | $ZS_{14}$ | 1675 | 16 | $NS_3$ | 655 |
| 3 | $ZS_{13}$ | 1359 | 17 | $NS_2$ | 651 |
| 4 | $ZS_{12}$ | 978 | 18 | $NS_4$ | 646 |
| 5 | $ZS_{11}$ | 831 | 19 | $NS_6$ | 641 |
| 6 | $ZS_{10}$ | 767 | 20 | $NS_5$ | 624 |
| 7 | $ZS_6$ | 792 | 21 | $NS_7$ | 635 |
| 8 | $ZS_7$ | 755 | 22 | $NS_9$ | 948 |
| 9 | $ZS_9$ | 720 | 23 | $WS_3$ | 584 |
| 10 | $ZS_1$ | 1822 | 24 | $WS_2$ | 636 |
| 11 | $ZS_2$ | 1668 | 25 | $WS_1$ | 841 |
| 12 | $ZS_3$ | 1401 | 26 | $WS_5$ | 550 |
| 13 | $ZS_4$ | 964 | | | |
| 14 | $ZS_5$ | 842 | | | |

**表 10.12　调索完成后索力误差**

| 位置 | 编号 | 实测索力/kN | 目标索力/kN | 差值/kN | 差值百分比/% |
|---|---|---|---|---|---|
| 主拱 | $ZS_1$ | 1822 | 1750 | 72 | 4.1% |
| | $ZS_2$ | 1629 | 1585 | 44 | 2.8% |
| | $ZS_3$ | 1316 | 1305 | 11 | 0.8% |
| | $ZS_4$ | 940 | 925 | 15 | 1.6% |
| | $ZS_5$ | 800 | 793 | 7 | 0.9% |
| | $ZS_6$ | 725 | 722 | 3 | 0.4% |
| | $ZS_7$ | 711 | 693 | 18 | 2.7% |
| | $ZS_8$ | 700 | 685 | 15 | 2.2% |
| | $ZS_9$ | 723 | 693 | 30 | 4.4% |
| | $ZS_{10}$ | 737 | 722 | 15 | 2.0% |
| | $ZS_{11}$ | 826 | 793 | 33 | 4.1% |
| | $ZS_{12}$ | 927 | 925 | 2 | 0.2% |
| | $ZS_{13}$ | 1283 | 1305 | −22 | −1.7% |
| | $ZS_{14}$ | 1628 | 1585 | 43 | 2.7% |
| | $ZS_{15}$ | 1799 | 1750 | 49 | 2.8% |
| 内拱 | $NS_1$ | 980 | 987 | −7 | −0.7% |
| | $NS_2$ | 651 | 675 | −24 | −3.6% |
| | $NS_3$ | 603 | 635 | −32 | −5.0% |
| | $NS_4$ | 615 | 621 | −6 | −0.9% |
| | $NS_5$ | 612 | 618 | −6 | −0.9% |
| | $NS_6$ | 625 | 621 | 4 | 0.6% |
| | $NS_7$ | 618 | 635 | −17 | −2.6% |
| | $NS_8$ | 659 | 675 | −16 | −2.4% |
| | $NS_9$ | 953 | 987 | −34 | −3.5% |

**续表**

| 位置 | 编号 | 实测索力/kN | 目标索力/kN | 差值/kN | 差值百分比/% |
|------|------|------------|------------|--------|------------|
| 外拱 | WS$_1$ | 856 | 855 | 1 | 0.2% |
| | WS$_2$ | 609 | 600 | 9 | 1.5% |
| | WS$_3$ | 588 | 565 | 23 | 4.1% |
| | WS$_4$ | 537 | 552 | −15 | −2.8% |
| | WS$_5$ | 559 | 548 | 11 | 2.1% |
| | WS$_6$ | 534 | 552 | −18 | −3.3% |
| | WS$_7$ | 577 | 565 | 12 | 2.1% |
| | WS$_8$ | 575 | 600 | −25 | −4.1% |
| | WS$_9$ | 872 | 855 | 17 | 2.0% |

### 10.4.7　应力监测

应力直接反应结构受力状况,通过应力监测可对结构受力安全进行及时评估和尽早预警。本桥施工过程中对临时设施、主梁、拱肋及拱桥、横撑等均进行了应力监测。如主梁临时支架应力处于−45～26MPa 范围内,拱肋支架应力处于−59～0MPa 范围内,施工过程中临时结构受力均处于安全范围之内。在成桥状态恒载下主体结构符合设计受力要求,其中钢主梁最不利应力为 110.4MPa、主拱最不利应力值为−79.2MPa、边拱最不利应力值为−71.1MPa、横撑系统应力最不利值为 31.2MPa 等。

## 10.5　本章小结

拱桥施工控制与前几章所述相类似,仍须按线形和内力双控的目标和要求进行,即对拱、梁等刚性构件侧重控制其几何形态,对吊杆侧重控制其张拉方案。由于景观需求,异形钢结构拱桥在工程中有比较多的应用,且表现出几何造型更加复杂的趋势;在此类拱桥施工控制时要特别注重其几何形态的精确解析,必要时可以采用三维模型技术进行加工参数复核,也可引入倾斜摄影等新型技术手段,以复核各结构构件加工放样的精度。

# 第 11 章　钢管混凝土系杆拱桥先拱后梁施工及控制

## 11.1　概　述

不同于刚性系梁的组合体系拱桥的先梁后拱施工,柔性系杆的组合体系拱桥需先将拱架设安装完成,然后以拱肋为支撑进行系梁、吊杆、桥面系等的施工。由于系杆拱桥下部结构不能为拱肋提供水平推力,在系杆、桥面系施工期间需要通过张拉临时预应力束给拱脚施加水平力,以改善拱肋受力,如何在桥面系施工过程中分阶段适时施加临时张拉力是施工过程中重点控制的。

另外,由于柔性系杆没有抗弯能力,吊杆力无法主动调整,恒载下吊杆力对应的是相应系杆、横梁及桥面板的重量。但在实际工程中,桥梁系杆往往具有一定的刚度,也称"系杆"为"系梁",吊杆内力也可在一定范围内进行主动调整,特别是在靠近拱脚区域,因此对于柔性系杆的组合体系拱桥吊杆内力也需要进行控制。对于系杆拱桥先拱后梁施工控制,关键在于准确地进行施工过程模拟和控制参数值计算;本章将以实际工程为背景,对其结构设计与施工概况、施工过程分析模拟及控制参数计算、施工控制等进行阐述,其中重点阐述施工监控计算。

## 11.2　背景工程

### 11.2.1　结构概况

背景工程为 110m 的下承式钢管混凝土系杆拱桥,计算跨径 107m,桥面宽度 14m,桥面布置为:2m 人行道(包括护栏)+1.5m 硬路肩+2×3.5m 行车道+1.5m 硬路肩+2m 人行道(包括护栏)。拱肋为钢管混凝土结构,吊杆为整束挤压钢绞线,纵、横梁为预应力混凝土结构,桥面板为预制钢筋混凝土结构;桥墩为柱式墩,基础为承台桩基础。桥梁立面及横断面如图 11.1 和图 11.2 所示,主要构件如图 11.3 所示。

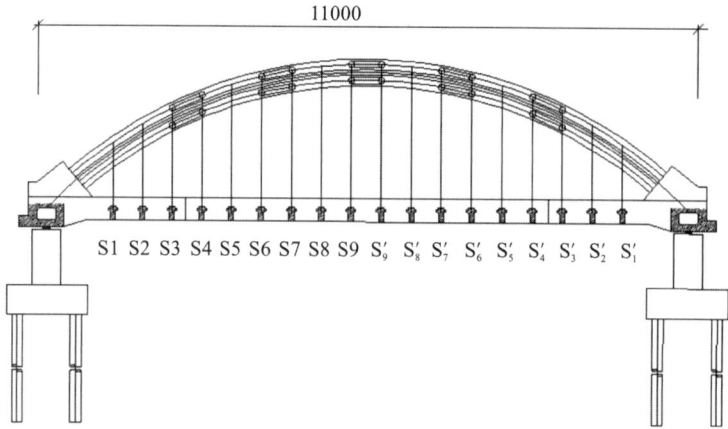

图 11.1  桥梁立面布置(单位:cm)

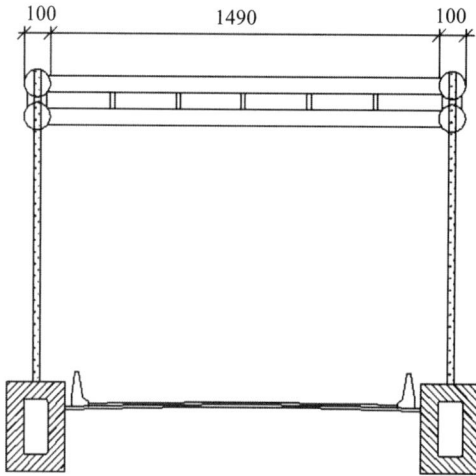

图 11.2  桥梁横截面(单位:cm)

拱肋采用钢管混凝土结构,为竖哑铃截面,高 2.4m、宽 1.0m;钢管材质为 Q355C,外径 1.0m、壁厚 16mm;上、下弦管内混凝土为 C50 自密实补偿收缩混凝土;两拱肋之间共设置 5 道风撑,上、下弦均为空钢管,竖向通过腹杆连接。每片拱肋设 18 道吊杆,间距 5m,在拱上张拉、梁底固定;吊杆为 1860MPa 级别 15 根 Φ15.2mm 整束挤压钢绞线,吊杆外径 108mm,公称破断索力为 3906kN,吊杆单位重量 21.42kg/m。

系梁采用预应力混凝土结构,为箱形结构,拱脚处为实心结构。系梁高度为 2.0m,宽度 1.5m,壁厚为 0.4m。在与跨间中横梁对应处设置 0.9m 厚的横隔板。中横梁为预制预应力混凝土结构,T 字形截面,梁底水平,梁顶同桥面横坡。梁高 1.2m,截面全宽 0.9m,腹板宽度 0.5m。间距 5m,共 20 道。在靠近边、中系梁区段将腹板展宽成为矩形截面。端横梁为现浇预应力混凝土结构,箱形截面,截面梁高 2.7m,宽度 4m。顶、底板厚度 0.5m,腹板厚度 0.6m。

(a)系梁(单位:cm)

(b)横梁(单位:cm)

(c)拱肋(单位:mm)

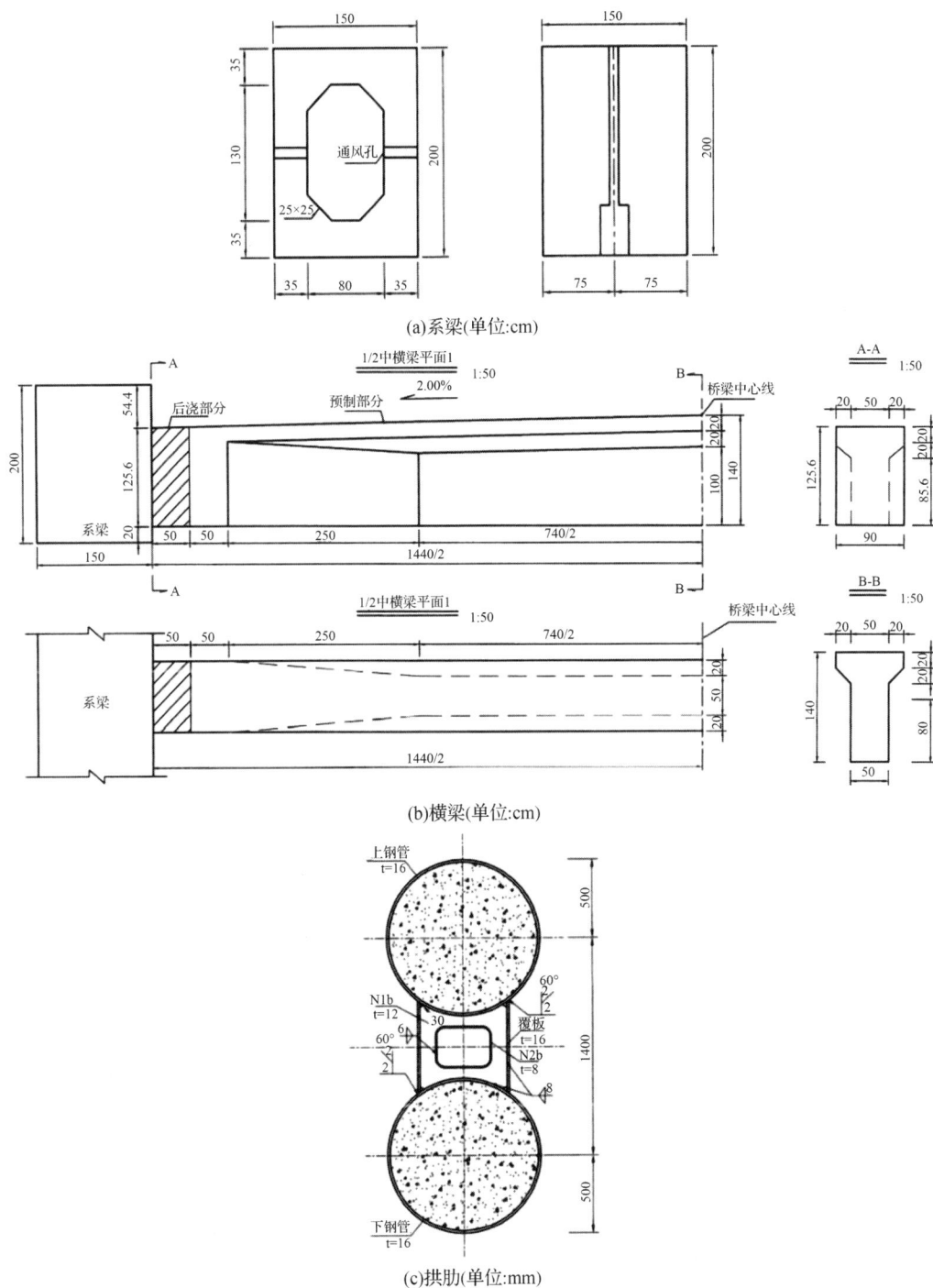

图 11.3　主要构件截面

## 11.2.2　施工流程

本桥采用"先拱后梁"法施工,主钢管拱肋在工厂制造,运输至现场临时拼装场地组单片整体拱肋,采用浮吊分别进行两片主拱及中间风撑的节段吊装;全部吊装合龙后施焊拱肋、风撑处的桥位嵌补件,浇筑钢管内混凝土;随后分批吊装系梁、横梁及桥面板,分批张拉系梁预应力钢束,最后进行二恒施工及成桥调索。在拱肋混凝土灌注前需安装临时系杆,过程中分批次张拉临时系杆,以控制拱脚水平位移、保障拱肋受力安全;在系梁预应力张拉过程中,相应松锚、拆除临时系杆。该桥的详细施工过程描述如表 11.1 所示。

表 11.1　背景桥梁典型施工工况

| 编号 | 施工阶段 | 施工示意图 |
|---|---|---|
| 1 | 浇筑拱脚及端横梁,张拉端横梁 $N_1$、$T_1$ 钢束。 | |
| 2 | 安装拱肋、风撑及临时系杆,并对临时系杆进行首次张拉。 | |
| 3 | 灌注上下钢管拱肋混凝土,并在每次灌注结束时张拉临时系杆。 | |
| 4 | 分两批吊装系梁,并在每次吊装结束时张拉临时系杆。 | |
| 5 | 浇筑系梁湿接缝,待混凝土到达强度时,张拉系梁钢束,并同步拆除临时系杆。 | |
| 6 | 吊装中横梁,浇筑中横梁湿接缝,待混凝土到达强度时,张拉中横梁钢束。 | |

| 编号 | 施工阶段 | 施工示意图 |
|---|---|---|
| 7 | 安装桥面板,张拉剩余预应力钢束,进行桥面铺装。 | 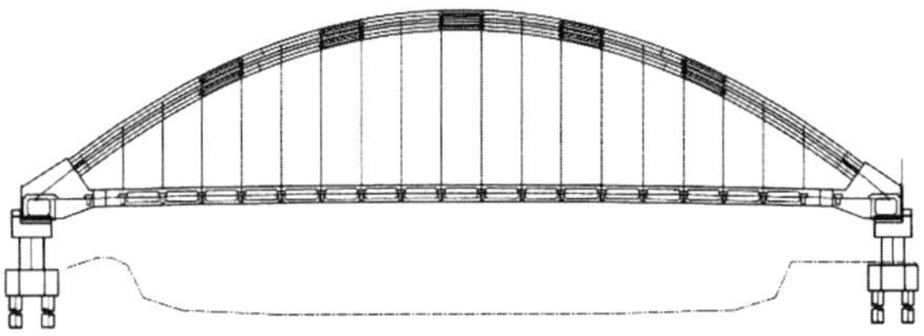 |
| 8 | 成桥运营 | 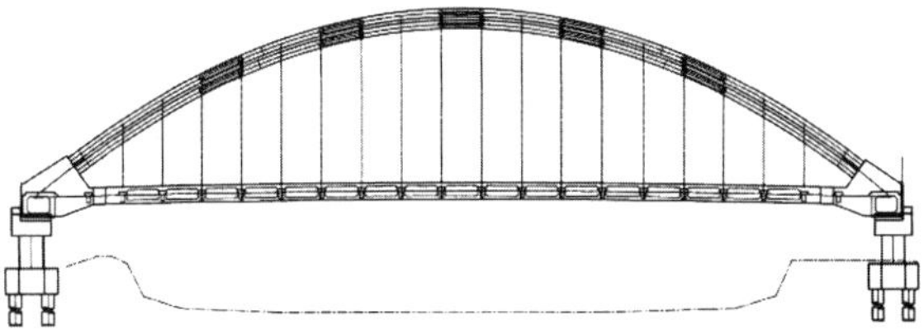 |

## 11.2.3　施工监控要求

本工程根据施工规范和设计要求,确定具体监控控制主要指标及要求如表 11.2 所示。

表 11.2　施工监控目标要求

| 编号 | 监控对象 | 目标要求 |
|---|---|---|
| 1 | 钢管拱肋 | 拱肋高程:$\pm L/3000$($L$ 为跨径),且不超过 $\pm 50$mm;<br>轴线偏位:$\leqslant L/6000$mm 且 $\leqslant 50$mm。 |
| 2 | 吊杆力 | 施工过程:8% 之内;成桥阶段:5% 之内。 |
| 3 | 吊杆 | 吊杆长度:$\pm L/1000$mm,及 $\pm 10$mm;<br>吊点位置:$\leqslant 10$mm;<br>吊点高程:$\pm 10$mm。 |

# 11.3　监控计算

## 11.3.1　有限元模型

采用杆系单元对此桥施工过程及成桥状态进行建模,成桥状态有限元模型如图 11.4 所示,边界设置如图 11.5 所示。整个模型共由 803 个节点和 1003 个单元构成;拱肋、K 撑、系梁及横梁采用梁单元模拟,吊杆采用只受拉桁架单元模拟,拱肋采用钢混组合截面,桥面板及桥面附属设施模拟为荷载。此桥共分成 25 个施工工况,各工况下有限元模型要素如表 11.3 所示,相关施工荷载参数如表 11.4 所示。

表 11.3　施工过程有限元分析模型要素

| 编号 | 施工工况 | 模型要素 |
|---|---|---|
| 1 | 拱座施工 | 建立拱脚、端横梁及部分系梁单元,设定拱座处边界条件,施加自重荷载 |
| 2 | 张拉端横梁部分预应力 | 施加端横梁 $N_1$、$T_1$ 钢束预应力荷载 |
| 3 | 安装拱肋 | 建立拱肋单元 |
| 4 | 安装风撑 | 建立风撑单元 |
| 5 | 安装并第一次张拉临时系杆 | 建立临时系杆单元,施加第一次张拉荷载 |
| 6 | 灌注下钢管拱肋混凝土 | 施加相应混凝土自重 |
|  |  | 施加第二次张拉临时系杆荷载 |
|  |  | 建立下弦钢管混凝土单元 |
| 7 | 灌注上钢管拱肋混凝土 | 施加相应混凝土自重 |
|  |  | 施加第三次张拉临时系杆荷载 |
|  |  | 建立上弦钢管混凝土单元 |
| 8 | 张拉端横梁部分预应力 | 施加端横梁 $W_1$、$W_3$ 钢束预应力荷载 |
| 9 | 吊装第一批系梁 | 建立相应系梁单元,设定系梁临时支撑约束 |
| 10 | 第四次张拉临时系杆 | 施加第四次张拉临时系杆荷载 |
| 11 | 吊装第二批系梁 | 建立第二批系梁单元、设定相应临时支撑约束 |
| 12 | 第五次张拉临时系杆 | 施加第五次张拉临时系杆荷载 |
| 13 | 先浇系梁湿接缝 | 建立系梁现浇段单元,移除系梁临时支撑约束 |
| 14 | 张拉系梁第一批钢束 | 施加系梁部分钢束预应力荷载,移除临时系杆单元 |
| 15 | 拆除支架 | 移除拱脚处系梁、横梁的临时支撑约束 |
| 16 | 吊装中横梁 | 建立预制中横梁单元、施加中横梁 $N_1$ 钢束预应力荷载、设定中横梁临时支撑约束 |
| 17 | 先浇中横梁湿接缝 | 建立中横梁现浇段单元,移除中横梁临时支撑约束 |
| 18 | 张拉中横梁部分预应力 | 施加中横梁 $N_2$ 钢束预应力荷载 |
| 19 | 安装桥面板 | 施加桥面板荷载 |
| 20 | 张拉剩余预应力钢束 | 施加系梁 $T_2$、$N_2$ 钢束预应力荷载,施加端横梁 $W_2$、$W_4$ 钢束预应力荷载及中横梁 $N_3$ 钢束预应力荷载 |
| 21 | 二期恒载 | 施加桥面铺装荷载 |
| 22 | 成桥运营 | 10 年收缩徐变 |

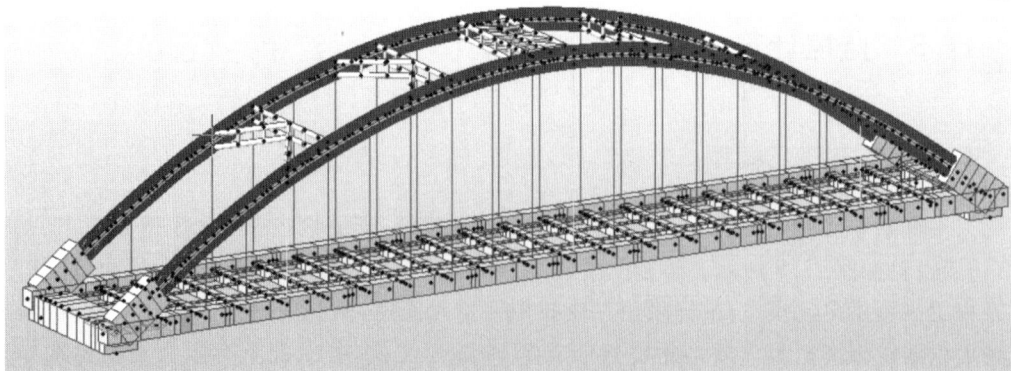

图 11.4　成桥状态有限元模型

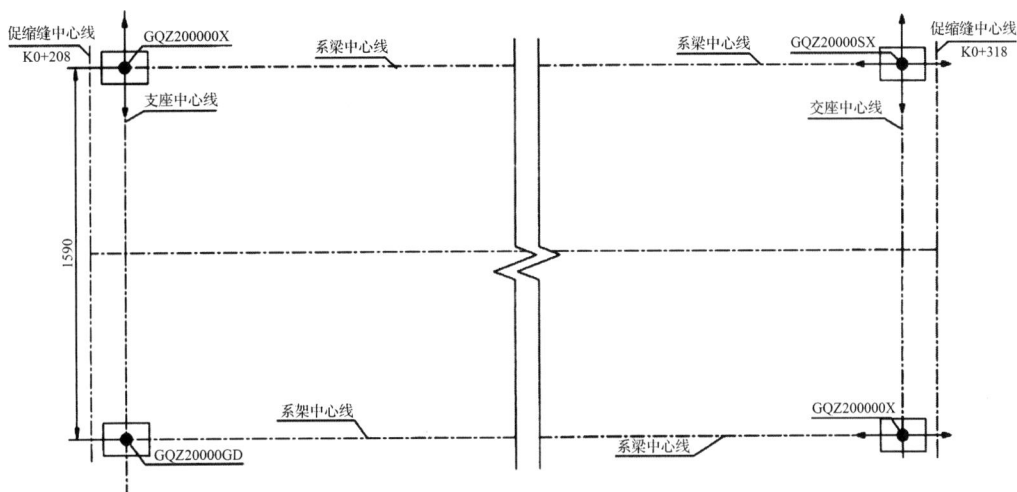

图 11.5　成桥状态位移边界

表 11.4　主要计算参数

| 序号 | 名称 | | 具体描述 |
|---|---|---|---|
| 1 | 二期恒载 | 桥面铺装 | 26kN/m |
| 2 | | 防撞护栏 | 11.7kN/m |
| 3 | 预应力（钢束张拉控制应力） | | 1302MPa |
| 4 | 温度 | | 桥梁整体升降温差取 25℃<br>吊杆相对于整体温差 10℃<br>拱肋相对于整体温差 5℃ |
| 5 | 汽车 | | 车道荷载公路Ⅰ级 |
| 6 | 人群 | | 2.715kN/m² |
| 7 | 混凝土 | | C50 |
| 8 | 钢（拱肋及风撑） | | Q355C |
| 9 | 吊杆及钢束 | | Strand1860 |

## 11.3.2　施工阶段临时系杆张拉力

背景工程通过张拉临时系杆，以此平衡拱脚处的水平推力、限制两端的拱脚位移并改善拱肋受力。在拱桥的施工过程中，临时系杆张拉力的大小对结构变形及结构受力的影响不可小觑，故而应对其加强控制，保证桥面系的施工安全及线形平顺。临时系杆力的控制即确定其合理的张拉方案，包括分几次张拉、每次张拉的顺序和张拉力等。本桥在东西两侧各采用 4 束 17φ15.2 的钢绞线作为临时系杆，按拱脚最大位移不超过 2cm 的原则，试算确定其控制的临时系杆张拉力如表 11.5 所示。

表 11.5　临时系杆张拉力控制方案

| 张拉工况 | 临时系杆张拉力/kN |
|---|---|
| 拱肋安装后张拉控制力 | 260 |
| 灌注下钢管混凝土后预测内力值 | 520 |

续表

| 张拉工况 | 临时系杆张拉力/kN |
|---|---|
| 灌注下钢管混凝土后张拉控制力 | 610 |
| 灌注上钢管混凝土后预测内力值 | 800 |
| 灌注上钢管混凝土后张拉控制力 | 925 |
| 吊装第一批系梁后预测内力值 | 1230 |
| 吊装第一批系梁后张拉控制力 | 1380 |
| 吊装第二批系梁后预测内力值 | 1640 |
| 吊装第二批系梁后张拉控制力 | 1710 |

### 11.3.3 施工阶段变形

施工阶段拱肋竖向位移包络结果如图 11.6 所示,跨中处拱肋竖向位移最大为 $-118.04\text{mm}$,发生于吊装第一批系梁工况。系梁的位移包络图如图 11.7 所示,跨中位移最大为 $-109.2\text{mm}$,发生于吊装第一批系梁工况。施工过程结构累计变形如图 11.8 所示,据此可进行施工预拱度设置和变形监测控制。

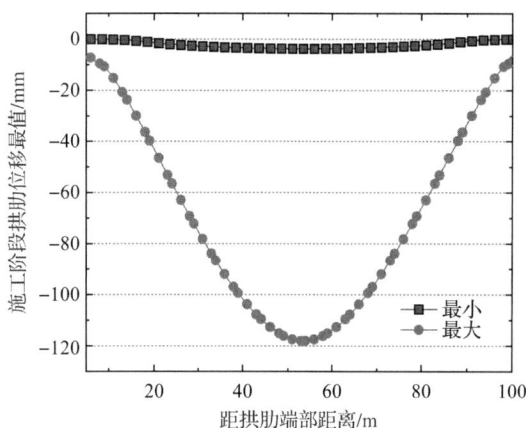

图 11.6　施工阶段拱肋竖向位移包络

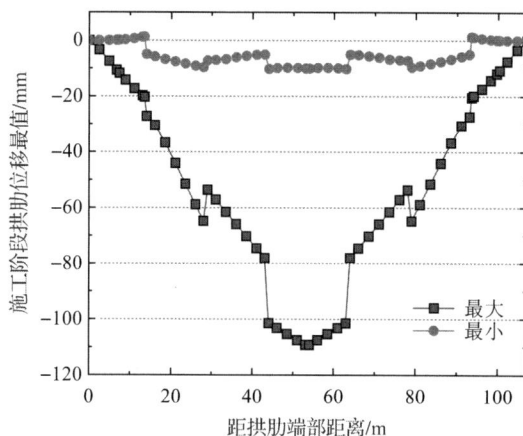

图 11.7　施工阶段系梁竖向位移包络

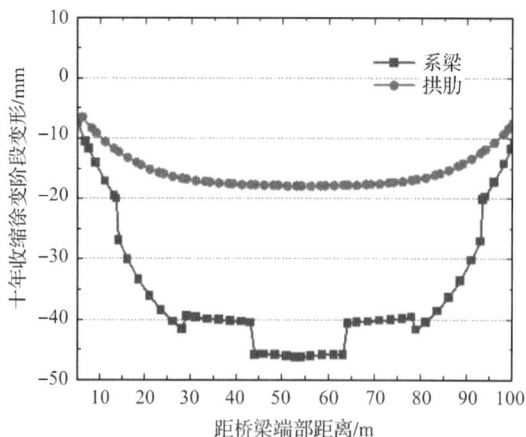

图 11.8　成桥十年条件下结构累计变形

## 11.3.4 施工阶段应力

施工阶段拱肋应力包络图如 11.9 所示。钢管拱的最大压应力为 $-102.0$MPa,位于拱脚附近,发生在收缩徐变完成后;最大拉应力为 29.0MPa,位于拱脚附近,发生在灌注上钢管混凝土工况。上拱圈混凝土最大压应力为 $-11.4$MPa,发生在二期恒载工况,未出现拉应力;下拱圈混凝土最大压应力为 $-9.2$MPa,发生在吊装第一批系梁工况,未出现拉应力。

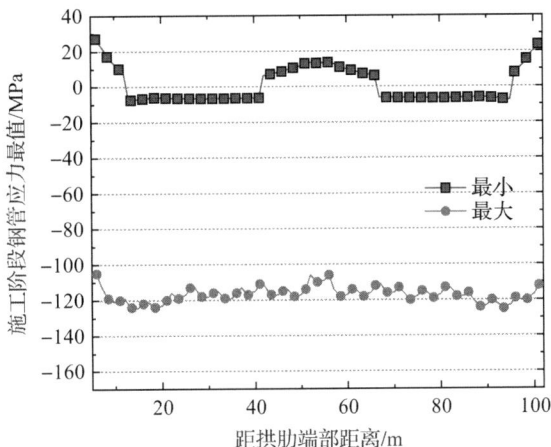

图 11.9 施工阶段拱肋钢管应力包络

施工阶段系梁的应力包络图如图 11.10 所示,拱脚处压应力最大为 $-12.0$MPa,发生在二期恒载工况,最大拉应力为 1.18MPa,发生在吊装第二批系梁工况。跨中处压应力最大为 $-8.7$MPa,发生在二期恒载工况,未出现拉应力。

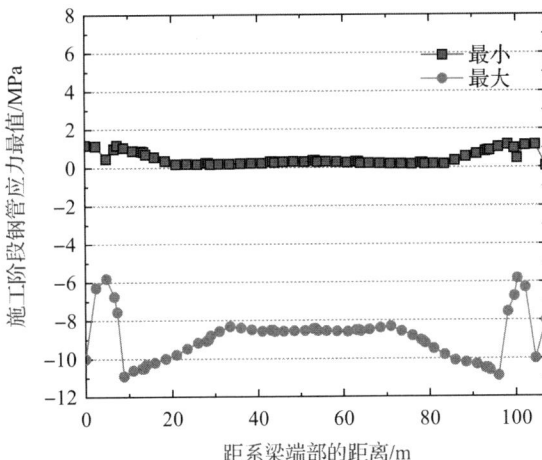

图 11.10 施工阶段系梁应力包络

## 11.3.5 施工阶段吊杆力

系杆拱桥吊杆力用于平衡其相应系梁分段、横梁、桥面板及附属设施的重量,被动获得,一般不做主动张拉;但为改善拱脚区域的结构受力,有时会对靠近拱脚的短吊杆力进行张拉调整。各施工阶段吊杆的张拉力如图 11.11 所示,其最大值为 1007kN,小于吊杆破断索力 3906kN。该桥计算所得成桥索力如表 11.6 所示。

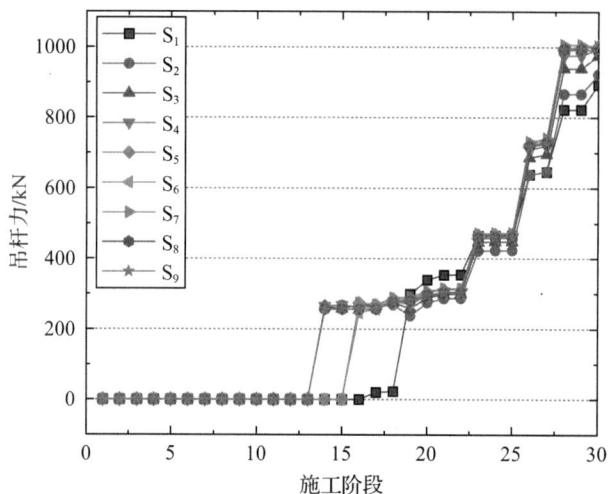

图 11.11　施工阶段吊杆力时程变化

**表 11.6　成桥吊杆力计算结果** （单位:kN）

| 吊杆编号 | $S_1$ | $S_2$ | $S_3$ | $S_4$ | $S_5$ | $S_6$ | $S_7$ | $S_8$ | $S_9$ |
|---|---|---|---|---|---|---|---|---|---|
| 成桥吊杆力 | 822.2 | 866.2 | 939.7 | 976.2 | 997.8 | 991.7 | 1006.5 | 994.6 | 994.6 |

注:$S'$ 与 $S$ 对称。

### 11.3.6　运营阶段变形

运营阶段在移动荷载作用下结构挠度如图 11.12 所示,据此进行桥梁刚度验算和成桥预拱度设置。

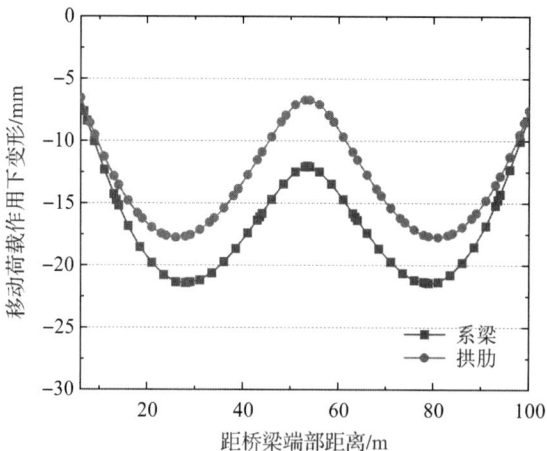

图 11.12　移动荷载作用下结构挠度

## 11.3.7　运营阶段应力

桥梁运营过程中,在恒载、预应力、移动荷载、整体降温、桥面板负温度梯度、收缩徐变等标准组合作用下,拱肋、系梁应力包络结果如图 11.13 所示。钢管最大压应力为 153.0MPa,系梁最大压应力不超过 10MPa,未受拉。

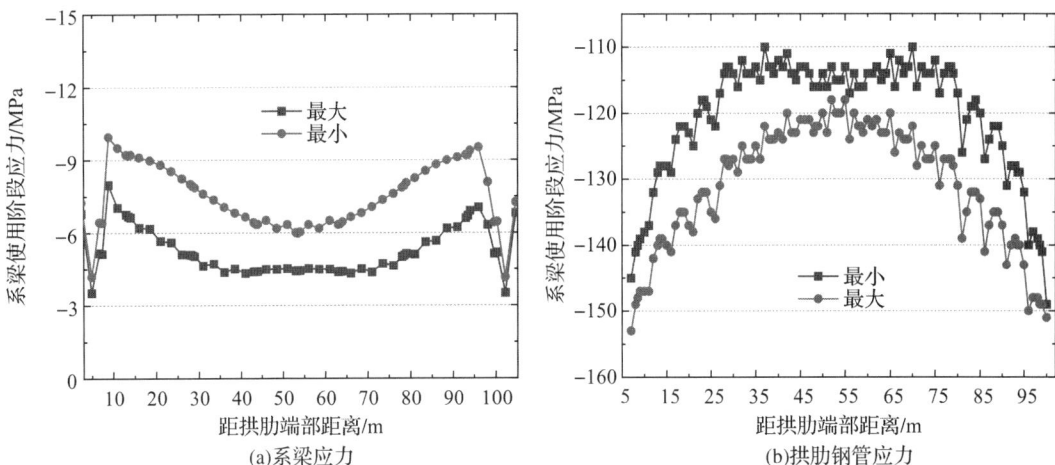

图 11.13　使用阶段应力计算结果

## 11.3.8　预拱度计算

通过对成桥状态和施工的关键工况进行计算分析,此桥的预拱度计算结果如图 11.14 所示。

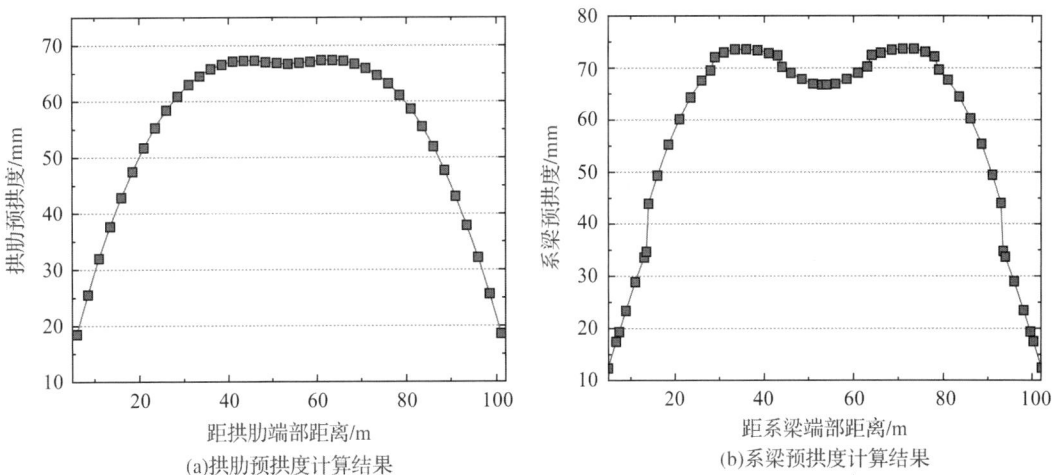

图 11.14　预拱度计算结果

由此,拱肋预拱度最大值为 67.3mm、系梁预拱度最大值为 73.6mm,应依此进行桥梁线形控制。

### 11.3.9　控制参数计算

**(1)主拱标高**

在设计竖向线形基础上,考虑成桥预拱度、施工过程结构累计变形等,综合设置预拱度,确定拱肋吊装标高,作为竖向标高控制参数,如表 11.7 所示。

**表 11.7　拱肋顶部安装标高**

| 控制点位置 | | 控制点坐标/m | | |
|---|---|---|---|---|
| | | 大地坐标 N | 大地坐标 E | 高程 Z |
| 西侧拱肋顶部 | $S_1$ | 108658.882 | 94095.686 | 18.446 |
| | $S_3$ | 108648.886 | 94095.402 | 24.102 |
| | $S_5$ | 108638.891 | 94095.118 | 28.252 |
| | $S_7$ | 108628.895 | 94094.834 | 30.899 |
| | $S_9$ | 108618.899 | 94094.550 | 32.046 |
| | $S_8'$ | 108608.553 | 94094.256 | 31.660 |
| | $S_6'$ | 108598.557 | 94093.972 | 29.763 |
| | $S_4'$ | 108588.561 | 94093.688 | 26.365 |
| | $S_2'$ | 108578.565 | 94093.403 | 21.464 |
| 东侧拱肋顶部 | $S_1$ | 108658.431 | 94111.580 | 18.446 |
| | $S_3$ | 108648.435 | 94111.296 | 24.102 |
| | $S_5$ | 108638.439 | 94111.011 | 28.252 |
| | $S_7$ | 108628.443 | 94110.727 | 30.899 |
| | $S_9$ | 108618.447 | 94110.443 | 32.046 |
| | $S_8'$ | 108608.101 | 94110.149 | 31.660 |
| | $S_6'$ | 108598.105 | 94109.865 | 29.763 |
| | $S_4'$ | 108588.109 | 94109.581 | 26.365 |
| | $S_2'$ | 108578.113 | 94109.297 | 21.464 |

注:沿跨中位置对称。

**(2)系梁标高**

对于系梁标高控制参数,在考虑成桥预拱度、施工过程结构累计变形的基础上综合设置预拱度,确定系梁吊装时的定位标高。其竖向标高控制参数如表 11.8 所示。

**表 11.8　系梁顶面安装标高**

| 距系梁端部/m | 设计标高/m | 预拱度/mm | 安装标高/m |
|---|---|---|---|
| 0.0 | 11.634 | 0.0 | 11.634 |
| 6.7 | 11.802 | 17.5 | 11.820 |
| 11.0 | 11.898 | 28.9 | 11.927 |
| 16.0 | 11.998 | 49.4 | 12.047 |
| 21.0 | 12.086 | 60.2 | 12.146 |
| 26.0 | 12.161 | 67.6 | 12.229 |
| 31.0 | 12.223 | 73.0 | 12.296 |
| 36.0 | 12.273 | 73.6 | 12.347 |

| 距系梁端部/m | 设计标高/m | 预拱度/mm | 安装标高/m |
|---|---|---|---|
| 41.0 | 12.311 | 72.8 | 12.384 |
| 46.0 | 12.336 | 69.0 | 12.405 |
| 51.0 | 12.348 | 66.9 | 12.415 |
| 56.0 | 12.348 | 66.9 | 12.415 |
| 61.0 | 12.336 | 69.1 | 12.405 |
| 66.0 | 12.311 | 72.9 | 12.384 |
| 71.0 | 12.273 | 73.7 | 12.347 |
| 76.0 | 12.223 | 73.1 | 12.296 |
| 81.0 | 12.161 | 67.7 | 12.229 |
| 86.0 | 12.086 | 60.3 | 12.146 |
| 91.0 | 11.998 | 49.5 | 12.048 |
| 96.0 | 11.898 | 29.0 | 11.927 |
| 100.3 | 11.802 | 17.5 | 11.820 |
| 107.0 | 11.634 | 0.0 | 11.634 |

### (3)拱座承压面

拱座承压面是个单一平面,与拱肋正交,其位置控制点布置如图 11.15 所示,以大地原点为基准点,计算得到的拱座承压面控制点安装控制参数如表 11.9 所示。

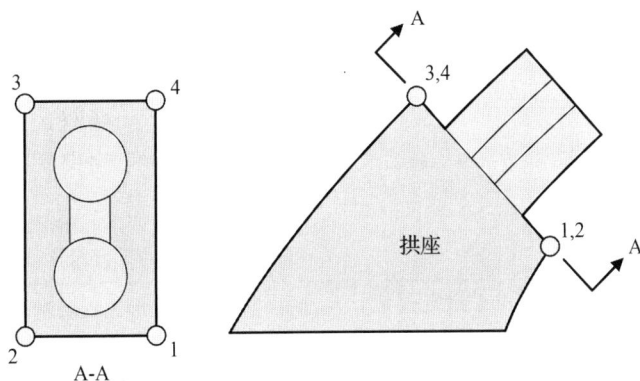

图 11.15　拱座承压面位置控制点

**表 11.9　拱座承压面控制点安装坐标**

| 控制点位置 | | 拱脚安装控制点坐标/m | | |
|---|---|---|---|---|
| | | 大地坐标 N | 大地坐标 E | 高程 Z |
| 北侧 | 1 | 108665.503 | 94112.481 | 11.638 |
| | 2 | 108665.543 | 94111.081 | 11.638 |
| | 3 | 108667.251 | 94112.531 | 14.075 |
| | 4 | 108667.291 | 94111.131 | 14.075 |
| 南侧 | 1 | 108566.003 | 94109.653 | 11.638 |
| | 2 | 108566.043 | 94108.254 | 11.638 |
| | 3 | 108564.255 | 94109.603 | 14.075 |
| | 4 | 108564.294 | 94108.204 | 14.075 |

## 11.4 施工控制

针对背景桥梁施工的具体特点和要求,拟定了相应的监控工况及内容,具体如表 11.10 所示。

表 11.10　背景桥梁施工监控工况及内容

| 序号 | 监控工况 | 监控工作主要内容 |
|---|---|---|
| 1 | 浇筑拱脚及端横梁 | 1. 对相应临时设施的应力和沉降进行监测;<br>2. 对拱脚测点的位移及沉降进行监测;<br>3. 对结构的应力和变形等进行监测。 |
| 2 | 安装拱肋、风撑及临时系杆,并对临时系杆进行首次张拉 | 1. 签发拱肋各节段安装位置参数;<br>2. 当前节段安装后对其标高及平面位置进行监测;<br>3. 对已安装拱肋节段应力和线形监测;<br>4. 对临时设施应力和变形进行监测;<br>5. 对拱脚位移及沉降进行监测。 |
| 3 | 灌注钢管混凝土,并分批张拉临时钢束 | 1. 对拱肋应力和变形进行监测;<br>2. 对拱脚位移及沉降进行监测;<br>3. 对临时设施应力和变形进行监测。 |
| 4 | 吊装系梁、安装吊杆并分批张拉临时钢束 | 1. 对拱肋应力和变形进行监测;<br>2. 对临时设施应力和变形进行监测;<br>3. 对吊杆力进行监测;<br>4. 对拱脚位移及沉降进行监测。 |
| 5 | 浇筑系梁湿接缝,待混凝土到达强度时,张拉系梁钢束,并同步拆除临时系杆 | 1. 对拱肋应力和变形进行监测;<br>2. 对临时设施应力和变形进行监测;<br>3. 对吊杆力进行监测;<br>4. 对拱脚位移及沉降进行监测;<br>5. 对系梁线形、应力进行测量。 |
| 6 | 吊装中横梁,浇筑中横梁湿接缝,待混凝土到达强度时,张拉中横梁钢束 | 1. 对拱肋应力和变形进行监测;<br>2. 对临时设施应力和变形进行监测;<br>3. 对吊杆力进行监测;<br>4. 对拱脚位移及沉降进行监测;<br>5. 对系梁应力和变形进行监测。 |
| 7 | 安装桥面板,张拉剩余预应力钢束,并进行桥面铺装 | |
| 8 | 吊杆力调整 | 1. 分析吊杆力误差、确定各吊杆力调整方案;<br>2. 对关键结构构件的应力、变形及吊杆力进行监测。 |
| 9 | 成桥状态 | 对成桥状态下的结构的应力、标高、平面位置及吊杆力进行一次全面的测试,作为今后桥梁管理养护的依据。 |

全桥共设置了 10 个线形测试断面,分别布设在两端拱脚处、拱肋 1/4、1/2 与 3/4 截面处以及系梁端部、1/4、1/2 与 3/4 截面处,横向布置于系梁两侧及拱肋的顶点处。线形测试截面的布置如图 11.16 所示。

(a)纵向布置

(b)横向布置

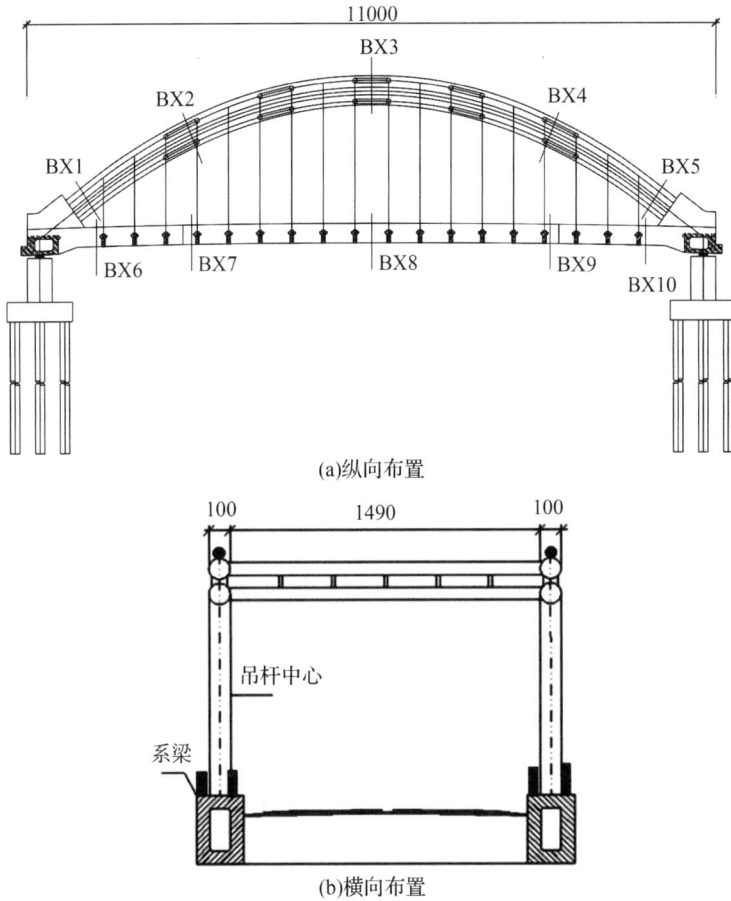

图 11.16　线形测点布置(单位:cm)

应力监测对象为系梁和拱肋。根据结构分析结果,全桥共设置了 6 个应力测试断面,即两端拱脚处、拱肋 1/4 与 1/2 截面处以及系梁 1/4 与 1/2 截面;测点布置于拱肋上下顶点处、横梁中部顶底板处以及系梁的角点处。应力测试截面的布置如图 11.17 所示。

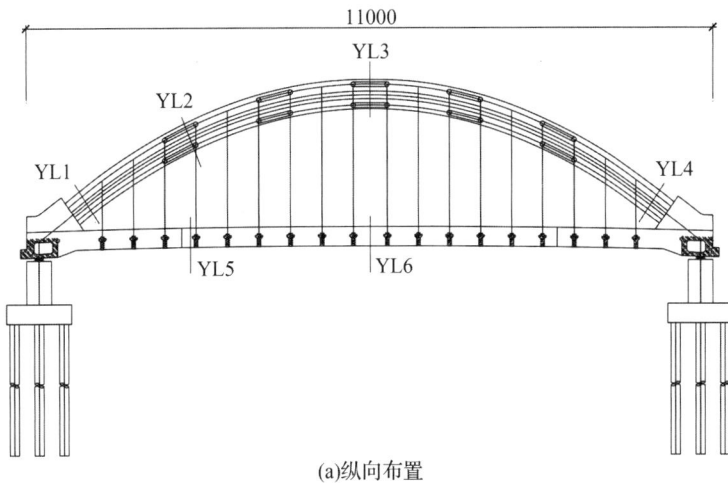

(a)纵向布置

(b)横向布置

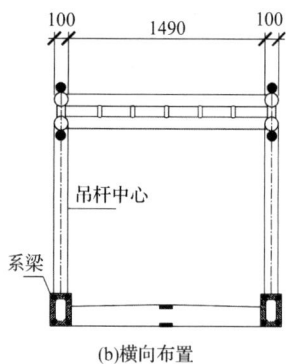

图 11.17　应力测点布置(单位:cm)

施工过程中根据表 11.10 要求进行相应测试和数据分析,铺装完成后需根据吊杆力实测结果进行吊杆力调整,使之达到设计目标要求。在施工过程典型工况下实测变形和理论预测变形基本吻合,拱肋和系杆的变形情况如图 11.18 和图 11.19 所示;施工过程中系梁实测应力为-1.9～-8.3MPa,拱肋钢管的应力为-4.1～-65.9MPa,应力实测值变化规律与预测趋势基本一致;对于成桥状态恒载下的吊杆力,根据其误差采用影响矩阵法确定各吊杆力调整量,调整后吊杆力达到了设计要求,具体如表 11.11 所示。

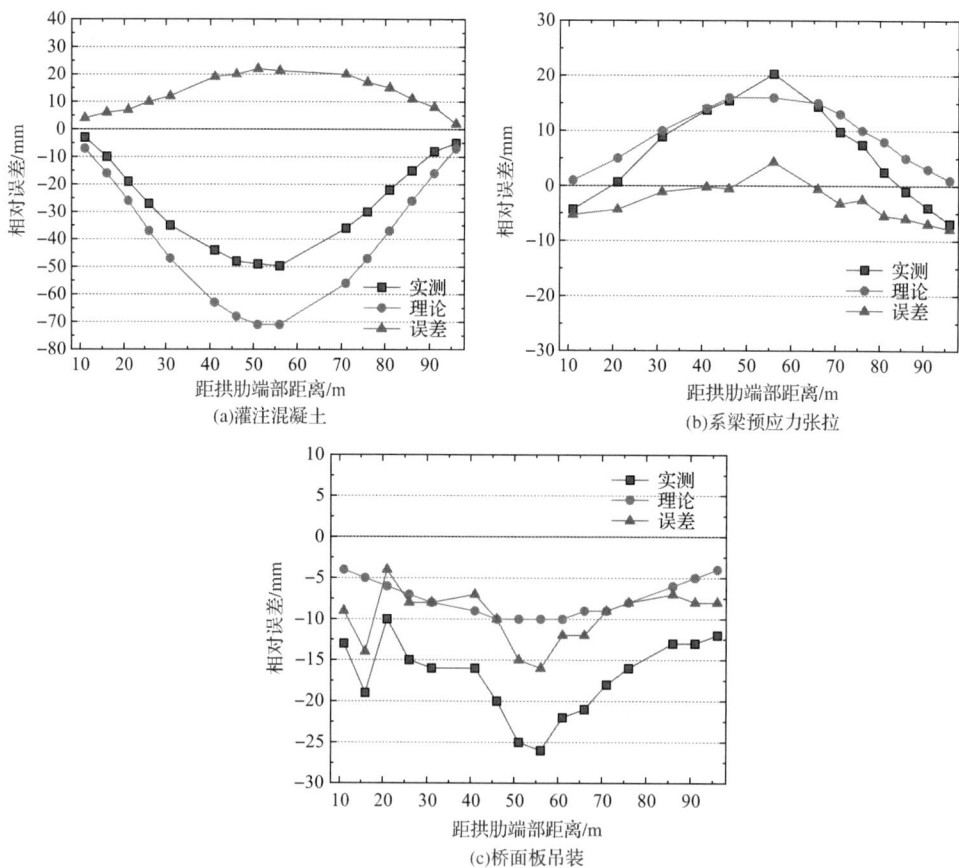

(a)灌注混凝土

(b)系梁预应力张拉

(c)桥面板吊装

图 11.18　拱肋变形

(a)张拉预应力

(b)桥面板吊装

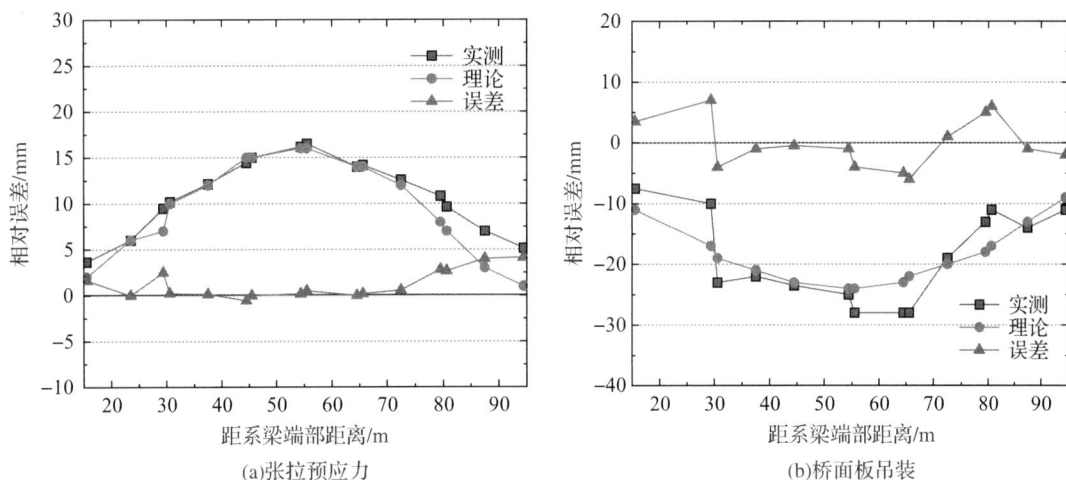

图 11.19　系梁变形

**表 11.11　成桥状态恒载下吊杆力实测值及误差情况**

| 吊杆编号 | 实测索力/kN | 预测目标索力/kN | 差值(实测一预测)/kN | 误差/% |
|---|---|---|---|---|
| 东 $S_1$ | 799.0 | 822.2 | −23.2 | −2.83 |
| 东 $S_2$ | 886.6 | 866.2 | 20.4 | 2.35 |
| 东 $S_3$ | 959.7 | 939.7 | 20.0 | 2.12 |
| 东 $S_4$ | 953.0 | 976.2 | −23.2 | −2.38 |
| 东 $S_5$ | 1055.5 | 997.8 | 57.7 | 5.79 |
| 东 $S_6$ | 1022.1 | 991.7 | 30.4 | 3.06 |
| 东 $S_7$ | 1039.9 | 1006.5 | 33.4 | 3.32 |
| 东 $S_8$ | 963.8 | 994.6 | −30.8 | −3.10 |
| 东 $S_9$ | 966.6 | 994.6 | −28.0 | −2.81 |
| 东 $S_9'$ | 962.3 | 994.6 | −32.3 | −3.25 |
| 东 $S_8'$ | 1006.1 | 994.6 | 11.5 | 1.15 |
| 东 $S_7'$ | 1027.1 | 1006.5 | 20.6 | 2.05 |
| 东 $S_6'$ | 977.0 | 991.7 | −14.7 | −1.48 |
| 东 $S_5'$ | 970.4 | 997.8 | −27.4 | −2.74 |
| 东 $S_4'$ | 940.2 | 976.2 | −36.0 | −3.69 |
| 东 $S_3'$ | 947.6 | 939.7 | 7.9 | 0.84 |
| 东 $S_2'$ | 825.8 | 866.2 | −40.4 | −4.67 |
| 东 $S_1'$ | 791.2 | 822.1 | −30.9 | −3.76 |
| 西 $S_1$ | 791.8 | 822.2 | −30.4 | −3.70 |
| 西 $S_2$ | 837.4 | 866.2 | −28.8 | −3.32 |
| 西 $S_3$ | 898.5 | 939.7 | −41.2 | −4.39 |
| 西 $S_4$ | 953.0 | 976.2 | −23.2 | −2.38 |
| 西 $S_5$ | 1004.1 | 997.8 | 6.3 | 0.63 |
| 西 $S_6$ | 991.7 | 991.7 | 0.0 | 0.00 |
| 西 $S_7$ | 1006.5 | 1006.5 | 0.0 | 0.00 |
| 西 $S_8$ | 991.2 | 994.6 | −3.4 | −0.34 |
| 西 $S_9$ | 960.4 | 994.6 | −34.2 | −3.44 |

**续表**

| 吊杆编号 | 实测索力/kN | 预测目标索力/kN | 差值(实测－预测)/kN | 误差/% |
|---|---|---|---|---|
| 西 $S_9'$ | 993.9 | 994.6 | −0.7 | −0.07 |
| 西 $S_8'$ | 991.2 | 994.6 | −3.4 | −0.34 |
| 西 $S_7'$ | 1007.4 | 1006.5 | 0.9 | 0.09 |
| 西 $S_6'$ | 949.8 | 991.7 | −41.9 | −4.22 |
| 西 $S_5'$ | 972.2 | 997.8 | −25.6 | −2.56 |
| 西 $S_4'$ | 942.2 | 976.2 | −34.0 | −3.48 |
| 西 $S_3'$ | 902.4 | 939.7 | −37.3 | −3.97 |
| 西 $S_2'$ | 856.9 | 866.2 | −9.3 | −1.07 |
| 西 $S_1'$ | 798.1 | 822.1 | −24.0 | −2.92 |

## 11.5　本章小结

采用先拱后梁法分阶段施工钢管混凝土系杆拱桥,临时系杆内力值对拱肋内力和变形起决定性作用,准确设定张拉力值及精准预测施工过程中的变化情况是施工控制最为关键的一个环节。同时,由于系杆并非完全柔性,具有一定抗弯能力,通过对吊杆力的适当小范围调整可改善结构受力,这也是施工控制时要着重考虑的。

# 第 12 章　桥梁施工监控数字化技术探索

## 12.1　概　述

桥梁分阶段施工过程中各构件的几何状态及受力状况不断变化,桥梁线形是否达到精度要求、结构受力与变形是否与预期一致、各构件能否顺利拼接、设计成桥状态能否实现等都是参建各方非常关注的问题。施工监控工作就是围绕上述问题开展的,但目前监控指令、联系单、监控结果等关键信息一般都是通过文本、表格或平面示意图等方式进行表达的,往往存在信息交流、传递及使用不够充分、不够及时的情况,使得施工监控边缘化,降低了工作效果。

信息化、数字化技术的发展为桥梁施工监控工作提供了有效的辅助手段。近年来已研发一些桥梁施工监控系统,实现了监控信息网络化、数据采集自动化;但数据处理与分析还依赖于人工方法,且系统相对封闭,不便于数据共享,不支持 BIM 模型展示。因此建立一个集数据采集、处理与分析、数据存储与共享、三维几何可视、误差分析与监控预警等于一体的实时监控平台,有助于全面收集监控相关信息、高效流转监控文件、直观表达监控指令与意图、及时发现并处理施工误差分析、实时反馈施工监控结果,从而使得施工监控能更好地发挥纽带作用,实现与施工过程的有机融合,更加有效地服务桥梁施工。

信息模型技术(BIM)为桥梁结构施工过程几何状态演变过程的可视化展示提供了有效手段,采用参数化建模技术可便捷高效地进行各构件施工过程中几何形态的准确模拟。Autocad Revit 平台支持参数化建模,是目前常用 BIM 建模软件之一;Dynamo 软件是一种视觉脚本程序,可通过自定义算法来处理数据、生成几何图形;Dynamo 可作为 Revit 的插件执行,以可视方式对建模工作编写脚本、定义逻辑,来辅助 Revit 完成既有平台上不易甚至难以实现的功能。因此,采用"Revit+Dynamo"可方便实现桥梁施工过程几何状态变化的三维可视化展示,校核加工参数,降低施工风险。

本章主要从基于"Revit+Dynamo"桥梁构件施工过程几何状态演化模拟、基于统一数据标准的施工监控平台设计等,对桥梁施工监控数字化系统建设进行探讨。

## 12.2 刚性构件几何状态演化模拟

### 12.2.1 二维模拟

以一个由 5 个节段悬臂拼装的等截面混凝土梁为例,对施工过程构件立面的几何状态演化模拟进行说明。为了清楚展示节段间衔接情况,将施工过程中构件的相对标高放大了 10 倍,放大后各构件施工过程中的安装高程如表 12.1 所示。

**表 12.1 施工过程节段高程** （单位:mm）

| 节段编号 | 节段 1 施工 | 节段 2 施工 | 节段 3 施工 | 节段 4 施工 | 节段 5 施工 |
|---|---|---|---|---|---|
| 节段起点 | 0 | 0 | 0 | 0 | 0 |
| 节段 1 前端节点 | 835.0 | 2150.2 | 3000.0 | 2150.2 | 1653.8 |
| 节段 2 前端节点 | — | 2985.2 | 5150.2 | 3192.1 | 2176.8 |
| 节段 3 前端节点 | — | — | 11150.2 | 2669.2 | 1134.9 |
| 节段 4 前端节点 | — | — | — | 617.0 | 93.0 |
| 节段 5 前端节点 | — | — | — | — | —948.9 |

采用矩形对各个节段立面进行示意模拟,各节段的长度可能存在不同,因此需选择梁段长度作为建模参数。同时,由于施工过程存在变形,梁体线形不断变化,用以直代曲模拟线形曲线,各个节段由矩形变为梯形,需要节段两端顶底板长度修正量作为建模参数。通过调整这些参数,就可以方便对不同节段从预制到安装,直至成桥的全过程几何状态演变进行建模。基于 Revit 平台的构件族如图 12.1 所示,参数设置如图 12.2 所示。

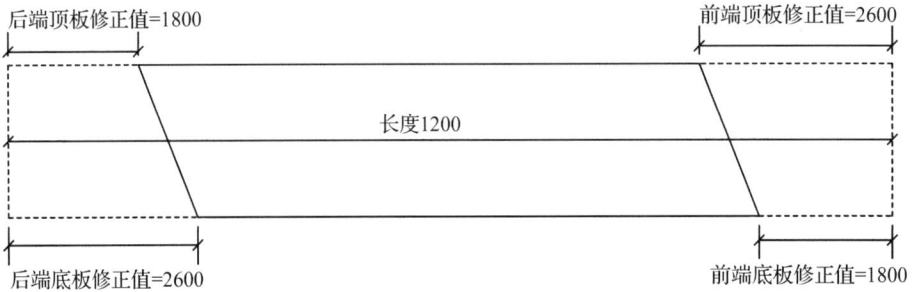

图 12.1 构件族及其参数(单位:mm)

图 12.2 等截面混凝土梁构件族参数(单位:mm)

首先安装施工节段 1,其几何状态及参数如图 12.3 所示。

图 12.3　节段 1 安装时节段 1 的几何状态(单位:mm)

施工节段 2 时,当不对节段 2 端面倾角进行修正时,其安装时的几何状态如图 12.4 所示,节段 1、2 相衔接的两个端面不匹配。实际施工中需要根据安装线形对节段 2 进行端面倾角修正,修正后其安装时的几何状态及参数如图 12.5 所示,匹配良好。由此,通过对安装过程构件几何状态演化的模拟可直观地对工厂加工参数进行检验,提前修正参数错误。

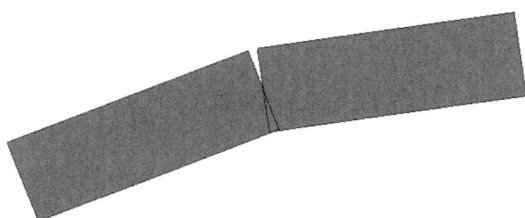

图 12.4　修正前节段 2 安装时的几何状态

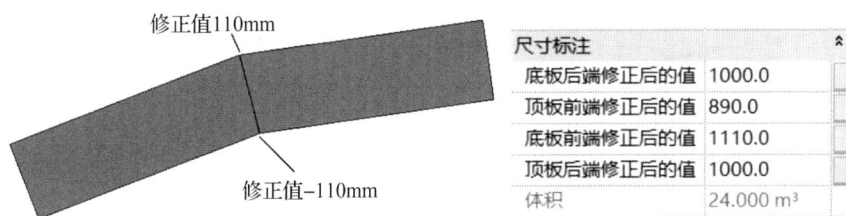

图 12.5　修正后节段 2 安装时的几何状态(放大 10 倍,单位:mm)

图 12.6 和图 12.7 分别对节段 3 和节段 4 的安装过程几何状态进行了示意,图 12.8 示意了桥梁完工后的几何状态,即成桥时的几何状态。

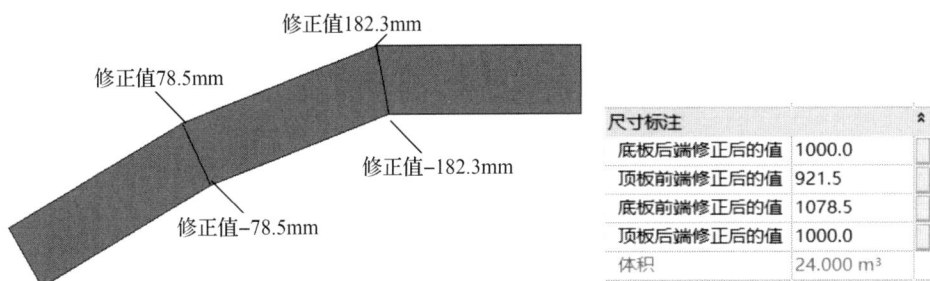

图 12.6　节段 3 安装时几何状态(放大 10 倍,单位:mm)

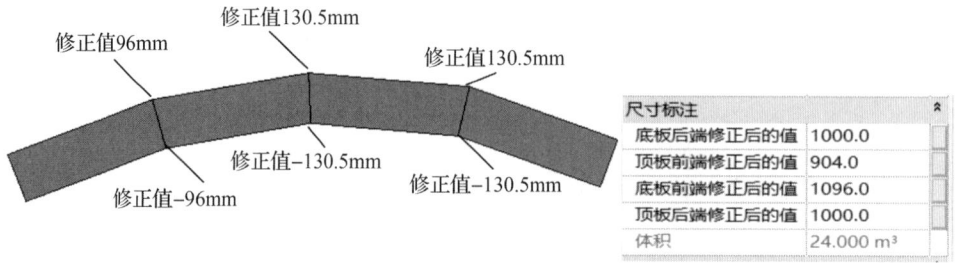

图 12.7　节段 4 安装时几何状态（放大 10 倍，单位：mm）

图 12.8　成桥几何状态

## 12.2.2　三维模拟

目前桥梁工程中钢结构得到普遍应用，其施工通常经历板单元下料、节段制作、现场组拼等环节，对结构安装过程进行准确几何模拟有助于提高钢结构的加工精度，为施工质量控制和顺利安装奠定良好基础。

以一座由 5 个节段悬臂拼装的钢箱梁桥为例，对施工过程三维几何状态演化的模拟进行说明。钢箱梁截面如图 12.9 所示。通过结构计算分析确定施工过程中各构件的安装控制标高，结果如表 12.2 所示。

图 12.9　钢箱梁截面图

表 12.2　各钢箱节段的安装过程标高

| 节段水平位置/mm | 初始位置/mm | 安装梁段 2/mm | 安装梁段 3/mm | 安装梁段 4/mm | 安装梁段 5/mm |
|---|---|---|---|---|---|
| 0 | 0.000 | 0.000 | 0.000 | 0.000 | 0.000 |
| 12000 | 44.882 | 43.854 | 39.058 | 30.150 | 17.131 |
| 24000 | 153.832 | 153.832 | 139.785 | 109.635 | 63.040 |
| 36000 | 277.857 | 277.857 | 277.857 | 222.012 | 129.507 |
| 48000 | 351.176 | 351.176 | 351.176 | 351.176 | 208.307 |
| 60000 | 291.562 | 291.562 | 291.562 | 291.562 | 291.562 |

钢箱梁节段族如图 12.10 所示,其参数同上个示例,即梁段长度、两端顶板与底板的修正量。

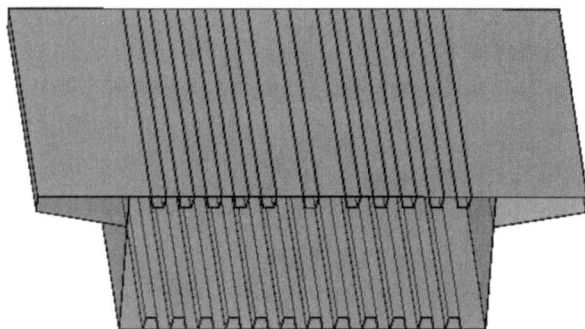
图 12.10　钢箱梁标准族

按以直代曲,对节段 1 至节段 5 悬臂安装过程几何状态演变进行了模拟,如图 12.11 至图 12.16 所示,可以直接观测各构件间匹配情况。为了较好地展示,建模时将各构件控制标高扩大了 10 倍。

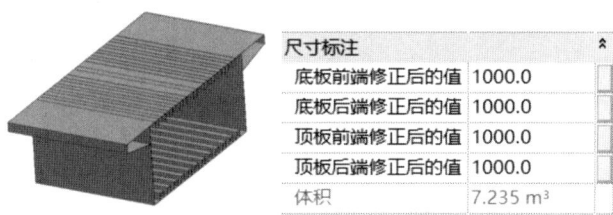
图 12.11　节段 1 安装时几何状态

图 12.12　节段 2 安装时几何状态

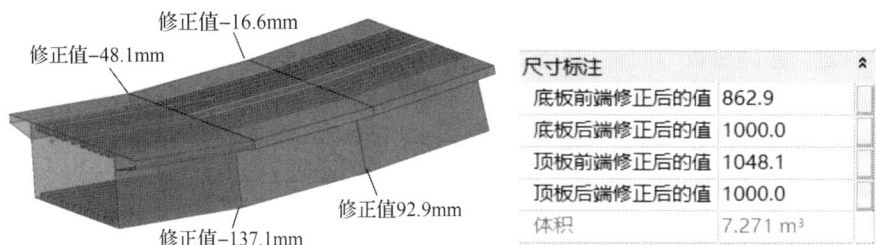
图 12.13　节段 3 安装时几何状态

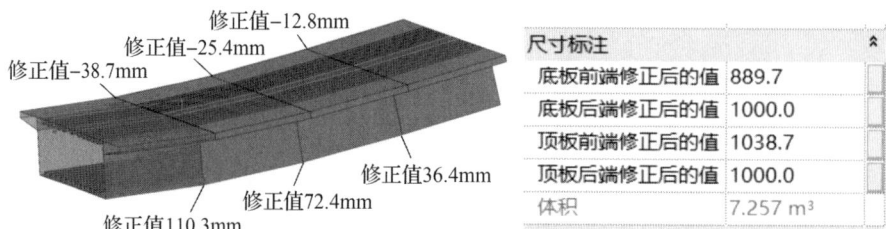

图 12.14　节段 4 安装时几何状态

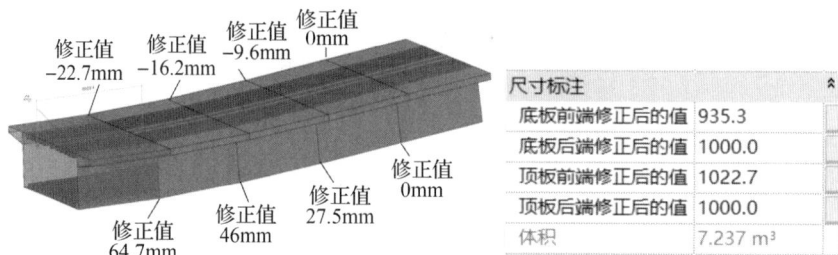

图 12.15　节段 5 安装时几何状态

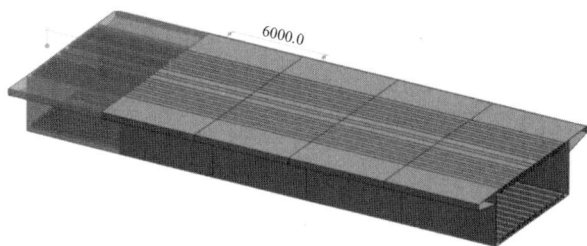

图 12.16　悬臂钢箱梁设计成桥状态

## 12.3　柔性构件几何状态演化模拟

### 12.3.1　索体几何状态模拟

通过对施工过程拉索几何状态进行模拟及可视化展示,可直接观察锚固点位置、套筒安装角度、拉索下料等误差对拉索安装的影响,如拉索与套筒的碰撞检测、锚固螺母的合理定位等,有助于提前发现拉索施工风险,并采取相应预案。

由于拉索线形随张拉力变化,描述拉索形状的悬链线方程又比较复杂,在 Revit 中直接建模工作量大,尤其是模拟施工过程几何状态演化过程。通过 Dynamo 插件,可按式(12-1)的悬链线方程,以索力、线容重、投影长度等为基本参数控制拉索线形,建立拉索构件族,实现参数化建模,大大提升施工过程拉索几何状态演化模拟的效率。具体流程如图 12.17所示。

$$y = \frac{H}{q}\left[\cosh\left(a - \frac{q}{H}x\right) - \cosh a\right] \tag{12-1}$$

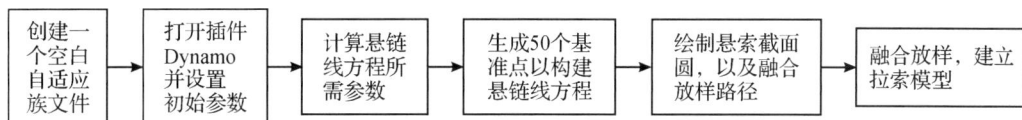

图 12.17　拉索族构建流程

以一拉索为例进行建模示意,各施工状态特征参数如表 12.3 所示。建模分为输入拉索特征参数、赋值相应物理量、计算悬链线方程参数 $a$、生成拉索悬链线上的离散点、自动生成拉索三维模型等 5 个程序模块。

表 12.3　拉索各施工状态的特征参数

| 施工状态 | 竖向投影长 $h$/m | 水平投影长 $l$/m | 索力 $T$/kN | 水平分力 $H$/kN | 套筒倾角/(°) |
|---|---|---|---|---|---|
| 一张 | 108.160 | 218.870 | 2113.5 | 1854.4 | 28.7 |
| 二张 | 108.086 | 218.721 | 4759.8 | 4227.9 | 27.3 |
| 成桥状态 | 108.133 | 218.816 | 5543.1 | 4930.3 | 27.2 |

**(1)拉索特征参数设定**

如图 12.18 所示,将拉索的特征参数输入 Dynamo 并形成参数列表,如水平分力、水平和竖向投影长等,完成初始数据输入。为了显示效果将拉索的水平和竖向投影长度扩大 10 倍。之后将输入的数据依次建立相应索引,并利用 list 节点将数值赋给对应的特征参数 $H$、$h$、$q$、$l$,完成数据的初始定义。

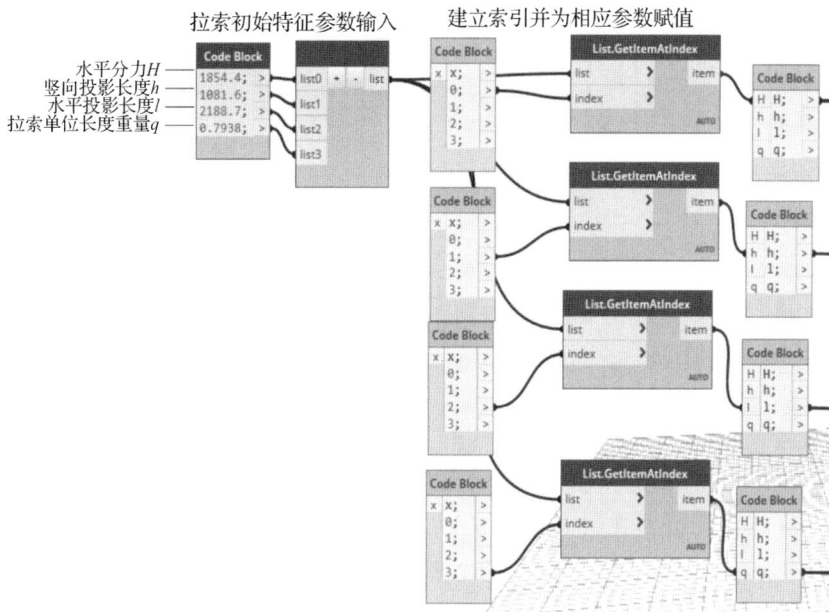

图 12.18　一张阶段的拉索特征参数设定

## (2)计算悬链线方程参数

由于悬链线方程计算过程较为复杂,关键是悬链线方程中参数 $a$ 的计算。基于式(12-2)将其计算过程分为 9 个步骤,如图 12.19 所示。

$$a = \frac{ql}{2H} - \text{arcsinh}\left[\frac{qh}{2H\sinh\left(\frac{ql}{2H}\right)}\right] \tag{12-2}$$

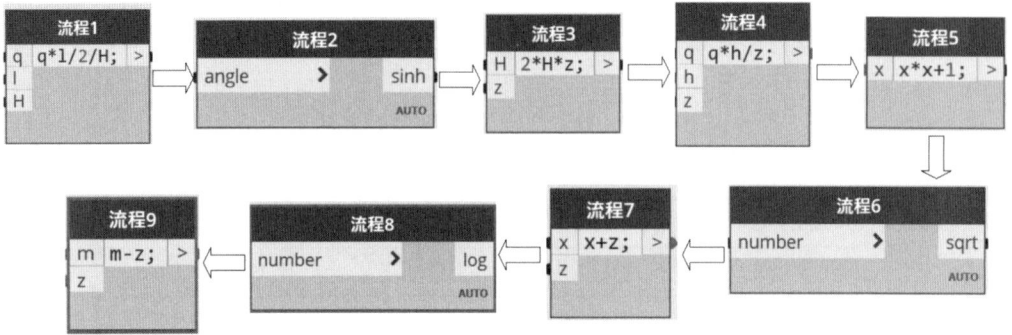

图 12.19　基于 Dynamo 的悬链曲线参数 $a$ 的计算流程

## (3)生成悬链线上的离散点

计算悬链线上系列离散点坐标的过程如图 12.20 所示。本图表示的是沿着横坐标方向在拉索上等间距取 50 个基准点,计算每个点的坐标。

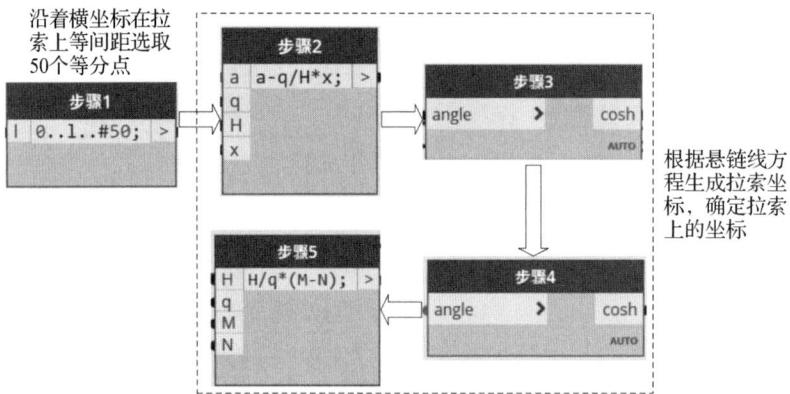

图 12.20　拉索悬链线方程程序构建流程

## (4)生成拉索模型

基于 Dynamo 自动生成拉索模型过程如图 12.21 所示。首先将输入的参数通过程序块将单位 m 换算为 mm,然后通过 Circle 节点在悬链线的法截面上绘制以基准点为圆心、相应半径(800mm)的圆,并使用 Model curve 节点将上述图形绘制到 Revit 自适应模型空间中;最后绘制融合放样路径,选取所有圆截面,通过融合放样的形式创建拉索族,完成拉索模型绘制。

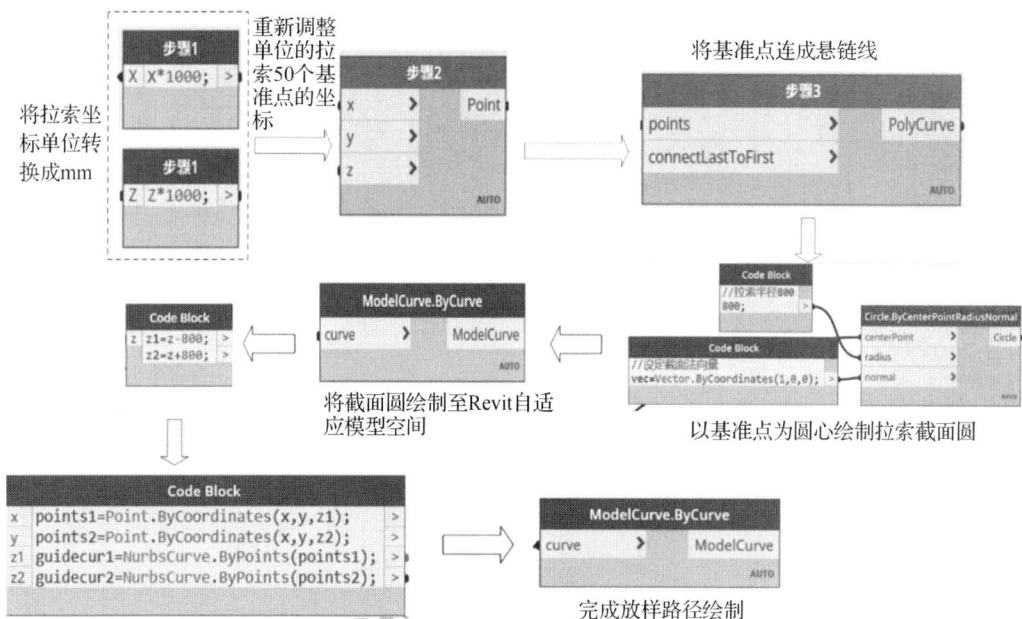

图 12.21　拉索模型生成流程

将表 12.3 中的拉索参数分别赋值给拉索族,便得到不同施工阶段的拉索几何模型,分别如图 12.22 至图 12.25 所示。

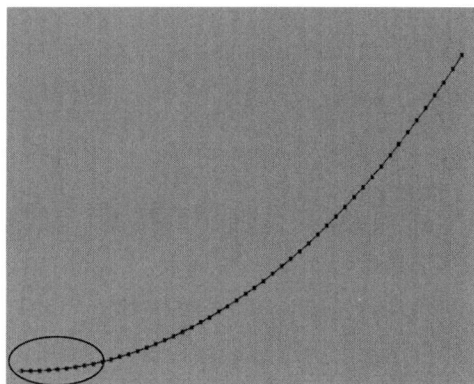

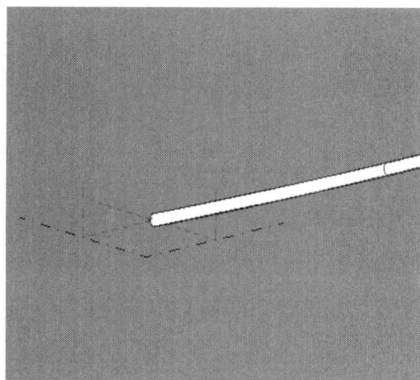

(a)拉索模型　　　　　　　　　　　(b)截取一段拉索放大后的示意图

图 12.22　一张阶段拉索模型

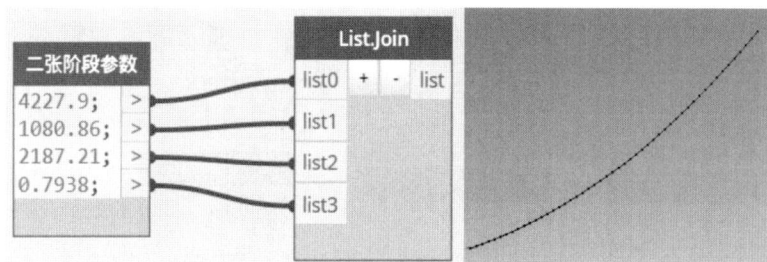

图 12.23　二张阶段特征参数及拉索模型

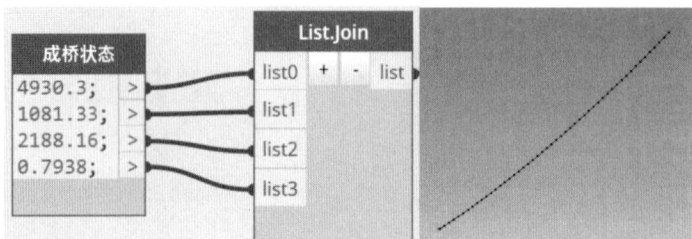

图 12.24　成桥阶段特征参数及拉索模型

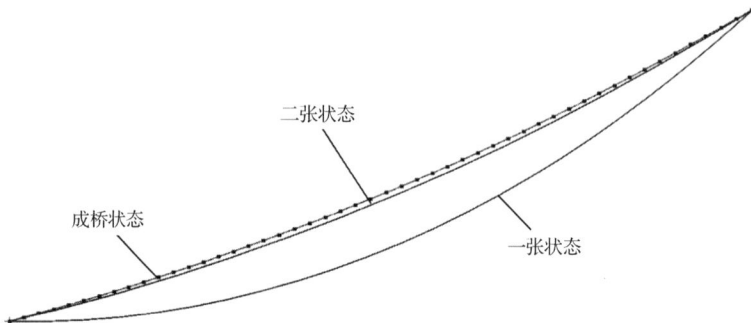

图 12.25　不同施工状态下的拉索模型

## 12.3.2　套筒几何状态模拟

套筒一般是一段圆钢管,其几何形状简单,对于几何状态模拟的关键在对其定位的参数化。基于"Revit＋Dyanmo"的套筒几何状态模拟包括:确定套筒理想位置、生成套筒几何形状、修正套筒位置、生成套筒模型。

### (1)确定套筒理想位置

在拉索建模的基础上考虑拉索和套筒间的相对位置关系确定套筒理想位置。梁上、塔上拉索锚固点作为梁端、塔端套筒的起点和终点,然后沿着拉索切线方向输入套筒长度并确定套筒上的另一点坐标,由此确定套筒轴线理想位置,具体流程如图 12.26 所示。

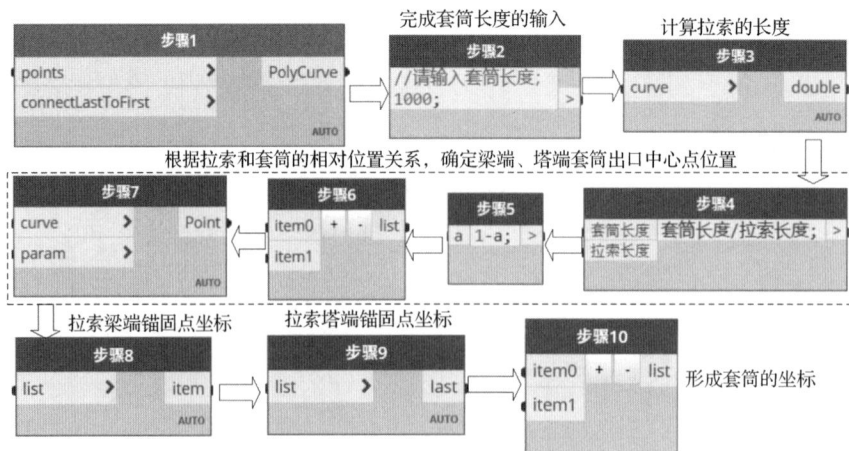

图 12.26　确定套筒定位点

**(2)生成套筒几何形状**

通过将套筒外径和内径对应的柱体模型进行剪切得到套筒几何形状,其生成过程如图 12.27 所示。

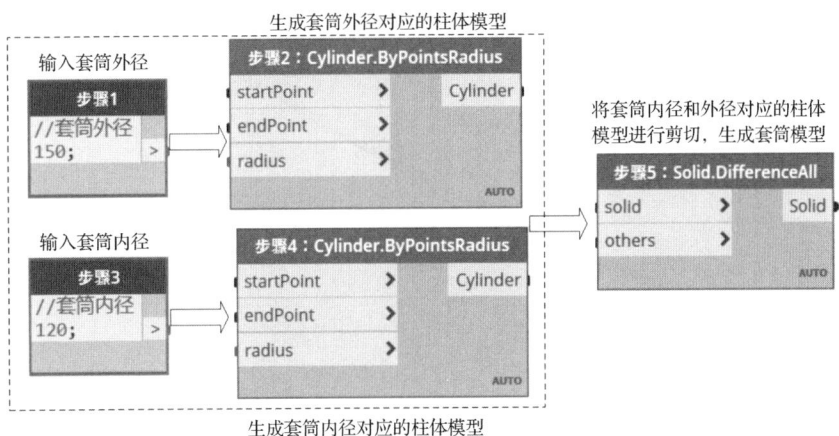

图 12.27　套筒截面尺寸定义

**(3)修正套筒位置、生成套筒模型**

套筒实际位置应按其与水平面间的夹角来确定。现假设在同一平面内进行修正,先获取梁端套筒起点,并指定旋转轴,再根据套筒水平倾角修正其实际位置,流程如图 12.28 所示。最后将在 Dynamo 空间生成的模型导入到 Revit 空间,完成套筒模型的创建,模型如图 12.29 和图 12.30 所示。为了显示效果,建模时将套筒和拉索横截面尺寸放大了 100 倍。

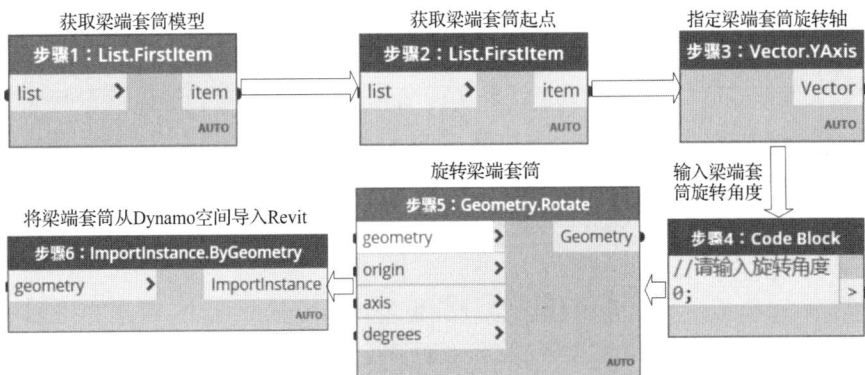

图 12.28　套筒生成及导入过程程序

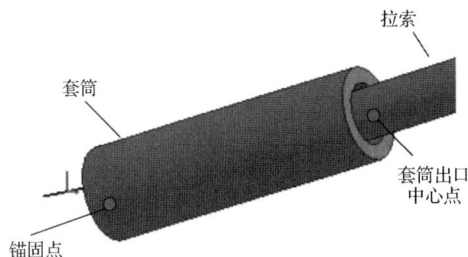

图 12.29　套筒与拉索局部模型(梁端)

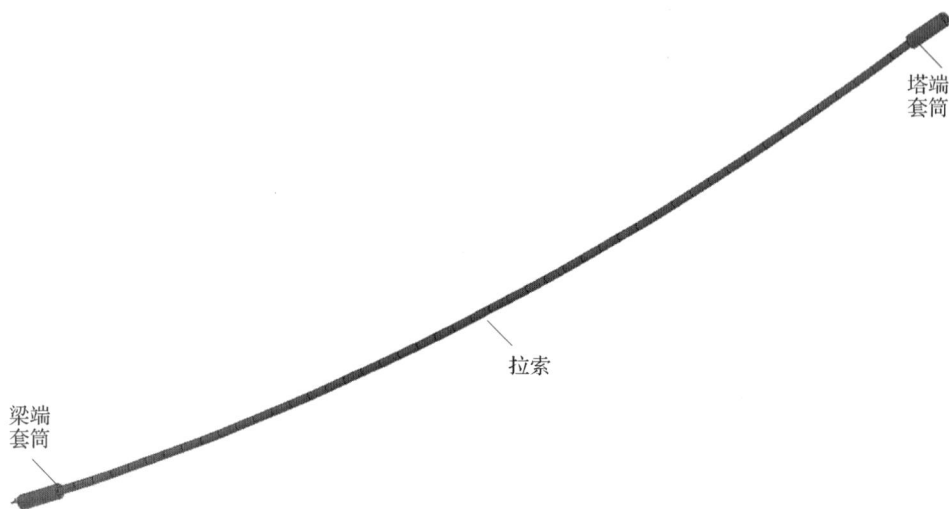

图 12.30　套筒与拉索整体模型

基于施工过程拉索及套筒几何状态的参数化模拟,将实测或预测数据实时更新到拉索模型中,掌握施工过程拉索的几何线形和套筒的转动规律,查看两者之间的相对位置关系,评估碰撞风险。

## 12.4　施工监控数字化平台

### 12.4.1　平台架构

桥梁施工监控数字化平台建设应以数据标准化为前提,将施工过程结构响应数据作为主链条,串联监控计算、监控指令、施工监测、误差分析、监控预警等工作,着重解决结构响应完整采集、数据快速分析、信息及时发布等难题,为桥梁施工及监控决策等提供数字化技术支撑。为实现上述目标,基于物联网、互联网、分布式微服务、前后端分离等核心理念的云端协同系统架构是较为理想的架构选择。

在采集端,设计能动态对接不同类型硬件设备的独立采集模块,通过多进程模式实现数据同步采集;并将采集得到的监测数据,经过安全加密压缩后,通过网络实时传输到云平台。

在云端,将平台划分为多个子系统,以微服务架构进行服务构建,实现支持分布式部署的高性能云平台。桥梁施工监控涉及结构设施、理论预测、现场监测、施工业务等类别数据,对其设计统一数据库,规定数据标准化格式,以结构化模式对数据进行串联存储,以保障数据查询的高效以及良好的扩展性。

桥梁施工监控数字化平台通常包含信息感知、数据传输、数据治理、数据管理、业务应用以及综合展示等层级,涵盖数据感知、汇聚、处理、治理、分析、展示、服务等的全流程,支持采用 BIM 模型进行施工过程信息管理与展示。

①信息感知层:通过物联网感知设备、智能施工装备、第三方软件等渠道动态采集桥梁

施工过程状态信息。

②数据传输层:利用无线通信与专线网络相结合的方式实现信息感知层的数据传输,并通过互联网数据安全传输技术保障传输过程的安全性。

③数据治理层:对数据传输层上传的数据进行数据处理、加工、汇聚、脱敏、加密、发布等治理,同时根据用户设定的技术指标,采用相应算法计算出相应的指标值。

④数据管理层:对所有数据进行标准化管理,完成数据的归档、查询、存储等;为各应用子系统提供可靠的分布式数据交换与存储平台,方便对数据的开发与应用。

⑤业务应用层:按组件化和服务化思想,将平台分多个可以独立设计、开发、运行及维护的业务系统,这些应用之间通过服务调用完成交互和集成。

⑥综合展示层:通过大屏、PC 端、移动端等多种互动渠道构建面向桥梁参建、管理及质监等单位和人员的数据展示窗口,突出重点,直观化复杂信息。

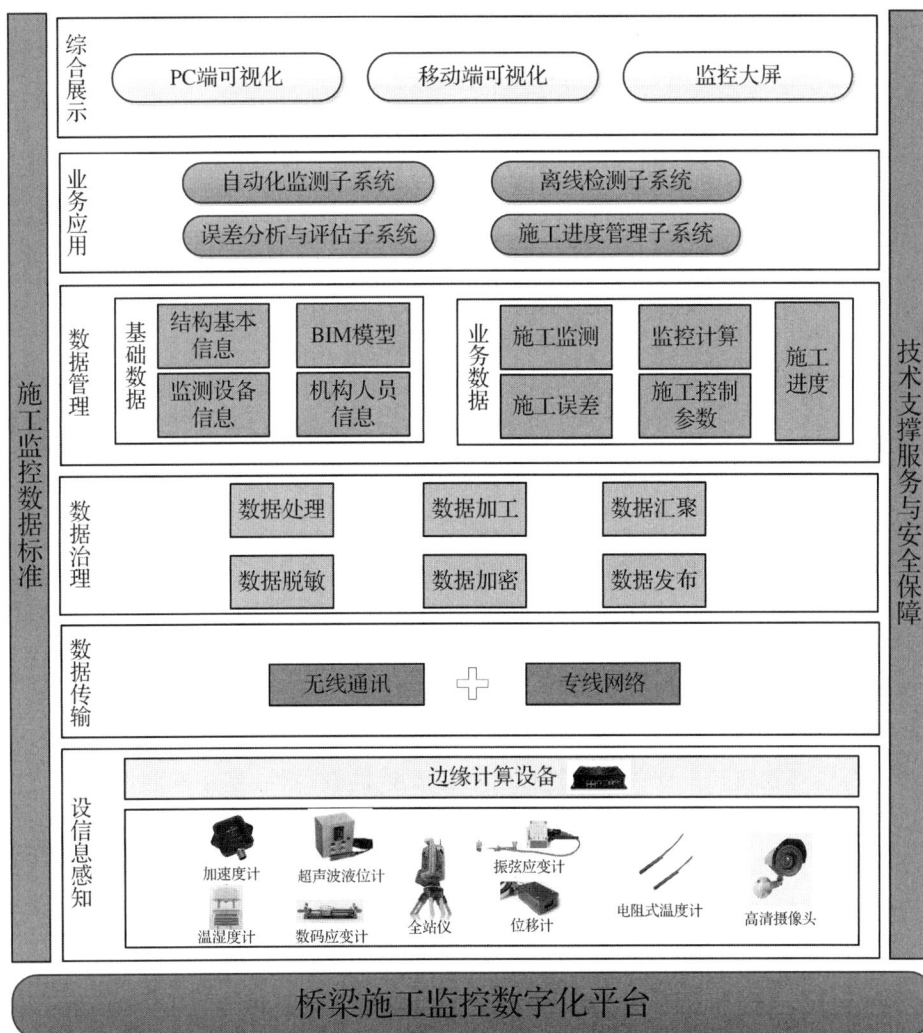

图 12.31　桥梁施工监控数字化平台架构

### 12.4.2 平台功能

要达成施工监控数字化平台目标，其关键在于自动化采集、数据上传、数据处理、误差分析与评估、数据管理、数据可视等核心功能的定位与开发，具体如表 12.4 所示。

**表 12.4 桥梁施工监控数字化平台核心功能**

| 核心功能 | 功能描述 |
|---|---|
| 自动化采集 | 通过感知设备、边缘计算设备、通信设备等实现数据的自动采集以及数据预处理，并实时上传至平台，为其他系统提供基础数据 |
| 数据上传 | 基于桥监测条件的限制，部分响应仍需由人工通过感知设备进行数据采集，并采用 PC 端或移动端应用将数据上传至平台 |
| 数据处理 | 根据业务需求，通过算法实现对边端设备采集的施工监控数据进行数据清洗、数据转换、数据分析、数据存储与数据发布 |
| 误差分析与评估 | 根据现场感知设备或人工检测设备上传的数据，通过数据提取与对比分析，实现对施工误差的分析与评估，并作出分级预警 |
| 数据管理 | 实现施工过程中涉及的基础数据和业务数据的管理，基础数据为结构、设备、模型等静态数据，业务数据为施工过程中的监测与分析、施工进度管理、指令流转等业务的动态数据 |
| 数据可视化 | 实现 PC 端、移动端及大屏等多端的人机交互，实现在三维信息模型上的数据展示，如三维模型单元、监检测数据展示单元、施工进度可视化管理单元等 |

### 12.4.3 典型功能实现技术

鉴于当前信息技术发展状况，桥梁施工监控数字化平台应基于物联网、互联网、云计算以及大数据等新兴技术构建，有效完成以数据和技术为基础驱动核心业务的进步，进而全面推进桥梁施工监控的模式创新。

**(1)结构响应自动化采集技术**

基于物联网、互联网等技术，融合数据感知、边缘计算、数据传输等，以智能监测网关设备为中心，控制感知设备原始信号的采集与转换，对原始数据进行预处理，并将预处理后的数据实时传至云端，从而实现结构响应自动化采集与实时传输。

**(2)业务信息自动处置流转技术**

为提高桥梁施工监控工作的高效性以及数据反馈的及时性，基于互联网业务协同相关技术，建立"监控指令生成—指令签发—意见反馈—联系单生成—联系单签发—意见反馈—监控报告生成"的业务自动化流转机制，采用邮件/短信/电话等推送机制对需流转的业务信息进行登记、批转给协同单位，各协同单位对业务信息进行反馈，以此形成全流程信息闭环。

**(3)桥梁施工监控综合可视化技术**

按照施工时间轴，以"计划安排—实际进度—现场监测—数据处理—误差分析—状态评估"为主线进行施工数据可视化，包括结果对比、趋势变化、相关性分析等；并以三维信息化模型为载体，融合照片、文本、数值等结构与非结构化数据，综合展示桥梁施工监控相关情况。

**（4）多源监控信息的数据融合技术**

为了提高桥梁施工过程中误差分析与结构状态评估的准确性，应充分进行数据联合分析，在数据质量和样本数量上互相取长补短。融合不同时间与空间的多传感器观测数据，以获得对被测对象状态的一致性解释和描述，进而为桥梁施工决策和评估提供有力技术支撑。

### 12.4.4　平台数据标准化

桥梁施工及监控相关信息数字化是大数据时代的必然趋势，但由于桥梁施工涉及的数据类别多、信息量巨大、采集效能低等，要做好数字化这项工作还面临着很大的挑战，数据标准化是数字化转型的基础。基于现行相关结构设计、施工及监控等规范，充分了解平台所支撑的业务类型，分析其所需的数据信息及基本内容，提出信息整合、组织与表达的可行办法，建立数据标准，为桥梁施工监控数字化平台建设奠定基础。桥梁施工监控数据标准化可从以下几个方面进行。

**（1）数据分类**

根据施工监控工作开展需要，将其相关数据分为基础数据和业务数据两类，其中基础数据包括结构信息数据、设备数据、组织机构数据、三维模型数据等，业务数据包括监测数据、监控计算数据、施工误差数据、施工控制参数数据及施工进度数据等。基础数据是业务数据的载体。

**（2）结构分解**

为精准定位各类业务信息所属对象，需要对不同结构类型桥梁结构组成进行层次化分解，同时对各层次结构信息进行提炼与分类，形成描述各层级结构的属性集。

**（3）业务分解**

依据相关桥梁施工规范和要求，分解施工监控业务流程，提炼各类业务信息，包括施工监控的监测项目、监测设备、监测与分析、施工控制参数、监控指令、联系单等；对上述信息进行分类及编码，并与桥梁结构对象进行关联，形成业务数据清单。

**（4）数据标准化**

依据标准化工作要求，对施工监控相关的结构信息及业务信息进行统一组织与表达，通过统一的数据表达规则对施工监控信息进行规范描述，如采用元数据、数据元及元数据模型等。

## 12.5　本章小结

借助 BIM 技术及参数化建模技术，可方便实现施工过程刚性、柔性构件的几何状态的三维可视化模拟与分析，使得施工参数检验、施工误差分析等更加直观、简单，有助于提高施工监控工作可靠性。以此为基础，进一步建立施工监控数字化平台，汇聚多源异构数据，畅通监控信息流转，实现数据采集、数据处理、误差分析等的自动化，提高施工监控工作效率，使得监控更好服务于工程建设。此外，关于参数化建模，本章所选用的是"Revit＋Dynamo"，目前常用的三维建模类软件也基本支持此项工作。

# 第 13 章 结 语

施工监控工作需建立在充分理解桥梁结构设计和施工的基础之上,应对桥梁结构的应力和变形进行双控,两者相辅相成。要从总体和局部两个层次考虑,整体如张拉力、主要构件空间线形、截面上下缘的平均应力、端面倾角等,局部如预埋件位置、支座预偏量、临时支点局部受力与稳定等。

施工监控要特别注重对结构力学行为的把握,结构分析模拟是施工监控最为关键的一环。应首先理清成桥状态及施工过程结构体系、荷载及位移边界条件变化情况,分析结构在施工过程及成桥状态下的受力和变形特征,明确施工控制的关键环节,确定合理的施工控制参数。通过深入理解分析结果,有助于在对不同结构类型、不同方法施工的桥梁进行控制时抓住主要矛盾及其主要方面,如结构受力安全是受整体效应还是局部效应控制、结构变形主要受哪些参数控制、梁或拱悬臂施工时是内力还是变形对张拉力更敏感、悬臂端的变形是由前端挂篮变形还是梁体的总体变形引起的,等等。注重将不同构件、不同设计参数进行融合分析,为监测策略制定、施工误差分析等奠定基础。

临时索、吊杆及斜拉索等柔性构件因可主动张拉,使其内力值具可调控的特点,所取值的合理性至关重要。从结构受力安全的角度,应作为一个输入条件进行首要控制。施工过程中要注重对柔性构件内力进行准确监测与实时反馈,应采取多种监测方式从不同角度对柔性构件实际内力值进行评估,如振动频率、油表读数、锚头拔出量及两端锚固点坐标变化等;同时要评估索力值误差或扰动所带来的结构受力安全的风险。应力值准确测量的难度很大,特别是长时间观测时测量误差相对较大,对测量结果的分析与应用要谨慎;应重点关注典型重大工况下应力增量值,通过工况发生前后应力增量累计值来评估结构受力情况,如此便可抓住问题的主要方面。结构受力安全控制,还要特别注意钢结构局部受力的问题,如临时支撑点、顶推作用点等位置处。

线形控制不仅仅局限于竖向标高的控制,应对各类构件的空间形态进行控制。基于设计目标和结构变形,应对桥塔、主梁、拱肋等各类构件的总体几何形态进行控制,如竖向预拱度、横向预拱度、梁长、梁段倾角等,也要对预埋件位置、支座预偏量、拉索锚固点位置等给出控制参数。受基础数据计算是否正确、结构变形预测是否准确、施工放样误差情况等影响,对线形误差情况要具体情况具体分析,要确保基础数据的准确无误。要特别注意温度效应对线形的影响,如立模标高、制造线形、梁长、支座预偏量等,应优先考虑在均匀温度条件下进行立模、下料、钢结构制造、混凝土浇筑等,同时要考虑体系温差对梁长、支座预偏的影响;否则应准确预测温度梯度及其影响,修正相应施工参数。

# 参考文献

[1] Abdunur C. ARCH'01：Third international arch bridges conference[M]. Paris：Presses des Ponts,2001.

[2] Brady S. West gate bridge collapse—the story of the box girders[J]. Structural Engineer Journal of the Institution of Structural Engineer,2016,94：26-28.

[3] Breen J E. Controlling twist in precast segmental concrete bridges[J]. PCI Journal,1985,30(4)：86-111.

[4] Chen W F，Duan L. Bridge engineering handbook[M]. New York：CRC Press,2000.

[5] Fang Z，Wang J Q. Practical Formula for cable tension estimation by vibration method[J]. Journal of Bridge Engineering,2012,17(1)：161-164.

[6] Golly B W. A time-stepping procedure for structural dynamics using Gauss point collocation[J]. International Journal for Numerical Methods in Engineering,1996,39(23)：3985-3998.

[7] Hegab H I A. Parametric investigation of cable-stayed bridges[J]. Journal of Structural Engineering,1988,144(8),1917-1928.

[8] Hewson N R. Prestressed concrete bridges：Design and construction [M]. 2nd ed. London：ICE Publishing,2011.

[9] Jayaraman H B，Knudson W C. A curved element for the analysis of cable structures[J]. Computers & Structures,1981,14(3-4)：325-333.

[10] Johansen J. BIM in bridge design[D]. South-Trondelag：Norwegian University of Science and Technology,2013.

[11] KIM T H. Comparison of totally prefabricated bridge substructure designed according to Korea Highway Bridge Design (KHBD) and AASHTO-LRFD[J]. International Journal of Concrete Structures & Materials,2013,7(4)：319-332.

[12] Li C X，He J，Dong C W，et al. Control of self-adaptive unstressed configuration for incrementally launched girder bridges[J]. Journal of Bridge Engineering,2015,20(10).

[13] Maeda K. Construction of Yokohama bay bridge. Civil engineering in Japan,1986,25：86-102.

[14] Menn C. Prestressed concrete bridges[M]. New York：Springer Science & Business Media,1990.

[15] Morgenthal G，Sham R，West B. Engineering the tower and main span construction of stonecutters bridge[J]. Journal of Bridge Engineering,2010,15(2)：144-152.

[16] Sakai F，Tanaka S. Construction control system for cable-stayed bridges[M]. Zurich，Switzerland：Manufactures of IABSE，1988.

[17] Shim C S，Yun N R，Song H H. Application of 3D bridge information modeling to design and construction of bridges[J]. Procedia Engineering，2011，14：95-99.

[18] Shin H M，Lee H M，Oh S J，et al. Analysis and design of reinforced concrete bridge column based on BIM[J]. Procedia Engineering，2011，14：2160-2163.

[19] Soviet Union. Bridges：Interaction between construction technology and design[M]. Zurich：International Association for Bridge and Structural Engineering，1991.

[20] Taylor P R. Annasis bridge superstructure—A major composite cable-stayed bridge [C]//RTAC 1985 Annual Conference Proceedings，1985.

[21] Wada K，Takano H，Tomita N，et al. Construction of the Yokohama bay bridge superstructure[M]. Zurich，Switzerland：Manufactures of IABSE，1988.

[22] Wang J F，Lin J P，Xu A R Q. Incremental launching construction control of long multispan composite bridges[J]. Journal of Bridge Engineering，2015，20(11)：1-9.

[23] Wang J F，Lin J P. Evaluation of long multi-span steel U-shaped girder during incremental launching construction[J]. Journal of Testing and Evaluation，2015，43(2)：25-433.

[24] Wang J F，Wu T M，Zhang J T，et al. Refined analysis and construction parameter calculation for full-span erection of the continuous steel box girder bridge with long cantilevers[J]. Journal of Zhejiang University-SCIENCE A，2020，21(4)：268-279.

[25] Wang J F，Xiang H W，Zhang J T，et al. Geometric state transfer method for construction control of a large-segment steel box girder with hoisting installation[J]. Journal of Zhejiang University-SCIENCE A，2020，21(5)：382-391.

[26] Wang J F，Xiang H W，Wu X. Monitoring of the internal force of the flexible components by vibration method[J]. Journal of Testing and Evaluation，2017，45(1)：182-195.

[27] Wang J F，Xiang H W，Zhang J，et al. Geometric state transfer method for construction control of a large-segment steel box girder with hoisting installation[J]. Journal of Zhejiang University-Science A (Applied Physics & Engineering)，2020，21(5)：382-391.

[28] Wang J F，Zhang J T，Yang Z X，et al. Control measures for thermal effects during placement of span-scale girder segments on continuous steel box girder bridges[J]. Journal of Zhejiang University (SCIENCE A)，2020，21(4)：255-267.

[29] Xu R Q，CHEN D Q. Variational principles of partial-interaction composite beams [J]. Journal of Engineering Mechanics，2012，138(5)：542-551.

[30] Yiu P K A，Brotton D M. Computation of fabrication dimensions for cable-stayed bridges[J]. The Structure Engineering，1988，66(15)：237-243.

[31] 曹龙呈. 钢箱梁分段吊装施工关键问题探讨及变形监测研究[D]. 杭州：浙江大学，2013.

[32] 曹同来.丹麦大贝尔特西桥的施工[J].国外公路,1998(5):27-28.

[33] 陈常松,颜东煌,陈政清.超大跨度斜拉桥的自适应无应力构形控制法[J].中外公路,2008,28(1):64-67

[34] 陈德伟,郑信光,项海帆.混凝土斜拉桥的施工控制[J].土木工程学报,1993,26(1):1-11.

[35] 陈绍游.大跨度钢箱梁的制作与分段吊装技术研究与应用[D].重庆:重庆大学,2005.

[36] 陈太聪,苏成.桥梁悬臂拼装施工中钢箱梁制造尺寸的确定[J].中国公路学报,2011,24(4):50-56

[37] 范立础.桥梁工程(上册)[M].3版.清华大学出版社,2017.

[38] 方远.大跨连续钢箱梁桥大节段吊装施工控制研究[D].杭州:浙江大学,2014.

[39] 方志,张志勇.斜拉桥的索力测试[J].中国公路学报,1997,10(1):51-58.

[40] 封洁纯,戴英樟.斜拉索无应力长度计算[J].公路,2012(5):143-147.

[41] 葛耀君.分段施工桥梁分析与控制[M].人民交通出版社,2003.

[42] 谷利雄,林桢楷,王荣辉.斜拉索无应力索长的实用迭代算法[J].中外公路,2012,32(1):149-151.

[43] 郝超,裴岷山,强士中.大跨度斜拉桥拉索无应力长度的计算方法比较[J].重庆交通学院学报,2001,20(3):1-3.

[44] 胡永生.公铁合建段公路大跨度钢箱梁施工技术[J].桥梁建设,2014,44(2):96-100.

[45] 景强.港珠澳大桥桥梁施工监控管理与实践[M].浙江大学出版社,2021.1.

[46] 亢阳阳.分阶段施工桥梁几何状态控制研究[D].杭州:浙江大学,2020.

[47] 李剑锃,汪劲丰.大跨度简支钢箱梁吊装施工控制技术研究[J].华东公路,2013(3):25-27.

[48] 李乔,卜一之,张清华.基于几何控制的全过程自适应施工控制系统研究[J].土木工程学报,2009,42(7):69-77.

[49] 李乔,唐亮.悬臂拼装桥梁制造与安装线形的确定[C]//第十六届全国桥梁学术会议论文集(上册),2004.

[50] 李向红,徐腾飞.连续箱梁步履式顶推施工关键技术与实践[M].科学出版社,2016.

[51] 梁鹏,肖汝诚,徐岳.超大跨度斜拉桥的安装构形与无应力构形[J].长安大学学报(自然科学版),2006,26(4):49-53.

[52] 林建平,汪劲丰,陈春雷,张治成.槽形组合钢梁桥顶推施工线形控制[J].桥梁建设,2014,44(4):102-106.

[53] 林友强,曾明根,马天乐,等.桥梁工程设计BIM技术应用探索[J].结构工程师,2016,32(4):7-12.

[54] 林元培.卡尔曼滤波法在斜拉桥施工中的应用[J].土木工程学报,1983,16(3):7-14.

[55] 凌道盛,张金江,项贻强,徐兴.虚拟层合单元法及其在桥梁工程中的应用[J].土木工程学报,1998(3):22-29.

[56] 刘欢.大跨度上承式钢桁拱桥主梁顶推施工技术研究[D].成都:西南交通大学,2018.

[57] 聂建国,陈必磊,肖建春.已知索端预张力或预应力状态索长的索原长求解技术[J].工程力学,2003,20(6):81-85.

[58] 秦顺全.桥梁施工控制:无应力状态法理论与实践[M].北京:人民交通出版社,2007.

[59] 邵厚坤,周以诚,罗西园.用顶推法施工的狄家河桥[J].铁道学报,1979(2):63-78.

[60] 邵旭东.桥梁工程[M].5 版.北京:人民交通出版社,2019.

[61] 石雪飞,项海帆.斜拉桥施工控制方法的分类分析[J].同济大学学报,2001,29(1):55-59.

[62] 汪峰,刘沐宇.斜拉桥无应力索长的精确求解方法[J].华中科技大学学报(自然科学版),2010,38(7):49-52.

[63] 汪劲丰,施笃铮,徐兴.确定斜拉桥最优恒载索力方法的探索[J].浙江大学学报(工学版),2002,(2):40-43.

[64] 汪劲丰,项贻强,徐兴.预应力混凝土斜拉桥悬浇施工过程控制的研究[J].浙江大学学报(工学版),2005(9):94-99.

[65] 汪劲丰,张良,向华伟,陈春雷.城市钢箱梁桥横向分块施工分析[J].桥梁建设,2017,47(1):109-113.

[66] 汪劲丰,杨松伟,亢阳阳,向华伟.分阶段施工中钢箱梁制造参数的通用计算方法[J].浙江大学学报(工学版),2022,56(3):550-557

[67] 汪劲丰.预应力混凝土斜拉桥施工控制的关键技术研究[D].杭州:浙江大学,2003.

[68] 王敏权.城市高架钢箱梁横向分块吊装施工效应分析研究[D].杭州:浙江大学,2018

[69] 向锦武,罗绍湘,陈鸿天.悬索结构振动分析的悬链线索元法[J].工程力学,1999,16(3):130-134,43.

[70] 项海帆.桥梁概念设计[M].人民交通出版社,2011.

[71] 项海帆.世界桥梁发展中的主要技术创新[J].广西交通科技,2003,28(5):1-7.

[72] 肖汝诚.桥梁结构分析及程序系统[M].北京:人民交通出版社,2002.

[73] 谢明志,杨永清,卜一之,赵灿晖,张克跃,王学伟.千米级混合梁斜拉桥双目标控制施工监控体系[J].西南交通大学学报,2018,53(2):244-252,321

[74] 徐兴,凌道盛.实体退化单元系列[J].固体力学学报(计算力学专辑),2001,22:1-12.

[75] 颜东煌,陈常松,董道福,涂光亚.大跨度钢主梁斜拉桥的自适应无应力构形控制[J].中国公路学报,2012,25(1):55-58,82.

[76] 颜东煌,刘光栋.确定斜拉桥合理施工状态的正装迭代法[J].中国公路学报,1999,12(2):59-64.

[77] 颜东煌,炳志,陈常松.超大跨度斜拉桥的结构自适应构形控制法[C]//湖北省公路学会.自然科学优秀学术论文汇编(2008—2013 年),2014.

[78] 杨辉.钢箱梁步履式平移顶推受力特性与施工技术[D].南昌:南昌大学,2010.

[79] 杨松伟.钢箱梁桥大节段制造线形的精准控制研究[D].杭州:浙江大学,2022.

[80] 于智光.参数化设计在景观桥梁工程中的应用研究[D].南京:东南大学,2016.

[81] 曾绍武,张学钢,张林,等.预应力连续刚构桥梁 BIM 精细化建模实例[J].铁道标准设计,2016,60(2):71-77.

[82] 张海燕.钢桁梁拼装平台设计与施工[J].铁道建筑,2016(11):46-48.

[83] 张洪伟,庞维福.连续梁-钢桁组合桥 BIM 建模技术研究[J].铁路技术创新,2018(5):46-50.

[84] 张建民,肖汝诚.千米级斜拉桥施工过程中主梁的预转折角研究[J].计算力学学报,2005,22(5):618-622

[85] 张立新,沈祖炎.预应力索结构中的索单元数值模型[J].空间结构,2000,6(2):18-23.

[86] 张培炎.桥梁顶推施工过程受力分析及关键问题研究[D].成都:西南交通大学,2014.

[87] 张永涛,周仁忠等.崇启大桥大节段整体吊装技术研究[J].公路,2011(10):82-90.

[88] 郑灿.基于频率法的索力测试方法及索的损伤研究[D].杭州:浙江大学,2008.

[89] 中华人民共和国交通运输部.《公路桥涵施工技术规范》(JTG/T 3650—2020)[S].2011.

[90] 钟继卫.大跨度悬索桥钢箱梁吊装精细化分析[J].桥梁建设,2010(6):9-12.

[91] 钟万勰,刘元芳,纪峥.斜拉桥施工中的张拉控制和索力调整[J].土木工程学报,1992,25(3):9-15.